DIETRICH BENNER

BILDUNGSTHEORIE und BILDUNGSFORSCHUNG

DIETRICH BENNER

BILDUNGSTHEORIE und BILDUNGSFORSCHUNG

Grundlagenreflexionen und Anwendungsfelder

Ferdinand Schöningh
Paderborn · München · Wien · Zürich

Bibliografische Information der Deutschen Nationalbibliothek

Die Deutsche Nationalbibliothek verzeichnet diese Publikation in der Deutschen Nationalbibliografie; detaillierte bibliografische Daten sind im Internet über http://dnb.d-nb.de abrufbar.

(Verlag Ferdinand Schöningh GmbH & Co. KG, Jühenplatz 1, D-33098 Paderborn)

Internet: www.schoeningh.de

Einbandgestaltung: Evelyn Ziegler, München
Printed in Germany.
Herstellung: Ferdinand Schöningh GmbH & Co. KG, Paderborn

ISBN 978-3-506-76515-4

Inhalt

Einleitung

Der Band präsentiert Studien zur Bildungstheorie und zur Bildungsforschung, die aus Vorträgen hervorgegangen sind, die zwischen 1996 und 2007 an den jeweils in der ersten Fußnote genannten Orten und z. T. auch an der „East China Normal University“ Shanghai gehalten wurden. Die Texte wurden geringfügig sprachlich überarbeitet. In ihrem Zentrum stehen zwei im Titel des Bandes indirekt angesprochene Fragen. Die eine lautet: Wie können die Reflexionen zur Struktur und Eigenlogik pädagogischen Handelns, die in der Tradition der theoretischen Erziehungswissenschaft ausgearbeitet worden sind, Relevanz auch in der empirischen Forschung gewinnen? Die andere: Wie kann die heute überwiegend mit psychologischen Teiltheorien und statistischen Verfahren operierende empirische Bildungsforschung so weiter entwickelt werden, dass sie an die pädagogische und erziehungswissenschaftliche Theoriediskussion anschlussfähig wird?

Die Beiträge äußern sich zu diesen Fragen von unterschiedlichen Problemstellungen her. Sie entwickeln im ersten Teil „grundlagentheoretische Überlegungen“, die die Struktur pädagogischen Handelns und seine Beziehungen zu außerpädagogischen Handlungsfeldern und Kontexten reflektieren, geben im zweiten Teil „bildungstheoretische Hinweise zu ausdifferenzierten Praxisbereichen“, die auf Beziehungen zwischen Bildung, Aufklärung, Kultur, Religion, Moral und Globalisierung aufmerksam machen, und berichten im dritten Teil über Vorhaben auf „dem Weg zu einer reflexiven und innovatorischen Bildungsforschung“, die im Kontext von DFG-Projekten entstanden sind, welche Fragestellungen der theoretischen Erziehungswissenschaft und Ansätze der empirischen Bildungsforschung konzeptionell und methodisch miteinander verknüpfen.

Die *grundlagentheoretischen Überlegungen* zur Eigenlogik pädagogischen Handelns

- äußern „Mutmaßungen“ über eine „Zukunft der Pädagogik“, in der praktische, theoretische und szientifische Wissensformen nicht länger unvermittelt nebeneinander stehen, sondern Fragen der Orientierung, Kritik und Evaluation pädagogischer Prozesse unter Bezugnahme aufeinander reflektiert werden,
- unterscheiden zwischen einem erziehungs- und einem bildungstheoretischen Verständnis von Emanzipation und grenzen von daher affirmative und reflektierende Erziehungs- und Bildungskonzepte voneinander ab,
- zeigen, dass die für Bildungsprozesse grundlegende Wechselwirkung zwischen welt- und selbstbildenden Tätigkeiten über eine Auseinandersetzung mit personaler und sächlicher Andersheit vermittelt ist,

- weisen als Gemeinsamkeit bildender Prozesse die Verarbeitung von Irritationen und negativer Erfahrungen aus, die nach einer Pluralisierung der Formen kritischen Denkens verlangen und
- unterscheiden zwischen bewahrenden, verändernden und künstlichen Formen der Tradierung, von denen die erste an der Sicherung geschichtlicher Kontinuität, die zweite an der Interpretation von gesellschaftlichem Wandel und die dritte an der Aufarbeitung von Diskontinuitäten insbesondere in den Bereichen von Arbeit, Erziehung, Politik und Religion ausgerichtet ist.

Die zweite Gruppe von Beiträgen legt die in der ersten beschriebene Struktur pädagogischer Prozesse auf *ausgewählte Praxisbereiche und Anwendungsfelder* aus. Dabei werden *bildungstheoretische Hinweise* gegeben,

- wie die Beziehungen zwischen „Bildung und Demokratie“ gedacht werden können, wenn staatspädagogische und erziehungsstaatliche Irrwege vermieden und die öffentlichen Funktionen von Bildung und Demokratie gestärkt werden sollen,
- wie die Beziehungen zwischen Aufklärung, Bildung und Kultur zu gestalten sind, damit Aufklärung den Umschlag in Indoktrination vermeiden, Kultur die Gefahr der Selbstaffirmation reflektieren und Bildung zu Aufklärung und Kultur in Wechselwirkung treten kann,
- wie die Eigenlogiken von „Bildung und Religion“ gedacht werden müssen, damit Religion als ein öffentlich bedeutsamer Praxis- und Reflexionsbereich anerkannt werden kann, der für das Zusammenleben der Menschen von grundlegender – aber nicht von fundamentalistischer – Bedeutung ist,
- wie Konzepte einer moralischen Erziehung beschaffen sein müssen, die moralisches Lernen nicht auf die Übernahme einer vorgegebenen Moral verpflichten, sondern an der intergenerationellen Aufgabe der Bildung von Moral ausrichten, und
- wie Globalisierungsprozesse unter der Idee einer nicht-hierarchischen Ordnung der ausdifferenzierten Praxisbereiche problematisiert und so konzeptualisiert werden können, dass vernünftige Abstimmungen zwischen den Eigenlogiken der gesellschaftlichen Teilsysteme möglich werden.

Die unter der Überschrift *Auf dem Weg zu einer reflexiven und innovatorischen Bildungsforschung* zusammengestellten Beiträge des dritten Teils stammen aus abgeschlossenen, laufenden und in Vorbereitung begriffenen Forschungsprojekten.

- Der erste untersucht das „Kritikverständnis der Unterscheidung affirmativer und nicht-affirmativer Bildungskonzepte“. Er stellt Kriterien für ihre Abgrenzung vor, die im DFG-Projekt „Bildungstheorie und Unterricht“ entwickelt und in Analysen zum Transformationsprozess der Physik- und Politiklehrpläne in der SBZ, der DDR und den neuen Ländern erprobt worden sind.
- Der zweite unterbreitet einen Vorschlag für eine pädagogische Rahmung und Kritik der PISA-Projekte. Er tritt nicht für eine Ablösung der traditionellen Input- durch eine neue Outputsteurung ein, sondern bindet die Legi-

timation von Erziehung und Unterricht in öffentlichen Schulen an eine Neuvermessung der „Grundstruktur der Allgemeinbildung im Kerncurriculum moderner Bildungssysteme“ zurück.

- Der dritte geht auf einen bildungstheoretischen Grundsatzstreit ein, der gegenwärtig zwischen Befürwortern einer stärkeren Ausrichtung der schulisch zu vermittelnden Allgemeinbildung an Kriterien der Nützlichkeit und Verwertbarkeit und Verteidigern der Idee einer zweckfreien allgemeinen Menschenbildung ausgetragen wird. Er weist nach, dass der so geführte Streit wenig hilfreich ist, um die Relevanz der empirischen Bildungsforschung zu klären, und skizziert Umrisse einer dritten Position, die über die Scheinalternative von Utilitarismus oder Humanismus hinausführt.
- Der letzte Beitrag setzt sich mit Tendenzen zu einer Ablösung des Bildungsbegriffs durch den Begriff der Kompetenz auseinander. Er definiert Urteils- und Partizipationskompetenz als Basiskompetenzen öffentlicher Erziehung und Unterweisung, die es domänenspezifisch auszulegen und für die Reform des Unterrichts, der Lehrpläne und die Überprüfung der Leistungen von Bildungssystemen fruchtbar zu machen gilt. Die erfolgreiche Bearbeitung dieser Ziele hängt von einer angemessenen Unterscheidung zwischen didaktischen Aufgaben und Testaufgaben ab. Erstere beziehen sich auf die Strukturierung von Unterricht und Vorhaben in- und außerhalb des Schullebens, die nach Lösungswegen verlangen, die kontextbezogen zu beschreiben und durch Testaufgaben nicht vorwegzunehmen sind. Letztere messen die Qualität von Unterricht und geben Auskunft darüber, welche Kompetenzniveaus Heranwachsende mit Unterstützung öffentlicher Erziehung und Unterweisung in ihren Bildungsgängen erreichen. Didaktische Aufgaben und Testaufgaben müssen aneinander anschlussfähig sein, können aber nicht auseinander abgeleitet werden.

Die genannten Beiträge sind untereinander dadurch verbunden, dass sie die Definition der Basiskompetenzen weder dem bildungspolitischen Meinungsstreit noch dem Gang der Forschung überlassen, sondern zu klären suchen, was in einem anspruchsvollen Sinne unter Urteils- und Partizipationskompetenz zu verstehen ist. Sie binden die Entwicklung von Urteilskompetenz daran zurück, dass Heranwachsende lernen, zwischen lebensweltlichen, szientifischen, historischen, ideologie- und voraussetzungskritischen sowie anwendungsbezogenen Wissensformen zu unterscheiden und die für diese konstitutiven thematischen und methodischen Blickwechsel zu vollziehen. Partizipationskompetenz wird als Fähigkeit definiert, in den ausdifferenzierten Bereichen menschlichen Handelns eigene Entscheidungen treffen und Spannungen zwischen ökonomischen, moralischen, pädagogischen, politischen, ästhetischen und religiösen Eigenlogiken und Denkformen erkennen sowie im öffentlichen Raum diskursiv austragen zu können.

Die Studien wollen eine Intensivierung der Zusammenarbeit zwischen Allgemeiner Erziehungswissenschaft, Allgemeiner Didaktik, Fachdidaktik und den Fachwissenschaften anregen, die bildungstheoretisch und empirisch zugleich ausgewiesen ist. Entsprechende Kooperationen stehen z. Z. nicht im Zentrum der Fachdiskussion, werden aber an vielen Orten entwickelt. So arbeiten an der Humboldt-Universität zu Berlin Erziehungswissenschaftler und Theologen in von der DFG geförderten Projekten an der Konstruktion und Erhebung religiöser Kompetenzstufen und der Entwicklung neuer Instrumente zur Qualitätssicherung des öffentlichen Religionsunterrichts. Eine Ausweitung des Ansatzes auf weitere Lernbereiche wird vorbereitet und ist angestrebt. Das Interesse an einer bildungstheoretisch, empirisch und fachdidaktisch zugleich ausgewiesenen Bildungsforsschung nimmt gegenwärtig nicht nur unter den an ihr zu beteiligenden Disziplinen, sondern auch in den Schulen und Institutionen der Weiterbildung sowie in der Öffentlichkeit zu. Wissenschaft, Politik und Schulreform können sich auf Dauer nicht damit zufrieden geben, dass in regelmäßigen Abständen neue Messergebnisse aus der internationalen Schulleistungsvergleichsforschung vorgelegt werden, die Veränderungen in den Rangplätzen einzelner Nationen anzeigen, die Frage aber unbeantwortet lassen, was zu tun ist, um durch pädagogische Programme und Reformen die Leistungsfähigkeit des Bildungssystems nachhaltig zu verbessern und schulisch wie außerschulisch verursachte Unterschiede in den Bildungsmöglichkeiten von Heranwachsenden zu verringern.

Es ist zu wünschen, dass die bildungstheoretische Grundlagen- und die empirische Bildungsforschung künftig stärker kooperieren und gemeinsam mit der schulischen und der außerschulischen Pädagogik anspruchsvolle Konzepte und Strategien für die Verbesserung der Erziehungs- und Unterrichtspraxis entwickeln, die der Überprüfung und Sicherung der Qualität des Bildungssystems dienen.

Berlin, im Januar 2008

Dietrich Benner

I. Grundlagentheoretische Überlegungen

In welche Zukunft schaut die Pädagogik? oder: Erlaubte und unerlaubte Mutmaßungen über die Zukunft einer Praxis und Disziplin [1]

Für Mutmaßungen über die Pädagogik gilt, was für Mutmaßungen anderer Art auch in Rechnung zu stellen ist, dass sie nämlich im Medium der Wissenschaften nur erlaubt sind, wenn sie sich auf quasi vorgeschichtliche Anfänge oder außergeschichtliche Sachverhalte beziehen, nicht aber, wenn sie historische Prozesse zum Gegenstand haben. Diese betreffen vergangene, gegenwärtige oder künftige Entwicklungen, deren Verlauf nicht im Vorhinein feststeht, sondern über menschliches Denken und Handeln vermittelt und für neue Erfahrungen offen ist. Ganz in diesem Sinne hat Kant Mutmaßungen über den Anfang, besser über den Eintritt des Menschen in die Geschichte, nicht aber solche über den Verlauf der Geschichte für erlaubt gehalten und die Legitimität ersterer – wie schon Rousseau – daran zurückgebunden, dass in ihnen nicht über Tatbestände und Sachverhalte gemutgemaßt wird, die wir (nur) aus der Geschichte kennen und durch unsere pragmatischen Überlegungen und Versuche mit hervorgebracht haben (vgl. Kant 1786, 1964, A 3f., A 14f.).

Zu den erlaubten Mutmaßungen gehört, dass Menschen seit ihrem Eintritt in die Geschichte bildsame oder lernfähige Wesen sind und stets von neuem als solche geboren werden. Dem zuletzt genannten Faktum zufolge ist alles menschliche Denken und Tun auf eine durch die Evolution vererbbar gewordene unbestimmte und offene Bildsamkeit bezogen. Ihr Begriff gehört zu den Grundbegriffen der Pädagogik und weist die menschliche Lernfähigkeit als einen Tatbestand aus, dem eine interaktive Bedeutung für alles Lernen, Lehren und Erziehen zukommt. Seine selbst- und weltbildenden Aspekte gilt es mit Blick auf gesellschaftlichen Wandel und historische Umbrüche stets von neuem systematisch zu klären sowie historisch und empirisch zu erforschen (vgl. Benner [5]2005, S. 71-92; Benner/Brüggen 2004a).

Weitere Mutmaßungen über Anfang, Verlauf und Zukunft der Pädagogik scheinen mir weder erlaubt, noch möglich oder sinnvoll zu sein. Die von Rousseau auf einen ambivalenten und von Herbart auf einen prinzipiellen Begriff gebrachte Bildsamkeit besagt, dass wir nicht wissen, „was uns unsere Natur zu sein erlaubt“ (Rousseau 1762/1979, S. 46). Die menschliche Perfektibilität, von der Rousseau und Kant einmütig sprechen, ist und bleibt ambiva-

---

[1] Der Beitrag wurde Jürgen Oelkers zum 60. Geburtstag gewidmet und als Koreferat zu einem Text von Klaus Prange (2007) auf der 3. Tagung der Internationalen Herbart-Gesellschaft vorgetragen, die vom 02. bis 05. Mai 2007 und unter dem Thema: „In welche Zukunft schaut die Pädagogik?“ in der Franckeschen Stiftung an der Universität Halle stattfand.

lent und bezieht sich sowohl auf den Einzelnen als auch auf die Gattung (vgl. Rousseau 1755/1984, S. 102f.). Sie ermöglicht es dem einzelnen Menschen und der Menschheit, aus eigenen und fremden Erfahrungen zu lernen und geschichtlich Hervorgebrachtes zu verändern und zu tradieren.

Die auf das Individuum und die Gattung auslegbare Bildsamkeit wird verfehlt, wenn Geschichte a priori oder a posteriori als Fortschritts- oder Verfallsgeschichte oder als beides zugleich gedacht und gedeutet wird. Die Frage, in welche Zukunft die Pädagogik schaut, kann darum sinnvoller Weise weder prophetisch noch szientifisch beantwortet werden. Sie gehört, wie Schleiermacher in seinen Vorlesungen des Jahres 1826 ausgeführt hat, zu jenen Fragen, die nicht stellvertretend von einer älteren für eine nachwachsende Generation zu beantworten sind und die es daher als Fragen zu tradieren und intergenerationell zu erörtern gilt (vgl. Schleiermacher 1826/ 1957/1983, S. 9). Auf sie werden im Folgenden drei Antworten geben, die der Tradierung dieser Frage, nicht aber der Befreiung von ihr dienen wollen. Die erste bezieht sich auf die Zukunft der Pädagogik in der Gestalt der Erziehung, die zweite auf die Zukunft schulisch vermittelter Bildung und ihrer Theorien, die dritte auf die Zukunft von Allgemeiner Pädagogik und Erziehungswissenschaft. Mit dieser dreifachen Akzentuierung greife ich Themen auf, die Klaus Prange bereits in seinem Eröffnungsvortrag (siehe Prange 2007) angesprochen hat, ohne diesen direkt zu kommentieren. Das scheint mir insofern legitim zu sein, als ja auch Prange in seinem Vortrag meinen erst später ausformulierten Text nicht kommentieren konnte und das Kommentieren, Ergänzen, Kritisieren, Erweitern und Engführen beider Texte ein Gegenstand der Diskussion und der anderen Vorträge dieser Veranstaltung sein sollte.

1. Die Zukunft der Erziehung

Das über die Zukunft der Erziehung zu Sagende hat John Dewey in einem Satz auf einen vorläufigen Begriff gebracht, der sich im 3. Absatz des 4. Kapitels von „Demokratie und Erziehung" findet. Er lautet: „der Vorgang der Erziehung [hat] kein Ziel außerhalb seiner selbst; er ist sein eigenes Ziel" (Dewey 1916/1964, S. 75). Im Englischen steht für Ziel „end" (Dewey 1916/1985, S. 54), so dass davon ausgegangen werden kann, dass Dewey hier nicht von beliebigen Zielen der Erziehung, sondern vom Endziel oder Zweck der Erziehung spricht. Die Erziehung, so will er sagen, hat alle möglichen Ziele, aber sie hat kein Endziel oder Telos, das außerhalb ihres eigenen Prozesses zu verorten wäre.

Die Bedeutung, die Dewey dieser in vielen seiner Schriften wiederkehrenden Aussage zusprach, ist mehrdeutig und ambivalent. Da er unter Bildsamkeit – jedenfalls in der frühen und mittleren Zeit seines Schreibens und Forschens – nicht die unbestimmte perfectibilité Rousseaus, sondern – in der

Nachfolge Platons – eine gewisse Plastizität der Anlagen (vgl. Dewey 1916/1985, S. 49) verstand, meint die zitierte Aussage zunächst einmal, dass Erziehung evolutiv als ein Prozess ohne äußeres Telos zu verstehen ist (vgl. Bellmann 2007).[2] Ihr Telos ist gleichsam in ihrem eigenen Prozess präsent, ohne dass es einer gesonderten Teleologisierung oder Finalisierung bedürfte. Erziehung ist dann vernünftig, wenn sie den Einzelnen zu dem befähigt, was diesem seine Anlagen zu werden erlauben, und sie kann in diesem Sinne vernünftig nur im Kontext demokratischer Lebensformen eingerichtet werden. Diese erlauben Bildungsprozesse, in denen die sich Bildenden wechselseitig auf ihre Lernprozesse einwirken, und eröffnen damit jedem Mitglied der Gesellschaft die Möglichkeit, unter Bezugnahme auf eigene und fremde Erfahrungen weiter- und unter gewissen Umständen auch umzulernen.[3]

Die angedeutete Mehrdeutigkeit in Dewey Satz wird sichtbar, wenn man den heimlichen, gelegentlich auch offen ausgesprochenen Anlagennativismus Deweys verlässt und die zitierte These so interpretiert, dass die Erziehung deshalb kein Endziel außerhalb ihrer selbst hat und haben kann, weil alle Ziele, die Einzelne oder ganze Gesellschaften an die Erziehung herantragen mögen, erst dadurch zu Zielen der Erziehung werden, dass sie Lehr-Lern-Ziele und d.h. immanente Ziele des Lernens und Lehrens selbst werden. Ziele erfahren in pädagogischen Prozessen unweigerlich eine Transformation. Diese macht aus dem, was gelernt und später gekonnt sein soll, etwas, das lernend angeeignet und hervorgebracht werden kann. Gelingt eine solche Transformation nicht, so können wie auch immer und von wem auch immer gesetzte oder formulierte Ziele nicht zum Ziel der Erziehung werden. Oder anders formuliert: Externe Ziele der Erziehung müssen in interne Ziele von Lehr-Lern-Prozessen transformiert werden, wenn sie irgendeinen pädagogischen Sinn haben sollen. Nicht das heimliche oder auch offen ausgesprochene vermeintliche Ziel, bessere von schlechteren Schülern zu unterscheiden, ist ein legitimes Ziel der Erziehung, wie manche Erziehungswissenschaftler von Luhmann gelernt zu haben meinen, sondern Sachen und Verhaltensweisen „vermittelbar" zu machen, wie der späte Luhmann, einer Anregung von Jochen Kade folgend, sich und seine Nachahmer eines Besseren belehrt hat (vgl. Luhmann 1986; 2002, S. 42, S. 59ff. und S. 74).

Für diesen Sachverhalt wählte Herbart die schon von Klaus Prange (2007) angesprochene Formel, eine aus ihrem eigenen Zweck abgeleitete Pädagogik werde Erziehung dreifach konzipieren: Erstens als eine „Kinderregierung", die Macht über Kinder so ausübt, dass dabei keine positiven Ziele „im Gemüt" der Lernenden verfolgt werden, zweitens als eine „Erziehung durch Unterricht", die Erfahrung und Umgang der Heranwachsenden so erweitert, dass sich in

---

[2] Hyllas Fehlübersetzung von „platicity" mit „Bildsamkeit" in Dewey 1916/1964, S. 68, sollte in einer überfälligen Neuübertsetzung korrigiert werden.

[3] Zur Bedeutung negativer Erfahrung für Lern- und Lehr-Lern-Prozesse bei Dewey siehe English 2005a.

diesen ein vielseitiges Interesse an Empirie, Spekulation und Geschmack sowie an zwischenmenschlichem Umgang, Politik und Religion entwickelt, und drittens als eine Erziehung, welche die Heranwachsenden in die ausdifferenzierten Formen gesellschaftlichen Handelns einführt und zur Partizipation an den gesellschaftlichen Teilsystemen befähigt.[4] Die zuerst genannte Form der Erziehung konzipierte Herbart so, dass positive Ziele in negative Ziele transformiert und regierende Maßnahmen daran ausgerichtet werden, Heranwachsende an uneinsichtigem Handeln zu hindern, um Schaden von ihnen oder der Gesellschaft abzuhalten (vgl. Herbart 1806/1965, S. 30ff.). Die dritte umschrieb er mit dem Begriff einer „Zucht", den er nicht von „Züchtigen" und auch nicht von „Züchten", sondern von „Ziehen" („Erziehen") herleitete (ebd., S. 124). Hierunter verstand er pädagogische Maßnahmen, die die Charakterentwicklung von Heranwachsenden dadurch beeinflussen, dass sie diese zur Prüfung ihrer Handlungsmotive und zur Beurteilung der Handlungskontexte anhalten und vermittelt hierüber zu einem Handeln gemäß eigener Einsicht auffordern.

Alles, was Menschen lernen, kann durch diese drei Formen pädagogischen Handelns unterstützend oder auch gegenwirkend beeinflusst werden. Für unterstützende wie für gegenwirkende Maßnahmen der Erziehung gilt, dass sie kein Endziel außerhalb des Prozesses der Erziehung haben. Die Transformationen, denen Weltinhalte und Verhaltensweisen aller Art unterzogen werden, sind im Falle des erziehenden Unterrichts didaktische Transformationen; sie vollziehen sich, wie Klaus Prange wieder in Erinnerung gebracht hat, durch besondere Formen des Zeigens (siehe Prange 2005), und ich ergänze, durch spezifische Formen eines Fragens. Dieses kann zusammen mit dem Zeigen erfahrungs- und umgangserweiternde Lehr-Lern-Prozesse in Gang setzen, die ihr Ziel nicht außerhalb des Lernens und Lehrens, sondern in den durch sie möglich werdenden Lernprozessen haben. Im Falle der „Zucht" als der auf partizipatorische Handlungen ausgerichteten Erziehung nimmt die Transformation die Gestalt einer gesellschaftspädagogischen Transformation an.[5] Auch in ihr gibt es Formen und Techniken des Zeigens und Fragens, nur dass nicht nach etwas gefragt und auf etwas gezeigt wird, sondern der Zögling selbst sich zeigen soll als jemand, der an gesellschaftlichen Handlungen zu partizipieren und aus eigener Einsicht zu interagieren versteht. Transformiert werden hier gesellschaftliche Erwartungen und Üblichkeiten. Ihre Transformation ist nicht so zu verstehen, als versuchten durch sie Pädagogen die Gesellschaft zu erziehen (vgl. Herbart 1808/1997, S. 183), sondern so, dass gesellschaftliche Regeln, Rituale und Praktiken in solche überführt werden, an deren Einübung, Auslegung und Modifikation auch Kinder und Jugendliche mitwirken.

Für die Zukunft der Erziehung ist von großer Bedeutung, ob es gelingt, die drei genannten Formen der Vermittlung so weiterzuentwickeln, zu kultivieren

---

4 Zur Aktualisierung dieser Systematik siehe Benner 2005, S. 207-302.
5 Siehe hierzu ausführlicher die in Vorbereitung begriffene Neuauflage von Benner ^{6}2009.

und auch institutionell abzusichern, dass geeignete Technologien des Einwirkens auf Lehr-Lern-Prozesse Heranwachsender bereit stehen. Ohne die von Herbart systematisch ausgewiesenen drei Formen der Vermittlung hätte Erziehung keine Zukunft. Dies festzustellen und die Erziehung keinem Beobachterstandpunkt auszuliefern, der kategorial unausgewiesen ist und seine Konstrukte aus externen Logiken gewinnt, ist keine Mutmaßung, sondern eine pädagogische Einsicht, die es der praktischen Pädagogik auferlegt, an der Zukunft regierender Gewaltausübung über Heranwachsende, eines Unterrichts, der erzieht, sowie einer Erziehung, die Heranwachsende in selbst- und mit verantwortetes Denken und Handeln überleitet, zu arbeiten.

2. Über die Zukunft der Bildungstheorien

Dass der Prozess der Erziehung kein Ziel außerhalb seiner selbst hat, weist Erziehung als eine auf Bildungsprozesse ausgerichtete Praxis aus. Bildung kann heute noch weniger als in früheren Zeiten aus übergeordneten Zwecken normiert werden, sondern ist, wie Wilhelm von Humboldt (1792/1903) in seinen Studien zu den Grenzen der Wirksamkeit des Staates gezeigt hat, auf mannigfaltige, freie und rege Wechselwirkungen zwischen selbst- und weltbildenden Tätigkeiten angewiesen. Wechselwirkungen dieser Art sind nicht solche eines autopoietischen Gehirns mit sich selbst, sondern Wechselwirkungen zwischen spontanen und rezeptiven Tätigkeiten in Auseinandersetzung mit einer widerständigen Welt (vgl. Meyer-Drawe 1999a). Sie sind über negative Erfahrungen vermittelt, in denen an Bekanntem Neues entdeckt und Fremdes an Eigenes assimiliert wird. Erfahrungen dieser Art sind über Irritationen vermittelt, die im Lernprozess bearbeitet und danach vergessen werden, im Rückblick auf Gelerntes aber wiedererinnert werden können.[6]

Das Zeigen und das Fragen kommen in pädagogischen Situationen dadurch zusammen, dass pädagogische Akteure auf etwas zeigen, das Lernende bereits ansatzweise suchen, aber noch nicht sehen und erkannt haben. Zu diesem Zweck muss auf etwas gezeigt werden, was der Lernende (noch) nicht sieht, auf die Diagonale im vierfüßigen Quadrat in Platons Dialog Menon, auf einen Fehler bei der Lösung einer Aufgabe, auf eine vergessene oder nicht ausgeführte Überleitung bei der Explikation eines Gedankens, auf eine irrige Voraussetzung, die bei der pragmatischen Lösung einer projektierten Aufgabe als gegeben unterstellt wird, u. a. m. Gezeigt werden muss so, dass sich die Fragestruktur des Lernenden verändern kann. Pädagogisch zu fragen heißt in diesem Zusammenhang nicht, durch die Frage die Antwort vorweg zu nehmen, sondern einen Hinweis zu geben, wie die Antwort als noch nicht gefunden erkannt und durch neuerliche Anstrengungen gesucht werden kann. Dabei ist in

6 Siehe hierzu Meyer-Drawe 1986; Mitgutsch 2003; Benner/English 2004.

vielen Fällen die Antwort wieder eine Frage. Pädagogische Zeige- und Fragetechnologien führen zu Antworten, die wieder zu Fragen werden können. In dieser Hinsicht weisen sie Affinitäten zu wissenschaftlichen Suchbewegungen und Erkenntnisprozessen auf, die aber nicht übergeneralisiert werden dürfen.

Übergeneralisierungen, wie sie sich in Herbarts Unterrichtslehre, die weitgehend ohne eine Berücksichtigung negativer Erfahrungen auskommt (vgl. English 2005a), und in Deweys Instrumentalismus zeigen, können vermieden werden, wenn Fragen, Zeigen und Antworten auf verschiedene Wissensformen ausgelegt und die Beziehungen zwischen diesen ausgerichtet werden. Um bildungstheoretisch ausgewiesen zu sein und bildend wirken zu können, muss das Fragen, Zeigen und Antworten bildende Wechselwirkungen zwischen dem Lernenden und der Welt in den Blick nehmen und im Blick haben. Herbart suchte eine solche Ausrichtung durch das Spiel zwischen Vertiefung und Besinnung in den Reihen der Erkenntnis und der Teilnahme abzusichern. Die von ihm unterschiedenen Wissensformen sind weiterhin bedeutsam, reichen jedoch für sich genommen heute nicht mehr aus, um ein anspruchsvolles Unterrichten anzuleiten.

In erkenntnistheoretischer, wissenschaftstheoretischer und didaktischer Hinsicht lassen sich mindestens sechs verschiedene Formen der Erfahrung und des Wissens unterscheiden: lebensweltliche, szientifische, historisch-hermeneutische, ideologiekritische, voraussetzungskritische sowie praxis- und anwendungsbezogene. An einem Beispiel illustriert, kann dies besagen:

- Lebensweltlich kommt für einen Fünfjährigen das Geld aus dem Bankautomaten, mit dem seine Eltern unter Verwendung einer Karte ihr Konto erleichtern,
- szientifisch können hier bei Unter- und Überdeckungen Zinsen anfallen,
- hermeneutisch bearbeitbare Abstimmungsprobleme zwischen beiden Wissensformen fallen an, seit Heranwachsende in den Familien kaum noch die Erfahrung von Lohnarbeit machen und seit Automaten suggerieren, dass Geld ohne Arbeit zu haben sei,
- ideologiekritische Wissensformen kommen ins Spiel, wenn gefragt wird, ob das Geld auf der Bank wächst oder abnimmt,
- voraussetzungskritisches Zeigen setzt dort an, wo auf Aspekte eines Nicht-Wissens hingewiesen wird, das blinde Flecken einzelner Wissensformen betrifft,
- und anwendungsbezogene sowie praktische Fragen fallen an, wenn überlegt wird, wie mit dem Taschengeld umgegangen werden kann, wie hoch es zu bemessen ist, wo man es in bestimmten Situationen aufbewahrt und welchen Üblichkeiten seine Aushändigung folgen sollte.

Für jeden dieser Erfahrungsbereiche und die in ihm zum Zuge kommende Wissensform ist zu klären, was jeweils das zu Erfragende, zu Zeigende und zu Beantwortende ist. Dies aber und die Zusammenhänge zwischen den verschiedenen Formen des Wissens sind in der allgemein-pädagogischen, allgemein-didaktischen und fachdidaktischen Literatur ebenso wie in der Praxis und nicht zuletzt in der Bildungsforschung weitgehend ungeklärt. Viele in den PISA-Projekten entwickelten Anwendungsaufgaben oder diesen nachgeahmte Beispiele halten einer lebensweltlichen, hermeneutischen, ideologiekritischen, voraussetzungskritischen sowie unterschiedliche Anwendungsfelder und Praxisbereich einbeziehenden Prüfung nicht stand und sind dann auch in szientifischer Hinsicht nicht zufriedenstellend.[7] Entsprechende Aufgaben lassen sich jedoch mit den in TIMMS, LAU und PISA entwickelten Verfahren optimieren und können dann dazu beitragen, die Zeige-, Frage- und Aufgabenkultur von schulischem Unterricht zu verbessern (vgl. Rumpf 2006).

Hier tut sich ein Forschungsfeld auf, das die Allgemeine Pädagogik zusammen mit der Erkenntnistheorie, der Wissenschaftsforschung, der Gesellschaftstheorie und der Praktischen Philosophie sowie in enger Kooperation mit Allgemeiner Didaktik, Fachdidaktiken und empirischer Bildungsforschung bearbeiten kann. Von Klaus Prange weiß ich, dass er über Zusammenhänge zwischen Lehr-Lerntheorien und Erfahrungs- sowie Gesellschaftsbegriffen gerade Vorlesungen in Oldenburg hält, von mir kann ich sagen, dass ich seit Jahren an einem Manuskript arbeite, in dem die genannten sechs Wissensformen mit Blick auf Zusammenhänge zwischen Begriffen der Erfahrung und des Wissens, des Lehrens und Lernens, der Wissenschaft, der Gesellschaft und des Utopischen diskutiert und teleologische Wissensformen an Platon und Aristoteles, lebensweltliche an Husserl und Meyer-Drawe, szientifische an Bacon und Popper, ideologiekritische an Marx und Vertretern der Frankfurter Schule, transzendental-kritische an Kant, Wolfgang Fischer und Jörg Ruhloff sowie praxistheoretische an Traditionen der Praktischen Philosophie erörtert und nach verschiedenen Formen von Kritik geordnet werden. Sollten solche und weitere Arbeiten an Bedeutung gewinnen, hätten auf Lehr-Lern-Prozesse bezogene Bildungstheorien durchaus eine Zukunft.

3. Über die Zukunft der Allgemeinen Pädagogik und der Erziehungswissenschaft insgesamt

So umstritten Allgemeine Pädagogik heute und künftig sein mag, als Disziplin für reflexive Einführungen ist sie weithin unbestritten. Das bescheidene Ansehen, dass sie hier genießt, ist nicht nur selbsterarbeitet, sondern auch fremdverschuldet. Es hängt nicht zuletzt damit zusammen, dass Einführungen in viele Subdisziplinen der ausdifferenzierten Erziehungswissenschaft entweder nicht vorliegen oder nur zu Forschungszwecken, nicht aber zum Zwecke der Ausbildung für pädagogische Berufe verfasst werden. In gewissem Sinne kann man sagen, dass alle Themen und Theorien, in die theorie- und handlungsbe-

[7] Vgl. Hierzu die Anouihl-Aufgabe für Beleuchtungstechniker oder die Stockaufgabe aus der Fernsehsendung „PISA das Nationenspiel"; siehe hierzu Lühmann 2003; Benner 2007.

zogen eingeführt werden kann, zur Allgemeinen Pädagogik gehören und dass etwas, um Gegenstand solcher Einführungen werden zu können, sich allgemein als zur theoretischen und pragmatischen Erörterung von Erziehung- und Bildungsfragen zugehörig ausweisen muss.

Die Zukunft der Allgemeinen Pädagogik könnte von hierher auch darin liegen, in vieles, was heute nicht Gegenstand von Einführungen ist, so einzuführen, dass die Mitteil- und Vermittelbarkeit der Erziehungswissenschaft als Disziplin dadurch gestärkt wird. In etwas einführen aber heißt, etwas lehrbar machen. Soll es sich bei dem Etwas um wissenschaftliche Sachverhalte handeln, muss das einführende Lehren über Forschung vermittelt sein. Die Zukunft der Allgemeinen Pädagogik könnte in diesem Zusammenhang darin liegen, dass sie durch ihre Mitwirkung an erziehungswissenschaftlichen Forschungsprozessen deren theoretischen Fragestellungen, Methoden und Ergebnisse lehrbar öffentlich diskutabel macht. Zu einem Gegenstand öffentlichen Interesses aber werden Ergebnisse der erziehungswissenschaftlichen Theoriebildung und Forschung erst, wenn man sie auf Erziehungs- und Bildungsfragen sowie Aufgaben einer angemessenen Institutionalisierung von Erziehungs- und Bildungsprozessen zurückbezieht.

An einigen Beispielen sei dies abschließend erläutert. Ich gewinne diese Beispiele dadurch, dass ich eine Defizitanalyse von Jürgen Oelkers über „Allgemeine Pädagogik und Erziehung" heranziehe, die dieser in einer von Roland Reichenbach an der Universität Münster konzipierten Ringvorlesung vorgetragen hat, und die von Oelkers angesprochenen Befunde dann mit Blick auf die von mir verfolgten Fragestellungen reformuliere. Dabei soll sichtbar werden, wie die von Oelkers beobachteten Defizite wissenschaftlich so bearbeitet werden können, dass Allgemeine Pädagogik sich als eine theoretisch argumentierende, erziehungswissenschaftlich forschende und mit anderen Subdisziplinen kooperierende Disziplin ausweist.

In dem genannten Beitrag hat Oelkers die These aufgestellt, Aufgabe Allgemeiner Pädagogik sei es, „allgemeine Fragestellungen der Erziehung und Bildung zu bewahren". Es gebe „in diesem Sinne eine Zukunft der allgemeinen Theorie, die aber Bedingungen" habe, darunter diejenige, dass es ihr gelinge, die pädagogischen und gesellschaftlichen Zusammenhänge, die sie reflektiere, in das Bewusstsein „einer demokratischen Öffentlichkeit [zu] vermitteln" (Oelkers 2006, S. 193f.). Als Beispiele, an denen sich ein allgemeiner Reflexions- und Aufklärungs- und Innovationsbedarf zeigt, werden genannt:

(1) „das Aufwachsen von Kindern unter den Bedingungen einer kaum noch begrenzten Konsumkultur",

(2) „die Rechtfertigung öffentlicher Bildung angesichts privater und marktwirtschaftlicher Alternativen",

(3) die Arbeit an „Antworten auf den sich unter der Hand entwickelnden neuen Kulturkampf im Bereich Erziehung und Religion".

Erweitert man das erste Thema um Aspekte der in der Sozialpädagogik diskutierten Bewältigung veränderter Lebenssituationen, so geht es in ihm nicht zuletzt um die Sicherung lebensweltlicher Qualitäten und Bedingungen für ein reflexives und partizipatorisches Aufwachsen in familiären und außerfamiliären Bereichen. Hierzu gehört auch die Sorge, dass pädagogische Gewalt sich auf die legitimen Zwecke des Behütens und Gegenwirkens begrenzt, dass erziehender Unterricht die außerpädagogischen Anforderungen an die Erziehung angemessen didaktisch transformiert und dass gesellschaftspädagogische Transformationen erfolgreiche Übergänge aus Erziehungssituationen in die ausdifferenzierten Handlungsfelder sichern (vgl. Hamburger 2006).

Bezieht man das zweite Thema auf die gegenwärtige Diskussion über die im Anschluss an TIMMS, LAU und PISA konstatierte Bildungskatastrophe, so wird man eine noch größere Katastrophe nur verhindern können, wenn

(1.) die Kriterien für guten Unterricht und erfolgreiche Schulen unter Berücksichtigung der von mir angesprochenen sechs Formen der Erfahrung, des Wissens, Zeigens, Fragens und Antwortens beträchtlich erweitert und zwischen didaktischen Aufgaben und Testaufgaben unterschieden wird und

(2.) Konzepte für eine pädagogisch ausgewiesene Bildungsforschung entwickelt werden, die das ausufernde Gerede über durch Erziehung zu erzeugende Kompetenzen auf jene Bereiche und Formen engführen, die zu den nicht delegierbaren Aufgaben einer öffentlichen und gemeinsamen Erziehung gehören (vgl. Benner 2007).

Auch für das dritte Thema lässt sich eine analoge Konkretion vornehmen. Religion und Bildung können dann in einen bildenden und zugleich um Aufklärung bemühten Zusammenhang treten, wenn öffentlicher Religionsunterricht sich nicht mehr als Verlängerung der religiösen Glaubenspraxis von Religionsgemeinschaften in den Raum öffentlicher Erziehung, sondern als Einführung in religiöse Denkformen und Praktiken versteht. Diese folgen nach Schleiermacher einer im Gefühl der schlechthinnigen Abhängigkeit vom Absoluten begründeten Logik, die für sich – wie andere Handlungslogiken auch – weder irgendwelche legitimen Universalitätsansprüche erheben kann noch Kollisionen mit anderen Denkformen und Handlungslogiken vermeiden oder leugnen muss (vgl. Benner/Krause/Nikolova u. a. 2007).

Die Kompetenzen, die öffentliche Erziehung in allen drei von Jürgen Oelkers angesprochenen Problemfeldern stärken muss, lassen sich nicht nach Selbst- und Sozial- sowie Sach- und Methodenkompetenzen ordnen (vgl. Oelkers 2003, S. 113f.) und durch Schulprogramme und Lehrpläne normieren, sondern verlangen nach einer Ordnung, die mit den Aufgaben und Möglichkeiten moderner Erziehung und Bildung in öffentlichen Institutionen abgestimmt ist. Zu diesen gehört, dass erziehender Unterricht in allen Fächern und Lernbereichen in die genannten sechs Formen der Erfahrung und des Wissens einführt. Zu ihnen gehört ebenso, dass Erziehung bei den Heranwachsenden eine Partizipationskompetenz entwickelt und stärkt, die diese zum Übergang in die ausdifferenzierten Bereiche intergenerationellen Handelns befähigt und ihnen die Teilnahme am ökonomischen, moralischen, politischen, ästhetischen und religiösen sowie nicht zuletzt auch am pädagogischen Handeln ermöglicht.

4. Ausblick

Justiert man die diskutierten Fragen in der vorgeschlagenen Art und Weise, braucht man um die Zukunft der Allgemeinen Pädagogik und der Erziehungswissenschaft nicht besorgt zu sein. Vergleichbares gilt freilich nicht für die Sicherung der natürlichen, gesellschaftlichen und professionellen Voraussetzungen von Erziehungs- und Bildungsprozessen, die mir jenseits der gegenwärtig diskutierten Katastrophenszenarien gefährdet zu sein scheinen. Hierzu findet sich im Dritten Buch der Allgemeinen Pädagogik von Herbart die folgende Aussage, die an Ausführungen anschließt, in denen Herbart darauf hingewiesen hat, dass unter modernen Bedingungen eine Rückkehr in die frühere Einheit von Leben und Lernen nur um den Preis möglich wäre, dass die Geisteskrankheit, alles nur um des von einer Handlung zu erwartenden Gewinns wegen zu tun, weiter um sich greife:

„[D]as eigentlich härtende Prinzip für den Menschen [wird man] nicht eher finden ..., als bis man eine Lebensart für die Jugend einrichten lernt, wobei sie nach eigenem, und zwar nach eigenem richtigen Sinn eine in ihren Augen ernste Wirksamkeit betreiben kann. Sehr viel würde dazu eine gewisse Öffentlichkeit des Lebens beitragen. Aber diejenigen öffentlichen Akte, welche bisher gewöhnlich sind, dürften die Kritik schlecht bestehen. Denn es fehlt ihnen meistens das erste Erfordernis eines charakterbildenden Handelns; sie geschehen nicht aus eigenem Sinn, sie sind nicht die Tat, durch welche das innere Begehren sich als Wille entscheidet. Man bedenke unsere Examina durch alle Schulklassen von unten an bis hinauf zur Doktor-Disputation! ...

Fragt man mich, was denn für bessere Übungen statt jener zu empfehlen wären, so gestehe ich, die Antwort schuldig zu bleiben. Ich glaube nicht, daß in unserer jetzigen Welt bedeutende allgemeine Einrichtungen, um die Jugend zweckmäßig in Handlung zu setzen, getroffen werden können ... . Übrigens weist alles dies auf den früheren Satz zurück: der Hauptsitz der Charakterbildung sei die Bildung des Gedankenkreises. Denn erstlich: man darf diejenigen nicht nach eigenem Sinne handeln lassen, welche kein richtiges Begehren in Handlung zu setzen haben, sie würden dadurch nur Fortschritte im Schlechten machen; vielmehr besteht hier die Kunst im Zurückhalten! Zweitens: hat man den Gedankenkreis so vollkommen gebildet, daß ein reiner Geschmack das Handeln in der Phantasie durchaus beherrscht, alsdann fällt die Sorge wegen der Charakterbildung mitten im Leben beinahe gänzlich weg; der Entlassene wird sich die Gelegenheiten zum äußeren Handeln so wählen oder die, welche sich aufdringen, so behandeln, daß das Rechte sich in seinem Busen nur befestigen kann.“ (Herbart 1806/1965, S. 118f.)

Die hier von Herbart zunächst mit Blick auf gesellschaftspädagogische Transformationen problematisierte und dann mit Verweis auf die Spielräume eines erziehenden Unterrichts sogleich wieder bekräftigte Zuversicht in die Reichweite didaktischer Transformationen können wir heute so nicht mehr teilen. Didaktische und gesellschaftspädagogische Transformationen verlangen nach einer gleichgewichtigen Beachtung und Anerkennung. Hierzu gehört die Sorge, dass das keineswegs auf Religion begrenzte, sondern auch die Bereiche der Arbeit, der Aushandlung moralischer Regeln und der politischen Partizipation umfassende „kulturelle Gedächtnis" (vgl. Assmann 2000) lebendig gehalten wird, eine Sorge, welche die Pädagogik nicht stellvertretend für die anderen Praxisbereiche wahrnehmen kann (vgl. Benner 2004c). Aber auch das gehört zu den problematischen Sachverhalten, die es durch Erziehung und Aufklärung ins Bewusstsein der Öffentlichkeit zu heben gilt.

Reflexive *versus* affirmative Emanzipation [1]

1. Negative versus positive Emanzipation

In meiner Bonner Antrittsvorlesung über „Erziehung und Emanzipation", habe ich 1970 gegen Mollenhauers Studien zu diesem Thema eingewendet, sie konstruierten einen linearen Zusammenhang von Kritik und Normativität, denn sie suchten die „Mangelhaftigkeit des Faktischen durch die Konfrontation mit dem Möglichen" zu erweisen und erhöben hierbei für sich den Anspruch, zugleich im Namen und in Unkenntnis der gesuchten besseren Erziehung zu argumentieren (vgl. Mollenhauer 1964/1968, S. 69; Benner 1970, S. 515ff.)[2] Auf diese Weise, dies war damals mein Verdacht, könne man sich in der Hoffnung, die unbekannte bessere pädagogische Praxis zu finden, von nahezu allem emanzipieren und für den Fall, dass sich wider eigenes Erwarten keine bessere Praxis einstellt, zugleich darauf berufen, man habe die Kritik ja ausdrücklich nur im Namen, nicht aber in Kenntnis des Besseren geübt.

Was ich damals als Unstimmigkeit in Mollenhauers Argumentation kritisiert habe, scheint mir heute ein Verdienst derselben zu sein. Denn die eigentümliche Dialektik, die vorfindliche Praxis zugleich im Namen und in Unkenntnis einer besseren Erziehung zu kritisieren, verliert den Charakter einer listigen Rückversicherung, sobald wir sie nicht mit Habermas als Ausdruck einer Einheit von Erkenntnis und Interesse und auch nicht als sozialtechnischen Versuch interpretieren, variante Gesetzmäßigkeiten in Akten der Selbstreflexion außer Anwendung zu setzen. Kritik im Namen und in Unkenntnis des Besseren zu üben, lässt sich dann nämlich als Beispiel für ein Verhalten auslegen, in dem wir an etwas interessiert sind, das uns durch Erkennen nicht ohne weiteres verfügbar ist, und etwas zu erkennen suchen, das weitaus mehr durch freien Entwurf und Versuch, durch Experiment und gesellschaftliche Erfahrung, als durch ein unserer gattungsgeschichtlichen Natur entspringendes Interesse konstituiert wird (vgl. Habermas 1965/1968, S. 159ff.). Was ich an Mollenhauers polemischen Studien aus der gebotenen Skepsis hinsichtlich einer Wahrheit stiftenden Identität von Erkenntnis und Interesse gemeinsam mit Jörg Ruhloff damals kritisiert habe, interpretiere ich heute nicht mehr allein als Exempel einer zu kritisierenden Position, die sich in einer Einheit von Erkenntnis und Interesse auf Ideologiekritik zu verstehen meinte, sondern

---

1 Der Text wurde auf dem Emeritierungssymposion von Klaus Mollenhauer am 17. Februar 1996 vorgetragen und ist erschien in Dietrich/Müller (Hrsg.) 2000, S. 33-41.

2 Drei Jahre später habe ich, an der genannten Kritik noch festhaltend, Mollenhauers Position bereits als die elaborierteste innerhalb der Ansätze zu einer emanzipatorischen Erziehungswissenschaft gewürdigt; vgl. hierzu Benner [1]1973, S. 310ff. und 317ff.

zugleich als unverzichtbares Moment einer kritischen Position, welche um das Paradox pädagogischer Kritik weiß: Dass wir legitimerweise das Schlechtere nicht in Kenntnis des Besseren, sondern nur im Namen eines unbekannten Besseren kritisieren können.

Meine erste These lautet darum: Mollenhauers polemische Skizzen über Erziehung und Emanzipation zeichnen sich in zentralen Argumentationsformen dadurch aus, dass sie nicht im Namen eines positiven Fortschritts, sondern in Anerkennung der Negativität gelingender Emanzipation argumentieren.

2. Erziehungstheoretischer versus bildungstheoretischer Emanzipationsbegriff

Emanzipation impliziert, so verstanden, weder eine Emanzipation von positiven Normen und Leitbildern, noch eine solche zu positiven Zukunftsantizipationen. Die unhintergehbare Negativität kritischer Bildung und Bildungstheorie weist vielmehr Bezüge zum Bilderverbot der jüdischen Religion auf, welches sich bekanntlich nicht allein auf Gott bezieht, sondern ebenso auf jedes Ich und Du und in gewissem Sinne auf die gesamte Schöpfung (vgl. Lyotard/Gruber 1995). Bildung in den sich auf Sokrates, Kant, Husserl und die negative kritische Theorie berufenden, die Unverfügbarkeit der unserem Denken und Handeln uneinholbar vorausgesetzten Wirklichkeit reflektierenden Traditionen meint weder, dass wir unser Leben in Anerkennung nicht hinterfragter Positivitäten gestalten, noch als Suche nach diesen konzipieren müssen, sondern dass wir mit den Positivitäten der Wirklichkeit reflektierend, und das heißt unter Verzicht auf fundamentalistische Normgeber und Sinnspender umgehen können. Emanzipation im Sinne dieser Traditionen kann darum nicht als eine Emanzipation von älteren zu neuen Positivitäten betrieben werden, sondern zielt auf eine Freilassung der Heranwachsenden, die – jedenfalls in pädagogischen oder pädagogisch bedeutsamen Kontexten – aufs engste mit der Notwendigkeit verbunden ist, im pädagogischen Handeln stets das Ende pädagogischer Maßnahmen und Einwirkungen mit zu antizipieren.

Solche Emanzipation ist – seitens der Erwachsenen – eine Freisetzung und – seitens der Heranwachsenden – eine Selbstlösung aus pädagogischen Abhängigkeitsverhältnissen, in die Kinder und Jugendliche – in gewissem Sinne unvermeidbar – geraten, weil sie die Freiheit zum Selber-Lernen zwar von Anfang an haben, als Freiheit ohne fremde, pädagogische Hilfe aber erst praktizieren können, wenn sie sich aus der pädagogischen Abhängigkeit von ihren erwachsenen Bezugspersonen gelöst haben. In erziehungstheoretischer Hinsicht ist solche Emanzipation als eine Praxis der Freiheit der Wahl zu interpretieren, in der Heranwachsende aufhören, Adressaten und Objekte pädagogischen Einwirkens zu sein, und beginnen, ihre eigenen Lernprozesse jenseits von pädagogischer Unterstützung und Gegenwirkung zu entwerfen und zu interpretieren. Solche Emanzipation steht, wie schon Schleiermacher gezeigt hat, nicht nur am Ende des Erziehungsprozesses, sondern begleitet diesen in einer Weise, welche ihn gleichsam von Anfang an mitkonstituiert.

In dieser erziehungstheoretischen Bedeutung ist Emanzipation ein kritischer Begriff, der auf die Notwendigkeit der Freilassung und Selbstdistanzierung der Heranwachsenden vom Einfluss ihrer natürlichen oder berufsmäßigen Erzieher und Lehrer hinweist. Solche Emanzipation lässt sich, will man sie nicht dem erziehungstheoretischen Emanzipationsverdikt der Antipädagogik einfach opfern, angemessen nur als Emanzipation von etwas, nicht aber als Emanzipation zu etwas verstehen. Für ihr Gelingen ist unverzichtbar, dass der gewählte Entwurf für die Führung des eigenen Lebens nicht unmittelbar aus der Emanzipation von pädagogischen Abhängigkeiten hervorgeht. Ihre kritische Funktion ist davon abhängig, dass sie für sich nicht beansprucht, bildungstheoretisches Relevanzkriterium für die Prüfung von Wahrnehmungen, Einsichten und Entscheidungen zu sein. In diesem Sinne zeichnet sich die erziehungstheoretische Emanzipationskategorie dadurch aus, dass in ihr darum gewusst wird, dass Emanzipation ein unverzichtbares Moment innerhalb der Konstitution eines reflexiven Selbst- und Weltverhältnisses der Heranwachsenden darstellt, ohne diese Verhältnisse selbst erzeugen oder fundieren zu können. Innerhalb der Emanzipationskategorie zeigt sich dies daran, dass sie von sich aus kein distanziertes Verhältnis zu Begriff und Tatsache der Emanzipation zu begründen vermag.

Bildung hingegen ist die Sorge, dass der Mensch lerne, sich zu sich selbst – unter Einschluss seiner emanzipativen Akte – distanziert zu verhalten. Darum gehört es zum Interesse an Bildung, dem Irrtum vorzubeugen, als könnten wir uns, sofern wir dies nur wollten, von unseren Emanzipationen beliebig und stets von neuem emanzipieren. Eine der kritischen Einsichten der negativen Theorie Horkheimers und Adornos scheint mir die zu sein, dass eine Emanzipation von der Emanzipation weder sinnvoll noch möglich ist. Eine in handlungstheoretischer Hinsicht bedenkenswerte Grenze emanzipatorischer Pädagogik könnte darum diejenige gewesen sein, zuweilen nicht zwischen der in erziehungstheoretischer Hinsicht durchaus kritischen, in bildungstheoretischer Hinsicht jedoch zu kritisierenden Emanzipationskategorie unterschieden zu haben. Wo immer aber dieser Unterscheid vergessen wird, gerät Erziehung in die Gefahr, die Differenz zwischen einer reflektierenden Bildungsidee und einem affirmativen Bildungsideal zu eliminieren und in eine Praxis überzugehen, welche emanzipative Akte zum Selbstzweck von Bildung hypostasiert.

3. Bildung und Ästhetik

Ich komme damit zum Schlussteil meines Statements. In ihm möchte ich die These vertreten, dass der bildungstheoretische Irrtum emanzipatorischer Pädagogik nicht in der Verbindung von Emanzipation und Politik, sondern in der Reduktion der Mensch-Welt-Verhältnisse auf Arbeit und Interaktion und in der linearen Zuordnung von Arbeit und technischem Interesse, Interaktion und kommunikativem Interesse sowie Politik und emanzipatorischem Interesse gelegen hat. Die angesprochene Verkürzung ist bei Habermas über eine Hegelrezeption und Marxkritik vermittelt, welche streng zwischen Arbeit und Interaktion sowie Technik und Kommunikation unterscheidet und Arbeit auf Technik verkürzt sowie Interaktion auf reziproke Kommunikation einengt (vgl. Habermas 1963/1968, S. 48-103). Der Dualismus von Arbeit und Interaktion führte dazu, dass in ihm für die primär weder über Arbeit noch über reziproke Interaktion vermittelten ästhetischen, pädagogischen und religiösen Weltverhältnisse, also für Kunst, Bildung und Religion, kein Platz mehr war. Wenn ich dies richtig sehe, hat Klaus Mollenhauer unter den Begründern einer emanzipatorischen Pädagogik und Erziehungswissenschaft als erster bemerkt, dass die Erziehungswissenschaft sich damals auf dem Weg zu einer kritischen Theorie wähnte, auf dem sie einerseits Traditionen ihrer eigenen kritischen Theorie vergaß und es andererseits versäumte, die von Habermas vernachlässigte Ästhetik-Konzeption der kritischen Theorie zu rezipieren und für die Analyse von Bildungsprozessen fruchtbar zu machen (vgl. Mollenhauer 1983, S. 155ff.).

Während der erziehungstheoretische Emanzipationsbegriff eine Freilassung und Freisetzung der Heranwachsenden zum Selber-Denken und Selber-Handeln in allen Weltverhältnissen intendiert, ohne diese auf Arbeit, Interaktion und Herrschaft zu reduzieren, führt der bildungstheoretische Gebrauch der Emanzipationskategorie dazu, dass Kunst und Religion als Bildungshorizonte und -möglichkeiten ausgeklammert oder zumindest vernachlässigt werden. Die richtige Unterscheidung zwischen Technik und Kommunikation besagt, dass sich an allen Weltverhältnissen technische und kommunikative Aspekte unterscheiden und in ihren Zusammenhängen analysieren lassen. Die falsche Gleichsetzung von Arbeit und Technik sowie Interaktion und Kommunikation aber führt dazu, dass die Weltverhältnisse unzulässig auf die technischen Aspekte der Arbeit und auf reziproke Interaktion reduziert und die bildenden Möglichkeiten unzulässig durch die Entgegensetzung von strategischem und kommunikativem Handeln reduziert werden.

Wo immer dies geschieht, wird die Eigenart pädagogischer Interaktion verfehlt, die nicht als reziproke Interaktion gedacht und konzipiert werden kann. Für pädagogische Interaktionen stellt Reziprozität keine zulässige Grundnorm dar. Die unbedingte Anerkennung der Heranwachsenden in ihrer unbestimmten Bildsamkeit und die Einsicht, dass pädagogische Einwirkungen als Aufforderungen zur freien Selbsttätigkeit zu denken und zu konzipieren sind, begründen keine Reziprozität, noch sind sie in einer solchen begründet. Zur Finalität pädagogischer Praxis gehört, dass sie ihr Ende ohne Aussicht auf eine reziproke Interaktion der miteinander pädagogisch Interagierenden antizipieren und in gewissem Sinne sogar selbst mit herbeiführen muss. Wie bereits angedeutet, ist dieses Ende ein Übergang in andere Weltverhältnisse, nicht aber ein Übergang von pädagogischer Interaktion in eine reziproke Interaktion zwischen den Heranwachsenden und ihren pädagogischen Bezugspersonen. Ein solcher Übergang ist der pädagogischen Praxis nicht deshalb verwehrt, weil reziproke Interaktionen nur zwischen Erwachsenen, nicht aber zwischen Kindern und Erwachsenen möglich wären, sondern deshalb, weil pädagogisches Handeln sein eigenes Ende nicht dadurch herbeiführen kann und darf, dass es in eine unmittelbare reziproke Interaktion übergeht. Denn es soll ja die Freiheit der Heranwachsenden, eine eigene Lebensform zu wählen, in der Weise unterstützen, dass die Wahl der eigenen Lebensform nicht aus der pädagogischen Interaktion selbst hervorgeht, sondern von pädagogischen Abhängigkeiten im Sinne einer negativen Emanzipation emanzipiert.[3]

Ebenso wenig wie die Pädagogik lässt sich die Kunst als Arbeit oder Interaktion angemessen fassen und begreifen. Denn ein Künstler und ein ästhetisch Tätiger überhaupt, der ein literarisches oder ein musikalisches, ein bildnerisches oder plastisches Werk schafft, ist ja in seiner ästhetischen Tätigkeit weder Arbeiter, noch interagiert er in ihr einfach mit anderen. Er geht vielmehr ästhetisch mit der Welt um, indem er Welt im Horizont des Spiels darstellt und schafft (vgl. Fink 1960). An diesem Darstellen und Schaffen lassen sich zwar stets auch technische und kommunikative Aspekte der Kunstproduktion und -rezeption unterscheiden, dies aber nur in einer Weise, welche es nicht sinnvoll erscheinen lässt, ästhetische Praxis linear und dualistisch als Arbeit und als Interaktion zu interpretieren oder gar in arbeitende und interaktive Teilhandlungen zu zerlegen.[4]

Die mit einer Zurückführung aller menschlichen Weltverhältnisse auf Arbeit und Interaktion verbundene Verkürzung pädagogischen Handelns und die aus der Gleichsetzung von Arbeit und Technik sowie Interaktion und reziproker Kommunikation hervorgehende Reduktion der Bildung lassen sich bis in

---

3 Kinder und Jugendliche lernen mit Unterstützung ihrer Lehrer ja nicht lesen und schreiben, um hernach mit diesen einen Briefwechsel zu führen. Ebenso ist es nicht der Sinn eines Sexualkundeunterrichts, dass SchülerInnen und LehrerInnen gemeinsam verhüten.

4 Analoges gilt auch für die religiöse Praxis, die angemessen nicht als reziproke Interaktion gedacht und ausgeübt werden kann. Religion hat es mit der Gnade der Existenz als einem interaktiv weder zwischen den Menschen noch zwischen Gott und den Menschen Aufgehenden zu tun. In extremer Weise zeigt sich dies in der Erinnerung des von Menschen anderen Menschen in der Geschichte sinnlos angetanen Leids. So kann die industrielle Vernichtung von Leben im faschistischen Holocaust nur in anamnetischer Solidarität bewahrt, niemals aber in ein reziprokes Verhältnis zu den Opfern überführt werden. Auf die sich hier zeigende Grenze seiner Theorie kommunikativen Handelns hat Habermas 1985, S. 24f., unter Bezugnahme auf W. Benjamin und H. Peukert selbst hingewiesen.

jene Stellungnahme nachweisen, die Habermas in seiner Studie „Vom sozialen Wandel akademischer Bildung“ zu der von Eugen Fink 1960 für die Arbeitsgemeinschaft Deutscher Lehrerverbände verfassten Begründung des Bremer Plans für eine Neugestaltung des deutschen Schulwesens abgegeben hat. Fink ging damals, spätere Thesen des Wissenschaftsrates vorwegnehmend und tiefere Einsichten seiner Differenzierung der menschlichen Weltverhältnisse in Arbeit, Herrschaft, Liebe, Tod und Spiel hintanstellend, von einer unproblematischen Affinität zwischen moderner Technik, rechnender Wissenschaft und Demokratie aus und suchte von daher moderne Bildung als Verwissenschaftlichung und Demokratisierung schulischer Erziehung und Unterweisung zu konzipieren. Zu diesem Begründungsversuch merkte Habermas zustimmend und kritisierend zugleich an, die Pädagogik könne zwischen wissenschaftlichen Erkenntnissen und gesellschaftlichen Interessen erst dann richtig vermitteln, wenn das Vermittlungsproblem von Erkenntnis und Interesse zuvor durch die theoretischen und empirischen Sozialwissenschaften gelöst worden sei: „Erst wenn Wissenschaft diese Aufgabe gelöst hat, wird die ‚Lehrbarkeit der Wissenschaft bis zur Grundschule’ denkbar, jenes Bildungssystem also, das die von Eugen Fink behauptete Konvergenz von Technik und Demokratie vorbereiten könnte.“ (Habermas 1963/1967, S. 22)

In dem hier von Habermas favorisierten Rationalitätskonzept ist für eine entwerfende, problematisierende und reflektierende Erziehung und Bildung kaum Raum. Es verkürzt die pädagogische Praxis auf ein Anwendungsgebiet wissenschaftlicher und emanzipatorischer Problemlösungen, die von den Sozialwissenschaften bereit gestellt werden. Die Enge eines solchen Rationalitätskonzeptes wieder erweitert und Räume für eine nicht-affirmative Erziehung und Bildung zurückgewonnen zu haben, scheint mir ein Verdienst von Klaus Mollenhauers Studien zum Verhältnis von Bildung und Ästhetik zu sein. In ihnen zeigt sich, dass eine nicht-affirmative Theorie pädagogischen Denkens und Handelns dem Ästhetischen eine besondere Bedeutung für die Bildung zuerkennt, welche in ihrer reflexiven Programmatik u. a. dem verpflichtet ist, was Jörg Ruhloff „problematischen Vernunftgebrauch“ genannt hat (vgl. Ruhloff 2000). Im Ästhetischen sind negative Emanzipationen und Pluralisierungen von Weltansichten möglich, die über diejenigen von Arbeit und Interaktion überschreiten. So gesehen ist Mollenhauers Hinwendung zur Ästhetik durch das Interesse bestimmt, dem Ästhetischen wieder eine zentrale Bedeutung für die Erziehung zuzuerkennen. Diese liegt darin, dass die Pädagogik die Kunst nicht einseitig darüber belehren kann, wie sie die Menschen verändern soll, sondern zugleich „Belehrungen durch Kunst“ entgegennehmen sollte. Durch sie kann Erziehung für Erfahrungen und Fragen geöffnet werden, die über die Horizonte wissenschaftlicher und kommunikativer Intersubjektivität hinausführen (vgl. Mollenhauer 1996/2000).

Umgang und Wissen als Horizonte einer Bildungstheorie für die Schule [1]

Dass Umgang und Wissen als universelle Horizonte menschlichen Lehrens und Lernens auch für die pädagogische Praxis in der Schule bedeutsam sind, ist seit langem bekannt und anerkannt. Gestritten wird zuweilen darüber, wie und welches Wissen in der Schule vermittelt und wie und welcher Umgang in ihr eingeübt werden sollen. Am umstrittensten aber ist vielleicht, wie Wissens- und Umgangsbildung angemessen aufeinander zu beziehen sind. Einige meinen, dass dies, wie beim kognitiven und sozialen Lernen, durch die gleichzeitige Beachtung zweier verschiedener Lernfelder erfolgen könne. Andere gehen von einem ganzheitlichen Zusammenhang von Umgangs- und Wissensbildung aus und suchen diesen in Formen eines handlungsorientierten Lernens, eines schülerorientierten Unterrichts oder eines praktischen Lernens zu realisieren.

Im Folgenden werde ich an der Auffassung, dass Umgang und Wissen unverzichtbare Horizonte der pädagogischen Arbeit in der Schule sind, festhalten, zugleich aber zu zeigen suchen, dass die Forderung, Wissen und Umgang im Lehren und Lernen miteinander zu vermitteln, auf ebenso schwierige wie weit reichende Probleme verweist. Diese hängen damit zusammen, dass es auf die Frage, wie sich Umgang und Wissen im Lernen und Lehren zueinander verhalten, nicht eine einzige, allumfassende, sondern sehr verschiedene, im Konflikt miteinander stehende Antworten gibt. Bei meinem Versuch, Umgang und Wissen als bildungstheoretisch bedeutsame Horizonte der Schule und ihrer Pädagogik auszuweisen, knüpfe ich nicht an eine einzige dieser Antworten, sondern an verschiedene Traditionen an. Im ersten Abschnitt entwickele ich an der Alltagssprache einen vorläufigen Begriff des Abstimmungsproblems von Umgang und Wissen, welcher die Sphäre des Umgangs als einen zwar unverzichtbaren, nicht aber exklusiven Horizont schulischen Lehrens und Lernens ausweist. Im zweiten Abschnitt rekonstruiere ich die moderne Vermittlungsproblematik von Umgang und Wissen am Widerstreit zweier Antworten, die Ende des 18., Anfang des 19. Jahrhunderts in den Philanthropinen der pädagogischen Aufklärer sowie von der Pädagogik der deutschen Klassik entworfen, erprobt und diskutiert worden sind. Im dritten Abschnitt erinnere ich zunächst an eine im 20. Jahrhundert an den Positionen von Erich Weniger und

---

[1] Der Beitrag wurde auf einem von Ursula Drews konzipierten grundschulpädagogischen Symposion zum Thema „Grundlegung von Bildung in der Grundschule von heute“ vorgetragen, das vom 05. bis 07. Juni 1997 an der Universität Potsdam stattfand. Eine auf die Schule insgesamt ausgelegte Fassung erschien in Neue Sammlung 37, S. 547- 561. Die stärker grundschulpädagogisch ausgerichtete Vortragsversion findet sich in den Potsdamer Studien zur Grundschulforschung. Heft 20, S. 11-24.

Theodor Litt nachweisbare Kontroverse. Meine Überlegungen schließen mit einer Reformulierung der Vermittlungsproblematik von Umgang und Wissen, welche alle zuvor diskutierten Fragen und Positionen zu berücksichtigen sucht.

1. Das Problem

In der Alltagssprache bezeichnen wir mit dem Wort Umgang sowohl Verhältnisse zwischen verschiedenen Menschen als auch Mensch-Welt-Verhältnisse. Wenn wir von jemandem sagen, dass er mit Menschen bzw. Dingen umgeht, dann meinen wir, dass er in einer unmittelbaren Beziehung zu einem bestimmten Du oder zu einem bestimmten Weltinhalt steht. Wer beim Einschlagen eines Nagels den Nagel verfehlt und den eigenen Daumen trifft, ist zweifellos mit dem Hammer umgegangen, und wer auf ein gutes Verhältnis zu seinem Nachbarn achtet oder sich über diesen ärgert, hat Umgang mit der Nachbarschaft. Zu solchem Umgang gehört, dass zunächst jedenfalls nur der um ihn weiß, der ihn erfährt, d.h. an ihm Teil hat, indem er ihn mitgestaltet und erleidet. Umgangswissen ist im Umgang erworben und wird im Medium des Umgangs weitergegeben. Solche Weitergabe erfolgt im Umgangslernen. Damit das Kind sprechen lernt, müssen andere mit ihm sprechen. Die Flöte zu spielen lernt nur der, der die Flöte spielt. Und wer einem Kind unfreiwillig vormacht, wie man beim Versuch, einen Nagel in die Wand zu treiben, den eigenen Daumen trifft, der wird von dem Kind, das er durch Vormachen zum Nachmachen auffordern wollte, vielleicht ob seines Mutes bewundert, ob seiner Ungeschicklichkeit ausgelacht oder in seinem Missgeschick bedauert.

Zum umgänglichen Verhältnis zur Welt und zu unseren Mitmenschen gehört, dass in ihm unsere zwischenmenschlichen Erfahrungen über Welterfahrungen und diese über jene vermittelt sind. Die Welt lernen wir im Umgang dadurch kennen, dass wir sehen, erfahren und verstehen, wie andere mit ihr umgehen. Und andere begreifen wir in ihrem Umgangsverhältnis zur Welt und zu anderen, wenn wir beginnen, mit den Dingen und Menschen, mit denen sie umgehen, auch selber denkend und handelnd umzugehen. Solches Umgangslernen ist immer leiblich und sprachlich vermittelt. Im Umgangswissen beinhalten jedes Wort und jeder Satz eine Mitteilung für andere und eine Aussage über etwas. Die Aussage über etwas teilt sich dem anderen mit, weil dieser Umgang nicht nur mit uns als dem Sprecher der Aussage, sondern zugleich mit dem in der Aussage ausgesagten Weltinhalt hat. In umgänglichen Welt- und Menschenverhältnissen wirkt unsere Leiblichkeit stets auf zweifache Weise mit. Im Hören und Sprechen bringen wir den sprachlich artikulierten Laut mit unserem Leib hervor. Und im Bemerken einer vorgegebenen, gezeigten oder vorgestellten Wirklichkeit ist diese leiblich über unsere Sinne vermittelt.

Ohne Umgang mit der Welt und mit den Menschen könnten wir nichts erfahren, nichts lernen, anderen nichts beibringen, nichts lehren, keine Welt entwerfen oder verändern, nichts erinnern und nichts vergessen. Vergessen können wir ja nur, was uns aus den Sinnen, aus dem Blick oder aus dem Gedächtnis gerät, erinnern nur, was uns in den Sinn, in den Blick oder ins Bewusstsein kommt.

Betrachten wir aus solcher Perspektive das, was wir Lehren und Lernen nennen, so fällt auf, dass zwar ohne Umgang mit der Welt und den Menschen kein Lehren und Lernen möglich ist. Die Umkehrung dieses Satzes aber, welche besagte, dass alles Lehren und Lernen nur umgänglich erfolgt oder vonstatten geht, wäre gänzlich falsch. Bestimmte Inhalte, Fragen und Themen lassen sich unterrichtlich nur besprechen, abwägen und als Sachverhalte, Probleme und Fragen behandeln, wenn sie ausdrücklich nicht im Horizont des Umgangs, sondern in einem umgangsentlasteten und umgangsfernen Horizont thematisiert werden. So kann beispielsweise niemand, der als Lehrerin oder Lehrer sexualkundliche Themen im Unterricht erörtert, ungestraft in sexuelle Umgangsverhältnisse zu seinen Schülerinnen und Schülern treten. Und der von Deutschen an Juden begangene Holocaust lässt sich, weil er ein Holocaust war, fast nur mehr jenseits aller Umgangsverhältnisse erinnern. Wenn in Kürze die letzten Augenzeugen eines natürlichen Todes gestorben sein werden, muss die Erinnerung an sie künstlich – durch Museen, Gedenkstätten und Medien – wach gehalten werden, um weiterhin Eingang in den Umgang der Nachgeborenen zu finden.

Dass Umgangsverhältnisse für alles Erfahren, Entwerfen, Erinnern, Lernen und Lehren, Üben und Vergessen unverzichtbar sind, besagt somit nicht, dass alles, was wir erfahren, entwerfen und erinnern, ausschließlich über Umgangsverhältnisse vermittelt ist. Es gibt sowohl eine Unverzichtbarkeit als auch eine Nichtausschließlichkeit unseres Umgangs mit der Welt und mit den Menschen. Beide stehen in keinem unproblematischen Verhältnis zueinander. Dass sie gleichwohl widerspruchsfrei aneinander anschließen können, hängt damit zusammen, dass Umgangsbezüge in Welt- und in zwischenmenschlichen Verhältnissen und deren Thematisierung in Formen eines reflexiven Wissens grundsätzlich niemals gleichzeitig präsent sind, sondern nur nacheinander zur Geltung kommen. Wenn der Lehrer die Mondfinsternis der vergangenen Nacht bespricht oder vom Schicksal der Anne Frank erzählt, haben weder er noch die Schüler Umgang mit dem sich durch den Erdschatten verfinsternden Mond oder mit Anne Frank. Wer gerade mit Welt umgeht, ist nicht gleichzeitig lehrend im Hinblick auf Umgangs- und Wissensverhältnisse anderer tätig. Wir können offenbar unser Wissen von unserem Umgang mit der Welt anderen nur im Kontext einer Unterbrechung unseres Weltumgangs mitteilen und gehen dann mit anderen, nicht aber mit den Weltinhalten um, die wir diesen vermitteln.

Im Lehren und Lernen wird uns das, was wir selbst oder von anderen lernen, aufgrund eines temporären Verlassens der Umgangssphäre fremd. Hierauf sowie auf die anschließende Rückkehr in die Sphäre des Umgangs ist zurückzuführen, dass Kinder bei Lehrern etwas lernen, das sie bei der Rückkehr in die Umgangssphäre nicht mit diesen, sondern mit anderen praktizieren. Wer diese anderen sind, wird hierbei nicht durch die Schule vorgegeben, sondern von den Interagierenden durch Akte einer Wahl selbst entschieden. So ist es ja beispielsweise nicht vorrangiger Zweck des Schriftspracherwerbs in der Schule, dass Schüler Lehrern Briefe schreiben, sondern dass sie schriftkundig werden und das in der Schule Erlernte hernach nicht lehrerzentriert, sondern frei gebrauchen.

Die Grundstruktur eines solchen umgangsentlasteten Lehrens und Lernens lässt sich an einem klassischen Beispiel aus Rousseaus Emile verdeutlichen. Dieses justiert das Problem der Urteilskraftbildung genau zwischen Umgang und Wissen und räumt weder dem Mensch-Welt- noch dem Mensch-Mensch-Verhältnis einen Vorrang ein. Ich meine das Beispiel von einem Kind, das zum ersten Mal einen halb ins Wasser getauchten Stock als einen gebrochenen Stock wahrnimmt und daraufhin urteilt, der Stock sei gebrochen (vgl. Rousseau 1762/1979, S. 250ff.). Versuchten wir ein solches Urteil in der Sphäre des Umgangs dadurch zu korrigieren, dass wir den Stock sogleich aus dem Wasser ziehen und dem urteilenden Kind zeigen, dass er nicht gebrochen ist, und beeilten wir uns anschließend, das Kind in einem weiteren Schritt darüber zu belehren, dass sich seine Täuschung nach dem Brechungsgesetz der physikalischen Optik erklären lässt, so brächten wir uns und es um das, was unter einem fragengeleiteten und problemorientierten Lehren und Lernen zu verstehen ist. Das Kind lernte alsdann vielleicht, dass seine Sinneserfahrung und sein Urteil auf eine Täuschung zurückgehen, und es glaubte hernach womöglich an das von der Optik aufgestellte Gesetz, demzufolge Lichtstrahlen sich beim Durchgang durch Körper unterschiedlicher Dichte nach einem bestimmten Exponenten brechen. Es hätte jedoch weder gelernt, über die besagte Naturerscheinung zu staunen, noch eigene oder fremde Fragen und Vermutungen zu ihrer Erklärung anzustellen und zu prüfen. Es hätte ein Ergebnis der Wissenschaft übernommen, ohne erfahren zu haben, dass Sinneseindrücke und Urteile wie die seinigen es waren, die in der Physik zur Formulierung des Brechungsgesetzes und dessen Überprüfung in Experimenten geführt haben. Im wahrsten Sinne des Wortes um den möglichen eigenen Lernprozess gebracht, hätte ein so unterrichtetes Kind lediglich die Sphäre des Weltumgangs und des zwischenmenschlichen Umgangs gegen die eines abstrakten Regelwissens eingetauscht und nicht einmal die Frage kennen gelernt, auf die das Brechungsgesetz der Physik eine Antwort gibt.

Soll eine solche Verhinderung von Lernprozessen im Unterricht vermieden werden, so gilt es, Übergänge von der Umgangsphäre in die des Wissens und von dieser in jene zurück sorgsam zu planen und gemeinsam mit Kindern zu vollziehen. Statt Lernenden Richtiges oder nur vermeintlich Richtiges auf einem falschen Wege beizubringen und ihnen einzureden, die Sinneswahrnehmung des gebrochenen Stocks sei nichts als eine Täuschung, schlägt Rousseau vor, Kinder zur Prüfung ihrer Wahrnehmungen und Urteile anzuhalten. Eine solche Prüfung aber kann auf mannigfaltige Weise erfolgen. Rousseau beschreibt, wie Emile und Jean Jacques „um den Stock herum“ gehen und dabei bemerken, dass sich der gebrochene Stock mit ihnen dreht; wie sie „genau senkrecht auf das Ende des Stocks“ blicken und bemerken, dass der Stock hierbei seine Berechnung verliert; wie sie „die Oberfläche des Wassers (bewegen) und sehen, dass der Stock in mehrere Stücke zerbricht“; wie sie schließlich „das Wasser ablaufen (lassen) und sehen, wie sich der Stock mit sinkendem Wasser aufrichtet“. Erst aus solchen keineswegs unmittelbar umgänglichen, sondern durch und durch experimentellen Erfahrungen wird schließlich die Hypothese gewonnen, dass keineswegs der Stock, sondern das von der Sonne auf diesen durch das Wasser fallende und von ihm zu unseren Augen gelangende Licht gebrochen ist. Das so erworbene Wissen ist weder ein Umgangswissen, noch ein aus dem Wissen des Lehrers übernommenes Wissen, sondern geht auf eine Wechselwirkung von Erfahrung und Umgang, Entwurf und Reflexion zurück. Diese folgt weder unmittelbar einer Ordnung der Umgangserfahrungen, noch lässt sie sich linear aus dem Wissen der Wissenschaften und seiner Präsentation durch den Lehrer gewinnen. Die zu erlernende Einsicht entsteht vielmehr aus einer Dialektik von Frage und Antwort, der zufolge alle Antworten, auch die der Wissenschaften, Antworten auf Fragen sind, in denen uns etwas fragwürdig wurde, das im Horizont des Umgangs zunächst vielleicht gar nicht fragwürdig war.

Was nun das Verhältnis von Umgang und Wissen betrifft, so kann Umgang dem Wissen vorauseilen und Wissen dem Umgang nachfolgen. Auf diese Weise lernen beispielsweise Kinder zum Vater ihrer Mutter Großvater zu sagen, lange bevor sie darum wissen, dass eine zweifach aufeinander folgende Elternschaft zu Großelternschaft und Enkelschaft führt. Es gibt aber auch den umgekehrten Fall, dass das Wissen dem Umgang vorauseilt und anschließend nicht mehr in seiner hypothetischen Struktur verstanden wird. Der zweite Fall kann in pädagogisch-didaktischer Hinsicht zuweilen sogar der problematischere sein. Während nämlich das traditionelle Vorausgehen des Umgangs vor dem Wissen unterrichtliche Fragen zulässt, die von der Sphäre des Umgangs ausgehen und dann über diese hinausführen, kann das Vorauseilen des Wissens vor allem Umgang dazu beitragen, dass bestimmte Umgangserfahrungen nicht nur übersprungen werden, sondern hernach nur mehr unter erschwerten Bedingungen möglich sind. So wissen Kinder heute zuweilen, dass sich die Erde um ihre Achse und zugleich um die Sonne bewegt, ohne jemals zuvor über den Aufgang der am Horizont aufsteigenden Sonne gestaunt zu haben. Sie glauben gleichsam an die Rotation der Erde, ohne sich gefragt zu haben, wieso sie von dieser Bewegung nicht das Geringste verspüren, die sich am Äquator immerhin mit einer Geschwindigkeit von mehr als 1600 Stundenkilometern vollzieht (vgl. Wagenschein 1970, S. 54).[2] Oder sie wissen, dass sich

[2] Dieser Hinweis findet sich bei Wagenschein 1970, Band 2, S. 54, der sich bei seiner Unterscheidung zwischen wissenschaftlicher und umgänglicher Physik ausdrücklich auf Litt bezieht. Um nach Wagenschein unterrichten zu lernen, muss man die in der heutigen Physik vergessene Geschichte der Physik und die von Litt begründete bildungskategoriale Didaktik kennen.

das Weltall ausdehnt, und wundern sich angesichts dieser Gewissheit nicht einmal mehr darüber, dass der bestirnte Himmel über uns feststeht. Andere haben bereits in Fernsehfilmen oder Videospielen erlebt, dass man in Raumfahrzeugen durch ganze Galaxien fahren kann, und in der medial erzeugten Wirklichkeit vielleicht die Beobachtung gemacht, dass Menschen im Weltraum langsamer als Erdenbewohner altern. Konstruierte, virtuelle Erfahrungswelten, die auf hypothetische Konstrukte der Wissenschaften zurückgehen, erzeugen auf diese Weise den Schein, als präsentierte sich in medial vermittelten Erfahrungen auf anschauliche Weise eine Umgangswirklichkeit.

Umgangswissen und Umgangserfahrung, medial vermitteltes Wissen und wissenschaftliches Wissen sind in den Köpfen der heutigen Menschen längst ein Gemenge eingegangen, das uns, wenn wir hierüber nachdenken, zuweilen an der Authentizität jeglicher Umgangserfahrung zweifeln lässt. An die Stelle der klassischen Unterscheidung zwischen Umgangswissen und künstlichem Wissen scheinen längst virtuelle Verhältnisse getreten zu sein, unter deren Einfluss sich sowohl unsere Weltverhältnisse als auch unsere zwischenmenschlichen Beziehungen verändern. Die Folgen dieser Veränderung werden unterschiedlich eingeschätzt. Einige Kritiker der Entwicklung schlagen vor, Heranwachsende vor einem überdehnten Umgang mit medial vermittelten Welten zu behüten, andere sprechen den durch neue Medien erzeugten Welten eine besondere bildene Kraft zu. In ihnen sollen die alten Unterscheidungen zwischen erkennendem Ich und erkannter Welt überwunden und Erfahrungen möglich sein, die keinen Anspruch mehr auf eine bei den Subjekten oder bei den Objekten festzumachende Identität erheben, sondern im Spannungsgefüge wechselnder Sprachspiele stattfinden (vgl. Meder 1987).

Was uns aufgrund der uns an unseren Kindern begegnenden veränderten Weltverhältnisse so neu zu sein scheint, ist jedoch alt und neu zugleich. Vieles an unserem heutigen Umgangsverhältnis zur Welt und zu den Mitmenschen war unseren Eltern und Großeltern nicht vertraut. Und manches, was uns am Weltverhältnis und zwischenmenschlichen Umgang unserer Kinder neu zu sein scheint, wird es für diese im Umgang mit ihren Kindern nicht mehr sein. Es gibt offenbar nicht nur eine systematische Differenz und Vermittlungsproblematik von Umgang und Wissen, sondern zugleich historische Differenzen zwischen Umgangs- und Wissensformen, die in ihrer Bedeutung wenig bedacht worden sind (siehe hierzu kritisch Meyer-Drawe 1995). Der heute beobachtbare gesellschaftliche Wandel der Wissens- und Umgangsformen wird gegenwärtig von den einen als Verlust eines authentischen Menschen- und Weltumgangs verurteilt, von anderen als eine befreiende Pluralisierung virtueller Welten begrüßt. In ausdrücklicher Distanz gegenüber einem in solchen Einstellungen sich zeigenden kulturkritischen Pessimismus bzw. postmodernen Optimismus frage ich im Folgenden nach der bildungstheoretischen Bedeutsamkeit des skizzierten Wandels im Verhältnis von Umgang und Wissen. An einem ca. 200 Jahre alten, im Zusammenhang mit der Einführung der Elementarschule entstandenen Dissens über die Frage, ob die Ausdifferenzierung von Umgang und Wissen eine dauerhafte, oder nur eine vorübergehende Erscheinung sei, werde ich zeigen, dass die Künstlichkeit medial vermittelter Lehr-Lernsituationen keineswegs eine Erfindung unserer Zeit ist und dass der Horizont eines unmittelbaren Umgangslernens keineswegs erst in unseren Tagen brüchig zu werden beginnt.

2. Vermittlung zwischen Umgang und Wissen als dauerhafte oder vorübergehende Aufgaben und Horizonte elementarer Bildung?

Solange Menschen das von ihnen in der Geschichte erarbeitete Wissen und Können im Umgang tradierten, war die pädagogische Sorge um die Wissens- und Umgangsbildung ein Teil der alltäglichen Sorge im unmittelbaren Zusammenleben der Generationen. Das Wissen von der Welt und von den Menschen und der Umgang der Menschen miteinander und mit der Welt tradierten sich gleichsam im Zusammenleben von selbst. Es gab weder pädagogische Berufe noch pädagogische Institutionen noch eine von anderen Wissens- und Handlungsformen abgehobene pädagogische Wissens- und Praxisform. Unterricht und Erziehung waren in das Zusammenleben der Menschen und seine Probleme integriert. Um es in Rousseaus Kategorien zu sagen: die Menschen waren von Natur lernbedürftig und bildsam wie wir, sie lernten wie wir von den Dingen und voneinander, und sie hatten pädagogisch bedeutsame Institutionen und Interaktionsweisen; aber sie kannten noch keine vom sonstigen Leben abgetrennten pädagogischen Einrichtungen und keine von anderen gesellschaftlichen Tätigkeiten abgesonderten pädagogischen Berufe.

Zu den vormodernen Formen der Wissens- und Umgangstradierung, die bis heute beispielsweise für das Sehen-, Greifen- und Gehenlernen und für den Erwerb der Muttersprache gelten, sind in den letzten 200 Jahren zunehmend Formen einer vom Zusammenleben der Menschen abgehobenen Tradierung und eines Lernens in künstlichen Situationen getreten. Diese setzen sich in unseren Tagen über alle kulturellen Differenzen hinweg weltweit und universell durch. Umgang und Wissen haben aufgehört, ausschließlich Horizonte eines natürlichen Lernens im praktischen Zirkel von Leben und Lernen zu sein. Sie sind längst auch Horizonte eines „künstlich“ veranstalteten Lehrens und Lernens, das in Schulen stattfindet, in denen Lehrer berufsmäßig mit Schülern interagieren.

Der Übergang vom „natürlichen“ zum „künstlichen“ Lehren und Lernen begann lange vor unserer Zeitrechnung mit der Erfindung der Bilderschrift, deren Gebrauch nur wenigen vorbehalten war. Er erfolgte nach der Durchsetzung der Buchstabenschrift im Bereich der höheren oder gelehrten Bildung früher als im Bereich der allgemeinen Bildung. Die gelehrte Bildung verlangte nach Konzepten einer schulförmigen Unterweisung, welche beispielsweise Heranwachsenden, die für den Stand des Theologen oder Juristen bestimmt waren, die im Zusammenleben der Menschen selbst nicht erlernbaren toten, längst ausgestorbenen Sprachen Latein und Griechisch beibrachte. Die Entwicklung künstlicher Lernformen für alle vollzog sich später und folgte einem modifizierten Modell. In Zentrum des Unterrichts der allgemeinen Elementarschule standen von Anfang an Kenntnisse und Fertigkeiten, die einerseits, wie die toten Sprachen, nicht im unmittelbaren Zusammenleben der Menschen erlernt werden können, die jedoch anders als das Lateinische und Griechische nicht wegen ihrer berufspropädeutischen Funktion für wenige, sondern wegen ihrer allgemeinbildenden Bedeutung von immer mehr Menschen erlernt werden müssen.

Als sich in Europa Ende des 18., Anfang des 19. Jahrhunderts die Einsicht durchsetzte, dass gesellschaftlicher Fortschritt im privaten, beruflichen und öffentlichen Handeln künftig nur durch eine Mathematisierung und Verschriftlichung aller auf Planung, Organisation und Verwaltung bezogenen Tätigkeiten möglich sein werde, wurde die Einführung einer öffentlichen Elementarschule mit weiterführenden Schulstufen notwendig. Diese sind seitdem als allgemeinbildende Einrichtungen jeder beruflichen Ausbildung vorgeordnet. Aus ihnen ist das uns heute bekannte, allgemeine Schulwesen hervorgegangen. Es war von Anfang an keine im Horizont unmittelbarer Mensch-Welt-Verhältnisse angesiedelte Einrichtung, sondern eine Institution zur Ermöglichung offener, vom Herkunftsstand her nicht mehr vorbestimmter, also ungewisser, über Zufall und individuelle Leistung vermittelter Bildungskarrieren.

Die neue Elementarschule übernahm nicht nur Funktionen für den Schriftspracherwerb, der in den höheren Ständen als Teil der Familienerziehung stattfand, sie beeinflusste auch die Entwicklung der Schulen für die so genannten gelehrten Stände. Die Versuche, eine Allgemeinbildung für alle schulisch zu institutionalisieren, verfolgten von Anfang an den Zweck, die elementaren Techniken des Lesens und Schreibens auch denjenigen Heranwachsenden beizubringen, deren Eltern bis dahin Analphabeten waren. Zusammen mit der Erprobung der neuen Elementarbildung begannen sich schrittweise auch die gelehrten Schulen und Berufsakademien der höheren Stände von standes- und berufsbezogenen Einrichtungen zu allgemeinbildenden Einrichtungen zu wandeln. Wie die in Entstehung begriffene Elementarschule mussten sie ihre Klientel zunehmend in Unkenntnis ihrer künftigen Bestimmung fördern und – anders als diese – auf eine zunehmend über Wissenschaft vermittelte Berufsbildung vorbereiten.

Die schrittweise Einführung einer allgemeinen Schule für alle führte in der Folge nicht nur zur Entstehung einer neuen Institution, sondern brachte mit dieser zugleich als neuen Berufsstand den des Elementarschullehrers hervor. Beide, die neue Institution und der neue Beruf, bedurften veränderter organisatorischer und institutioneller sowie erziehungs- und bildungstheoretischer Orientierungen und Handlungsmuster. Beide – die neue Schule und der neue

Lehrer – sahen sich von Anfang an mit der Frage konfrontiert, ob ihre gesellschaftliche Notwendigkeit auf Dauer bestehen oder nur eine vorübergehende sein werde. Wie veränderte sich das Verhältnis von Umgang und Wissen in den Schulexperimenten der Philanthropen, die am Fortbestand der neuen Einrichtung und der Professionalisierung des Lehrerberufs arbeiteten, und wie dachten sich diejenigen das künftige Verhältnis von Umgang und Wissen, die nach abgeschlossener Modernisierung ein Verschwinden der neuen Einrichtung erwarteten?

Von den älteren Schulen unterschieden sich die philanthropischen Schulgründungen in mehrfacher Hinsicht. Basedow, der Gründer des ersten Philanthropins, wies der neuen Schule die Aufgabe zu, Dienstleistungen für die einzelnen Bürger und die Gesellschaft als ganze zu erbringen. Hierunter verstand er Leistungen, die weder dem Staat noch den Eltern übertragen werden können und die sich in der in Entstehung begriffenen bürgerlichen Gesellschaft auch nicht von selbst erledigen. Die älteren geburts- und berufsständischen Gesellschaftsformationen hatten sich weitgehend im unmittelbaren Zusammenleben der Menschen reproduzieren können, ohne dass es dazu einer öffentlichen und allgemeinen Schule bedurfte. Die neue Gesellschaft aber sah sich zunehmend mit dem bis dahin weitgehend unbekannten Problem konfrontiert, wie Heranwachsende für sie selbst und die Gesellschaft nützliche Lernprozesse und Bildungsgänge durchlaufen können, wenn ihre künftige Bestimmung ihnen und ihren erwachsenen Bezugspersonen gleichermaßen unbekannt ist.

Anders als in den vormodernen Formen des Lehrens und Lernens ließ sich die gesuchte neue Lehrform nicht mehr auf eine Einheit von Umgang und Wissen, Wissen und Umgang gründen. Die allgemeinbildende Aneignung der Schriftsprache und der Anfangsgründe von Arithmetik und Geometrie und eine ebensolche Vermittlung natur-, sach- und sozialkundlicher Inhalte und Kenntnisse verlangten nach einer Transformation des traditionellen Umgangslernens in künstliche, umgangsentlastete Lehr-Lernformen. Um solche Lehr-Lern-Prozesse möglich zu machen, experimentierten die Philanthropine mit Lehr- und Lernformen, die den Gebrauch des zu Erlernenden aus allen überkommenen Verwendungssituationen lösten und auf diese Weise für beliebige Verwendungssituationen anschlussfähig machten. Zu diesem Zwecke wurden neue Ersatztechnologien erfunden und ausprobiert:

– Als neue Motivierungstechniken wurden Ehrgeiz und Konkurrenz eingesetzt sowie unter den Lernenden einen Kampf um Aufstieg, größtmögliche Anerkennung und Achtung inszeniert. Gerechtfertigt wurde dies damit, in der neuen Gesellschaft müsse ein jeder in Konkurrenz zu allen anderen treten und in wechselnden Über- und Unterordnungsverhältnissen denken, urteilen und handeln können.
– Um solche Verhaltensweisen einzuüben, wurden Reichtums-, Standes-, Meriten- sowie Zufallstage mit besonderen Verhaltenskodizes eingeführt. Die Über- und Unterordnungsverhältnisse richteten sich an den Reichtumstagen

nach der Höhe der von den Eltern geleisteten Spenden, an den Standestagen nach Herkunft und Geburtsstand, an den Meritentagen nach der Anzahl der durch eigene Leistung erworbenen Meritenpunkte; an den Zufallstagen wurde durch das Los entschieden, wer befehlen durfte oder anderen gehorchen musste.

– Diese Regeln wurden nicht nur in der Sozialerziehung eingesetzt, sondern dienten zugleich als didaktische Stimuli und Vehikel im Unterricht. So erlernten die Philanthropinisten die verschiedensten Inhalte im Unterricht durch Frage- und Kommandierspiele, in denen neben dem Lehrer auch die besseren Schüler Fragen stellen und Befehle erteilen durften. Man hoffte, dass in den Heranwachsenden auf diese Weise der Wunsch entstehen werde, durch das Erlernen des von ihnen geforderten abstrakten Schulwissens möglichst rasch von Kommandierten zu Kommandierenden aufzusteigen.

Sucht man nach didaktischen Ansätzen zur Planung, Konzeptualisierung und Auswertung der künstlichen Lehr-Lern-Situationen, so findet man im Dessauschen Philanthropin außer den genannten Ersatztechnologien kaum etwas, was mit einer Unterrichtsdidaktik im heutigen Sinne vergleichbar wäre. Es scheint, dass die ersten philanthropischen Schulgründer und Schulunternehmer zumindest zeitweise die Auffassung vertraten, eine in Formen des Spiels ausgeübte komparative, im gegenseitigen Messen und Vergleichen verwurzelte Form des Umgangs der Schüler miteinander reiche aus, um künstliche Lernprozesse zu arrangieren und zum Erfolg zu führen.[3]

Die von den Philanthropen eingesetzten Ersatztechnologien erwiesen sich nicht als dauerhaft wirksam. Die radikale Trennung des Schulwissens vom Umgangswissen ließ sich durch Kommandierspiele und Wettbewerbe allein nicht absichern. Die Kritiker wiesen jedoch nicht nur auf die beschränkte Wirksamkeit der neuen Techniken, sondern auch auf bedenkliche Nebenwirkungen im Bereich der moralischen Erziehung hin. Während die philanthropischen Schulgründer auf einen neuen Lehrerstand, eine neue Institution und das Interesse der Eltern und der Kommunen an der Einführung allgemeinbildender Schulen setzten, erkannten andere, die die Erfahrungen in den Philanthropinen aus der Distanz reflektierten, der neuen Institution und ihrer Pädagogik keinen dauerhaften, sondern nur einen vorübergehenden, zeitlich begrenzten Status zu. Sie gingen von der Überlegung aus, die Elementarschule werde sich im Zuge des Fortschritts, der durch die Entwicklung neuer Lehrbücher, Methoden und Lehrverfahren erreichbar sei, selber überflüssig machen. Wenn erst einmal eine ganze Generation von Männern und Frauen die elementaren Kenntnisse des Lesens, Schreibens und Rechnens erlernt habe, dann, so lautete die zuweilen vage, zuweilen auch offen ausgesprochene Erwartung, würden die Elementarschulen wieder verschwinden und nur mehr die auf sie aufbauenden,

[3] Diese Aussage gilt in dieser Schärfe wohl nur für die von Basedow gegründete Einrichtung in Dessau, nicht aber für das von Salzmann in Schnepfenthal gegründete Institut. Vgl. hierzu Benner/Kemper 2001, S. 85ff.

zur allgemeinen Studienreife hinführenden Gymnasien und die Einrichtungen einer durch Schulunterricht unterstützen oder ergänzten Berufsbildung übrig bleiben.

Solche Überzeugungen finden sich z. B. in Kants Vorlesungen über Pädagogik von 1803 und in Schleiermachers Vorlesungen über Erziehung von 1826. Mit Verweis auf das in Dessau gegründete Philanthropin führte Kant aus, der „Zweck solcher öffentlicher Institute" sei „die Vervollkommnung der häuslichen Erziehung. Wenn erst nur die Eltern ... gut erzogen wären, so könnte der Aufwand der öffentlichen Institute wegfallen" (Kant 1803, A 29). Und Schleiermacher führte aus, nach der Phase einer schulischen Erweiterung von Erfahrung und Umgang durch Unterricht werde eine „methodisch" vom Zusammenleben der Generationen abgegrenzte und „absichtsvolle" Unterstützung von Lernprozessen Heranwachsender um so überflüssiger sein, je stärker Politik und Religion, Wissenschaft und geselliges Leben „vollkommen sittlich gestaltet sind". Sobald eine neue „Harmonie" zwischen den Lebensgemeinschaften entstanden sei, könne ein Zustand eintreten, der zwar nicht mit jenem vor der Institutionalisierung von Lehrprozessen in Schulen identisch sei, von dem sich aber sagen lasse: „Alles ist eine Sitte geworden." Sollte „dieser Zustand ... anhalten: so würde die Einwirkung auf die jüngere Generation nichts anderes sein als ein Ausfluss der Sitte, die ohne besondere Theorie und Methode bestehen kann; die Einwirkung wäre der der Idee der Sittlichkeit gemäße Umgang der älteren Generation mit der jüngeren." (Schleiermacher 1826/1959, S. 95).

Das Erstaunliche an der inzwischen ca. 200jährigen Geschichte des Elementarschulwesens ist, dass sich weder die von Basedow gehegten Erwartungen noch diejenigen Schleiermachers erfüllt haben. Die Aufgaben einer Elementarbildung, welche Erfahrung und Umgang erweitert, ließen sich mit Hilfe der von Basedow vorgeschlagenen Ersatztechnologien nicht erfüllen. Und das Zusammenleben der Generationen entwickelte sich nicht zu der von Schleiermacher antizipierten „einen Sitte", die der Elementarschule nicht mehr bedarf. Zur Geschichte des modernen Elementarunterrichts gehört vielmehr, dass die Schule zu einer für moderne Gesellschaften bis heute unverzichtbaren und in keine andere Organisationsform überführbaren Einrichtung wurde. Diese kennt zwar durchaus Formen eines mit Konkurrenz und Wettstreit verbundenen Lernens, sucht jedoch die in ihr stattfindenden Lehr-Lern-Prozesse durch weitere und andere Techniken und Methoden zu sichern. Über alle Epochenumbrüche hinweg zeichnen sich die schultypischen Handlungsmuster und Interaktionsweisen bis heute dadurch aus, dass in ihnen Umgang und Wissen als auseinander tretende und zugleich vermittlungsbedürftige Horizonte des Lehrens und Lernens vorkommen.

3. Umgang und Wissen als unverzichtbare Horizonte der Schule und ihrer Pädagogik

Ich kehre damit zur Ausgangsthese meiner Überlegungen zurück. Umgang und Wissen können nur dann als unverzichtbare Horizonte der pädagogischen Arbeit in Schulen ernst genommen werden, wenn es gelingt, in diesen künstliche Lehr-Lern-Prozesse so zu arrangieren, dass diese an umgängliche Erfahrungen anknüpfen und Übergänge in umgängliche Lernsituationen eröffnen.

Problem und Anspruch dieses Programms lassen sich genauer beschreiben, wenn wir uns auf einen immer noch fortwirkenden Grundsatzstreit zurückbesinnen, der sich an idealistischen und antinomischen Bildungsvorstellungen erläutern lässt, die Erich Weniger und Theodor Litt vor ca. 40 Jahren vertreten haben.

Der in Göttingen lehrende Erziehungswissenschaftler Erich Weniger vertrat damals die Auffassung, vielen in der Schule zu vermittelnden Kenntnissen und Fertigkeiten lasse sich eine erziehliche und bildende Seite nur mehr mit Hilfe eines Bildungsideals abgewinnen, welches zu setzen der Staat in seiner Funktion als Erziehungsstaat befugt sei. Die pädagogische Praxis bedürfe stets von neuem solch positiver Setzungen, da sie ohne diese nicht wisse, für welche gesellschaftliche Zukunft sie die Heranwachsenden erziehen solle. Ohne eine Normierung und Vorwegnahme der Zukunft durch den Staat stünden moderne, schulisch institutionalisierte und organisierte Erziehung und Unterweisung, da sie auf keinerlei Einheit von Leben und Lernen mehr zurückgreifen könnten, in der Gefahr, schlicht sinnlos zu werden (vgl. Weniger 1952).

Eine Wenigers Position widersprechende Auffassung wurde schon in den zwanziger Jahren und dann erneut nach 1945 von dem zunächst in Leipzig und hernach in Bonn lehrenden Erziehungswissenschaftler und Bildungstheoretiker Theodor Litt vertreten. In deutlicher Distanz zur Tradition deutscher Erziehungsstaaten und Staatspädagogiken vertrat Litt die Auffassung, in einem demokratischen Gemeinwesen sei es dem Staat geradezu untersagt, sich durch die Setzung eines positiven Bildungsideals in die Erziehung freier Menschen einzumischen (vgl. Litt 1959/1968, S. 38ff., S. 62ff.). Aufgabe der allgemeinen Schule könne es darum nicht sein, abstrakten Kenntnissen und Fertigkeiten in bildungsidealistischer Manier durch die Setzung eines Menschenbildes eine erziehliche Seite abzugewinnen. Vielmehr komme es darauf an, schulische Lehr-Lern-Prozesse so zu gestalten, dass in diesen die von Weniger übersehene Antinomie im Verhältnis von Umgangswissen und wissenschaftlichem Wissen erfahren werden. Aus der Erfahrung und Reflexion dieser Antinomie aber könne die grundlegende Einsicht aller modernen Menschenbildung erwachsen, dass die Sphäre des Umgangs für Erziehungs- und Bildungsprozesse und darüber hinaus für die gesellschaftliche Praxis insgesamt ebenso unverzichtbar wie unverdrängbar ist (vgl. Litt 1955/1959, S. 106-152).

Die antinomischen Grundstruktur moderner Bildung und die von ihr ausgehende Gefährdung des Umgangs erblickte Litt darin, dass das Wissen der modernen Wissenschaften und die durch sie möglich gewordenen Techniken der Weltbeherrschung in keinerlei überhistorischen Natur- und Gesellschaftsordnung mehr begründet sind. Beide, Wissenschaft und Technik, gehen vielmehr auf eine Gesetzgebung durch den menschlichen Verstand zurück, in welcher der Mensch sich zum Erkenntnissubjekt diszipliniert und die Welt als Erkenntnisobjekt unterwirft. Um die moderne Welt zu begreifen, müssen wir uns selbst als ihre Mitkonstrukteure verstehen und zugleich lernen, zwischen unseren Konstrukten einschließlich der auf ihrer Grundlage möglich werdenden virtuellen Welten und der all unserem Konstruieren uneinholbar vorausgesetzten Wirklichkeit zu unterscheiden. Wo dies gelinge, könnten wir zu der Einsicht vordringen, dass die wissenschaftlichen Technologien zur Beherrschung der Natur, der Seele und der Gesellschaft zwar durch und durch Konstrukte des menschlichen Verstandes sind, dass Natur, Seele und Gesellschaft gleichwohl nicht darin aufgehen, von uns konstruierte virtuelle Wirklichkeiten zu sein. Zur Natur gehört vielmehr unaufgebbar, dass sie nicht unser Geschöpf, sondern eine uneinholbare Voraussetzung und Grundlage unserer eigenen Existenz ist. Ebenso wenig geht unsere Psyche und die anderer Lebewesen in dem auf, was die Menschen- und Tierpsychologien über sie aussagen. So zeichnet sich beispielsweise unsere Psyche gegenüber den von uns und ihr entworfenen psychologischen Konstrukten und Techniken dadurch aus, dass wir uns stets von neuem proflexiv und reflexiv zur Welt verhalten können. Und die Gesellschaft ist über alles Erklärungs- und Verfügungswissen der Sozialwissenschaften hinaus jener von uns selbst stets von neuem zu schaffende Raum, in dem wir unsere Existenz entwerfen, unsere Lebensform wählen und frei miteinander umgehen und uns gesellen können.

Vom Wissen der Wissenschaften – analoges gilt auch für alles Schulwissen – sagte Litt mit Verweis auf Max Weber, dass es schlicht sinnlos sei (vgl. Weber 1919/1992, S.93). Die Orthographie der Schriftsprache sagt ebenso wenig etwas über den Sinn eines geschriebenen oder zu schreibenden Textes wie die Rechenarten und die Regeln der Mathematik etwas über den Sinn der Anwendung von Mathematik auf Wirklichkeit. Dass die wissenschaftlichen Formen des modernen Wissens sinnlos sind, ist für Litt nicht ein durch Bildungsideale, Schlüsselqualifikationen oder Staatsinterventionen zu korrigierender Sachverhalt, sondern eine Voraussetzung und ein Zeichen unserer Freiheit. Sinnvoll wird nämlich all unser Wissen immer erst dann, wenn wir es einschließlich des über es vermittelten Könnens zu Fragen, Problemen und Aufgaben des Umgangs in Beziehung setzen.[4]

Darum ist es Aufgabe aller modernen Bildung, in die Wissensformen der modernen Wissenschaften so einzuführen, dass dabei zugleich die Differenzen

---

[4] Vgl. hierzu die Analyse der Hypostasierung sekundärer zu primären Qualitäten in Husserl 1936/1992, S. 32ff.

zwischen der in ihnen begriffenen und entzauberten Welt und der all ihrem Wissen uneinholbar vorausgesetzten Welt reflektiert werden, an der wir nicht in der Weise eines wissenschaftlichen Wissens, sondern nur in der Weise des Umgangs teilhaben. Das antinomische Verhältnis zwischen Wissens- und Umgangsbildung aber besteht in diesem Zusammenhang darin, dass unsere Konstrukte ohne Reflexion auf die Differenz zwischen konstruierter und vorausgesetzter Wirklichkeit zu virtuellen Welten zu werden drohen, in denen wir uns und die Welt verlieren (vgl. Benner 2008).

Den Widerstreit zwischen unserem wissenschaftlichen und unserem umgänglichen Selbst- und Weltverhältnis führte Litt darauf zurück, dass unser wissenschaftliches Wissen sowohl im Bereich der Human- als auch im Bereich der Naturwissenschaften dazu tendiert, die Unterschiede zum Umgangswissen zu nivellieren und an dessen Stelle zu treten. Alsdann entsteht aber die Gefahr, dass wir sowohl in unserem Verhältnis zur Natur als auch in unserem Verhältnis zu uns selbst und zu unseren Mitmenschen nicht mehr mit einer uns unverfügbaren Wirklichkeit und einem uns unverfügbaren Du umgehen, sondern nur mehr Gegebenheiten begegnen, die Produkte unserer Vorurteile, Konstrukte unseres Verstandes und damit nicht mehr wirkliche, sondern nur mehr virtuelle Wirklichkeiten sind.

Die Unverdrängbarkeit des Umgangs, die Litt noch unterstellen zu können meinte, erscheint heute zunehmend gefährdet. Auf eine Unverdrängbarkeit des Umgangs können wir darum in der pädagogischen Praxis nur vertrauen, wenn diese Teile des Umgangs selbst in ihre Pflege nimmt. Solche Sorge für den Umgang aber ist heute nicht mehr eine Angelegenheit der Pflege eines sogenannten natürlichen Umgangs. Mit der Konstruktion medial vermittelter, virtueller Welten, welche der Erfahrung und dem Umgang vorausgehen, hat der Umgang endgültig aufgehört, ein durchgängig natürlicher zu sein. Er ist künstlich geworden und bedarf darum einer kunstvollen Sorge.

Für die Schule und ihre Pädagogik bedeutet dies, dass es schon im Grundschulunterricht darauf ankommt, dass Kinder zwischen Umgangswirklichkeit und virtuellen Wirklichkeiten zu unterscheiden lernen. Damit Umgang und Wissen weiterhin Horizonte der pädagogischen Arbeit in der Schule sein können, gilt es beide in und außerhalb der Schule so zu pflegen und zu kultivieren, dass dabei die Differenzen zwischen Umgang und Wissen erfahrbar und reflektierbar werden.

Aufgabe der Schule ist es somit nicht, den Verlust eines ehemals für natürlich gehaltenen Umgangs durch die Erfindung einer neuen Einheit von Leben und Lernen zu korrigieren, sondern diesen unwiederbringlichen Verlust auf künstliche Weise zu kompensieren. Solche Kompensation dient freilich nicht in erster Linie der Reduktion der Komplexität des modernen Lebens, sondern dem Zweck, mit den Mitteln pädagogischer Kunst wieder möglich zu machen, was ohne solche Kunst verloren wäre. An die Stelle des alten Aufstiegs vom Umgang zum Wissen und der Rückkehr in einen vorgegebenen und vorbestimmten Umgang setzt pädagogische Kunst eine Unterscheidung und Vermittlung von Umgang und Wissen, in der die Heranwachsenden ihre vermeintlich natürlichen, aber auch ihre virtuellen Welten verlassen, um hernach an Formen des Umgangs teilzuhaben, die nicht mehr vorrangig Formen eines pädagogisch betreuten, sondern eines Umgangs unter Gleichaltrigen sowie zwischen den Generationen sind.

Worin besteht die pädagogische Kunst, in diesem Sinne zwischen Umgang und Wissen zu unterscheiden und Übergänge zwischen beiden Horizonten zu arrangieren? Ich begnüge mich an dieser Stelle mit einigen, auf den Problemkreis der Elementarbildung bezogenen Hinweisen. In diesem Bereich besteht die pädagogische Kunst zum einen darin, die elementaren Techniken des Lesens, Schreibens, Rechnens, Aufeinanderhörens, Sich-in-eine-Sache-Vertiefens u. v. a. m. so einzuüben, dass hieraus ein umgangsenthobenes, für sich selbst genommen notwendig sinnloses Können wird, dem kein Sinn durch irgendwelche Bildungsideale, weder durch das Ideal eines Konkurrenzbürgers noch durch das eines Genossen, verliehen werden kann.

Sie besteht zum anderen darin, dass der Gebrauch dieses Könnens nicht auf eine Anwendung des ihm zugrunde liegenden Regelwissens begrenzt wird, sondern in und außerhalb der Schule Situationen geschaffen werden, in denen Heranwachsende mit ihrem in der Schule erworbenem Wissen und Können Sinn entwerfend umgehen. In solchen Situationen wird mit Übergängen zwischen Umgang und Wissen nicht nur im Schonraum der Schule, sondern auch im Verhältnis von schulischen und außerschulischen Lern- und Lebenssituationen der Kinder experimentiert.

Experimente dieser Art nehmen Umgang und Wissen nichts von ihrem widerstreitenden Verhältnis. Die pädagogische Kunst dient nicht der Aufhebung, sondern der Einübung in den Widerstreit von Umgang und Wissen. Nicht das Verbleiben im Umgang und auch nicht die Rückkehr in ihn, sondern die Verfremdung des Umgangs im Wissen und die offene Rückkehr aus solcher Verfremdung ins Freie kennzeichnen darum die Aufgabe allen schulischen Lehrens und Lernens.

„Der Andere" und „Das Andere" als Problem und Aufgabe der Erziehung und Bildung [1]

„Warum soll nicht für die Welt dasselbe gelten, was auch für den Anderen gilt: die uneinholbare Illeität (beim Menschen in keinem Ich oder Du unterzubringen) ...?"
(Egon Schütz: Zeit der Wendeltreppe)

1. Einleitung

Die Auseinandersetzung und der Umgang mit Anderem werden in der Pädagogik seit jeher als etwas angesehen, dessen Beachtung in theoretischer und praktischer Hinsicht unerlässlich ist, aber auf sehr unterschiedliche Art und Weise erfolgen kann. Die aufgegebene Berücksichtigung von Andersheit wird zuweilen als Auseinandersetzung mit personaler Andersheit im Sinne von „Ein Anderer", „Eine Andere", „Der Andere" oder „Die Andere" (lateinisch: *alius/alia*) verstanden,[2] zuweilen als Auseinandersetzung mit gegenständlicher Andersheit im Sinne von „Ein Anderes" oder „Das Andere" (lateinisch: *aliud*) interpretiert.[3]

Als „Der Andere" und „Die Andere" kann die zu erziehende Person bezeichnet werden, die nicht einfach nach einem Bilde zu erziehen ist, das sich natürliche oder professionelle Erzieher von ihr gemacht haben, sondern in ihrer Andersheit wahrgenommen, erfahren, beurteilt oder gar anerkannt werden soll. Als „Der Andere" und „Die Andere" kann zugleich der dem Edukanden

---

1 Der Beitrag wurde im Rahmen des 5. Symposion der Abteilungen für Allgemeine, Historische und Vergleichende Erziehungswissenschaft am Institut für Allgemeine Pädagogik der Humboldt-Universität zu Berlin vorgetragen, das vom 05. bis 07. Dezember 1997 stattfand, und erschien 1999 in der Zeitschrift für Pädagogik 45, S. 315-327.

2 Vgl. hierzu als Beispiel aus der jüngsten Zeit Masschelein/Wimmer 1996, welche die erste Betrachtungsweise bevorzugen, gelegentlich jedoch, wie Masschelein in seinen „Bemerkungen über Wissen und Gewissen", auch die zweite, und zwar vorwiegend ausgrenzend, in den Blick bringen.

3 Zum Zusammenhang beider Betrachtungsweisen vgl die Studie von Prange 1999, in der pädagogische Prozesse als Vorgänge beschrieben werden, in denen zwei Zeitstrukturen synchronisiert werden, von denen die eine – aus der Sicht der pädagogischen Akteure – ein strenges Nacheinander in der Präsentation des Lehrgutes für Lernende kennt, derweil die andere – in der Sicht der Lernenden – einer über individuelle Erfahrungen vermittelten exzentrischen Zeitstruktur folgt.

gegenüberstehende pädagogisch Handelnde gemeint sein, vor dem beispielsweise nicht nur Schüler Angst empfinden, sondern der auch selber Angst vor seinen Schülern hat. Beide Male ist personale Andersheit eine solche der an der pädagogischen Interaktion beteiligten Subjekte.[4]

Als „Das Andere“ ist hingegen von der „Sache“, dem „Lehrgut“, den „Dingen“ oder der „Welt“ die Rede, deren Andersheit erfahren, erkannt, reflektiert oder gar problematisiert bzw. geachtet werden soll. Diese Redeweise handelt von der Aufgabe der Bildung und meint dann die in Lehr-Lern-Prozessen anzueignende Welt, die Erfahrungswelt der Dinge ebenso wie die Aussagesysteme der Wissenschaften, die eigene Kultur ebenso wie fremde Kulturen.

In beiden Redeweisen lassen sich „Der Andere“ und „Das Andere“ nicht ohne weiteres durch Gegenüberstellungen wie die von Ego und Alter-Ego bzw. Subjekt und Objekt definieren. Als Anderer, Andere und Anderes kann vielmehr zugleich eine in solchen Unterscheidungen nicht aufgehende, durch sie nicht fassbare Andersheit bezeichnet werden. Wo nach einer im Hinblick auf den Anderen angemessenen Anleitung und Gestaltung pädagogischer Interaktionen gefragt wird, kommt „Der Andere“ nicht mehr allein als Alter-Ego eines Ich oder als Ego eines Alter-Ego, sondern zugleich als ein dem Ich und Du Unverfügbarer und Unbekannter in den Blick (vgl. dazu Lévinas 1978/1992; Wimmer 1988). Und was das bildende Mensch-Welt-Verhältnis betrifft, meint „Das Andere“ nicht nur die dem Subjekt gegenüberstehende, in Wissen und Können aufhebbare Welt, sondern darüber hinaus auch die in solcher Weltaneignung nicht aufgehende, unserem Erkennen und Handeln uneinholbar vorausgesetzte Wirklichkeit.[5]

Die skizzierten Reden über Andersheit stehen in der theoretischen und praktischen Pädagogik, aber auch in der neueren philosophischen und sozialwissenschaftlichen Theorieentwicklung, in einem weithin ungeklärten, mithin klärungsbedürftigen Verhältnis. Ansätze, die nur die personale Seite von Andersheit berücksichtigen oder nur die gegenstandsbezogenen oder sachlichen Aspekte erfassen, abstrahieren soweit von der Komplexität theoretischer und praktischer pädagogischer Probleme, dass sie oft nicht einmal in der Lage sind, ihre eigene Relevanz zur Klärung pädagogischer Fragen differenziert zu beurteilen.

Will man die unterschiedlichen Redeweisen über Andersheit in eine kritische Beziehung zueinander setzen, gilt es genauer zu untersuchen, worin sich die auf die personale bzw. sachliche Seite konzentrierenden Betrachtungsweisen voneinander unterscheiden und wie sie im Lichte von Überlegungen zu beurteilen sind, die beide Aspekte von Andersheit in ihre Analyse einbeziehen. Erst dann können Positionen, die nur den personalen Anderen als Prob-

---

4 Eine weitere Betrachtungsweise wird dort angestrebt, wo vom Anderen weder im Sinne von *alius* noch im Sinne von *aliud*, sondern in der Spannung von „Eigenem“ und „Fremden“ die Rede ist; vgl. hierzu die Studien von Schäffter 1997.

5 Vgl. hierzu die Unterscheidung zwischen „Prädikativ-Allgemeinem“ und „Positiv-Allgemeinem“ in F. Fischer 1975.

lem und Aufgabe der Erziehung kennen[6] oder Andersheit nur im Sinne des Weltbezugs verstehen,[7] differenziert beurteilt werden.

Hinweise, dass „Der Andere" und „Das Andere" gleichermaßen zum Grundbestand pädagogischer Sachverhalte gehören und dass beide Auffassungen nicht in eine einzige überführbar sind, finden sich in der klassischen Tradition u. a. bei Rousseau, Fichte und Humboldt, die in einem gegenstands- und handlungstheoretisch fruchtbaren Sinne erfolgreich versucht haben, beide Seiten und Aspekte von Andersheit in den Blick zu bringen. Unter Berufung auf sie möchte ich im folgenden zeigen, dass keine der beiden Reden vom „Anderen" auf die andere reduziert werden oder einen Primat für sich beanspruchen kann und dass sich beide auch nicht in einer einzigen Rede- und Betrachtungsweise synthetisieren lassen.[8]

Sollte sich die bisher nur skizzierte Ansicht als brauchbar erweisen, so erklärte sich von hierher zugleich, warum von den im 20. Jahrhundert entwickelten Neuansätzen kritischer Erziehungs- und Bildungstheorie jene, die einseitig das Problem personaler Andersheit betonen, stets von neuem in die Gefahr einer schlechten Metaphysik gerieten, derweil Ansätze, die einseitig das Weltverhältnis der Bildung erörtern, sich der Gefahr einer neuen positiven oder substantiellen Anthropologie aussetzten. Zugleich würde von hierher verständlich, dass beide Redeweisen über Andersheit erst nach einer Kritik ihrer geheimen Fundamentalismen und Absolutheitsansprüche weiterführende Problemstellungen eröffnen, die über die in zurückliegenden Diskursen verkündeten Primate einer reinen Erziehung gegenüber einer reinen Bildung und umgekehrt hinausführen.[9]

---

6 Solche Positionen neigen dazu, die Theorien pädagogischen Handelns auf Erziehungstheorie und die pädagogische Praxis auf deren Beziehungsebene zu reduzieren; vgl. hierzu den problematischen Primat, den M. Buber 1953/1986 dem Ich-Du-Verhältnis gegenüber allen Ich-Es-Verhältnissen einräumt.

7 Solche Ansätze stehen in der Gefahr, pädagogische Handlungstheorie auf Bildungstheorie zu verkürzen und erzieherische Einflussnahmen linear einer schlechterdings affirmativen pädagogischen Praxis zuzuordnen. Vgl. hierzu Heydorns 1969/1980; zur Würdigung und Kritik dieses Ansatzes siehe Benner/Brüggen/Göstemeyer 1982.

8 Um einem möglichen Missverständnis vorzubeugen, erkläre ich an dieser Stelle ausdrücklich, dass ich keinerlei Einwände dagegen habe, das Problem der Andersheit auch in Zukunft zuweilen nur in der einen oder nur in der anderen Bedeutung zu erörtern. Ich möchte jedoch zeigen, dass exklusive Thematisierungen dieser Art zu einseitigen Sichtweisen führen können und dass es gute Gründe gibt, beide Seiten von Andersheit auch im Zusammenhang zu erörtern. Der Problemrahmen, den ich hierfür entwickle, will auf mögliche Problemverkürzungen aufmerksam machen; er beansprucht nicht, der einzig mögliche zu sein oder gar eine allein richtige Problemlösung vorzugeben.

9 So wäre zu überprüfen, wie der Primat, der in der Vergangenheit der Erziehung gegenüber der Bildung bzw. der Bildung gegenüber der Erziehung zuerkannt wurde, in systemtheoretischen Modellierungen ausgelegt wird; siehe hierzu Lenzen 1997.

2. Das pädagogische Problem der Andersheit in Rousseaus Konzeption einer Erziehung durch die Natur, die Menschen und die Dinge

Im 1. Buch des Emile unterscheidet Rousseau (1762/1979, S. 11), auf antike Vorbilder zurückgreifend, zwischen den drei Lehrmeistern der „Erziehung durch die Natur" (éducation de la nature), der „Erziehung durch die Menschen" (éducation des hommes) und der „Erziehung durch die Dinge" (éducation des choses). Die moderne Bedeutung dieser Unterscheidung wird deutlich, sobald man diese drei Erziehungsarten zu dem in Beziehung setzt, was Rousseau unter der Andersheit der Natur, der Menschen und der Dinge verstanden hat.

Seinen Begriff der Andersheit der Natur des Menschen gründete Rousseau in bewusster Abgrenzung vom älteren und neueren Naturrecht weder auf ein Wissen um die von Aristoteles angenommene staatenbildende Natur, noch auf den von Hobbes als homo homini lupus gekennzeichneten neuzeitlichen Subjektcharakter des Menschen, sondern darauf, dass wir schlechterdings um unsere Natur nicht wissen. Ausdrücklich warnte er im Zweiten Diskurs vor den Irrtümern, über gesellschaftliche Sachverhalte in Naturkategorien bzw. über Natur in gesellschaftlichen Kategorien zu reden (Rousseau 1755/1984, S. 43 - 61). Und im Emile stellte er fest: „Wir wissen nicht, was uns die Natur zu sein erlaubt" (Rousseau 1762/1979, S. 46; siehe auch Göstemeyer 1991/92). Dieses Nichtwissen bezog er nicht nur auf den gerade geborenen Menschen, für den zu allen Zeiten gilt, dass er seine künftige Bestimmung nicht kennt, sondern zugleich auf dessen erwachsene Bezugspersonen und, was nicht minder bedeutsam ist, auf das Wissen der theoretischen Pädagogik sowie das der wissenschaftlichen Erforschung der historisch-gesellschaftlich vermittelten Erziehungswirklichkeit. Wenn Rousseau sagt, die Kindheit sei etwas uns ganz und gar Unbekanntes, und in diesem Zusammenhang die Forderung aufstellt, es komme deshalb darauf an, die Kindheit zu studieren, so meint er nicht, dass sich die gänzlich unbekannte Kindheit durch ein solches Studium in eine bekannte überführen lasse. Das Studium, zu dem er anregen wollte, war ein ganz anderes. In ihm sollte das moderne, in unseren Tagen möglicherweise in ein neues Stadium tretende Experiment erforscht werden, Erziehung nicht länger als einen Umgang mit einer bestimmten, sondern als Umgang mit unserer unbestimmten Natur zu konzipieren.

Wo solches Experimentieren stattfindet, da versucht die moderne pädagogische Praxis Kinder und Heranwachsende in Anerkennung der Tatsache zu erziehen, dass ihre künftige Bestimmung nicht nur diesen, sondern auch ihren erwachsenen Bezugspersonen unbekannt ist. Der Pädagogik als handlungsanleitender und -orientierender Theorie fällt in solchen Zusammenhängen die Aufgabe zu, die sich ändernde Erziehung auf theoretische Begriffe zu bringen, mit deren Hilfe sich neue praktische Erfahrungen reflektieren lassen. Und die in Entwicklung begriffene erziehungs- und sozialwissenschaftliche Empirie ist dort, wo sie sich auf diesen Kontext bezogen weiß, weniger an der Entdeckung perenner Gesetze der Erziehung als vielmehr an der historischen und sozialwissenschaftlichen Erforschung und Beschreibung der sich verändernden Erziehungswirklichkeit interessiert. Damit findet auf allen drei Ebenen, sowohl auf jener des Handelns als auch auf jenen der pädagogischen Handlungstheorie und der erziehungswissenschaftlichen Forschung, eine Auseinandersetzung mit Fragen und Problemen der Andersheit statt. In dieser geht es niemals nur darum, die Unbestimmtheit der Kindheit zu klären und in Bestimmtheit zu überführen, sondern stets auch darum, die aus solcher Klärung hervorgehende Bestimmtheit stets von neuem als Unbestimmtheit zu reinterpretieren.

Auf der Ebene der Praxis bedeutet dies, dass die moderne Kunst pädagogischen Handelns nicht mehr darin besteht, Heranwachsenden zu einer Position in der Gesellschaft zu verhelfen, die ihren vermeintlich angeborenen oder angestammten Anlagen entspricht, sondern darin, eine allgemeine Menschenbildung zu ermöglichen, die unterschiedliche Anschlussmöglichkeiten an ungewisse, nicht voraussehbare gesellschaftliche Allokationen sowie über individuelle Entscheidung und Wahl vermittelte Lebensformen erlaubt (vgl. Schleiermacher 1826/1983, S. 35ff. u. S. 134ff). Auf der Ebene der pädagogischen Handlungstheorie bedeutet dies, dass nicht-professionelle wie professionelle Erziehung nicht mehr einfach dem Modell einer positiven Gewöhnung und Unterweisung folgen können, sondern als negative Erziehung und Unterweisung zu konzipieren sind. Hierunter verstand Rousseau eine solche Erziehung und Bildung, in der Heranwachsende Gewohnheiten und Kenntnisse nicht länger durch Nachahmung erwerben, sondern sich so gewöhnen und ihr Wissen so strukturieren, dass Sozialisation als ein Prozess des Sich-Selbst-Gewöhnens und Unterricht als ein über Konstruieren vermitteltes Lehren und Lernen erfahren wird. Von einer Umstellung der traditionellen oder positiven Erziehung auf eine neue, negative Erziehung[10] versprach sich Rousseau, dass es mit ihrer Hilfe möglich werde, Gewohnheiten so selbst auszubilden und Wissen so anzueignen, dass beide die Erfahrung von Andersheit nicht verunmöglichen. Zu diesem Zwecke forderte er, menschliches Lehren und Lernen so zu konzeptualisieren, dass Gewöhnungen für sich ändernde Gewohnheiten und Wissen für neue Wissensordnungen und -formen offen bleiben

Letzteres bezog Rousseau nicht nur auf das in pädagogischen Kontexten zu vermittelnde Wissen, sondern auch auf das Wissen der Pädagogik selbst. Von diesem forderte er, dass in ihm der anthropologische Zirkel menschlicher Wissensproduktion reflektiert wird. Das Wissen, zu welchem die Wissenschaften vordringen, ist stets über menschliches Denken und Handeln vermittelt. Sein

[10] Vgl. hierzu die von Blankertz 1990, S. 14 aufgestellte These: „Rousseau wechselt die Methode nicht“.

Anspruch kann daher nicht sein, bis zu Einsichten in die Ordnung der Welt an sich vorzudringen. Statt das Wissen der Wissenschaften zu einem Wissen um die Ordnung der Natur, des Lebens, der Psyche, der Gesellschaft oder der Geschichte zu hypostasieren, kommt es darauf an, die Erkenntnisse der Wissenschaften so zu interpretieren, dass eine Reflexion auf die Andersheit der Welt und des Menschen nicht unterbunden, sondern ausdrücklich zugelassen wird.

Am Verhältnis von unbekannter und bekannter Kindheit lässt sich das Gemeinte verdeutlichen. Steht die unbekannte Bestimmung des Menschen nicht nur am Anfang, sondern auch am Ende der Erziehung und ihrer Erforschung, so gilt es, die Erfahrungen der Praxis und das empirische Wissen, zu welchem Bildungsforschung gelangt, so zu interpretieren, dass die in Bestimmtheit überführte Unbestimmtheit als eine selbst entworfene, hypothetisch konstruierte, vorläufige und fallible verstanden und die menschliche Praxis für neue Akte von Weltkonstruktion, Welterfahrung und Selbstbestimmung offen gehalten wird. Die theoretische und praktische Bedeutung dieses Sachverhalts hat J.-P. Sartre in seinem Werk „L'Idiot de la famille" (1971/72) am Beispiel Flauberts und mit Blick auf dessen Gestalt des Charles Bovary erläutert, als er ausführte, es komme darauf an, in diesen nicht nur diejenigen zu sehen, die sie geworden seien, sondern auch solche, die sie hätten werden können.[11]

In diesem Zusammenhang ist von besonderem Interesse, dass Rousseau die Weise der *éducation de la nature*, die von der unbestimmten, offenen Natur ausgehenden Erziehungsmöglichkeiten, nicht exklusiv auf die Erziehung der Menschen und auch nicht ausschließlich auf die Erziehung der Dinge, sondern ausdrücklich auf beide bezogen und die Unbestimmtheit der Natur des Menschen sowohl zur Erziehung durch die Menschen als auch zur Erziehung durch die Dinge in Beziehung gesetzt hat.

Das Prinzip der unbestimmten Natur erläuterte er mit dem von ihm neu gefassten Begriff der *perfectibilité*, worunter er nicht mehr eine auf Vollendung angelegte Vervollkommnungsfähigkeit des Menschen, sondern die durchaus ambivalente und ganz und gar unbestimmte „Fähigkeit" verstand, „mit Hilfe der Umstände ... sukzessive alle anderen" zu entwickeln (Rousseau 1755/1984, S. 103; siehe auch Benner/Brüggen 1996). Diese nicht ableitbare Fähigkeit, die wir in der deutschen Sprache mit dem Begriff Bildsamkeit bezeichnen, erhob er zum Prinzip jeder vernünftigen Rede über Erziehung. Die Perfektibilität oder Bildsamkeit des Menschen lässt sich weder als etwas durch Erziehung zu erzeugendes noch als ein durch Lernen hervorzubringendes den-

---

11 Auf diesen Zusammenhang hat mich K. Gründer in einem Vortrag aufmerksam gemacht, den er Ende der siebziger Jahre in einem Kolloquium an der Universität Münster hielt. Siehe auch die im Kontrast hierzu stehende Aussage von Emma Bovary in Flaubert 1875/1979, S. 57, welche die von Sartre skizzierte Möglichkeit einer wechselseitigen Zuerkennung von Bildsamkeit für sich und ihre Beziehung zu Charles Bovary nicht wählt und statt dessen die Frage aufwirft, ob es für sie „nicht möglich gewesen wäre, durch andere Fügungen des Schicksals einen anderen Mann zu finden".

ken. Sie ist gegenstandskonstitutiv für das, was wir Erziehung, Bildung und Lernen nennen.

Für das Verhältnis der von Rousseau unterschiedenen Erziehungsarten bedeutet dies, dass sowohl die Erziehung durch die Dinge als auch die Erziehung durch die Menschen auf die unbekannte Natur des Menschen zurückbezogen sind. Der *éducation des choses* zufolge ist Bildung als Wechselwirkung von Mensch und Welt stets Wechselwirkung zwischen der unbestimmten Fähigkeit, Fähigkeiten hervorzubringen, und den Dingen als dem Anderen dieser Fähigkeit. Und unter der *éducation* des *hommes* sind solche erzieherischen Einflussnahmen zu verstehen, in denen ein natürlicher oder professioneller Pädagoge auf die unbestimmte Bildsamkeit der Heranwachsenden so einwirkt, dass ihre Fähigkeit, in Wechselwirkung mit der Welt Fähigkeiten hervorzubringen, aktiviert wird. Wo das Experiment negativer Erziehung gelingt, verwandelt sich die Unbestimmtheit des Menschen zwar unter dem Einfluss der Erziehung durch die Welt und der Erziehung durch die Menschen in Bestimmtheit; diese bleibt jedoch grundsätzlich offen für neue Akte der Welterfahrung und Selbstbestimmung.

Der skizzierte Zusammenhang zwischen der *éducation de la nature*, der *éducation des hommes* und der *éducation des choses* macht deutlich, dass Rousseau die Erziehung durch die Dinge und jene durch die Menschen nicht als alternative, sondern als aufeinander bezogene Konzepte gedacht hat. Die Erziehung durch die Menschen muss, um der Unbestimmtheit und Selbstbestimmungsmöglichkeit der menschlichen Natur Rechnung tragen zu können, so zu wirken suchen, dass sie in ihren Wirkungen über eine Erziehung durch die Dinge vermittelt ist. Und die Erziehung durch die Dinge muss, soll die ihr zugrunde liegende Wechselwirkung eine solche von Mensch und Welt sein, als ein Bildungsprozess verstanden werden, welcher sich als pädagogischer Prozess nicht unmittelbar zwischen Mensch und Welt ereignet, sondern einer erzieherischen Einwirkung bedarf, welche diese Wechselwirkung stimuliert, steuert und für neue Erfahrungen offen hält.

Nennen wir Rousseaus *éducation des hommes* im Sinne der eingangs von mir vorgeschlagenen Sprachregelung Erziehung oder pädagogische Interaktion und Rousseaus *éducation des choses* Bildung oder Wechselwirkung von Mensch und Welt, so erklärt sich, warum Erziehung niemals nur als Erziehung, sondern stets nur zugleich in der Form von Bildung, Bildung hingegen durchaus ohne Erziehung möglich ist. Andersheit ist in pädagogischen Prozessen dann freilich stets in dreifacher Hinsicht im Spiel: einmal als Unbestimmtheit des Heranwachsenden, dann als Andersheit des dem Heranwachsenden gegenüberstehenden pädagogischen Akteurs und schließlich als Andersheit der dem Heranwachsenden und dem pädagogischen Akteur gegenüberstehenden Welt. Zu dieser rechnete Rousseau bekanntlich nicht nur die vom Menschen hergestellten Dinge, sondern auch die gesamte Natur und die vom Menschen in der Geschichte hervorgebrachte Kultur.

3. „Der Andere“ und „Das Andere“ in Fichtes „Grundlage des Naturrechts“

Eine begrifflich präzisierte Fassung dieser dreifachen Andersheit findet sich in Fichtes „Grundlage des Naturrechts“ von 1796, welche zu Unrecht immer wieder als reine Subjektivitätsphilosophie gefeiert oder verworfen worden ist. Bei der Deduktion des Begriffs des Rechts geht Fichte so vor, dass er zunächst einen Begriff des Menschen als eines endlichen Vernunftwesens, dann einen Begriff seiner Erziehung und Bildung und in einem dritten Schritt den Begriff des Rechts entwickelt.

Der im § 1 aufgestellte „Erste Lehrsatz“ besagt: „Ein endliches vernünftiges Wesen kann sich selbst nicht setzen, ohne sich eine freie Wirksamkeit zuzuschreiben.“ (Fichte 1796/1962, S. 21) Diesem Satz zufolge kann das telos der Selbstbestimmung des Menschen als eines Wesens der Freiheit nicht mehr einem substantiellen Begriff seiner natürlichen oder gesellschaftlichen Bestimmung entnommen werden. Das Ziel der Erziehung ist zwar, wie Rousseau formulierte, dasjenige der Natur („celui même de la nature“); hierunter wird nun jedoch nicht mehr eine bestimmte, anlagemäßig festgelegte Natur oder eine vorgegebene Position innerhalb einer historisch-gesellschaftlich konstanten Ordnung, sondern die unbestimmte, perfektible Natur des Menschen verstanden. Im § 2 führt Fichte dann in einem „Folgesatz“ aus, dass die Selbstzuschreibung einer freien Wirksamkeit nur praktisch werden kann, wenn „das Vernunftwesen eine Sinnenwelt außer sich“ setzt (ebd., S. 28), mit der es spontan und rezeptiv, rezeptiv und spontan in Wechselwirkung treten kann. Diese Voraus-Setzung der Welt als des Nicht-Ich bzw. Anderen des Ich führte Fichte bewusst nicht als einen zweiten Lehrsatz, sondern als Folgesatz des ersten Lehrsatzes ein, um auf diese Weise zum Ausdruck zu bringen, dass beide Sätze zusammengenommen erst das bezeichnen, was Rousseau perfectibilité genannt hat.[12]

Mit Rousseau stimmte Fichte nicht nur darin überein, dass die Bildsamkeit oder Fähigkeit des Menschen, Fähigkeiten zu entwickeln, als „Trieb zur Freiheit“ in der Weise einer Wechselwirkung des Vernunftwesens mit einer „Welt außer sich“ zu denken ist. Im § 3 seiner „Grundlage des Naturrechts“ führte er – auch hierin Rousseau folgend – aus, dass die Wechselwirkung von Spontaneität und Rezeptivität im endlichen Vernunftwesen nicht angemessen gedacht werden kann, wenn ihr Anhub autopoietisch als ein solcher vorgestellt wird,

[12] Damit hat Fichtes Gegenüberstellung von Ich und Nicht-Ich jenseits des ihr eigenen subjektphilosophischen Letztbegründungsfundamentalismus in bildungstheoretischer Hinsicht den Sinn, die Welt nicht nur als subjektiv vermittelte Welt, sondern auch als das Andere des Ich zu denken. Von daher war es nur folgerichtig, dass Humboldt Fichtes Ich-Nicht-Ich-Korrelation in diejenige eines Mensch-Welt-Verhältnisses überführte. Vgl. hierzu Benner 1995, S. 30ff.

der alternativ von der unbestimmten Natur des zu erziehenden und sich bildenden Ich oder von der diesem gegenüberstehenden Sinnenwelt ausgeht. Das zu erziehende und sich bildende Vernunftwesen sei vielmehr so zu denken, dass diesem nicht nur eine Welt außer sich, sondern in dieser zugleich andere endliche Vernunftwesen gegenüberstehen.

Fichtes „Zweiter Lehrsatz“ lautet daher: „Das endliche Vernunftwesen kann eine freie Wirksamkeit in der Sinnenwelt sich selbst nicht zuschreiben, ohne sie auch anderen zuzuschreiben, mithin auch andere endliche Vernunftwesen außer sich anzunehmen.“ (ebd., S. 34) Dieser zweite Lehrsatz verweist auf ein zweites Prinzip pädagogischen Handelns, welches besagt, dass pädagogisches Wirken als ein Wirken gedacht werden muss, in dem ein zu erziehendes Vernunftwesen durch ein schon erzogenes zu „freier Selbsttätigkeit“ aufgefordert wird (ebd., S. 43f.). Im weiteren führt Fichte aus, dass solche „Aufforderungen“ nur zwischen Vernunftwesen möglich sind, die sich leiblich artikulieren und leiblich produzierte Artikulationen als Sinn erfahren können (vgl. ebd., S. 60ff.). Solcher Sinn ist, da er über Welterfahrungen vermittelt ist, stets zugleich ein weltbezogener und von daher mehr als ein bloß subjektiver oder intersubjektiver Sinn.

Nur am Rande sei vermerkt, dass Fichte von den beiden ersten Lehrsätzen zum dritten, welcher den Begriff des Rechts entwickelt, dadurch überleitet, dass er Recht als ein Verhältnis von Wesen definiert, die ihre Subjektivität nicht einfach intersubjektiv hervorbringen, sondern deren Subjektivität eine auf gegenseitiger Anerkennung basierende Intersubjektivität konstituiert (vgl. ebd., S. 45ff.). Solche Anerkennung ist nur zwischen Wesen möglich, die grundsätzlich der Wechselwirkung von Artikulation und Sinn fähig sind. In der Konsequenz dieser Ableitung liegt es, Erziehung und Bildung nicht linear auf überhistorisch und universell geltende Menschenrechte zu gründen, sondern umgekehrt die in der Geschichte zu entwickelnden und durchzusetzenden Menschenrechte so zu konzipieren, dass sie in der nicht ableitbaren Bildsamkeit und Perfektibilität des Menschen begründet sind.

4. Pädagogische Aspekte der Andersheit von Ich und Du sowie Mensch und Welt in Wilhelm von Humboldts Philosophie und Theorie der Sprache

Im ersten und zweiten Lehrsatz des Fichteschen Naturrechts finden sich alle bisher entwickelten Begriffe von Andersheit wieder, sowohl jener der personalen Andersheit von Ich und Du als auch jener der Andersheit von Mensch und Welt. Und wie bei Rousseau wird die pädagogische Interaktion zwischen Ich und Du auch von Fichte als eine solche gedacht, die zugleich über Weltverhältnisse von Ich und Welt bzw. Du und Welt vermittelt ist. Auf die Frage, wie in pädagogischer Interaktion zu individueller Tätigkeit aufgefordert werden kann, antwortete Fichte, dies sei nur dadurch möglich, dass wir durch Artikulationen unseres Leibes auf den Anderen so einwirken, dass dieser rezeptiv und spontan tätig wird und den Sinn dieser Einwirkung vermittelt über sein Weltverhältnis erfährt.

Weitergehende Hinweise darauf, wie solche Einwirkungen zu denken sind und in welchem Sinne sie als auf Wechselwirkungen zwischen Mensch und Welt wirkende Einwirkungen gedacht werden können, finden sich in Wilhelm von Humboldts Begriff der Sprache. Der Sprache spricht Humboldt eine doppelte Vermittlungsleistung zu, welche sie erst zu dem macht, was sie ist. Sprache ist, so führt Humboldt immer wieder aus, stets intersubjektive Vermittlung und Weltvermittlung zugleich (vgl. hierzu Humboldt 1812/1981, S. 122f.). Als intersubjektive Vermittlung vermittelt sie zwischen dem Einen und dem Anderen; in ihrer zweiten vermittelnden Funktion ist sie Mittlerin zwischen Mensch und Welt. Beide Leistungen erbringt sie niemals getrennt; jede ist nur über die jeweils andere möglich. Die Funktion der Weltvermittlung entspringt nicht der intersubjektiven Vermittlungsleistung der Sprache, sondern teilt sich über diese mit. Und die intersubjektive Vermittlung erzeugt nicht die Weltvermittlungsleistung, sondern verallgemeinert diese so, dass ihre Adressaten sie auf ihre je eigenen Welterfahrungen beziehen können. Insofern lassen sich beide Vermittlungsleistungen auch nicht verschiedenen Sprechakten zuordnen; beide finden in jedem Sprechakt statt.

Das prinzipiell nicht hintergehbare Vermögen der Sprache, welthaltige Mitteilung eines Sprechers an einen Hörer zu sein, steht nach Humboldt nicht nur am Anfang der Spracherfindung des Menschen, sondern auch am Anfang eines jeden Sprechenlernens. Er ist darüber hinaus in der gesprochenen Sprache insofern aufbewahrt, als es in jedem Miteinander-über-etwas-Sprechen präsent ist. Pädagogische Aufforderungen zur Selbsttätigkeit sind diesem Verständnis zufolge von der Geste und Gebärde bis hin zum signifikanten Symbol nur in der Weise von Sprachhandlungen möglich, welche weder im Horizont einer schon erreichten Intersubjektivität befangen, noch auf eine herzustellende Intersubjektivität finalisiert, sondern darauf ausgerichtet sind, offene Wechselwirkungen von Mensch und Welt sowie zwischen den Menschen möglich zu machen. Diese gehen niemals in den sprachlichen Akten selbst auf, wären aber ohne diese gar nicht möglich.[13]

---

[13] In der von Habermas 1988 mit Berufung auf Mead aufgestellten These, Individuierung sei nur durch Vergesellschaftung möglich, ist ein Verständnis von Sprache wirksam, das bildende Mensch-Welt-Verhältnisse auf Intersubjektivität reduziert, nicht aber zugleich als Weltvermittlung begreift. Das Problem der Andersheit wird dadurch auf zweifache Weise verkürzt. Die in sprachlichen Artikulationen gemeinte Welt kommt nicht als das Andere von Ich und Du in den Blick. Denn de Leistungen von Sprache werden einseitig nach Maßstäben eines Kommunikationsideals beurteilt, das Verstehen einseitig auf ein Erfassen des von einem Sprecher jeweils Gemeinten reduziert. Die bildende Potenz der Sprache geht jedoch nicht in einer solch weltvergessenen Intersubjektivität auf. Sie ist daran zurückgebunden, dass Sprecher und Hörer einander zugleich im Medium gemeinsamer Welterfahrungen verstehen.

Die Implikationen dieses erziehungs- und bildungstheoretisch fundierten Sprachverständnisses für ein angemessenes Verständnis von Erziehung und Bildung sind vielfältig. Drei von ihnen möchte ich an dieser Stelle nennen. Die erste bezieht sich auf das, was Rousseau „le concert“ oder die Übereinstimmung des natürlichen Menschen mit sich selbst und Fichte dann die Identität des „Ich=Ich“ genannt hat. Vergleicht man Rousseaus Idee eines mit sich selbst nicht in Widerspruch, sondern in Übereinstimmung befindlichen Menschen und Fichtes Ansatz einer in den konstruktiven Leistungen eines Ich begründeten Wissenschaftslehre mit Humboldts Begriff der Sprache, so ist festzustellen, dass Humboldts Bildungskonzeption über diejenigen von Rousseau und Fichte hinausführt. Sie bringt nämlich in den Blick, dass eine ihre erziehungs- und bildungstheoretischen Implikationen reflektierende pädagogische Praxis ohne Annahmen einer Identität des Ich mit sich selbst auskommt. Das vielseitige Individuum ist, wie Herbart später ausführte, „Inzidenzpunkt“ eines mannigfaltigen Gedankenkreises. Es ist auf Identität weder gegenüber sich selbst, noch gegenüber Anderen und auch nicht gegenüber der Welt angewiesen.[14]

Diese Implikation hat Humboldt (1816/1981, S. 1ff.) in einem autobiographischen Fragment ausdrücklich angesprochen. In ihm führte er aus, einer bildungstheoretischen Selbstvergewisserung müsse daran gelegen sein, zu klären, „was die Betrachtung über die Welt und den Menschen erweitern kann“. Mit Blick auf eine solche Beschreibung seines eigenen Leben erläuterte er das Gemeinte so: „Ob ich dadurch vorteilhafter oder unvorteilhafter erscheinen werde, wird mich ... nicht kümmern. Es ist gar nicht die Absicht, bei mir stehen zu bleiben, noch auf mich zurückzukommen, ich gehe nur von mir, als dem mir bekanntesten Wesen auf die Welt über.“

Eine zweite Implikation bezieht sich auf den Begriff der Welt selbst. Dieser erfährt eine analoge Pluralisierung wie das Selbst in seiner Transformation von Fichtes Begriff des Ich als archimedischem Punkt zum Individuum als Inzidenzpunkt bei Herbart. Unter der Andersheit der Welt wird nun nicht mehr nur die Mannigfaltigkeit der durch unser Denken und Handeln konstruierbaren Welten, die Humboldt als „endliche Natur“ zu fassen suchte, sondern auch die all unserem Erkennen und Handeln uneinholbar vorausgesetzte Wirklichkeit verstanden, die Humboldt als „unendliche Natur“ apostrophierte (vgl. ebd., S. 122).

Eine dritte, für die Erörterung der weiteren Problemgeschichte nicht minder bedeutsame Implikation scheint mir darin zu liegen, dass die gesamte Erziehung und Bildung nun als durch die Trias von Ich, Du und Welt konstituiert gedacht werden kann. Damit lässt sich nicht länger einer als reine Ich-Du-Kommunikation gedeuteten Haltungserziehung oder Charaktererziehung eine

[14] Vgl. die Hinweise in Mollenhauer 1983, S. 155ff.; 1987/1992. Die weitgehend unkritische Übernahme des Identitätsbegriffs, so Mollenhauer, sei einer der beklagenswertesten Irrtümer in der neueren Theoriediskussion in der Pädagogik gewesen.

als Welt-Aneignung gedachte Wissensbildung gegenüberstellen. Wissensbildung und Charaktererziehung müssen vielmehr so gedacht und konzipiert werden, dass in beiden die Andersheit von Ich und Du sowie Mensch und Welt wirksam sein kann.

5. Mögliche Konsequenzen und offene Fragen im Diskurs über „Der Andere" und „Das Andere" als Problem und Aufgabe der Erziehung und Bildung

In der Konsequenz der hier entwickelten Problemskizze liegt es, zwischen der erziehungstheoretischen Andersheit von Ich und Du und der bildungstheoretischen Andersheit von Ich und Welt so zu unterscheiden, dass das in beiden Redeweisen Gemeinte weder zu von einander unabhängigen ontologischen Verfasstheiten des Menschen hypostasiert noch in eine höhere metaphysische Andersheit, z. B. die eines Gottes oder die eines endgültig mit sich und der Welt versöhnten Menschen, überführt wird. Pädagogische Praxis, Theorie und Empirie haben es vielmehr, jede von ihnen in besonderer Weise, niemals nur mit dem Problem des personalen Anderen oder nur mit der Andersheit von Welt, sondern stets mit dem doppelten Problem des Anderen zu tun.[15]

Beide Problemaspekte lassen sich zwar auch getrennt betrachten, nicht aber isoliert von einander zur Klärung praktischer, theoretischer und empirischer Fragen heranziehen. Positionen, die entweder nur die Ich-Du- oder nur die Mensch-Welt-Differenz im Blick haben, reflektieren oder erforschen, verdanken wir zwar differenzierte Einsichten in einzelne Problemaspekte unseres Themas. Von ihnen kann jedoch zugleich die Gefahr eines neuerlichen Abgleitens in eine Metaphysik oder Ontologie der Andersheit ausgehen. Solche Gefahren sehe ich dort, wo

- in der verkürzten Nachfolge Fichtes der Andersheit eines ebenso abstrakten wie solipsistischen Ich ein Primat vor dem Du,
- unter Berufung auf Lévinas der Andersheit des Du ein Primat vor dem Ich,
- im Anschluss an Habermas' These von der „Individuierung durch Vergesellschaftung" der Intersubjektivität ein Primat vor der Andersheit von Ich, Du und Welt
- oder aber, wie bei Heydorn, der Wechselwirkung von Mensch und Welt ein Primat vor den Problemen personaler Andersheit

zuerkannt wird.

---

[15] Die Konsequenzen, die dies für Didaktik und Sozialpädagogik hat, sind noch nicht ausdiskutiert. Herbarts These, dass es im Unterricht stets um ein Drittes geht, bliebe zwar unangetastet, aber Zucht als charakterbildende Erziehung hätte es nicht mehr nur mit dem pädagogischen Bezug von Erzieher und Zögling, sondern, durchaus im Sinne einer pädagogischen Gesellschaftskritik, stets auch mit der gesellschaftlichen Seite dieses Bezugs zu tun.

Beide Aspekte von Andersheit stellen zwar gemeinsam nicht hintergehbare Voraussetzungen aller Erziehung und Bildung dar. Sie bezeichnen aber nicht einen Wert an sich. Das Andere muss nicht immer das Bessere eines Anderen, es kann auch das Schlechtere oder gar das Falsche eines Anderen sein. Es wäre reizvoll, einmal synoptisch darzustellen, welche neuen Einsichten wir jenen Erörterungen verdanken, die unser Thema im 20. Jahrhundert erfahren hat, und welche neuen Einseitigkeiten diese mit sich führen. Hierzu müsste man

- Martin Bubers (1953/1986; 1962) Explikation des „erzieherischen" Verhältnisses als eines „rein dialogischen" Verhältnisses,
- Emmanuel Lévinas' (1978/1992) Meditationen über einen primär ethisch motivierten Primat des Anderen,
- Heinz-Joachim Heydorns (1969/1980; 1970/1979) Verabschiedung des Erziehungsbegriffs als einer per se gesellschaftsaffirmativen Kategorie und seine Stilisierung der Bildung zu einem Agens des Politischen
- und nicht zuletzt Josef Derbolavs (1971) Rede von Bildung als einem „Im-Anderen-zu-sich-selbst-Kommen" einschließlich der von Franz Fischers (1965/1985) entwickelten Gegenrede im Namen einer „von sich selbst reinen Gesellschaft"

und vieles andere mehr geprüft haben.

Unter den in den letzten Jahren zum Thema „Der Andere und Das Andere als Problem und Aufgabe der Erziehung und Bildung" erschienenen, zum Teil äußerst verdienstvollen Arbeiten findet sich keine einzige, die alle von mir genannten Positionen bearbeitet und in einen Diskurs miteinander gebracht hat. In einem solchen Diskurs ließe sich, so meine Schlussthese, vielleicht zeigen, dass individuelle Andersheit in pädagogischen Situationen erst dann angemessen geachtet werden kann, wenn nicht jede Andersheit als solche anerkannt wird, und dass sich der Lehrer nicht als Wegweiser ins gelobte Land und der Erzieher nicht als Charakterbildner verstehen dürfen. In der Gleichbedeutsamkeit des von Buber reformpädagogisch vernachlässigten Problems der Andersheit der Welt und der von Heydorn emanzipationslogisch ausgeklammerten erziehungstheoretischen Seite des Problems der Andersheit läge dann nicht ein zu tilgendes Erschwernis, sondern die Chance des Pädagogischen.

Kritik und Negativität. Ein Versuch zur Pluralisierung von Kritik in Erziehung, Pädagogik und Erziehungswissenschaft (gemeinsam mit Andrea English) [1]

Das Thema „Pädagogik und Kritik“ kann sehr unterschiedlich ausgelegt werden. Es kann nach der Bedeutung gefragt werden, die dem Phänomen und Sachverhalt des Kritischen in der praktischen Erziehung und im Unterricht zukommt. Es können verschiedene auch außerhalb der Pädagogik diskutierte Formen von Kritik daraufhin untersucht werden, welchen Beitrag sie zur Klärung pädagogischer Fragen leisten. Und es kann nicht zuletzt gefragt werden, was unter einer kritischen Erziehungswissenschaft zu verstehen ist und wie sich deren verschiedene Ansätze zueinander verhalten.

Im folgenden wird das Verhältnis von Kritik und Negativität untersucht, das eine Unterscheidung zwischen Pluralismus und Pluralisierung von Kritik erlaubt, die für den praktischen, theoretischen und forschenden Umgang mit unterschiedlichen Formen und Sachverhalten von Kritik bedeutsam ist. In einer Analyse des Verhältnisses von Kritik und Negativität soll geklärt werden, wie die Struktur menschlichen Lernens mit der Struktur pädagogischen Handelns und wie dessen handlungstheoretische Anleitung und Orientierung mit erziehungswissenschaftlicher Analyse und Forschung in einem für alle Seiten fruchtbaren Sinne zusammenhängen könnten.

Im ersten Abschnitt wird gezeigt, dass Unterscheidungen, die im Denken und Urteilen sowie – darüber hinaus – im Handeln gemacht werden, nicht in der Abgrenzung positiver Merkmale aufgehen, sondern zugleich über Verhältnisse von Wissen und Nicht-Wissen, Können und Nicht-Können vermittelt sind. Bei dem jeweils mitwirkenden Nicht-Wissen und Nicht-Können handelt

---

[1] Der Beitrag ist im Kontext der Arbeit der Europäischen Forschergruppe „Kritik in der Pädagogik” entstanden. Die erweiterte, gemeinsam mit Andrea English bearbeitete und von dieser übersetzte Fassung erschien 2004 unter dem Titel „Critique and Negativity: Towards the Pluralization of Critique in Educational Practice, Theory and Research“ in Journal of Philosophy of Education 38, S. 409-428. Special Issue: Conformism and Critrique in Liberal Society. Ed. by F. Heyting and Ch. Winch. Die italienische Fassung Critica e negatività. Tentativo di pluralizzazione della critica in educazione, pedagogia e scienza pedagogica findet sich in Borrelli (ed.) 2004, S. 137-164, eine kürzere deutsche Fassung erschien 2003 in dem von Benner/ Borrelli/Heyting/Winch hrsg. Band: Kritik in der Pädagogik. Versuche über das Kritische in Erziehung und Erziehungswissenschaft. 46. Beiheft der Zeitschrift für Pädagogik, S. 96-110. Die genannten Bände enthalten zugleich die Beiträge der anderen Forschergruppenmitglieder.

es sich um ein solches, das zwar in ein positives Wissen und Können überführbar, nicht jedoch in dieses aufhebbar, sondern für Lernen schlechterdings konstitutiv ist. Die Übergangsmöglichkeiten von Nicht-Wissen und Nicht-Können in Wissen und Können und das für sie jeweils vorausgesetzte Wissen und Können verweisen auf eine Negativität im Bildungsprozess, die mit der menschlichen Bildsamkeit zusammenhängt (vgl. Benner/Brüggen 2004a) und dem Lernen des Menschen uneinholbar zugrunde liegt (vgl. E. Schütz 1982).

Der zweite Abschnitt leitet von der für Lernprozesse konstitutiven zu der pädagogischen Prozessen zugrunde liegenden Form von Negativität über.[2] In ihm wird ausgeführt, dass pädagogisches Wirken über eine doppelte Negativität vermittelt ist, in der zu der allgemeinen Negativität des Lernens eine besondere, für pädagogische Prozesse unentbehrliche Negativität des Einwirkens auf Lernprozesse hinzutritt und die erste Form von Negativität im Horizont einer zweiten reflektiert wird.

Der dritte Abschnitt legt die Verhältnisse von Lernen und Negativität sowie pädagogischem Einwirken und Negativität auf Fragen der erziehungswissenschaftlichen Erforschung von Lehr-Lern-Prozessen aus. Er entwickelt ein Plädoyer für eine Erziehungswissenschaft, die sich jenseits fundamentalistischer Kritizismen bewegt und die beobachtbare Pluralität kritischer Positionen mit Problemen einer Pluralisierung von Kritik konfrontiert. Dieser Abschnitt schließt mit Überlegungen zum Verhältnis von Kritischem und Nicht-Kritischem. Sie unterbreiten den Vorschlag, den weit verbreiteten Dual von Kritischem und Unkritischem in eine Trias von Vorkritischem, Kritischem und Nachkritischem zu überführen.

Im letzten Abschnitt wird nach der möglichen Bedeutung der Negativität der Erfahrung für eine theoriegeleitete und praxisbezogene Ausbildung für pädagogische Berufe gefragt. Dabei wird die These aufgestellt, dass die Aufarbeitung vergessener negativer Erfahrungen aus dem eigenen Bildungsgang für die Ausbildung von Erziehern und Lehrern bedeutsam sein könnte. Durch sie lassen sich Lernprozesse erinnern, die – unvermeidbar – beim Lernen vergessen worden sind.

Der Beitrag schließt mit einem literarischen Beispiel, das auf die Möglichkeiten und Schwierigkeiten des Erinnerns von Vergessenem hinweist.

---

2 Mit der Rückbindung des Lernens an die Erfahrung von Negativität soll nicht bestritten werden, dass es Lerntheorien gibt, die von diesem Zusammenhang abstrahieren, wohl aber angedeutet werden, dass solche Theorien sich kaum dazu eignen, Lehr-Lern-Prozesse zu analysieren. Selbst der berühmte Pawlowsche Hund kommt ohne die Erfahrung der Negativität nicht zurecht. Bei ihm kann die Korrektur der Koppelung einer bestimmten körperlichen Reaktion an einen äußeren Impuls weitaus eher als Lernen gedeutet werden als die Koppelung selbst.

1. Die Negativität des Unterscheidens als Grundstruktur menschlichen Lernens

In Untersuchungen zur Grundstruktur menschlichen Lernens finden sich seit langem Ausführungen zum Verhältnis von Kritik und Negativität. Drei frühe Hinweise lassen sich Platons Dialog „Menon“ entnehmen, der Fragen der Tugendlehrbarkeit im Kontext allgemeiner Lehr-Lern-Probleme erörtert. In ihm entlockt Sokrates einem in der Sache selbst noch unkundigen Knaben verschiedene Antworten auf die Frage nach den Maßverhältnissen von Seiten und Flächen in Quadraten und rechtwinkligen Dreiecken. Auch wenn es Platon nicht gelingt, die Themen der Tugendlehrbarkeit und des Erlernens geometrischer Sachverhalte in einen stringenten Zusammenhang zu bringen, enthalten die von Sokrates mit Menon erörterten Probleme doch einige allgemeine Aussagen zum Verhältnis von Lernen und Kritik. Sie finden sich in der

- leicht zu übersehenden These, in dem anfänglichen Nichtwissen des Knaben seien „richtige Vorstellungen“ von dem enthalten, was der Knabe nicht weiß (85 c),
- in der bekannten Aussage, der Knabe lerne, „ohne dass ihn ... jemand lehrt“ (85 d) sowie
- in einer Bemerkung am Ende des Dialogs, die dessen pragmatischen Ertrag zusammenfasst und an dem Beispiel erläutert, dass auch jemand, der den Weg nach Larissa noch nie gegangen ist, andere dorthin führen könne, wenn er nur „richtige Vorstellungen“ besitze (97 a-b).

Die zitierten Thesen markieren grundlegende Einsichten in die Struktur menschlichen Lernens und Lehrens. Der ersten zufolge ist Lernen nicht als ein direkter Aneignungsprozess von Wissen und Können, sondern als ein Vorgang zu denken, in dem Erfahrungen des eigenen Wissens und Nicht-Wissens, Könnens und Nicht-Könnens eine zentrale Rolle spielen. Nicht dadurch lernt der Knabe geometrische Zusammenhänge erkennen, dass er auf die Fragen des Sokrates spontan die richtigen Antworten gibt, sondern dadurch, dass er, unterstützt durch den fragenden Sokrates, in Lernprozesse eintritt, in denen ihm sein partielles Wissen und Nicht-Wissen bewusst wird. Über Enttäuschungen und Irritationen, über negative Erfahrungen also, gelangt er zu der Antwort auf die an ihn gerichtete Frage, welches wohl die Seitenlänge eines Quadrates sei, das doppelt so groß wie das 2x2- oder 4-füßige ist. Nachdem er zunächst das 4x4- oder 16-füßige Quadrat als das gesuchte ausgegeben hat, bemerkt er, dass er in dieser Antwort nicht die Fläche, sondern die Seitenlänge verdoppelt hat. Auf einen entsprechenden Hinweis des Sokrates, der auf die für den Knaben zunächst gar nicht erkennbare Diagonale im 4-füßigen Quadrat hingezeigt hat, findet er das über dieser zu errichtende Quadrat. Durch einen Vergleich der durch die Diagonale geteilten Flächen des 2x2-füßigen Quadrats mit jenen des über der Diagonale errichteten Quadrats findet er schließlich heraus, dass es sich bei diesem Quadrat um das gesuchte 8-füßige handelt.

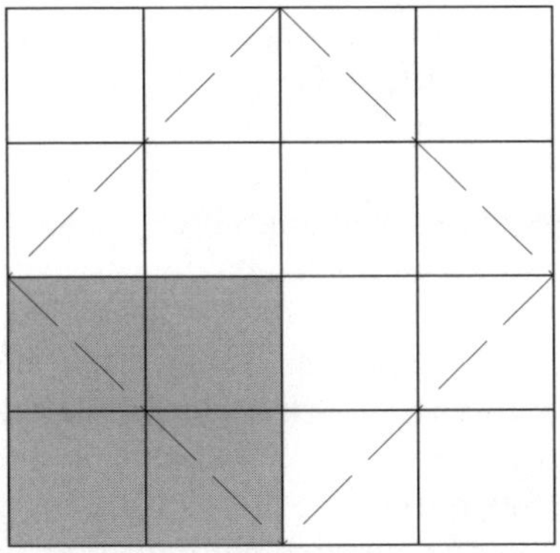

Der von Sokrates mit dem Knaben inszenierte Lehr-Lern-Prozess lässt erkennen, wie sich der Lernende, angestoßen durch die ihm gestellten Fragen und die negativen Erfahrungen aus seinen Antwortversuchen, der Wahrheit annähert und zutreffende, in seinem Nicht-Wissen vorhandene Vorstellungen aufspürt sowie falsche von sachlich richtigen Antworten zu unterscheiden beginnt. Wenden wir den Blick vom lernenden Knaben auf den fragenden Sokrates, so zeigt sich, dass Platons Begriff des Lernens zwar den Lernweg des Knaben, nicht aber die Lehrkunst des Sokrates erklärt. Diese lässt sich mit Klaus Prange (2000, S. 215ff.) als Kunst eines „Zeigens" interpretieren, welches für den Lernenden zunächst nicht-sichtbare Sachverhalte sichtbar macht. Platons Dialog beschreibt den Lernweg des Lernenden als einen über die Negativität der Erfahrung vermittelten Erkenntnisprozess. Wie aber Sokrates zu seiner Lehrkunst fand, die ihn andere so zu fragen und auf Sachverhalte so zu zeigen erlaubt, dass diese in für sie neue Lernprozesse eintreten können, wird dabei nicht geklärt. Es ist aber zu vermuten, dass auch die zur Lehrkunst hinführenden Prozesse über negative Erfahrungen vermittelt sind, über Erfahrungen freilich, die mit den Erfahrungen derjenigen, die Sokrates durch Fragen zum Lernen anhält, nicht identisch sind.[3] Worin aber könnte die Positivität und

[3] Das beweisen die oft scheiternden Versuche, im schulischen Unterricht die Lehrkunst großer Vorbilder wie Sokrates oder auch Wagenschein nachzuahmen. Deren Lehrbeispielen lässt sich offenbar nur entnehmen, wie Lernende unter dem Einfluss einer bestimmten Lehrkunst fiktiv oder tatsächlich gelernt haben, nicht aber, wie diese Lehrkunst von denen, die sie besaßen, erworben wurde und wie sie von anderen, die sie nicht besitzen, erlernt werden kann. Hieran ändern auch Sammlungen von Lehrbeispielen nichts, die anstelle der Lehrbeispiele nur Lernbeispiele präsentieren und nicht das Erlernen der Lehrkunst selbst zeigen; siehe hierzu Berg/Schulze 1995.

Negativität von Erfahrungen liegen, die es auf dem Weg zur pädagogischen Kunst zu durchlaufen gilt?

Platons bekannte Antwort, Lernen sei Wiedererinnerung eines früher schon einmal Gewussten, besitzt im zeitgenössischen Kontext Plausibilität nur im Blick auf den lernenden Knaben, erklärt aber nicht die Lehrkunst des fragenden Sokrates. Was diese betrifft, führt auch die Aristotelische Epistemologie nicht weiter. Sie vertraut darauf, dass dem im Fragen Gemeinten stets eine vorgegebene, den Lernprozess leitende Ordnung zugrunde liegt. Auf sie sucht sie zurückzuführen, dass nur diejenigen richtig fragen, zeigen und lehren können, die die gesuchten Antworten aus den Zweckursachen der jeweils fraglichen Sache zu entwickeln verstehen. In Platons Menon findet sich noch eine weitere Antwort. Sie besagt, Lernen sei schon dann möglich, wenn jemand in seinem Noch-nicht-Wissen über richtige Vorstellungen von dem verfüge, was es sich lernend anzueignen sucht. So könne jemand andere z. B. nach Larissa führen, der selbst den Weg dorthin noch nicht gegangen sei, sofern er nur die richtigen Anhaltspunkte kenne, um sich auf dem Weg zu orientieren. Wer aber fand als erster den Weg nach Larissa und, falls er von dort gekommen sein sollte, wie fand er den Weg zu jenen, die er nun darin unterstützen will, diesen Weg, den sie noch nie beschritten haben, in umgekehrter Richtung zu gehen? Wie hängt die Negativität pädagogisch unterstützter Lernprozesse mit der Negativität pädagogischer Erfahrungen zusammen und wie verhält sich diese zu jener, wenn pädagogische Praxis gelingt?

2. Die Negativität der Erfahrung und die Grundstruktur pädagogischen Einwirkens

Wenn pädagogisches Können an Lernprozesse zurückgebunden ist, die auf Seiten der Lernenden und der Lehrenden in einen Umgang mit negativen Erfahrungen eingebunden sind, dann ist pädagogische Erfahrung über eine zweifache oder doppelte Negativität vermittelt. Sie schließt nicht nur Enttäuschungen und Irritationen auf Seiten der Lernenden, sondern auch auf Seiten der Lehrenden als Lernender ein. Zu ihrer Erfassung reichen die bei Platon und Aristoteles zu findenden mythischen, ideentheoretischen und teleologischen Ordnungsvorstellungen nicht aus. Sie erklären nur Momente an Lernprozessen, die durch Fragen eines im Lehren schon Kundigen unterstützt werden, nicht aber diejenigen Lernprozesse, in denen die Kunst solchen Fragens allererst erworben wird.[4]

Drei weitergehende Hinweise, wie Lernen und Lehren zusammenhängen könnten, finden sich in Hans-Georg Gadamers Untersuchungen zum Verhält-

---

[4] Zu Aristoteles siehe Brüggen 1989; zur Bedeutung und Kunst des Fragens siehe Petzelt 1963, S. 29-36; Derbolav 1970, S. 56ff.; vgl. auch Benner ^{4}2001b, S. 148ff.

nis von „Wahrheit und Methode". Der erste besagt, die Bedeutung, die Erfahrung für das menschliche Lehren und Lernen besitzt, gehe in dem, was sie zur Begriffsbildung leiste, nicht auf, sondern gründe in einer „Negativität", die einen „eigentümlich produktiven Sinn" entfalte.[5] Dieser liege nicht in der unmittelbaren Berichtigung des jeweiligen Vorwissens durch enttäuschte Antizipationen, sondern basiere auf einem „weitgreifenden Wissen", das im Durchgang durch die Negativität der Erfahrung allererst „erworben" wird (Gadamer 1960/1975, S. 336). Der zweite Hinweis ist Gadamers Ausführungen zur Negativität der Erfahrung zu entnehmen. Er besagt, im menschlichen Lernen verändere sich unter der „Erfahrung der Nichtigkeit", dass etwas „nicht so" ist, „wie wir annahmen", immer „beides": „unser Wissen und sein Gegenstand" (ebd., S. 337). Der dritte lautet, Lernprozesse seien so strukturiert, dass in ihnen die alte Erfahrung und die über Negativität vermittelte neue Erfahrung immer schon in der Form einer „bestimmten Negation" miteinander versöhnt sind. In dieser habe sich das Verhältnis von Wissen und Gewusstem, Können und Gekonntem so verändert, dass das alte Wissen und Können in dem neuen aufgehoben und das neue Wissen und Können, sobald es sich eingestellt hat, zugleich für weitere Erfahrungen offen sei (vgl. ebd., S. 345; siehe auch Buck 1975, S. 175f.; 1981, S. 94).

Von Aristoteles sagt Gadamer in diesem Zusammenhang, dieser habe die Begriffe des Lernens, des Wissens und des Lehren-Könnens in einer umfassenden ontologischen Ordnungsstruktur zu fundieren versucht. Indem er Lernen als Aufstieg von der Erfahrung zu einer der zu erkennenden Sache selbst immer schon zugrunde liegenden Ordnung interpretiere, argumentiere er freilich aus der Sicht dessen, der um diese Ordnung bereits weiß, nicht aber vom Standpunkt dessen, der eine Ordnung, die er noch nicht kennt, sucht. In der Aristotelischen Sichtweise bleibe darum die Struktur der Erfahrung, die zu dem Wissen um die Ordnung hinführt, „in auffallender Weise unklar" (Gadamer 1960/1975, S. 333). Was aber den Übergang von der „Erfahrung der Nichtigkeit" in die bestimmte Negation des richtigen Wissens betrifft, lässt sich dies in einem abgewandelten Sinne auch von Gadamer selbst sagen. Sobald sich eine neue, über Negativität vermittelte Erfahrung eingestellt hat, tritt sie nach Gadamer immer schon mit dem Anspruch auf, bestimmte Negation einer älteren Erfahrung zu sein und in deren Wirkungsgeschichte zu stehen.[6] Wie aber verhält es sich im Raum zwischen der Erfahrung der Negativität und der bestimmten Negation, in dem die Enttäuschung eines Vorwissens manifest, die Umstrukturierung des Wissens und seines Gegenstandes aber noch nicht abgeschlossen, die Negativität einer Irritation erlitten, die Not, in welche diese führt, aber noch nicht gewendet, das Alte zwar als das Falsche erkannt

---

5 Zum Verhältnis von Kritik und Produktivität siehe Ruhloff 2003.

6 Vgl. hierzu auch Hegels Unterscheidung zwischen unbestimmter und bestimmter Negation, von denen erstere nur etwas „Leeres" meine, derweil letztere wisse, was jeweils negiert werde; siehe Hegel 1812/1958, S. 197; vgl. auch Hegel 1807/1951, S. 73.

und insofern durchaus in bestimmter Weise negiert, das Neue aber noch nicht gefunden ist?

Situationen dieser Art gibt es beim theoretischen Lernen ebenso wie beim praktischen Lernen, in außerpädagogischen Situationen ebenso wie in pädagogischen. So entwickelt Rousseau im Emile eine Konzeption der Bildung der Sinne, welche die Möglichkeit des Irrtums zwar – wie Aristoteles – erst dem Verstand zuerkennt, die Tätigkeit der Sinne jedoch – anders als dieser – nicht mehr rein rezeptiv interpretiert. Nach Rousseau wirken die Sinne, statt nur rezeptiv Weltinhalte zu übermitteln, aktiv an der Wahrnehmung mit. Sie bedürfen daher einer besonderen Erziehung. Diese ist über eine Negativität der Erfahrung vermittelt, in der Wahrnehmungen eines Sinnes durch diesen selbst sowie durch Wahrnehmungen anderer Sinne korrigiert werden.[7] Im Emile führt er, der Sache nach Annahmen des heutigen radikalen Konstruktivismus problematisierend, aus:

„Nur durch die Bewegung lernen wir, daß es Dinge gibt, die nicht wir sind; und nur durch unsere eigene Bewegung erlangen wir den Begriff der Ausdehnung. Weil das Kind diesen Begriff nicht hat, streckt es ohne Unterschied die Hand aus, um den Gegenstand zu ergreifen, der es berührt oder der hundert Schritte von ihm entfernt ist. ... Es ist so, weil das Kind eben die Gegenstände, die es anfänglich in seinem Gehirn, darauf vor seinen Augen sah, jetzt am Ende der Arme sieht und sich keine andere Entfernung vorstellen kann als die, die es erreichen kann." (Rousseau 1762/1979, S. 49; vgl. auch ebd., S. 52)

Im Sehen- und Greifenlernen erfährt das Kind die Enttäuschung, ferne Gegenstände, die zuweilen in seinen Blick treten, nicht greifen zu können. Solche Enttäuschungen sind für sein Lernen konstitutiv. Hat es Greifen und Sehen gelernt, sind diese Enttäuschungen in seinem Können nicht nur korrigiert, sondern in gewisser Weise zugleich vergessen. Bewahrt ist jedoch die Fähigkeit, erneut durch Irritationen lernen und neue Erfahrungen machen zu können.

Was für den Bereich des sinnlich-theoretischen Lernens gilt, gilt auch für die praktisch-moralische Erziehung. Auch in ihr sind Kritik und Negativität in einer neuen, von älteren Theorien noch nicht erkannten Weise im Spiel. So will Rousseau im Emile seinen imaginären Zögling weder für die Gesellschaft des Ancien Régime noch zum Bürger eines neuen Staates mit guten Gesetzen erziehen, sondern ihn so in das widerstreitende Verhältnis von menschlicher und bürgerlicher Existenz einführen, dass er lernt, seine Stellung in der Gesellschaft zu suchen und seine Lebensform selbst zu wählen. „Negative Erziehung" wird von ihm so konzipiert, dass sie den Heranwachsenden nicht für sich selbst und auch nicht für einen bestimmten Stand erzieht, sondern zu einer advokatorischen Solidarität mit jenen anhält, denen es schlechter geht als

[7] Während nach Rousseau die Übung der Einzelsinne und ihre Koordination über die Erfahrung der Negativität – z. B. beim Erlernen des Greifens – vermittelt ist, spricht Aristoteles von einer Irrtumsfreiheit der Sinne: „Die Wahrnehmung der eigentümlichen Gegenstände ist immer wahr, und sie kommt auch allen Tieren zu, das Nachdenken kann auch falsch sein und kommt nur dem Wesen zu, das auch Verstand hat." Aristoteles: Über die Seele 427 b.

ihm selbst. Zur Bedeutung der Negativität im Lernprozess führt er aus, sie setze ein Selbstdenken und Selbsturteilen frei, durch das die Erziehung einen Beitrag leisten könne zur Überwindung der „Widersprüche des gesellschaftlichen Systems“ (Rousseau 1762/1979, S. 75; siehe auch S. 87ff., S. 234ff., S. 274ff.).

Ein halbes Jahrhundert nach Rousseau hat dann Schleiermacher die Erziehung an einer „Idee des Guten“ orientiert, die keiner hierarchischen Teleologie mehr folgt, sondern zwischen den großen Lebensgemeinschaften von Staat, Kirche, geselligem Leben und Wissenschaft unterscheidet, die ihrerseits – wie die Idee selbst – als in Entwicklung begriffen gedacht werden (vgl. Schleiermacher 1826/1959, S. 36ff., S. 61ff.). Der Begriff der pädagogischen Praxis wird hierdurch aus seinem subordinierten Verhältnis zu Gemeinschaft und Gesellschaft befreit, ohne in ein präordiniertes Verhältnis zu diesen zu treten. Die Negativität der Erfahrung ist nun nicht mehr nur eine für den Lernenden selbst, sie ist zugleich eine gesellschaftliche, an der die Erziehung und alle anderen Bereiche der ausdifferenzierten Praxis teilhaben. Ausdrücklich macht Schleiermacher darauf aufmerksam, dass unterstützende Erziehungsmaßnahmen sich stets auf das einzelne Individuum, gegenwirkende dagegen sowohl auf die individuelle als auch auf die gesellschaftliche Seite der Erziehung beziehen (vgl. Benner/Kemper 2001, S. 283). Die Reichweite einer negative Erfahrungen nicht nur zulassenden, sondern einbeziehenden oder gar miterzeugenden Erziehung begrenzte er jedoch auf Fragen des „Richtigen“ und „Unrichtigen“, wie sie sich im Bereich der Kenntnisse und Fertigkeiten ergeben, in dem die „Maxime der Behütung unnütz“ und die „Methode der Behütung verkehrt“ sei, weil das Richtige nur vermittelt über die Erfahrung und Erkenntnis des Unrichtigen erlernt werden könne (vgl. Schleiermacher 1826/1959, S. 104). Eine Ausweitung negativer Erfahrungen auf das Gebiet des „Unschönen“ – z. B. im Bereich der „schönen Schrift“, vor allem aber im Bereich von Gesinnungen und Tugend – hielt er für illegitim.[8] Zwar könne nur der das Gute erkennen, der dieses vom Bösen zu unterscheiden wisse; eigene Erfahrungen im Umgang mit dem Bösen seien hierfür jedoch nicht erforderlich.

Über Schleiermachers Dual von Gegenwirken und Unterstützen hinausgehend, entwickelte Herbart, der im Bereich des kognitiven Lernens der Negativität keine zentrale Bedeutung zuerkannte, sondern einer konstruktiven Assoziationslehre folgte, unter den Begriffen einer bestimmenden, haltenden, regelnden und unterstützenden Zucht die Konzeption einer unterstützenden Gegenwirkung, die auch den Bereich der moralischen Erziehung erfasst. Ihr wies er die Aufgabe zu, Heranwachsende nicht länger in eine alte oder eine stellvertretend von ihren Erziehern antizipierte neue substanzielle Sitte und Sittlichkeit einzuführen, sondern in ihnen ein Gewissen auszubilden, das, statt durch

[8] Die Forderung, Heranwachsende vor der Begegnung mit dem „Unschönen“ zu bewahren, erhob Schleiermacher insbesondere für das weibliche Geschlecht; vgl. Schleiermacher 1826/1959, S. 104f., siehe auch S. 107.

Moral normiert zu werden, Moral reflektiert und ausdrücklich darauf verzichtet, in einem allgemeingültigen Sinne positives Gewissen für andere zu sein. In der Tradition des Sokratischen „Daimonion“[9] stehend, unterschied Herbart zwischen einem „positiven und negativen Teil der Sittlichkeit“, die beide in der moralischen Erziehung und Bildung Beachtung verlangten (Herbart 1806/1965, S. 107f.). Während die positive Sittlichkeit alles umfasse, was in moralischen Urteilen als das Gute dem Nicht-Guten gegenübergestellt werde, beziehe sich die negative Sittlichkeit auf die für moralische Urteilskraftbildung unverzichtbare Kritik, die in der Form einer „Zensur“ an individuellen und gesellschaftlichen Beweggründen und Normen geübt werde.[10]

Damit eröffnete Herbart der Ethik einen Weg, der das Gute diskutabel hält und unbestimmt lässt und das Handeln vor die Aufgabe stellt, das Böse zu meiden und die durch die neue Ethik geschaffenen Freiräume für Experimente mit dem Guten zu nutzen. Der philosophischen Ethik wies er in diesem Zusammenhang die Aufgabe zu, moralische Urteile wenn schon nicht zweifelsfrei zu fällen, so doch wenigstens zu berichtigen (vgl. Herbart 1808/1997, S. 159). Die Aufgabe der Erziehung erblickte er darin, eine Charakterbildung zu fördern, in der Heranwachsende, nachdem sie sich zuvor in einer für sie „heilsamen Charakterlosigkeit“ bewegt haben, eine über ihr eigenes Denken, Urteilen und Handeln vermittelte positive Sittlichkeit entwickeln, die sich durch „Wärme fürs Gute“ und „Selbstnötigung“ durch Kritik auszeichnet (Herbart 1806/1965, S. 104 und S. 108ff.). Eine negative Moralerziehung, die so verfährt, trägt der Tatsache Rechnung, dass sich die Aufhebung negativer Erfahrung im Bereich des moralischen Wissens wie in jeder anderen Wissensform nicht unmittelbar oder von selbst einstellt. Ihre Herbeiführung obliegt nicht mehr der Erziehung und auch nicht den ausdifferenzierten Formen gesellschaftlicher Praxis. Sie ist der Entscheidung und Wahl der Einzelnen überlassen und darüber hinaus der Geschichte anheim gestellt, in der über getroffene Wahlen und deren Spielräume hinausgegangen und erneut gestritten werden kann.

Ohne den Begriff der Negativität zu verwenden, hat J. Dewey einen in der angelsächsischen Diskussion wirksamen Begriff des Lernens entwickelt, der über Erziehung weit hinausweist. In „Democracy and Education“ unterscheidet er zwischen den einfachen Erfahrungen eines Handelns „auf gut Glück“ und den Formen einer „reflektierenden Erfahrung“. In ersterer werde aus Erfolg und Misserfolg gelernt und Neues solange ausprobiert, bis ein angestreb-

---

[9] In der „Apologie“ spricht Sokrates von einem sich in ihm äußernden „Daimonion“, das ihm zwar nicht sage, was das Gute im Allgemeinen und im Einzelfall sei, ihn aber warne, wenn er in praktischen Fragen zu irren drohe: „Mir aber ist dieses von meiner Kindheit an geschehen, eine Stimme nämlich, welche jedesmal, wenn sie sich hören lässt, mir von etwas abredet, was ich tun will, zugeredet aber hat sie mir nie.“ Platon: Apologie 31 d.

[10] Siehe Herbart 1806/1965, S. 108: „Beide Teile der Sittlichkeit, der positive und der negative, liegen hier dicht beisammen. Das Zensieren selbst ist positiv, aber die Zensur lautet negativ für den ihren Forderungen nicht angemessenen Charakter.“

tes Ziel erreicht sei. Reflektierende Erfahrung gehe anders vor. Sie analysiere die Negativität der einfachen Erfahrung, um diese theoriegeleitet zu erklären und hypothetische Einsichten für neue Versuche mit größeren Erfolgsaussichten zu gewinnen. An die Stelle eines zufälligen Ausprobierens trete damit ein durch hypothetische Annahmen geleitetes Handeln, das seine Ziele experimentell durch Abänderungen seiner Erwartungen und durch Modifikation der Handlungsbedingungen zu erreichen sucht.[11]

Der einfachen und der reflektierenden Erfahrung ist gemeinsam, dass beide von zweifelhaften, unsicheren und problematischen Sachverhalten ausgehen (vgl. Dewey 1916/1985, S. 155; 1916/1964, S. 198f.) und Erfahrung und Denken miteinander verbinden (vgl. ebd. 1916/1985, S. 151; 1916/1964, S. 193). Die Aufgabe systematischer Erziehung erblickt Dewey darin, Übergänge von einem Lernen auf gut Glück in reflektierende Lernprozesse zu ermöglichen. Reflektierende Erfahrung setzt sich mit der Negativität der Erfahrung explizit auseinander, indem sie sich dieser analysierend zuwendet.[12]

Als universelle Grundstruktur reflektierender Erfahrung arbeitete Dewey eine Stufenfolge aus, die bei der Irritation durch neu auftretende Probleme beginnt und über deren Interpretation und Analyse zur Aufstellung von Hypothesen und von da zu theoriegesteuertem Handeln und der Suche nach Problemlösungen fortschreitet (vgl. Dewey 1916/1985, S. 157; 1916/1964, S. 201). Deweys Modell beansprucht Geltung für die Struktur der Erfahrung Lernender wie Lehrender in allen Bereichen des Wissens und Könnens.[13] In der Transformation einfacher Erfahrungen, die noch nicht über eine reflektierte Wechselwirkung von Wissen und Nicht-Wissen, Können und Nicht-Können vermittelt sind, in reflektierende Erfahrungen erblickt er nicht nur einen Fortschritt im Wissen und Können, sondern zugleich eine Grundlage moderner Demokratie. Diese erkennt den Einzelnen die Freiheit zur Hervorbringung produktiver Selbst- und Weltentwürfe zu und legt allen die Pflicht auf, sich über die Negativität ihrer Erfahrung auf der Suche nach dem „Besseren" wechselseitig zu verständigen.[14]

Eine Theorie reflektierender Erfahrung, die dem Prozess der modernen Ausdifferenzierung der Praxen Rechnung zu tragen suchte, kann sich hiermit nicht begnügen. Sie müsste zugleich zeigen, wie zwischen strategischen und kommunikativen Formen des Handelns in den ausdifferenzierten Bereichen

---

11 Ein solches „systematisches Erfinden und Entdecken" wurde nach Dewey 1916/1985, S. 156; 1916/1964, S. 199, möglich, als der „Zweifel für den Zweck der Forschung fruchtbar gemacht und leitende Hypothesen für explorative Erkundungen formuliert wurden, die im weiteren Fortgang entweder bestätigt oder widerlegt oder modifiziert" werden. Die Übersetzung deswurde gegenüber der Ausgabe von Hylla hier und im Folgenden durchgängig überarbeitet.

12 So Dewey 1916/1985, S. 155; 1916/1964, S. 199, wenn er feststellt, die „Irritationen weisen auf gewisse Auswege hin" (the perplexities of the situation suggest certain ways out).

13 Vgl. den bei Dewey 1916/1985, S. 167 zu findenden Hinweis, „der Lehrer [sei] zugleich Lernender und der Lernende - ohne dass er es weiss - Lehrer".

14 Zu Deweys Begriff der Demokratie und zum Verhältnis von Demokratie und Bildung siehe Benner 2001.

menschlicher Praxis unterschieden werden kann und welchen Raum in ihr die unterschiedlichen Formen von Negativität, Kritik und Rationalität einnehmen, die in den Traditionen teleologischer, szientifischer, historisch-hermeneutischer, ideologiekritischer, transzendentalkritischer und handlungstheoretischer Wissensformen wirksam sind (vgl. Benner 2000).

3. Negativität und Erziehungswissenschaft. Plädoyer für eine kritische Pädagogik jenseits fundamentalistischer Kritizismen

Die Erfahrung der Negativität ist nicht nur bedeutsam für Konzepte pädagogischen Handelns, sondern erlaubt auch Schlussfolgerungen für die Erziehungswissenschaft, in der heute, wie in anderen Disziplinen auch, verschiedene Paradigmen kritischer Erkenntnis miteinander konkurrieren, um die Negativität des Lernens und jene der pädagogischen Erfahrung zu fassen.

Erziehungswissenschaftliche Theorien und Forschungsvorhaben, die ihren Gegenstand nicht verfehlen, müssen dem Sachverhalt des über negative Erfahrungen vermittelten Lernens und der über doppelte Negativität vermittelten pädagogischen Erfahrung eine besondere Aufmerksamkeit widmen.[15] Das gilt für die systematische Erziehungswissenschaft und die Wissenschaftsforschung ebenso wie für wissenschaftliche Untersuchungen im Bereich der ausdifferenzierten pädagogischen Handlungsfelder. In allen Forschungsparadigmen hat sich die Erziehungswissenschaft im 20. Jahrhundert zu einer Disziplin entwickelt, in der es zwar immer noch Monopolisierungen von Kritik gibt, Kritik selbst jedoch zunehmend weniger als eine fundamentalistische Instanz im Dienste szientifischer Letztbegründungen verstanden wird (vgl. Benner/Brüggen 2000).

So ist aus der empirischen Erziehungswissenschaft, die in bestimmten Richtungen lange vergeblich nach allgemeingültigen positiven Gesetzen der Erziehung suchte, eine am kritischen Rationalismus orientierte Forschungsrichtung geworden. Diese leitet die Technologien pädagogischen Handelns zunehmend weniger aus allgemeingültigen Gesetzen ab, sondern interessiert sich zunehmend stärker dafür, die Wirksamkeit pädagogischen Handelns mit Hilfe von Ersatztechnologien zu optimieren (vgl. Diederich 1982). So werden in der Fehler-Ursachen-Forschung nicht mehr vornehmlich lineare Kausalitäten analysiert, sondern auch die Kontext- und Antezedenzbedingungen von Lehr-

[15] Darum konzipierte Herbart die theoretische Pädagogik als eine Disziplin, die angehende Erzieher und Lehrer darauf vorbereitet, pädagogische Erfahrungen zu konzeptualisieren, zu interpretieren und aus ihnen zu lernen.

Lern-Prozessen in die Untersuchung einbezogen (vgl. Achtenhagen 1991 und 2003).

Poppers Falsifikationismus hat das Induktionsprinzip des naiven Empirismus inzwischen auch in der Erziehungswissenschaft weitgehend abgelöst, dabei jedoch weitreichende Modifikationen erfahren. Zwar gilt weiterhin, dass wissenschaftliche Theorien so zu formulieren sind, dass sie an der Erfahrung scheitern können. Nach heutiger Überzeugung reichen hierzu jedoch einzelne Basissätze – bei Popper ein einziger schwarzer Schwan – nicht aus. Anders als im Bereich alltäglichen Erfahrungslernens, wo eine neue Erfahrung eine ganze Reihe alter Erfahrungen zu korrigieren vermag, werden wissenschaftliche Theorien nicht durch singuläre Ereignisse falsifiziert. Mit dem Anspruch auf Allgemeinheit auftretende Satzsysteme können vielmehr, wie Juhos gezeigt hat, nur durch Satzsysteme widerlegt und weiterentwickelt werden, die wiederum Allsätze formulieren (vgl. Juhos 1966). Damit zeigt sich auch innerhalb des kausalanalytisch argumentierenden Paradigmas eine Differenz zwischen einzelnen Erfahrungen von Negativität bei der Prüfung von Hypothesen und der bestimmten Negation einer Theorie in der Form ihrer Ablösung durch eine andere. Zwischen dem Scheitern einer Theorie an der Erklärung eines Einzelfalls und der Falsifikation einer Theorie liegt ein weiter Zwischenbereich, der durch den Sprung in eine bestimmte Negation nicht zu überwinden ist.[16]

Darüber hinaus können Theorien falsifiziert werden, weil sich die historischen Bedingungen, unter denen sie Geltung beanspruchen konnten, geändert haben. Für die historisch-hermeneutische Forschung, die Transformationsprozesse dieser Art untersucht, lassen sich vergleichbare Zusammenhänge von Negativität und Erfahrung feststellen. Suchte die geisteswissenschaftliche Pädagogik noch die Positivität historischer Epochen und Bewegungen durch die Aufnahme ihrer Erfahrungen in einen übergreifenden Begriff pädagogischer Praxis zu würdigen, so entwickeln stärker hermeneutisch reflektierende Richtungen ein radikaleres Verständnis von Geschichtlichkeit. Sie bringen nicht nur die Historizität der Erziehungswirklichkeit als des Gegenstands erziehungswissenschaftlicher Forschung, sondern auch jene der pädagogischen Theorien und erziehungswissenschaftlichen Fragestellungen in den Blick.

Stärker als im hermeneutischen Zirkel von vorgängiger Praxis und nachfolgender Theorie ist in Gadamers und Bucks Thesen von der Gegebenheit einer alle Diskontinuitäten überwölbenden wirkungsgeschichtlichen Kontinuität Raum für über Negativität und Differenz vermittelte Erfahrungen (vgl. Buck 1973, S. 175f.). Bildungsphilosophische, entwicklungspsychologische und phänomenologische Reflexion und Forschung gehen noch einen Schritt weiter. So beschreibt Friedhelm Brüggen das Fraglichwerden übergreifender Kontinuitäten als ein Merkmal moderner Bildung, die Kontinuität und Diskontinuität

---

[16] Vgl. hierzu auch die Ausführungen von Merkens 2003 zur „Methodisierung von Kritik" und die Problematisierung des Duals „konstruktiv-destruktiv" in dem Beitrag von Heid 2003 zur „Domestizierung von Kritik".

kennt, ohne die eine der anderen unterzuordnen (vgl. Brüggen 1988). So verortet Fritz Oser das Faktum der Negativität nicht nur zwischen bestimmten Negationen, sondern auch in den Zwischenbereichen von nichtender Erfahrung, bestimmter Negation und deren Aufhebung in eine neue Position.[17] Für Lernprozesse ist, wie Käte Meyer-Drawe gezeigt hat, ein immer wieder neu einsetzendes „Umlernen" und eine „Widerständigkeit der Dinge" konstitutiv, die auch vor und jenseits bestimmter Negationen von den Lernenden als „Herausforderung" im Bildungsprozess erfahren wird (Meyer-Drawe 1986: 1992; 1999b).

Ähnliche Entwicklungen sind im Kontext der Selbstreflexion ideologiekritischer Bildungskonzepte sowie am Wandel der transzendentalkritischen Pädagogik zur skeptisch-transzendental-kritischen Erziehungswissenschaft zu beobachten (vgl. Fischer 1989; Fischer/Ruhloff 1993). Die heimlichen Positivitäten der Ideologiekritik, das Bild des Lehrers als des Führers ins gelobte Land und die Aussicht auf eine versöhnende Rückkehr in den wahren Ursprung der Humanität, werden heute auch von denen problematisiert, die am Anspruch der Ideologiekritik, Kritik neuzeitlicher Gesellschaft und Subjektivität zu sein, festhalten.[18] Das erhöht nicht zuletzt die Anschlussmöglichkeiten der transzendental-skeptischen Erziehungswissenschaft, die das Postulat menschlicher Vernunft nicht verabschiedet, wohl aber problematisiert (vgl. Ruhloff 1996a). Jörg Ruhloffs 1983 aufgestellte, damals provokative These, Pädagogik bedürfe wie andere Praxen und Wissenschaften zwar der Ideologiekritik, sei jedoch nur ohne eine fundamentalistisch verstandene „Kritische Theorie" möglich, wird heute von niemandem mehr in Frage gestellt (vgl. Ruhloff 1983).

Hierum hat früh bereits Klaus Mollenhauer gewusst, als er in seiner Studie über „Pädagogik und Rationalität" darauf hinwies, kritische Erziehungswissenschaft argumentiere „zwar im Namen einer besseren Erziehung – und damit auch im Namen einer besser organisierten Gesellschaft –", tue „dies aber dadurch, dass sie die Mangelhaftigkeit des Faktischen durch die Konfrontation mit dem Möglichen" erweise, ohne von diesem einen bereits abschließenden positiven Begriff zu besitzen (Mollenhauer 1964/1968, S. 69).

Überall tritt Kritik heute weniger als eine selbstfundierende oder letztbegründende Instanz und stärker in verschiedenen Formen auch selbstkritischer Reflexivität auf.[19] Solche Selbstbezüglichkeit bewahrt die Positionen, die sich dem Geschäft der Kritik verpflichtet fühlen, freilich nicht immer davor, ihre Kritik-Version zu monopolisieren und sich dadurch gegen externe Formen von

---

[17] Vgl. hierzu Oser 1998. F. Oser unterscheidet zwischen verschiedenen Formen von Negativität, darunter eine spiegelbildliche, in der das Gute als das Gegenteil des Bösen und umgekehrt erscheint, und eine über Tautologien dieser Art hinausführende produktive Negativität.

[18] Vgl. Euler 2001/2004 und Messerschmidt 2001/2004; siehe auch Wulf 2002.

[19] Siehe hierzu den Beitrag von Ruhloff 2003, der den Begriff der Problematisierung als Leistung von Kritik auch auf diese selbst zurückwendet.

Kritik zu immunisieren.[20] Zu einer Monopolisierung von Kritik kommt es immer dann, wenn eine paradigmatisch ausgewiesene Form von Kritik ihr Kriterium – vielleicht nicht einmal auf sich selbst, wohl aber – auf alle anderen Formen von Kritik auslegt, analoge Auslegungen anderer Kriterien auf sich aber als irrelevant abweist. Solche Strategien lassen sich an Auffassungen, die dem Kritischen Rationalismus nahe stehen, insbesondere dann beobachten, wenn diese an Poppers einheitswissenschaftlichem Programm festhalten und problematisierende Rückfragen mit dem Argument zurückweisen, diese könnten nur glaubhaft sein, wenn sie ihre Einwände im Rahmen des anzustrebenden einheitswissenschaftlichen Paradigmas formulierten. Analoge Strategien finden sich in ideologiekritischen Studien dann, wenn diese empirisch gehaltvolle Befunde aus Forschungsvorhaben, die dem Kritischen Rationalismus nahe stehen, nicht methodisch und gegenstandsbezogen hinterfragen, sondern unter einen totalen Ideologieverdacht stellen. Skeptisch-transzendentalkritische und reflektierend-hermeneutische Formen von Kritik haben dagegen einheitswissenschaftliche Optionen schon seit längerer Zeit hinter sich gelassen.[21]

Wir können somit heute zwar von einem gewissen Pluralismus möglicher Optionen für Kritik, nicht aber schon von einer erreichten Pluralisierung kritischer Analyse- und Reflexionsformen sprechen. Unter letzterer wäre ein Meinungsstreit zu verstehen, der das bestehende Spektrum kritischer Positionen weder leugnete noch zwischen diesen lediglich dezisionistische Wahlen zuließe, sondern von ihnen in einem zugleich selbst- und fremdbezüglichen Sinne Gebrauch machte.[22] Eine aus einem solchen Meinungsstreit hervorgehende Kritikkultur suchte den Pluralismus fundamentalistisch verkürzter Kritikbegriffe durch eine Pluralisierung von Kritik zu überwinden, welche die konkurrierenden Ansätze wechselseitig aufeinander anwendete und Kritik nicht mehr durch Immunisierung methodisch domestizierte, sondern relativierte und problematisierte.[23] Eine solche Pluralisierung von Kritik wird sich nicht mit einer Analyse des Verhältnisses von Kritik und Negativität begnügen. Sie kommt ohne eine Neubestimmung der Grenzen des Kritischen nicht aus.

---

20 Siehe hierzu dem Beitrag von Borrelli 2003 zur „Utopisierung von Kritik", der die Möglichkeiten und Grenzen von Kritik kontextbezogen und kontextüberschreitend betrachtet.

21 Vgl. hierzu Ritter 1961, der den Geisteswissenschaften die Aufgabe zuweist, in die Selbstreflexion moderner Gesellschaften einzubeziehen, was diese aus eigener Kraft nicht erinnern können. Die Geisteswissenschaften werden damit als Wissenschaftsdisziplinen begriffen, die unverzichtbar zur neuzeitlichen Wissenschaft dazugehören.

22 Ein solcher Gebrauch scheint mir u. a. bei Foucault 1990 und 1992, S. 14, vorzuliegen, der Aufklärung nicht als Regiertwerden durch andere, sondern als „So nicht regiert werden wollen" interpretiert.

23 Siehe hierzu den Beitrag von Heyting 2003 zur „Relativierung von Kritik", der zwischen Relativierung und Relativismus von Kritik unterscheidet, und die Studie von Ch. Winch 2003, welche die pädagogischen Ziele der Entwicklung individueller Eigentümlichkeit, der beruflichen Qualifizierung und der Partizipation an der Bürgergesellschaft in keinerlei hierarchisches Verhältnis zueinander setzt.

Wie andere Wissenschaften auch ist Erziehungswissenschaft nicht schon dann kritisch, wenn sie sich von so genannten unkritischen Formen des Wissens und der Wissenschaft absetzt und zwischen erziehungswissenschaftlichen und pädagogischen oder wissenschaftshistorischen und sonstigen Formen des Wissens dogmatisch unterscheidet. Als affirmative Unterscheidung ist die zwischen kritischen und unkritischen Wissensformen ihrerseits unkritisch, denn sie bejaht nur ihr eigenes Kriterium und versäumt es, unterschiedliche Kriterien zu reflektieren und zu problematisieren. Zu den Unvermeidlichkeiten von Kritik gehört offenbar, dass im selbstaffirmativen Gebrauch das Kritische immer wieder verloren geht.

Statt das Kritische ein für allemal festzustellen oder es in umgekehrter Intention als überflüssig zu verabschieden, kommt es darauf an, es stets von neuem zu suchen und zu begrenzen. In einem reflexiven Gebrauch von Kritik stehen sich darum das Kritische und das Kritisierte nicht wie ein Wahres und ein Falsches gegenüber. Den für sich genommen unkritischen Dual von Kritik und Kritisiertem gilt es darum so zu modifizieren, dass sich Kritik in der Vielheit ihrer Formen argumentativ und zeitlich in ein Spannungsfeld einordnet, das nicht durch kritische und nicht-kritische, sondern durch vorkritische, kritische und nachkritische Denk- und Urteilsformen gebildet wird.

In diesem können vor- und nachkritische Urteilsformen solche sein, die die nichtende Erfahrung der Negativität fürs erste bereits hinter sich gelassen und versuchsweise in eine neue Positivität aufgehoben haben, kritische hingegen solche, die die Erfahrung der Negativität gerade aktuell durchlaufen. Pluralisierung von Kritik bedeutete in solchen Zusammenhängen dann, den Eintritt negativer Erfahrung nicht dem Zufall zu überlassen, sondern kunstvoll herbeizuführen, mit verschiedenen Formen und Kriterien zu experimentieren und hierbei Übergänge und Zwischentöne zuzulassen.

Zur Negativität von Kritik gehört damit, dass sie auf allen angesprochenen Ebenen nur als Moment einer gelingenden Erfahrung fruchtbar sein kann, die – selbst über Kritik vermittelt – mehr als ein bloßes Resultat von Kritik darstellt.[24] Das gilt für den lebensweltlichen Zusammenhang von Lehr-Lern-Prozessen ebenso wie für ihre handlungstheoretische und wissenschaftliche Thematisierung und ist nicht zuletzt für die Klärung dessen hilfreich, was unter einer über Kritik und Negativität vermittelte Entwicklung pädagogischer Urteilskraft und Kompetenzen zu verstehen ist.

---

[24] Der Begriff gelingender Erfahrung ist hier nicht in einem definitiven, sondern zugleich offenen und problematischen, durch die genannten Kriterien nicht im vorhinein festgelegten Sinne gemeint. Vgl. hierzu die Unterscheidung zwischen alter und neuer Kritik in Masschelein 2004.

4. Zur möglichen Bedeutung der Negativität der Erfahrung für eine theoriegeleitete und praxisbezogene Ausbildung für pädagogische Berufe

Die bisher diskutierten Fragen verweisen zugleich auf grundlegende Probleme der Ausbildung von Lehrern. In dieser könnte die Negativität der Erfahrung eine zweifache Rolle spielen, von denen die eine auf Lernprozesse überhaupt, die andere auf das Lernen des Lehrens bezogen ist. Beide sind über die Negativität der Erfahrung vermittelt. Beide führen – unvermeidlich – dazu, dass im Lernen der Lernweg in gewissem Sinne vergessen wird. Diesen gilt es beide Male künstlich zu erinnern, durch Reflexion dem vollständigen Vergessen zu entreißen und auf diese Weise für neue Lernmöglichkeiten offen zu halten, die ohne solche Vergewisserung vielleicht nicht zu entwerfen wären.

Wer eine Muttersprache erlernt hat, hat im Aneignungsprozess die Anstrengungen und Schwierigkeiten vergessen, die dieses Lernen ihm abverlangte. Wer im Rechenunterricht den Zehnersprung vollzogen hat, kennt nicht mehr die Schwierigkeiten, die dieser zuvor ihm bereitet hat. Die Negativität der Erfahrung ist verschwunden, sobald im Lernprozess die Stufe eines neuen Könnens erreicht ist. Dasselbe lässt sich auch für den Bereich des sozialen Lernens sagen. Nach erfolgter Erstaneignung einer Sitte und der in dieser vorgegebenen Ordnung des Verhaltens regulieren Menschen ihre Handlungen, ohne dass sie die für die Eingewöhnung in die Sitte konstitutiven Irritationen und Enttäuschungen erinnern.

Die bildende Bedeutung der Negativität der Erfahrung geht in der über solches Vergessen vermittelten Wirkungsgeschichte nicht auf. Das Vergessen schafft niemals nur Räume für neue Erfahrungen, sondern verstellt zugleich den Blick auf zurückliegende Lernprozesse, in denen, vermittelt über die Negativität der Erfahrung, Neues erlernt wurde, das nun zu einem Bekannten geworden ist. Für die erziehungswissenschaftliche Theoriebildung und Forschung bedeutet dies, dass sie Lehr-Lern-Prozesse nur angemessen aufklären und zu ihrer kritischen Aufbereitung und Reflexion erst beitragen kann, wenn sie die vergessenen Irritationen der nichtenden Negativität der Erfahrung entzieht und in das Gedächtnis zurückholt, was diesem im Lehren und Lernen – unvermeidbar – entglitten ist.

An der schlechten Positivität mancher empirischen Befunde und der vermeintlichen Positivität reformpädagogischer Konzepte lässt sich dies verdeutlichen. Die Ergebnisse empirischer wie hermeneutischer Erziehungswissenschaft leiden zuweilen darunter, dass sie über Erfahrungen informieren, ohne deren Zustandekommen kritisch zu kommentieren. So bereiten derzeit die im Rahmen von PISA erhobenen Untersuchungen Daten aus der internationalen Schulleistungsvergleichsforschung auf, bei deren Erhebung von der für Lehr-Lern-Prozesse auf Seiten der Lernenden wie der Lehrenden konstitutiven Negativität der Erfahrung weitgehend abstrahiert worden ist. Den Ergebnissen solcher Forschung kann eine aufklärende und bildende Bedeutung erst zuerkannt werden, wenn die in sie eingegangenen Abstraktionsleistungen reflektiert und voreilige Schlüsse z. B. hinsichtlich der Wirksamkeit längerer oder kürzerer Zeiten sozialer Koedukation korrigiert und vermieden werden.

Dem Vergessen der Negativität der Erfahrung in der erziehungswissenschaftlichen Forschung steht ein nicht minder problematisches Vergessen solcher Negativität in weiten Teilen der reformpädagogischen Programmliteratur gegenüber. Diese handelt zwar immer wieder von den Irritationen einer zu verändernden Erziehung und Praxis in Regelschulen, versäumt es aber allzu oft, die von ihr selbst ausgehenden Irritationen zu analysieren. Befremdlich muss wirken, dass die reformpädagogische Literatur fast ausschließlich über gelungene Vorhaben berichtet und dabei weitgehend versäumt, sich auch mit dem Scheitern ihrer Konzepte auseinanderzusetzen. Die von dieser Literatur verbreiteten Rezepte für pädagogisches Handeln scheitern bei ihrer Übertragung auf neue Situationen u. a. deshalb so oft, weil sie die Negativität der in sie eingegangenen und von ihnen ausgehenden Erfahrungen nicht angemessen reflektieren.

In der Konsequenz solcher Erfahrungen gehört unverzichtbar zur Ausbildung von Lehrern und Pädagogen in anderen helfenden und unterstützenden Berufen, dass sich diese in einem ersten Schritt mit den in ihren eigenen Lernprozessen vergessenen Irritationen auseinander setzen und sie biographisch und theoriegeleitet aufarbeiten. Das gilt für vergessene Anstrengungen und Probleme beim kognitiven Lernen ebenso wie für Irritationen in der Begegnung mit Fremdem oder für Enttäuschungen, die im Bereich moralischer Erziehung und Sozialisation durchlaufen worden sind.[25] Solche Aufarbeitung kann dann in einem zweiten Schritt zu einer Vertiefung und Auseinandersetzung mit den in der Tradition und in der Gegenwart diskutierten Ansätzen führen, welche die konstitutive Bedeutung negativer Erfahrungen in Lehr-Lern-Prozessen thematisieren. Hieran könnten in einem dritten Schritt Praxisphasen anschließen, die in Orientierungs- und Fachpraktika den Blick dafür öffnen, mit welchen Irritationen Lehrende und Lernende heute in der Praxis konfrontiert sind und wie mit diesen – mehr oder weniger erfolgreich – umgegangen wird.

Negativität gibt es nicht nur in pädagogischen Kontexten, sondern auch in allen anderen Formen und Bereichen menschlichen Denkens und Handelns. Über sie sind pädagogische Erfahrungen mit nicht-pädagogischen Erfahrungen verbunden, durch sie gewinnen beide ihre über Lehr-Lern-Prozesse hinausweisende bildende Bedeutung.

---

[25] Es wäre in diesem Zusammenhang interessant, Fritz Osers neueste Forschungen zum negativen moralischen Wissen so weiter zu entwickeln, dass nicht nur der Aspekt der Stabilisierung der Kolbergschen Regeln, sondern auch das Aushandeln der Regeln im Erziehungsprozess erfasst wird; vgl. hierzu Oser 1998, seihe auch Bruner 1982/2003.

Abschließend soll dies an einer Reflexion sichtbar gemacht werden, die sich in dem auf die Jahre 1981 und 1982 datierten „Auszügen aus dem Tagebuch von Raphaël (1981-1982)“ findet, mit denen Robert Bober seinen Roman „Was gibt's Neues vom Krieg“ beschließt (vgl. Bober 1995/97, S. 157f.; 1993, S. 217f.). Dieser entwickelt eine neue Form der Erinnerungskultur, in deren Zentrum nicht mehr der Blick auf die Täter und die von diesen begangenen Gräuel, sondern eine erinnernde Auseinandersetzung mit dem Vergessenen steht. Die fragliche Reflexion geht von der Unmöglichkeit aus, die Folgen des Holocaust zu fotografieren, und berichtet von der Beerdigung eines jüdischen Mannes mit Namen „Nathan“, der Anfang der 80er Jahre an der Auschwitz-Krankheit starb, nachdem er zuvor miterlebt hatte, wie in Paris Wohngebiete, in denen vor der deutschen Okkupation Juden gewohnt hatten, allmählich abgerissen und durch Neubauten ersetzt wurden, in denen nun nichts mehr an die frühere Zeit erinnert:

„Die Straßen sind heute zu dreiviertel abgerissen, und Nathan hatte wenig Lust gehabt, dorthin zurückzukehren. Die Hacke der Abbrucharbeiter wird uns einholen, hatte er prophezeit.

Es blieben ein paar Photographien von Nathan, wie er von einem Trottoir zum anderen die Straßen von Ménilmontant durchstreift. Von nun an erzählen sie von seiner Abwesenheit. Später, als ich mir beim Ordnen – bei einer dieser Einordnungsaktionen, die nie vollkommen befriedigen, die aber manchmal angenehme Überraschungen bereithalten – die Photographien ansah, all diese Photographien, kam der Klick, der meine Arbeit veränderte oder, besser gesagt, der ihr eine Richtung gab. Dieser Klick kam so plötzlich, daß er eine Art Lähmung bewirkte, die so stark war, daß ich viele Wochen lang nicht eine einzige Photographie gemacht habe, jedes Mal danach suchte, wie man nicht mehr das photographieren kann, was existiert, sondern das, was verschwunden ist, denn, so schien mir, es ist das Fehlende, das sehen läßt.“

ERZIEHUNG UND TRADIERUNG. GRUNDPROBLEME EINER INNOVATORISCHEN THEORIE UND PRAXIS DER ÜBERLIEFERUNG [1]

1. Zur Unterscheidung dreier Formen von Tradierung

Alle Traditionen bedürfen, um Bestand zu haben, der Tradierung. Hierdurch unterscheiden sie sich von genetischen Codierungen, die ohne Tradierung vererbt werden. Für Prozesse der Tradierung gilt gleichermaßen: Nur bildsame Wesen können Traditionen tradieren; und Traditionen können nur von bildsamen Wesen angeeignet werden. In diesem Sinne sind Traditionen auf eine lernende Aneignung und kulturelle Weitergabe angewiesen und können bildsame Wesen sich nur bilden, indem sie in einen bildenden Umgang mit Traditionen eintreten.[2] Die Einführung in Traditionen und ihre bildende Aneignung geschieht niemals unmittelbar und auch nicht durch Erziehung allein. In ihr spielt Erziehung jedoch eine wichtige Rolle.

Auf die Frage, was unter einer solchen Aneignung im Kontext von Erziehungsprozessen zu verstehen ist, sind unterschiedliche Antworten möglich. Zwei Antworten sind schon seit längerem bekannt (vgl. Brüggen 1983), eine dritte, sich von diesen abhebende Antwort ist erst in Umrissen erkennbar.

Durch Erziehung zu tradierende Traditionen können *erstens* von den Erwachsenen als weitgehend fertige, in sich abgeschlossene Tatbestände erfahren, gedeutet und an nachwachsende Generationen weiter gegeben werden. Traditionen dieser Art werden alsdann – zuweilen durchaus kunstvoll – so überliefert, dass sie im Tradierungsprozess ein und dieselbe bleiben und nur die Menschen wechseln, von denen und an die sie tradiert werden. – Dieser Modus von Tradierung liegt u. a. dem Erlernen und der Weitergabe der Muttersprache zugrunde.

Die Tradierung von Traditionen kann *zweitens* als eine zugleich bewahrende und verändernde Tradierung gedacht und erfahren werden. Solche Tradie-

---

1 Der Beitrag geht auf einen Vortrag zurück, der im Rahmen des vom 02. bis 04. April 2003 von Wilna A. J. Meijer und Hans van Crombrugge in Oostduinkerke veranstalteten Symposions zum Thema „Pedagogiek en traditie, Opvoeding en religie" gehalten und in einer von Daniel M. Lechner erstellten niederländischen Übersetzung unter dem Titel „Opvoeding en traditie: Behoud, verandering, vernieuwing" in dem Band von van Crombrugge/Meijer (Hrsg.) 2004, S. 173-189, veröffentlicht wurde. Die deutsche Fassung erschien 2004 in der Vierteljahrsschrift für wissenschaftliche Pädagogik 80, S. 163-181. Zur weiteren Diskussion siehe auch Bellmann 2006b; Schluß 2006.

2 Ansätze hierzu finden sich bereits in der außermenschlichen Natur, z. B. in der Weitergabe des Gesangs der Vögel; vgl. hierzu Kant 1803, A 5f.; siehe auch Sünkel 1996, S. 281.

rung vollzieht sich zunächst im Leben und in Diskursen der Erwachsenen und bestimmt später dann zunehmend auch die Beziehungen zwischen erwachsenen und nachwachsenden Generationen. Sie verlangt, dass die nachwachsende Generation durch eine künstlich arrangierte Erziehung auf den Eintritt in den Prozess einer verändernden Tradierung vorbereitet wird. In Tradierungsprozessen dieser Art lösen niemals nur Menschen als Träger von Traditionen einander ab, sondern ändern sich immer zugleich auch die Traditionen. – Dieser Modus von Tradierung ist vor allem in modernen Gesellschaften wirksam, in denen nachwachsende Generationen nicht einfach den vorausgegangenen nachfolgen, sondern überkommene Traditionen unter sich ändernden Bedingungen tradiert und angeeignet werden.

In spätmodernen Gesellschaften lassen sich *drittens* neuartige Phänomene einer unterbrochenen, abgerissenen, weder umgänglich noch mit Hilfe schulischer Tradierungs- und Aneignungsformen ohne weiteres gelingenden Überlieferung identifizieren. Sie verweisen auf Sachverhalte, die in den traditionellen Formen einer zugleich bewahrenden und verändernden Tradierung vielleicht immer schon vorkamen, nun jedoch in den Vordergrund treten und eine neue Qualität annehmen. Diese resultiert daraus, dass die für eine verändernde Tradierung unverzichtbaren umgänglichen Voraussetzungen im Verhältnis der Generationen nicht mehr allgemein als gesichert angesehen werden können. Die hieraus erwachsende Überlieferungsproblematik lässt sich weder unmittelbar praktisch im Medium einer tradierenden Erziehung noch unmittelbar künstlich mit Hilfe von Schulen lösen. Sie bezieht sich auf die Aufgabe, ein Vergessen in den Blick zu bringen, das durch Tradierung nicht vermieden werden kann, sondern Prozesse einer verändernden Tradierung in gewissem Sinne unvermeidbar begleitet.[3] Eine dieses Vergessen reflektierende, erst im Entstehen begriffene spätmoderne Überlieferungskultur könnte durch die Sorge bestimmt sein, ein Bewusstsein von abgebrochenen Traditionen und Traditionsbrüchen zu vermitteln und für die Entwicklung neuer Traditionen fruchtbar zu machen. Die Arbeit an einer solchen Kultur konfrontiert uns mit der paradoxen Aufgabe, mit neuen Formen der Aneignung, Deutung und Interpretation von etwas zu experimentieren, das dem in spätmodernen Gesellschaften und ihren Wissensformen beobachtbaren Vergessen nicht entrissen, sondern nur im Durchgang durch sein Vergessen erinnert werden kann.[4]

In der ersten Form kommt Tradierung ohne besondere Institutionen und Vorkehrungen des Erinnerns aus. Das Erinnern vollzieht sich im Kontext der gesprochenen Sprache und im Umgang mit kodifizierten Texten quasi von selbst. In der zweiten tragen Museen und schulische Einrichtungen in Wechselwirkung mit anderen gesellschaftlichen Institutionen dazu bei, dass Traditi-

---

3 Auf frühe Formen eines solchen Vergessens und Vorkehrungen sowie Techniken, mit ihm erinnernd umzugehen, verweist Assmann 1991.

4 Zum Begriff der spätmodernen, nicht postmodernen Gesellschaft siehe Reichenbach 2001 und Weiß 2004.

onen neu interpretiert und verändernd weitergegeben werden. Im der dritten stellt sich zusätzlich das Problem der Einführung in nicht mehr tradierte Traditionen. Solche Überlieferung vollzieht sich weder unmittelbar im gesellschaftlichen Leben, noch lässt sie sich ohne weiteres kunstvoll mit Hilfe von Schulen arrangieren. Sie bedarf vielmehr zusätzlicher künstlicher Erinnerungsformen, die es im Falle unterbrochener Tradierungen durch neuartige Innovationen mit zu entwickeln gilt. An einem Beispiel aus dem Kontext religiöser Tradierung lässt sich dies verdeutlichen.

Das folgende Blatt aus der in der Anhaltischen Landesbibliothek in Dessau aufbewahrten „Köthener Historienbibel" zeigt Adam und Eva umgeben von Pflanzen, Bäumen und Tieren. Adams Blick ist auf die ihn umgebende Welt gerichtet, seine linke Hand führt eine auf diese zeigende Bewegung aus. Eva blickt in einen teilweise dunkel verhangenen Himmel, ihre rechte Hand führt keine deiktische Geste aus, sondern ist aufnahmebereit geöffnet. Unter der dargestellten Szene findet sich ein in mittelhochdeutscher Sprache verfasster Hinweis auf eine Namensgebung, die Adam allen Geschöpfen gegenüber in paradiesischen Zeiten vorgenommen haben soll.

Ein tieferes Verständnis des Blattes ist ohne Kenntnisse des Genesis-Textes, auf den sich der Hinweis bezieht, nicht möglich und setzt zumindest eine gewisse Sensibilisierung für religiöse Fragen und Deutungsmuster voraus. Studierende der Humboldt-Universität, die ich bat, den Druck zu interpretieren und Auskunft darüber zu geben, was sie auf ihm wahrnehmen, erkannten fast alle Adam und Eva. Viele deuteten die zeigende Geste Adams zunächst als Ausdruck einer patriarchalischen Gesinnung und den nach oben gerichteten Blick Evas als Zeichen der Zurückweisung eines verborgenen patriarchalischen Ansinnens, das hinter Adams Geste stehe. Als sie erfuhren, dass es sich um eine mittelalterliche Darstellung handelt, die sich auf das 2. Kapitel des 1. Buches Mose bezieht, dem zufolge der Schöpfergott „dem Menschen" die Tiere zuführte, um zu sehen „wie er sie nennte",[5] änderten einige ihre Interpretation, andere fühlten sich in der zuvor geäußerten Auffassung dagegen bestätigt.

[5] „Und Gott der Herr sprach: Es ist nicht gut, daß der Mensch allein sei; ich will ihm eine Hilfe machen als sein Gegenüber. Und Gott der Herr machte aus Erde alle die Tiere auf dem Felde und alle die Vögel unter dem Himmel und brachte sie zu dem Menschen, daß er sähe, wie er sie nennte; denn wie der Mensch jedes Tier nennen würde, so sollte es heißen. Und der Mensch gab einem jeden Vieh und Vogel unter dem Himmel und Tier auf dem Felde seinen Namen; aber für den Menschen ward keine Gehilfin gefunden, die u m ihn wäre." Altes Testament, 1 Mose 2.18-20.

Die Studierenden abstrahierten in ihrer Deutung weitgehend vom religiösen Kontext des Gezeigten, Gesagten und Gemeinten. Ihrer Interpretation lassen sich andere Auslegungen gegenüberstellen, die den unter der Darstellung stehenden Hinweis berücksichtigen und den Druck z. B. aus der Sicht der analogia-entis-Lehre auslegen. Einer solchen Auslegung zufolge verweist die abgebildete Szene auf einen Zusammenhang, der zwischen einer vom Schöpfer gestifteten, der Schöpfung zugrunde liegenden und auf den Schöpfer verweisenden Ordnung und deren sprachlich vermittelten, zwischen Adam und Eva sowie den Betrachtern des Drucks stattfindenden Tradierung besteht. Der die Schöpfung mit dem Schöpfer verbindende Zusammenhang wurde von keinem der befragten Studierenden erkannt. Betrachtet man den Druck durch die Brille der analogia-entis-Lehre, so zeigt die dargestellte Szene, wie Adam die vom Schöpfergott dem „Menschen" aufgegebene Benennung der Tiere zeigend und sprechend an Eva weitergibt, indem er die Namensgebung gleichsam vor und mit dieser wiederholt. Eva erkennt diesen Zusammenhang und weist Adams zeigende Geste keineswegs als eine patriarchalische Anmaßung zurück. Ihre geöffnete rechte Hand und ihr zum Himmel gerichteter Blick lassen erkennen, dass sie die Namensgebung nicht als einen nominalistischen Akt und auch nicht als intersubjektive Aushandlung einer Konvention, sondern als Hinweis auf den Schöpfergott versteht, der den Menschen als ein Sprache hervorbringendes Wesen inmitten einer sprachlich deutbaren Welt erschaffen hat und sich ihm in seiner Schöpfung offenbart.

Vergleicht man die Deutung der Studierenden und die theologische Deutung, so kann man sagen, dass erstere so weit vom religiösen Gehalt der Darstellung und des sie erläuternden Textes absieht, dass die Tradierung, die der Druck zeigt und der er als Medium dienen will, nicht mehr gelingt. Die zweite Auslegung wendet sich dagegen dem religiösen Gehalt der erzählten Geschichte zu und zielt auf ein Verständnis des Dargestellten, das in den Traditionszusammenhang einführt, dem der Druck und der Text entstammen. Sie wurde von einigen Studierenden, als sie mit ihr konfrontiert wurden, als fremd, abwegig und überflüssig zurückgewiesen, von anderen als eine Erweiterung, Ergänzung und Korrektur ihrer ersten Interpretation erfahren.

Beide Deutungen und die ihnen zugrunde liegenden Formen des Umgang mit religiösen Bildern, Zeichen und Metaphern lassen sich nicht nur einander gegenüberstellen, sondern auch zueinander in Beziehung setzen. Dies gelingt, wenn man sie im Kontext der drei Formen von Tradierung betrachtet, die nicht Alternativen, sondern aufeinander aufbauende und verweisende Formen der Überlieferung darstellen, die in Konflikt miteinander geraten können und nicht nur in religiösen, sondern auch in außerreligiösen Bereichen wirksam sind.

Differenzen, Abstimmungsprobleme, Überlagerungen und Kollisionen zwischen den drei Formen von Tradierung lassen sich an Sachverhalten und Begriffen von Erziehung, Bildung, Mündigkeit, Initiation und induzierender Einführung verdeutlichen. Im Folgenden wird dies für verschiedene Praxisbereiche und Handlungsfelder, schwerpunktmäßig aber für den Bereich der Religion erläutert.

2. Pädagogische Tradierung in traditionalen Gesellschaften

Traditionale Gesellschaften kommen ohne Formen einer spezifisch pädagogisch vermittelten Tradierung aus. Tradition ist in ihnen weitgehend gleichbedeutend mit Brauch. Die Bräuche und Sitten tradieren sich im Zusammenleben der Menschen gleichsam von selbst. Aus eigener Kraft sichern sie eine Kontinuität zwischen Vergangenem, Gegenwärtigem und Zukünftigem, die sich in Formen des mündlichen Sprachgebrauchs und im Zirkel einer vorfindlichen Praxis einstellt, die noch nicht über die Schrift vermittelt sein muss.[6]

Keine Gesellschaft kommt ohne solche Formen der Tradierung im Zirkel einer vorgegebenen Praxis aus. Spätmoderne Gesellschaften geraten zuweilen

---

[6] Vgl. hierzu die Ausführungen zur Erziehung im Zirkel einer vorgängigen Praxis und zum Ursprung der pädagogischen Theorie und Reflexion im Fraglichwerden dieses Zirkels in Benner [4]2001a, S. 15ff.

wegen der Gefährdung dieser Tradierungsform in Krisen. In Lernprozessen, wie sie der Bildung der Sinne oder der Aneignung einer Muttersprache zugrunde liegen, sind sie auch heute noch wirksam. In ihnen wird eine vorgegebene natürliche und gesellschaftliche Wirklichkeit leiblich und sprachlich so erfahren, dass sich gleichzeitig ein Welt- und ein Selbstverhältnis der Lernenden entwickeln. So lernen Kinder schon früh die Welt kennen, indem sie ihre Sinne ausbilden und üben. In solchen leibzentrierten Lernprozessen verschwinden Differenzen zwischen Unmündigkeit und Mündigkeit gleichsam von selbst, ohne dass es besonderer Mündigkeitserklärungen bedarf. Ein Kind, das greifen kann, ist, was die Gegenstände seiner Umgebung betrifft, greifmündig, ein Kind das sehen kann, seh-mündig, ein Kind, das laufen kann, bewegungs-mündig, ein Kind das hören und sprechen kann, sprach-mündig.

Besondere Mündigkeitserklärungen gibt es jedoch keineswegs erst im Kontext von verändernder und innovatorischer Tradierung, sondern bereits beim Lernen im praktischen Zirkel. Formen des Wissens und Könnens, die nicht in unmittelbarer Wechselwirkung mit der Welt und auch nicht im alltäglichen Zusammenleben der Generationen vermittelt und erworben werden, bedürfen schon hier einer besonderen Initiation. Diese markiert in traditionalen Gesellschaften Übergänge von Kindheit und Jugend in das Erwachsenenleben. Sie führt in Geheimnisse ein, die das bisherige intergenerationelle Leben bestimmt haben. Solche Initiation bezieht sich auf Handlungsfelder, von denen Kinder im praktischen Zirkel des alltäglichen Lebens zunächst ausgeschlossen waren. Hierzu gehören nicht nur die Rituale und Techniken der für Kinder zu gefährlichen Jagd, der den Erwachsenen vorbehaltenen Kriegskunst und der an die Erlangung der geschlechtlichen Reife gebundenen Sexualität, sondern auch Mysterien und Kult. Sie alle bedürfen einer besonderen Initiation, in der die Mitglieder der nachwachsenden Generation einen Rollenwechsel vom Status der Unmündigkeit in eine nach Maßgabe feststehender Muster definierte Erwachsenen-Mündigkeit vollziehen.[7]

Schon im praktischen Zirkel erweist sich Tradierung als ein nichtreziproker Prozess, der auf Seiten der Erwachsenen und der Heranwachsenden unterschiedlich erfahren wird. In ihm wirken Erwachsene, die in die Sitte eingeführt sind, auf Heranwachsende ein, die sich die Sitte erst aneignen. Dem Leben der Erwachsenen in und gemäß der Sitte steht ein Leben und Lernen der Heranwachsenden gegenüber, in dem eine Erstaneignung von Tradition erfolgt. Die Differenz zwischen einer tradierenden Erziehung auf Seiten der Erzieher und der Erstaneignung von Kenntnissen und Fertigkeiten auf Seiten der Lernenden weist bereits über den Begriff eines unmittelbaren gemeinsamen

---

7 So kannten die Griechen als Abschluss der Gewöhnung an die Polis-Sitte die über zusätzliche Unterweisungen und besondere Übungen und Rituale vermittelte Ephebie, die die Initiation der nachwachsenden männlichen Generation in den Status der Mündigkeit markiert und diese auf die Wahrnehmung ihrer Bürgerrechte und -pflichten vorbereitet. Vgl. hierzu Benner/ Brüggen 2004b.

Lebens in der Sitte hinaus. Nur aus der Sicht der Erwachsenen kann die Erstaneignung von Tradition als Prozess der Tradierung beschrieben und gedeutet werden. Auf Seiten der Heranwachsenden ist sie anders strukturiert. Ein Leben im praktischen Zirkel gibt es nur für Erwachsene, welche die Eingewöhnung in eine Tradition bereits hinter sich haben, nicht aber für Heranwachsende, für die das, was anderen Tradition ist, zunächst eine unbekannte Welt und ein „unbekanntes Etwas" darstellt. Die bildende Qualität von Lernprozessen im praktischen Zirkel ist unhintergehbar an diese Differenz zurückgebunden. Ohne eine den Lernenden unbekannte Welt wäre Bildung auch hier nicht möglich.[8]

Das Lernen und Leben ist für Kinder und Jugendliche auch schon in traditionellen Gesellschaften, bevor es zur Gewohnheit wird, zunächst stets problematisch. Dies verweist auf eine für Lernprozesse unverzichtbare Negativität, in der eine den Sinnen, Annahmen und Vermutungen der Lernenden widerständige und fremde Welt anders, als zunächst angenommen, erfahren wird (vgl. Meyer-Drawe 1986, S. 34ff., und 1996; siehe auch Benner 2003a). An der Paradoxie von Lernen und Umlernen lässt sich das Gemeinte verdeutlichen. Um kategorial Neues (vgl. Ruhloff 1998) zu erlernen, muss bereits Gelerntes umgelernt werden. Gewöhnt und erfahren ist demnach, wer bereits mehrfach umgelernt hat. Umlernen aber kann nur jemand, der zuvor etwas gelernt hat. Das Umlernen folgt somit einerseits dem Lernen nach. Es geht jedoch zugleich diesem voraus, denn die Negativität der Erfahrung tritt keineswegs erst in einem fortgeschritteneren Stadium zum Lernen hinzu, sondern ist für dieses von seinen ersten Anfängen an konstitutiv.

Das Problematisch-Werden von Erfahrung zeichnet mithin alle Erfahrung, sofern in ihr kategorial Neues vermittelt und angeeignet wird, aus. Dies gilt grundsätzlich für Lernprozesse von Kindern in gleicher Weise wie für Lernprozesse von Erwachsenen. Die Negativität der Erfahrung steht darum nicht notwendig am Ende, wohl aber am Anfang aller Lernens. Stellt sie sich nicht nur zu Beginn, sondern auch am Ende von Lernprozessen ein und erfasst sie nicht nur das Lernen von Kindern und Jugendlichen, sondern auch Lernprozesse der Erwachsenen selbst, so werden Erziehung und Bildung auch für diese problematisch. Zur ersten Form einer bloß bewahrenden Tradierung tritt alsdann eine zweite hinzu. Sie ist diejenige einer über Lernprozesse vermittelten verändernden Tradierung. In dieser wechseln nicht nur die Träger von Traditionen, sondern unterliegt auch das, was tradiert wird, eine bewussten Veränderung.

---

[8] Zur modernen Fassung des bildungstheoretischen Begriffs eines „unbekannten Etwas" siehe Humboldt 1797/1960; vgl. auch Benner: ^{3}2003, S. 90ff.

3. Von der bewahrenden zur bewahrenden und verändernden Tradierung

Der Übergang von einer vorwiegend bewahrenden zu einer verändernden Tradierung ist nicht erst in modernen, sondern bereits in traditionalen Gesellschaften beobachtbar. Für das Verhältnis von Bildung und Religion lässt sich dies an Platons Dialog „Euthyphron" verdeutlichen. In ihm trifft Sokrates auf einen orthodoxen Vertreter der traditionellen Religion, der das Fromme im Sinne einer alles umfassenden Sitte zugleich für das moralisch und rechtlich Gebotene hält. Euthyphron ist auf dem Weg zum Gericht, um den Grundwert der Frömmigkeit zu verteidigen und den eigenen Vater, der einen Sklaven erschlagen hat, anzuklagen. Durch eine einzige Frage gelingt es Sokrates, Euthyphron aufzuhalten und zumindest vorübergehend in seinem Vorhaben zu irritieren. Die Frage lautet: „Bedenke ... nämlich nur dieses, ob wohl das Fromme, weil es fromm ist, von den Göttern geliebt wird, oder ob es, weil es [von diesen; D.B.] geliebt wird, fromm ist?" (Platon: Euthypron 10 a) Auf diese Frage sind sehr verschiedene Antworten möglich. Liebten die Götter die Menschen ihrer Tugend wegen als fromme, so wäre die Gutheit der Menschen der Grund für ihre Frömmigkeit. Hätte hingegen Frömmigkeit die Liebe der Götter zur Voraussetzung, so entsprängen dieser zugleich die moralischen und rechtlichen Tugenden der Menschen.

In der zitierten Anfrage des Sokrates ist die Überzeugungskraft einer Frömmigkeit, Gerechtigkeit und Sittlichkeit gleichermaßen umfassenden Sitte zerbrochen, so dass es zum Streit über die Eigenlogiken und den Zusammenhang der genannten Tugenden kommen kann. Zur Klärung der sich nun stellenden Fragen reicht die religiöse Antwort so wenig aus wie die ethische. Wird nämlich in einer vorauslaufenden Liebe der Götter der Grund für die Tugend der Menschen gesehen, so sind die Götter auch für die Untugend und den Streit unter den Menschen verantwortlich. Sollte hingegen die Tugend der Menschen der eigentliche Grund für die göttliche Zuneigung sein, so müssten im Falle eines unter Menschen ausgetragenen Tugendstreits die Götter entscheiden, welche Tugend ihnen die liebste ist. In dem einen Fall verdoppelt sich der menschliche Streit – wie in der griechischen Götterwelt – zu einem göttlichen, in dem anderen bleiben die Götter die Antwort schuldig und geben damit die Frage an die Menschen zurück.

Platons Problemexplikation lässt sich heute so interpretieren, dass die Sitte auf Fragen, wie Sokrates sie Euthyphron stellt, nur angemessen reagieren kann, wenn sie Unterscheidungen zwischen Frömmigkeit, Recht und Moral zulässt und Urteilsformen ausbildet, die im Falle des Streits weder dem Recht noch der Moral noch der Religion eine Letztbegründungsfunktion zuerkennen. Im praktischen Zirkel einer in sich geschlossenen Sitte können solche Fragen nicht reflexiv erörtert werden und behält die Sitte im Bewusstsein der in sie

Eingewöhnten gegen die von der Frage des Sokrates ausgehende Negativität immer Recht.[9] Der Übergang von einer Moral, Recht und Religion überwölbenden in eine diese ausdifferenzierende Sitte lässt sich daher als Übergang traditionaler Gesellschaften in Gesellschaftsformationen interpretieren, in denen Tradierung zunehmend an eine reflektierende Auslegung der Sitte zurückgebunden ist. Diese zeichnet sich gegenüber Auflegungen im praktischen Zirkel dadurch aus, dass die verschiedenen Formen der menschlichen Praxis Eigenlogiken entwickeln und zunehmend auch institutionell von einander abgegrenzt werden. Für die Pädagogik bedeutet dies, dass die Negativität der Erfahrung, die beim Lernen im praktischen Zirkel vor allem an Kindheit und Jugend gebunden war und bis in die philosophisch-psychologischen Lerntheorien hinein kaum Aufmerksamkeit erregte, nun auch für Erwachsene gilt und von diesen reflektiert werden muss.[10]

Die in pädagogischer Hinsicht bedeutsamen Differenzen zwischen einer traditionalen und einer Traditionen verändernden Tradierung lassen sich wieder an Phänomenen und Sachverhalten der Erziehung, Bildung, Mündigkeit, Initiation und induzierenden Einführung erläutern. Sie sind dadurch bestimmt, dass die älteren Formen der bewahrenden Tradierung nicht einfach durch solche einer verändernden Tradierung abgelöst, sondern durch diese so überlagert werden, dass ein Widerstreit zwischen ihnen möglich und zugelassen wird.

Die Erziehung wird hierdurch, wie schon Rousseau (1762/1979, S. 88) bemerkte, ihrer Struktur nach „negativ". Negative Erziehung unterscheidet sich von positiver Erziehung nicht durch die schon im praktischen Zirkel auf Seiten der Heranwachsenden wirksame Negativität der Erfahrung, sondern dadurch, dass in ihr die Auseinandersetzung mit negativen Erfahrungen von den pädagogischen Akteuren bewusst als eine Methode und Technik des Einwirkens auf Lernprozesse Heranwachsender eingesetzt wird. In der negativen Erziehung tritt zu der in Lernprozessen immer schon wirksamen Negativität der Erfahrung eine spezifisch pädagogische Negativität hinzu (vgl. Benner 2004e; Benner/English 2004). Diese findet sich bei besonnen vorgehenden pädagogischen Akteuren, die darum wissen, dass sie Lernenden den Umweg durch die Negativität der Erfahrung nicht ersparen dürfen, und entsprechende Umwege künstlich arrangieren. Negative Erziehung entwickelt und verwendet Technologien setzen, welche die Heranwachsenden zu einer freien und selbsttätigen

9 Die in die Sitte nicht integrierbare Negativität thematisierten im klassischen Griechenland die Tragödien, die – wie die sophokleische „Antigone" – von Kollisionen zwischen ethischen, politischen und religiösen Pflichten handeln.

10 Vgl. den Hinweis von Gadamer 1960/1975, S. 335, Aristoteles habe die Negativität der Erfahrung weitgehend übersehen, weil ihn an der Erfahrung „lediglich ihr Beitrag zur Begriffsbildung" interessiert habe.

Wechselwirkung mit der Welt und zu einer reflektierenden Auseinandersetzung mit ihren Erfahrungen auffordern.[11]

Durch solche Wechselwirkungen treten in posttraditionalen Gesellschaften die erziehliche und die bildende Intentionalität pädagogischen Handelns auseinander. Erziehung erreicht ihre Ziele bei der Einwirkung auf Lernprozesse Heranwachsender nicht mehr im, sonder außerhalb des des Zirkels einer vorgegebenen Praxis. Als reflexive Wechselwirkung mit der Welt sucht und entfaltet Bildung hingegen weiterhin ihren Zweck in dieser Wechselwirkung selbst. Die Lernfähigkeit des Menschen wird nun als unbestimmte Bildsamkeit und offene, auf keinerlei Perfektion hin finalisierte „perfectibilité" gedacht,[12] die in einer interaktiv zu interpretierenden, „exzentrischen Positionalität" des Menschen (Plessner 1928, S. 360) begründet ist.

Heranwachsende in Erziehungsprozessen als in diesem Sinne bildsame Wesen anzuerkennen, verlangt von den pädagogischen Akteuren das Eingeständnis, die künftige Bestimmung der Einzelnen weder zu kennen noch über sie zu verfügen. Erwachsenen, die sich in ihrem eigenen Leben für eine mehr oder weniger bestimmte Lebensform entschieden haben, stehen nun Heranwachsende mit einer offenen und unbestimmten Zukunft gegenüber, die nicht nur für diese selbst, sondern auch für ihre erwachsenen Bezugspersonen unbekannt und ungewiss ist.

Der Diskurs darüber, was als geschichtliches Erbe tradiert und verändernd,bewahrt werden soll, wird nun nicht mehr nur innerhalb der erwachsenen Generation, sondern auch zwischen den Generationen geführt. Lernfähigkeit und Bildsamkeit avancieren damit zu Kategorien, die sowohl auf den einzelnen Menschen als auch auf die menschliche Gattung applizierbar sind. Bildung zielt auf Seiten der Individuen auf die Ausbildung von persönlicher Eigentümlichkeit und die Wahl individueller Lebensformen und auf Seiten der Gattung auf ein Leben, das nicht mehr durch ständische Barrieren und die Interessen unterdrückter und herrschender Klassen bestimmt wird.

Das neue Generationenverhältnis einer verändernden Tradierung brachten Kant und Schleiermacher durch erziehungs- und bildungstheoretisch bedeutsame Unterscheidungen auf einen systematischen Begriff. Die Menschen im Zeitalter der Aufklärung suchten sie vor der Illusion zu bewahren, ihr Zeitalter für aufgeklärt zu halten, und der rechtlichen Mündigkeit stellten sie ein pädagogisches Mündigkeitsverständnis zur Seite. „Aufklärung" definierte Kant als „Ausgang des Menschen" aus seiner durch fehlenden Mut „selbst verschuldeten Unmündigkeit" (Kant 1784, A 481). Diese Definition bezog er nicht auf Kinder, sondern auf Erwachsene, die auf Aufgeklärtheit weder für sich noch

---

[11] Zum Begriff der über ein zufälliges oder routiniertes „Lernen durch Tun" weit hinausgehenden „Reflection in Experience" siehe Dewey 1916, S. 5, S. 151ff; 1964, S. 103ff.; vgl. auch Benner ^{4}2001b, S. 80ff.; zur neueren Diskussion über den pädagogischen Grundbegriff der Aufforderung zur Selbsttätigkeit vgl. Langewand 2003 und Benner 2003b.

[12] Siehe Rousseau 1755/1984, S. 102; Herbart 1841, § 1; vgl. Benner ^{4}2001b, S: 71ff; Benner/Brüggen 2004a.

gegenüber der nachwachsenden Generation Anspruch erheben können. Der damit vorbereiteten Neubestimmung des Generationenverhältnisses zufolge lässt sich das Verhältnis der Erwachsenen zu den Heranwachsenden nicht länger als ein Verhältnis Mündiger zu Unmündigen definieren, sondern ist beiden Generationen eine Auseinandersetzung mit ihrer je spezifischen Unmündigkeit aufgegeben. Für Erwachsene wird Unmündigkeit als selbstverschuldet, für Kinder hingegen als unverschuldet gedacht. Der an die Erwachsenen gerichteten Aufgabe der Aufklärung steht die Erziehung als eine Praxis gegenüber, die nicht adäquat als Aufklärung im Sinne eines Ausgangs von einer selbst verschuldeten Unmündigkeit bestimmt werden kann.

Das Verhältnis von Aufklärung und Bildung wurde von Moses Mendelssohn (1784) näher bestimmt. Aufklärung, Kultur und Bildung beschrieb er als eine Trias, in der Bildung in theoretischer Hinsicht auf Aufklärung, in praktischer Hinsicht hingegen auf Kultur ausgerichtet ist. Wie Kant leugnete er nicht die Möglichkeit eines Widerstreits zwischen bürgerlicher, durch die Pflichten der Stände begrenzter und menschlicher Aufklärung. Wie dieser ordnete er Aufklärung in den Prozess einer verändernden Tradierung ein, welche Aufklärung mit Kultur und Kultur mit Aufklärung verbindet. Von einer solchen Kultur sagte er, sie setze nicht auf „Nationalglückseligkeit", sondern sei auf Menschheit in der Vielzahl der Einzelnen sowie der Nationen und Völker bezogen.

Was die Freiheit der Bildung der Einzelnen betrifft, ging Humboldt so weit, dass er dem Staat die Pflicht auferlegte, die im rechtlichen Sinne Unmündigen vor ihren natürlichen und gesetzlichen Vormündern zu schützen.[13] Diesen müsse künftig untersagt werden, weiterhin Entscheidungen über die Lebensform von Kindern und Jugendlichen zu treffen (vgl. Humboldt 1792/1960, S. 199f.). In einem durchaus analogen Sinne grenzte Schleiermacher den Begriff einer pädagogisch anzustrebenden Mündigkeit vom älteren Begriff eines rechtlich zu fixierenden Alters der Mündigkeit ab. Mündigkeit definierte er nicht mehr als das mit der Initiation beginnende Lebensalter, sondern als jenes Ende der Erziehung, das nicht durch rechtliche Mündigkeitserklärungen abzusichern ist, sondern allmählich eintritt und schrittweise sowie bereichsspezifisch herbeigeführt werden muss (vgl. Schleiermacher 1826/1983, S. 14f.).

In der modernen Erziehung enden pädagogische Einwirkungen auf Lernprozesse Heranwachswender nicht mehr mit der Initiation in eine vorgegebene Gesellschaftsordnung und Sitte, die es nur zu tradieren gilt. An die Stelle der Initiation treten vielmehr Formen der Einführung der Heranwachsenden in eine von ihnen partizipatorisch zu gestaltenden „Mitgesamttätigkeit" (ebd., S. 15), die sich auf alle ausdifferenzierten Bereiche menschlichen Handelns be-

---

[13] In der Bundesrepublik Deutschland erlangte diese Bestimmung eine weitergehende Anerkennung 1980 durch die Aufhebung des bis dahin geltenden elterlichen Züchtigungsrechts und 2000 durch die gesetzliche Verankerung einer weitgehend gewaltfreien Erziehung.

ziehen. Eine solche Einführung ist ohne das von Humboldt aufgestellte Tradierungsverbot nicht denkbar. Dieses untersagt Eltern, die eigene Lebensform zur Bestimmung ihrer Kinder zu erheben. Moderne Erziehung vollzieht sich nicht mehr nach den Mustern traditionaler Gesellschaften, sondern entfaltet eine Eigenlogik, die, um allgemein wirksam zu werden, gesellschaftlich anerkannt werden muss. An die Stelle älterer Beziehungen, in denen Erziehung eine den anderen Praxisbereichen subordinierte Funktion erfüllt, tritt eine neue Sitte mit prä- und koordinierten Erziehungsverhältnissen. Die veränderte Eigenlogik der Erziehung steht in enger Beziehung zu den Erfordernissen einer Transformation gesellschaftlicher Anforderungen an pädagogische Prozesse in pädagogisch legitime und beansprucht für die pädagogische Praxis im Kreis der ausdifferenzierten Handlungsbereiche eine nicht mehr durch lineare Hierarchien bevormundete, sondern gleich bedeutsame Stellung (vgl. Benner ^{4}2001b, S. 92ff.; siehe auch Schluß/Sattler 2001).

Auch dieser Wandel lässt sich am Beispiel der religiösen Erziehung und Bildung verdeutlichen. Die anzustrebende Nicht-Hierarchizität zwischen den Religionen sowie zwischen Religion und Staat suchte Rousseau durch eine dreifache Justierung der religiösen Praxis zu fassen. Im „Contrat social" wies er der Religion eine zivilreligiöse Funktion zu, welche dem Gesellschaftsvertrag zu einer überpolitischen Legitimation verhilft. Die verpflichtet die Konfessionen und Religionen auf wenige im Interesse des Staates liegende Dogmen und verlangt von den Bürgern eine wechselseitige Tolerierung religiöser Überzeugungen. Im 4. Buch des Emile zeigt Rousseau darüber hinaus, dass religiöse Praxis selbst nicht in der Form einer Zivilreligion ausgeübt werden kann.[14] An den leidvollen Lebenserfahrungen des Savoyschen Vikars, der die Religion seiner Väter verließ und die Konfession wechselte, entwickelte er eine mit der Vielheit von Religionen und Konfessionen vereinbare Programmatik. Diese verzichtet ausdrücklich auf die Durchsetzung einer allein selig machenden Religion und verpflichtet die Erziehung auf eine Tradierung der Religion der Väter: „wenn der Sohn eines Christen wohl daran tut, dass er, ohne eine gründliche und unparteiische Untersuchung, der Religion seines Vaters folgt, warum sollte der Sohn eines Türken unrecht tun, wenn er ebenso der Religion seines Vaters folgte?" (Rousseau 1762/1979, S. 394f.)

Religionen von Vätern und Söhnen gibt es nur, wo es auch Religionen von Müttern und Töchtern gibt. Folgerichtig schlug Rousseau vor, nicht nur Söhne in der Religion der Väter, sondern auch Töchter in der Religion der Mütter zu erziehen. Um Mischehen zu vermeiden, stellte er für die Erziehung der Mädchen die zusätzliche Regel auf, Frauen seien generell an die Religion ihrer Ehemänner zu binden. Beide Regeln aber seien nur vereinbar, wenn Frauen auf

---

[14] Zur Kritik an der in Deutschland immer noch vorherrschenden Rousseau-Rezeption, die sowohl den „Contrat social" als auch das „Glaubensbekenntnis des Savoyschen Vikars" weitgehend ausblendet, siehe Tröhler 2003.

andere Weise als männliche Heranwachsende religiös erzogen und sozialisiert werden. Sie seien nicht zur Weitergabe der Religion ihrer Eltern, sondern im Rahmen ihrer angestammten Religion nach Grundsätzen einer natürlichen Religion zu erziehen. Diese erlaube einen später durch Heirat notwendig werdenden Wechsel der Religion und könne dazu beitragen, dass dieser ohne Verlust religiöser Bindungen vollzogen werde (vgl. Rousseau 1762/1979, S. 495).[15]

Rousseaus Plädoyer für eine Tradierung der Religion der Väter und Mütter sollte für Jungen und Mädchen nicht in gleicher Weise gelten. Sein diskriminierender Vorschlag löste das Problem eines toleranten Verkehrs zwischen unterschiedlichen Religionen der Idee nach nur auf der zivilreligiösen Ebene. Weitergehende Überlegungen finden sich im Bekenntnis des Savoyschen Vikars, mit Rousseau einen religionspädagogischen und -politischen sowie bildungstheoretischen Diskurs eröffnet, in dem zwischen natürlicher Religion, historischer Offenbarungsreligion und Zivilreligion unterschieden und vermittelt wird. Im Lichte dieser Unterscheidungen meint das Gebot, die Religion der Väter zu tradieren, kein „Zurück" zur Religion der Väter. Es will vielmehr Perspektiven für eine Weiterentwicklung der religiösen Praxis entwickeln, die der Vielzahl der existierenden Offenbarungsreligionen Rechnung trägt und diese von ihren Fundamentalismen zu befreien sucht.

An die Stelle der Dogmatik einer allein selig machenden Religion tritt damit eine Programmatik, die Schleiermacher später mit seiner Unterscheidung zwischen wahrer und dogmatischer Kirche weiter ausgearbeitet hat.[16] Unter dogmatischer Kirche oder Lehrkirche versteht er die aus den Religionskriegen bekannten fundamentalistischen Verkürzungen des Religiösen, unter wahrer Kirche eine Form der Religion, welche die Vielheit der Konfessionen – und der Möglichkeit nach auch die Vielheit bestimmter Religionen – in einen toleranten wechselseitigen Verkehr zu bringen sucht. Hinter dieser Vorstellung steht die Auffassung, dass Lehrkirchen in Kirchen transformiert werden können, die fähig sind, an der Entwicklung einer aus mannigfaltigen Religionen bestehenden wahren Kirche mitzuwirken. Die gesuchte wahre Kirche soll nicht dem Ideal einer Einheitsreligion folgen, sondern an die Mannigfaltigkeit religiöser Weltdeutungen zurückgebunden sein und aus deren Dialog hervorgehen. Sie kann nicht durch bloße Tradierung der existierenden Religionen entstehen, sondern ist auf neue Formen des Überlieferns angewiesen. Diese aber können nur aus einem Diskurs hervorgehen, der zwischen den Religionen

[15] Ich bin mir bewusst, dass die hier angedeutete Verbindung von natürlicher Religion und Erziehung bei Rousseau allenfalls angedeutet, aber noch nicht ausgeführt ist. Durch sie erhält die religiöse Erziehung der Sophie erst jene erziehungs- und bildungstheoretische Dignität, die nicht auf religiöse Indifferenz, sondern die Wahl der eigenen Religion zielt und für die Programmatik moderner religiöser Erziehung insgesamt gelten sollte.

[16] Zum Verhältnis von wahrer Kirche und Lehrkirche vgl. Schleiermacher 1799/2001; siehe auch Bolle 1988.

der Väter und Mütter und quer zu den ausdifferenzierten Lebensgemeinschaften von Staat, Kirche, freier Geselligkeit u. a. m. geführt wird.

4. Von der bewahrenden und verändernden zur induktiven und innovatorischen Tradierung

Es gibt Gründe, die im modernen Erziehungs- und Bildungsverständnis angelegte Überzeugung in Zweifel zu ziehen, dass sich Formen einer Tradierung im praktischen Zirkel ohne weiteres in solche einer verändernden Tradierung überführen lassen und dass diese gleichsam von selbst Praktiken einer höherbildenden Tradierung hervorbringen.[17] Zumindest für einige Bereiche menschlichen Denkens und Handelns gilt diese Auffassung heute nicht mehr unangefochten.

Demokratische Traditionen der Partizipation der Bürger an politischen Beratungsprozessen und Entscheidungen lassen sich, wie bereits Rousseau nachgewiesen hat, mit den Mitteln parlamentarischer Demokratien allein nicht auf Dauer stellen. Parlamente und Regierungen können ihre Macht nicht aus einer eigenen Souveränität ableiten, sondern sind auf eine Delegation des politischen Willens durch das Staatsbürgerpublikums angewiesen. Dieses aber kann die Ausübung der politischen Praxis vernünftigerweise nur delegieren, wenn es dabei auf seinen Anteil an der Souveränität keinen vollständigen Verzicht leistet. Da eine gewisse Arbeitsteilung nicht nur im Bereich des Ökonomischen, sondern auch zwischen den gesellschaftlichen Handlungsfeldern und Teilsystemen unverzichtbar ist (vgl. Bellmann 2001), kann auch der Bereich der Politik hiervon nicht grundsätzlich ausgenommen werden. Die Delegation des politischen Willens darf aber nicht soweit gehen, dass die Mitwirkung der Bürger an politischen Entscheidungen auf Wahlen begrenzt wird. Eine Politik, die nur an der Erhaltung der Macht von Parteien und Interessengruppen interessiert ist, hat längst ihre Glaubwürdigkeit verloren. Sie verspricht den Bürgern Leistungen, die letztlich nicht von der Berufspolitik, sondern nur von den Bürgern selbst erbracht werden können. Das Bewusstsein hierfür aber lässt sich nur erhalten und schärfen, wenn die politische Praxis neben ihrer Professionalisierung in Parlamenten zugleich als eine partizipatorische Praxis der Bürger konzipiert wird.

In Deutschland ist es bei der Vereinigung der beiden Nachkriegsstaaten versäumt worden, eine Verfassung auszuarbeiten und dem Volk zur Verabschiedung vorzulegen, die den Bürgern – wie beispielsweise in den USA und in der

[17] Dass Vorstellungen von einer möglichen, jedenfalls nicht unmöglichen Höherbildung gleichwohl nicht gänzlich verabschiedet werden können, hat J. Ruhloff in seinem Vortrag anlässlich der Verleihung des Titels eines Dr. honoris causa durch die Philosophische Fakultät IV der Humboldt-Universität zu Berlin gezeigt.

Schweiz üblich – in bürgernahen Sektoren der Politik demokratische Mitwirkungsrechte einräumt. Ohne eine Partizipation der Bürger an der politischen Praxis aber lassen sich Bürgertugenden wie der Mut zur Artikulation einer eigenen Meinung, die Bereitschaft und Fähigkeit zum Kompromiss, Zivilcourage sowie das Eintreten für das Gemeinwohl weder erlernen noch tradieren. Demokratien gefährden die für ihren eigenen Fortbestand notwendige Zustimmung der Bürger, wenn sie deren Patizipation an politischen Prozessen auf Wahlhandlungen begrenzen, in denen die Einzelnen ihren politischen Willen nur in der Form seiner Delegation artikulieren. Parlamentarische Demokratien sind auf eine politische Bildung der Bürger angewiesen, die der Verkürzung des Politischen auf eine Berufstätigkeit von Politikern entgegenwirkt und diese in bestimmten Bereichen rückgängig zu machen sucht.

Vergleichbares gilt auch für den Praxisbereich der Arbeit. Die Fähigkeit und die Bereitschaft, durch Mitwirkung an der ökonomischen Praxis die Güter für das eigene Leben zu sichern und zur Wohlversorgtheit der Gesellschaft insgesamt beizutragen, kann nur erlernt und tradiert werden, wenn die Arbeit als eine allgemein und individuell zugängliche Form menschlicher Praxis angesehen wird, von der nur Kinder, Kranke und Alte freizustellen sind. Eine Gesellschaft, welche die Bürger nicht mehr dazu verpflichtet, durch eigene Arbeit die Mittel für ihre Subsistenz zu sichern, und satt dessen Arbeit so verteilt, dass viele dieser Pflicht weder nachkommen können noch brauchen, zerstört die Voraussetzungen für eine ökonomisch gerechte Lebensordnung. Sie macht Einzelne dauerhaft von gesellschaftlichen Leistungen und Wohltaten abhängig und zwingt ihnen damit eine parasitäre Koexistenzform auf, durch die sie gehindert werden, ein selbständiges und von überflüssiger fremder Hilfe unabhängiges Leben zu führen. Zur Aufgabe der Bildung im Bereich der Arbeit gehört es daher, die Fähigkeit und Bereitschaft zu arbeiten gerade dort wieder zu wecken und einzuüben, wo diese durch arbeitsferne Lebensformen, die in Herkunftsfamilien oder bestimmten Regionen von Generation zu Generation quasi vererbt werden, verkümmert sind.

Ein dritter Bereich unterbrochener Tradierung stellt für viele Menschen die Religion dar, die oft überhaupt nicht mehr oder nur zu Beginn und am Ende eines Menschenlebens in Anspruch genommen wird und vielerorts den Charakter einer intergenerationellen Praxis verloren hat. Auf Erwachsenengenerationen, die keine religiöse Umgangsformen mehr tradiert und praktiziert haben, sind inzwischen nachwachsende Generationen gefolgt, die in keinerlei Umgangsverhältnis zu religiösen Traditionen mehr stehen. Sie verfügen nicht mehr über eigene religiöse Erfahrungen und können Religion, selbst wenn sie dies wollten, nicht mehr überliefern.

Von den angesprochenen Problemen ist auch die Erziehung nicht ausgenommen. In Ein-Kind-Familien machen Heranwachsende – ungeachtet ihres oft verstärkt erfahrenen Angenommenseins durch Eltern und Verwandte – u. a. die Erfahrung, Adressaten der Erziehung, nicht aber „Miterzieher" jüngerer und älterer Geschwister zu sein. Parallel dazu haben Eltern nur mehr selten die

Gelegenheit, pädagogische Erfahrungen im Umgang mit mehreren Kindern (Söhnen und Töchtern) zu erwerben und aus ihrer eigenen pädagogischen Praxis zu lernen. Wird zur Normalform der Erziehung, dass Eltern nur ein einziges Kind aufziehen, so verliert die pädagogische Praxis auf Seiten der Erziehenden wie der Zu-Erziehenden die Möglichkeit, individuelle Erziehungsverläufe und Bildungsgänge zu vergleichen und differenziert zu reflektieren.

Veränderungen im Verhältnis von Erziehung und Tradierung deuten sich in allen genannten Bereichen an. Sie stellen die Erziehung in ihrem Selbstverhältnis und in ihren Außenbeziehungen vor neuartige Aufgaben der Überlieferung. Von denjenigen einer Tradierung im Zirkel einer gelebten Praxis unterscheiden sich die neuen Aufgaben dadurch, dass es das durch Erziehung zu Tradierende in bestimmten Bereichen nicht mehr allgemein in den Formen eines intergenerationellen Umgangs und eigener lebensweltlicher Erfahrungen gibt. Die Fragen einer Tradierung im praktischen Zirkel und die Probleme einer verändernden Weitergabe von Traditionen gehen damit in Fragen und Problemstellungen einer innovatorischen Überlieferung über. Diese steht vor der Aufgabe, unterbrochene Traditionen neu zu erfinden und so zu konzeptualisieren, dass ihre Überlieferung wieder möglich wird. Eine in diesem Sinne innovatorische Tradierung rechnet nicht nur mit Traditionsbrüchen, sondern sieht sich zugleich mit der Tatsache konfrontiert, dass der Verlust von Traditionen inzwischen so weit fortgeschritten ist, dass er von vielen gar nicht mehr als Bruch erfahren, wahrgenommen und empfunden wird.

In seiner Theorie des „wirkungsgeschichtlichen Bewusstseins" hat Hans-Georg Gadamer die Auffassung vertreten, der Reichtum der in Sprache und Kultur wirksamen Traditionen stelle ein unerschöpfliches Reservoir für immer neue Formen der Überlieferung bereit. „Selbst wo das Leben sich sturmgleich verändert, ... bewahrt sich im vermeintlichen Wandel aller Dinge weit mehr vom Alten, als irgendeiner weiß, und schließt sich mit dem Neuen zu neuer Geltung zusammen." (Gadamer 1960, S. 265f.) Diese Gewissheit ist inzwischen für einzelne Bereiche fraglich geworden. Dem möglichen Reichtum der Tradition steht eine im Zusammenleben der Menschen wirksame Armut an Lebens- und Reflexionsformen gegenüber, die das Verhältnis von Erziehung und Tradierung vor neuartige Aufgaben stellt. Es gibt inzwischen Abbrüche von Traditionen, die durch eine bewahrende und verändernde Tradierung allein nicht mehr zu korrigieren sind, weil das, was zur Tradition gehörte, innerhalb der vorherrschenden Praxis vergessen ist und nicht mehr erinnert wird. Ohne Anknüpfung an in der Lebenspraxis wirksame Tradierungsprozesse aber ist eine verändernde Tradierung nicht möglich. Zu den Aufgaben einer innovatorischen Tradierung gehört darum heute, dass das, was verändernd tradiert werden soll, in bestimmten Bereichen erst neu induziert und für intergenerationelle Erfahrungen und Umgangsformen zugänglich gemacht werden muss.

Die Ausdifferenzierung der menschlichen Praxis in professionalisierte Formen von Arbeit, Erziehung, Politik und Religion reicht für sich genommen nicht aus, um eine Prozesse innovatorischer Tradierung in diesen Bereichen auf Dauer zu stellen. Die Möglichkeiten der Erziehung, verlorene oder gefährdete Formen menschlichen Denkens und Handelns neu zu beleben, sind durchaus begrenzt. Die Pädagogik muss sich damit begnügen, auf intellektuelle und partizipatorische Defizite, die mit dem Verlust umgänglicher Erfahrung und Reflexion verbunden sein können, aufmerksam zu machen. Findet eine solche Aufklärung in der Öffentlichkeit Beachtung, kann es zu Innovationen kommen, an denen auch die Erziehung teilhat. Die hierfür erforderlichen öffentlichen Diskurse aber können durch Erziehung nur unterstützt, nicht aber antizipiert oder gesteuert werden.

Die Erziehung steht damit vor der schwierigen Aufgabe, lebensweltliche Defizite zu kompensieren und bei Heranwachsenden *und* Erwachsenen fehlende Erfahrungen durch eine nachholende Sozialisierung zu ermöglichen. Hierfür geeignete Arrangements aber kann es im Raum der Erziehung nur geben, wenn sie an intergenerationelle Diskurse anschließen und Übergänge aus pädagogischen in außerpädagogische Handlungsfelder gesichert sind. Zwar gehört die Induktion von Erfahrungen seit alters her zu den Aufgaben der Erziehung. Die traditionellen Mittel der Gewöhnung an eine vorgegebene Sitte, eines erziehenden Unterrichts, der Welterfahrung und zwischenmenschlichen Umgang erweitert, und einer Einführung in die verschiedenen Bereiche der gesellschaftlichen Praxis reichen heute jedoch zur Erfüllung dieser Aufgabe nicht mehr aus. Gewöhnen kann Erziehung nur an etwas, das in der Sitte selbst präsent ist. Würden Heranwachsende heute lediglich an die Üblichkeiten einer in vielen Bereichen unterbrochenen Tradierung gewöhnt, so leistete solche Gewohnheitsbildung selbst einen Beitrag dazu, dass das in der Sitte Fehlende vergessen bleibt.

Vergleichbares lässt sich auch von der unterrichtlichen Seite der Erziehung sagen. Erziehender Unterricht kann Erfahrung und Umgang nur erweitern, wenn er an alltägliche Welterfahrung und zwischenmenschlichen Umgang anschließbar ist. Wie aber kann in Bildungsgängen Fehlendes an in Umgang und Lebenswelt Verlorengegangenes anschlussfähig gemacht werden? Wie lässt sich in die intergenerationelle Praxis zurückholen, was in ihr selbst nicht mehr präsent ist?

Auf Fragen wie diese gaben Theoretiker der Pädagogik im ersten Drittel des 19. Jahrhunderts die optimistische Antwort, das in der Gesellschaft Fehlende könne durch innovatorische Formen der Erziehung induziert und durch einen bildenden Umgang der Generationen auf Dauer gestellt werden. Hierzu reichten jedoch weder die Mittel einer behütenden Erziehung, die die Heranwachsenden von Einflüssen der Gesellschaft fernhält, noch die Maßnahmen einer gegenwirkenden Erziehung aus, die das Entstehen unerwünschter Verhaltensweisen durch Strafen zu verhindern sucht. Erforderlich seien vielmehr Konzepte und Strategien einer unterstützenden Erziehung, die die Entstehung von Neuem bei der jüngere Generation so fördert, dass es im Leben der Heranwachsenden Gestalt gewinnt und von diesen aus Eingang in die Gesellschaft findet (vgl. Schleiermacher 1826/1983, S. 51ff. und S. 98ff.).

Bei den durch Erziehung zu induzierenden Innovationen dachte Schleiermacher insbesondere an die Entwicklung gemeinsamer Lebensformen, durch die Standesschranken überwunden und allen Heranwachsenden freie Partizipationsmöglichkeiten in Staat, Kirche und geselligem Leben erschlossen werden. Eine in diesem Sinne unterstützende Erziehung kann es heute mit Blick auf die gefährdeten Praxisfelder von Arbeit und Politik, Erziehung und Religion nur geben, wenn die Partizipation an diesen nicht nur kulturkritisch eingeklagt oder im Sinne einer Rückkehr zu ältere Lebensformen postuliert, sondern auf mannigfaltige Weise neu induziert wird. Die Innovationen müssen in den Institutionen der Kinder- und Jugenderziehung und in den Einrichtungen der Erwachsenenbildung sowie in den ausdifferenzierten Praxisbereichen und gesellschaftlichen Teilsystemen parallel und gleichzeitig erfolgen und praxisnah organisiert werden. Sie können nur gelingen, wenn in ihnen darum gewusst wird, dass sie sich auf die Erfindung und Sicherung von Lebensformen beziehen, die teilweise vergessen und deren Fortbestand individuell und gesellschaftlich gefährdet ist.

Was die Tradierung religiöser Praxisformen betrifft, ist u. a. vorgeschlagen worden, dem Bedeutungsverlust der historischen Offenbarungsreligionen durch eine Übertragung ihrer gemeinschaftsbildenden Funktionen an eine oder mehrere Zivilreligionen aufzufangen. Diese würden dann ihre staatstragende Kraft jenseits der Fundamentalismen der historischen Religionen entfalten. Als religionswissenschaftliche Bezugsdisziplin könnten in der Folge Zivilreligionstheorien entstehen, die an die Stelle der nicht mehr überlieferbaren Offenbarungsreligionen treten und die klassischen Theologien in der Form einer Theologieersatztheologie modernisieren.[18]

Eine innovatorische und transformatorische Tradierung von Religion lässt sich auf diese Weise jedoch weder konzeptualisieren noch institutionalisieren. Sie verlangt, dass der Reichtum religiöser Traditionen unter den veränderten Bedingungen der Moderne neu interpretiert und für die Weiterentwicklung religiöser Lebensformen fruchtbar gemacht wird. Zivilreligion und Zivilreligionstheorie können hilfreich sein, um fundamentalistische Religionen in rechtlicher und politischer Hinsicht zu disziplinieren und auf wechselseitige Toleranz zu verpflichten sowie an eine nicht-hierarchische Verhältnisbestimmung der ausdifferenzierter Formen der menschlichen Praxis zu gewöhnen. Eine darüber hinausgehende religiöse und theologische Funktion aber kann von ihnen nicht beansprucht werden. Die Vielheit der Religionen und Theologien lässt sich ebenso wenig in Zivilreligion und Zivilreligionstheorie überführen, wie die Vielheit der nationalen Sprachen und Philologien in eine Zivilsprache und eine an diese anschließende sprachwissenschaftliche Bezugsdisziplin aufgehoben werden kann (vgl. Benner 2004d). Die gesuchte Induktion neuer religiöser Erfahrungen ist daher darauf angewiesen, dass die historischen Offenbarungsreligionen sich nicht länger als wahre Kirche missverstehen, sondern

[18] Zur Würdigung und Krktik solcher Versuche siehe Schieder 1987; 1997; 2001.

in sich Räume für religiöse Experimente schaffen, in denen dogmatisch erstarrte Lehrmeinungen in Formen einer Religiosität transformiert werden, die sich wieder auf die Suche nach wahrer Religion begibt.

Die Aufgabe einer innovatorischen Erziehung im Kontext unterbrochener Tradierung kann weder darin liegen, die nachwachsende Generation in Übereinstimmung mit verloren gegangenen Üblichkeiten zu bilden, noch darin, stellvertretend für die gesellschaftliche Praxis neue Üblichkeiten zu erfinden und durch Erziehung tradierbar zu machen. In Zeiten, in denen sich Traditionsverluste nicht durch überwölbende Kontinuitätserfahrungen kompensieren lassen, ist vielmehr eine Erziehung angezeigt, die nicht an Üblichkeiten gewöhnt, sondern in Auseinandersetzung mit Üblichkeiten Fremdheitserfahrungen kultiviert, in denen geschichtlich Vergessenes auf neue Weise erinnert wird. Vielleicht gelingt es auf diese Weise, vermeintlich Selbstverständlichem dadurch eine innovatorische Kraft abzugewinnen, dass es in pädagogischen Tradierungsprozessen wieder fragwürdig und fraglich wird. Fragwürdig würde dann am Gegebenen nicht nur, was in diesem anwesend, sondern auch, was in ihm vergessen ist und auf immer verloren zu sein scheint.

II. Bildungstheoretische Hineise zu ausdifferenzierten Praxisbereichen und Anwendungsfeldern

Bildung und Demokratie [1]

1. Einführung

Als in der „Sowjetisch besetzten Zone" Deutschlands (SBZ) 1946 ein neues Schulgesetz erlassen wurde, erhielt dieses den Namen „Gesetz zur Demokratisierung der deutschen Schule". Es versprach, das neue Bildungssystem werde „jedem Kind und jedem Jugendlichen ohne Unterschied des Besitzes, des Glaubens oder seiner Abstammung [eine] vollwertige Ausbildung" zukommen lassen, die gleichermaßen die „gesellschaftlichen Bedürfnisse" und die „Neigungen und Fähigkeiten" der Heranwachsenden berücksichtige (Gesetz 1946, S. 2). Paul Wandel, der erste Präsident der Zentralverwaltung für Volksbildung in Ostdeutschland, würdigte diese Programmatik als Errungenschaft einer sozialistischen Neubestimmung des traditionellen Verhältnisses von Staat und Erziehung und stellte in Aussicht, durch sie lasse sich der nationalsozialistische Missbrauch von Erziehung und Schule endgültig überwinden:

„Wir verstehen Politik als Sammelbegriff aller Beziehungen in unserem gesellschaftlichen Leben und in der Gestaltung des neuen Staates. Wenn jemand zur Ablehnung dieses politischen Ausgangspunktes auf die fragwürdige ‚Politisierung der Schule' der vergangenen zwölf Jahre hinweisen sollte, dann erklären wir: Keinem Menschen würde es einfallen, auf die Anwendung des Feuers darum zu verzichten, weil Brandstifter es missbrauchen. Ebenso ist es mit dieser Frage der Beziehung zwischen Politik und Schule. Ohne auf die vielartigen Auffassungen einer über der Politik stehenden Pädagogik einzugehen, möchte ich doch auf die historische Tatsache hinweisen, dass es bisher kein Schulsystem in irgendeinem Lande gab und gibt, das nicht in seinem Erziehungsziel und in seinem ganzen Charakter auf den jeweiligen Staat, auf die jeweils herrschenden gesellschaftlichen Verhältnisse eingestellt [gewesen] wäre. Das kann auch nicht anders sein. Das neue in unserer Stellungnahme ist ..., dass wir im Gegensatz zu vielen anderen diese Tatsache offen aussprechen." (Wandel 1946, S. 255)

Die Auffassung, die Wandel 1946 vertrat, war freilich nicht so originell und neuartig, wie er meinte, sondern kann auf eine immerhin mehr als 2000-jährige Geschichte zurückblicken, mit der ich mich im folgenden auseinander-

---

[1] Der Beitrag wurde auf dem von Jürgen Oelkers konzipierten Symposion „Futures of Education" vorgetragen, das in Zürich vom 28. bis 30. März 2000 stattfand, und erschien in Zukunftsfragen der Bildung. 43. Beiheft der Zeitschrift für Pädagogik, hrsg. von J. Oelkers. Weinheim 2001, S. 49-65. Eine englische Übersetzung findet sich unter dem Titel „Education and Democracy" in Oelkers (Hrsg.) 2001, S. 133-152.

setzen werde. Ich tue dies nicht, um zu zeigen, dass die immer wieder behauptete Affinität von Erziehung und Staat auch heute noch ungebrochen gilt. Vielmehr möchte ich die gegenteilige Auffassung vertreten, dass die von Wandel aufgestellte These zwar für alle historischen Staatsformen zutrifft, nicht aber in einer freiheitlichen Demokratie Geltung beanspruchen kann. Diese ist unter den bekannten Staatsformen die einzige, die sich ihren eigenen Grundsätzen zufolge das Verbot auferlegen muss, die Lebensformen der Menschen zu normieren und Pädagogik durch die Setzung von Erziehungszielen und Bildungsidealen als einen angewandten Teil der Politik zu konzipieren.

Bei der Entwicklung und Begründung dieser These ziehe ich vier verschiedene, an klassischen Positionen ausweisbare Verhältnisbestimmungen von Pädagogik und Politik zu Rate.

- Die erste behauptet einen Primat der Politik vor der Pädagogik und fragt: Welche Erziehung braucht der Staat? Sie werde ich am Beispiel der aristotelischen Politik vorstellen.
- Die zweite geht mit John Dewey von einem Primat der Demokratie in der Erziehung aus. Ihre Frage lautet: Welche Erziehung braucht die Demokratie?
- Die dritte erkennt mit Condorcet, Wilhelm von Humboldt und Schleiermacher der Bildung einen Primat vor der Politik zu und fragt: Welche Gesellschaft braucht der an seiner Bildung arbeitende Mensch?
- Die vierte bewegt sich jenseits der Duale von Pädagogik und Politik bzw. Bildung und Politik und diskutiert das Problem: Worin besteht der öffentliche Charakter von Bildung und Demokratie?

2. Vom Primat der Politik vor der Pädagogik oder: Welche Erziehung braucht der Staat?

Darin, dass jeder Staat die Erziehung seiner Bürger normiert, stimmen ältere und neuere Theorien des Politischen überein. Die auf den griechischen Philosophen Aristoteles zurückgehende Auffassung, dass Staaten sich und ihre Verfassung durch die Erziehung der Bürger erhalten, galt bis ins 18. Jahrhundert weitgehend unwidersprochen. Das gilt in gewissem Sinne auch für die vier Regeln, die die aristotelische Politik für die Einrichtung einer guten Erziehung aufstellte. Die erste lautet, die ganze Erziehung sei in eine private und eine staatliche einzuteilen, die zweite legt fest, dass die staatliche Erziehung „im Einklang mit [der] jeweiligen Verfassung“ erfolgen müsse, die dritte besagt, dass staatliche Erziehung Heranwachsenden nur gemeinsam zu erteilen sei, die vierte grenzt schließlich den staatlichen Erziehungsauftrag dahingehend ein, der Staat könne seinen Bürgern nicht alles beibringen, was lehrbar ist, sondern dürfe sie nur in nützlichen Dingen und hier wiederum nur in dem für alle Notwendigen und Unentbehrlichen unterrichten (vgl. Aristoteles: Politik,

2. Buch, 1. und 2. Kap., 1260 b 26-1261 a 23 und 8. Buch, 1. und 2. Kap., 1337 a 10-1337 b 5).

An der Begründung, die Aristoteles diesen Regeln gab, lässt sich prüfen, ob und inwieweit sie heute noch bedeutsam sind. Die Einteilung der Erziehung in eine private und öffentliche legitimierte er damit, dass „größtmögliche Einheit" kein legitimes Ideal staatlicher Gemeinschaften sei. Wenn nämlich der Staat die ganze Gesellschaft durchherrsche und bis in die Freundschaften der Einzelnen und die Familienbeziehungen der Bürger Staat zu sein beanspruche, löse er sich am Ende auf.[2] Staatliche Handlungsfelder gebe es nämlich nur, wenn auch nicht-staatliche Handlungsbereiche existierten. Nicht-staatlich aber seien insbesondere die Freundschaften unter Männern (Menschen), die Verhältnisse von Männern und Frauen und die Beziehungen zwischen Eltern und Kindern. Sie könnten angemessen nicht als Staat im Kleinen gedacht, sondern müssten als in den Staat eingehende und von ihm zu achtende Gemeinschaften konzipiert werden.

Dieser von Aristoteles in Auseinandersetzung mit Platons Staatsutopie entwickelten Einsicht zufolge kommt die staatliche Organisation der Erziehung zur individuell-familiaren hinzu und darf diese nicht – wie Platons Erziehungsstaat – negieren oder für weite Teile der Bevölkerung vernichten. Nur bei Beachtung der Differenz zwischen familiarer und staatlicher Erziehung gilt dann auch die Regel, dass die Verfassung des Staates durch eine auf sie ausgerichtete gemeinsame Erziehung dauerhaft zu erhalten sei. Die klassische antike Antwort auf die Frage nach der angemessenen Einrichtung der Erziehung lautete somit, da Menschen von Menschen gezeugt und als unfertige Wesen geboren werden, müsse überall eine familienförmige Erziehung der staatlich geordneten vorangehen. Letztere aber folge jener nach und diene dem Zweck, die Bürger an die Verfassung der Staaten zu gewöhnen. In diesem Sinne sei die Erziehung in Monarchien monarchisch, in Aristokratien aristokratisch, in Oligarchien oligarchisch und in Demokratien demokratisch formiert (vgl. Aristoteles: Politik 1337 a 14-17). Eine Sonderstellung aber räumte Aristoteles der Demokratie nicht ein. Seine Politik ließ durchaus verschiedene Verfassungsformen zu und war weit davon entfernt, die Demokratie für die beste aller möglichen bzw. denkbaren Verfassungen zu halten.

---

2 So lehrt Aristoteles, der Staat sei zwar „der Natur nach früher als die Familie und der einzelne Mensch, weil das Ganze früher sein muß als der Teil" (Politik 1253 a 18-21), der Staat sei dies jedoch nur insofern, als in staatlich verfassten Gemeinschaften stets zwischen diesen selbst und den in ihnen vorkommenden kleineren Gemeinschaften unterschieden werden müsse. Der Staat „ist seiner Natur nach eine Vielheit, sowie er aber mehr und mehr zur Einheit wird, muß er statt eines Staates ein Haus und statt eines Hauses ein Individuum werden. Denn ein Haus, wird jeder sagen, sei in höherem Sinne eine Einheit als ein Staat, und ein Individuum sei es in höherem Sinne als ein Haus. Könnte man also auch diese Einheit verwirklichen, so dürfte man [es] nicht, weil man damit den Staat aufhöbe. Der Staat besteht aber nicht bloß aus einer Mehrheit von Menschen, dieselben sind auch der Art nach verschieden; aus ganz gleichen Menschen kann nie ein Staat entstehen." ebd. 1261 a 18-24.

Die von Aristoteles zuerst auf klare Begriffe gebrachte Auffassung vertrat Mitte des 18. Jahrhunderts noch Montesquieu, als er in seiner 1748 erschienenen Abhandlung „Über den Geist der Gesetze“ die Erziehung zu jenen Angelegenheiten rechnete, deren Einrichtung „unmittelbar aus der Natur der jeweiligen Regierungsform“ folgt (Montesquieu 1748/1992, Band 1, S. 18ff. und S. 47ff.).[3] Montesquieu entwickelte eine Typenlehre, welche verschiedene Staatsverfassungen auf ihre Wechselbeziehungen zu Ethik, Pädagogik, Ökonomie und Religion untersucht und dabei auch die jeweils verfassungsaffinen Tugenden der Bürger bestimmt. Danach sind monarchische Staaten in allen Ständen auf eine Erziehung der Untertanen zu „Ehre“ und Ehrgefühl, Despotien auf einen sklavenartigen „Gehorsam“ der Beherrschten, Republiken auf die „Liebe“ der Bürger zum „Vaterland“ und Demokratien auf eine besondere Wertschätzung von „Gleichheit“ und „Einfachheit“ angewiesen (vgl. ebd., S. 47ff. und S. 62ff.).

Als Erziehungsmittel, durch welche die Staaten ihre Verfassung auf Dauer stellen, werden immer wieder die gewöhnende Sozialisation und die unterrichtliche Unterweisung genannt. Nachwachsende Generationen sollen zunächst in die jeweils herrschende Sitte eingeführt und erst hernach in einem fortgeschritteneren Alter über die Gründe ihrer Legitimität und Vernünftigkeit unterrichtet werden. Das unterrichtlich zu vermittelnde Wissen entstammt hierbei einem teleologischen Wissenschaftsverständnis. Dieses lehrt, dass nur diejenigen die zu erkennende Ordnung richtig verstehen, die um ihre Zweckursachen wissen. Als allgemeine Zwecke aber wurden in der Natur die sich selbst erhaltenden Arten und Gattungen und in der Gesellschaft die für den Fortbestand der Staaten unverzichtbaren Gemeinschaften und Lebensformen angesehen.

Zu den Merkwürdigkeiten der antiken Version dieses Ordnungsmodells und seiner Wissens- und Handlungsformen gehörte, dass es der Arbeit die unterste und den in Muße auszuübenden Tätigkeiten die oberste Wertigkeit zuerkannte und diese Hierarchie damit begründete, in allen Angelegenheiten seien nicht diejenigen die wahren Künstler, die etwas durch eigene Tätigkeit hervorzubringen verstehen, sondern diejenigen, die die von anderen hergestellten Güter zu höheren Zwecken gebrauchen. Gegen diese Rangordnung gab bereits Sokrates ironisch und skeptisch zu bedenken, sie basiere womöglich auf einer Illusion, zum Beispiel auf derjenigen, dass nicht die etwas von Wachteln verstehen, die diese Vögel fangen, mästen und braten, sondern nur jene, die sie in Muße zu sich nehmen und nach dem Verzehr in Höheres verwandeln (vgl. hierzu Platon: Euthydemos 289 b - 292 e; siehe auch Benner 2000).

Das teleologische Verhältnis von Staat und Erziehung gelangte an seine Grenze, als sich unter dem Einfluss von neuzeitlicher Wissenschaft und verwissenschaftlichter Produktion bis dahin unbekannte a-teleologische Wissens-

---

3 Vgl. auch die systematischen Beiträge von Tenorth, Hellekamps und Harten in Benner/Schriewer/Tenorth (Hrsg.) 1998.

und Handlungsformen entwickelten und weltweit durchsetzten. In diesen ahmt menschliches Denken nicht mehr vorgegebene Ordnungen der Natur und der Gesellschaft nach, sondern bringt menschlicher Verstand die Mannigfaltigkeit natürlicher und gesellschaftlicher Erscheinungen in mathematisch konstruierte Ordnungen, die keiner inneren Zweckmäßigkeit der zu erkennenden Welt, sondern einer Gesetzgebung des Menschen entstammen. Neuzeitliche Wissenschaft und Technik unterwerfen auf diese Weise nicht nur die natürliche, psychische und gesellschaftliche Wirklichkeit menschlicher Willkür und Herrschaft; sie stellen darüber hinaus die pädagogische Praxis vor die Aufgabe, auch die Erziehung nicht mehr nach Maßgabe hierarchisch-teleologischer Ordnungen zu denken, sondern als einen Bildungsprozess ohne Telos zu konzipieren (siehe hierzu Benner/Brüggen 1996).

3. Vom Primat der Demokratie in der Erziehung oder: Welche Erziehung braucht die Demokratie?

Das moderne Verhältnis von Demokratie und Erziehung hat John Dewey 1916 in seinem gleichnamigen pädagogischen Hauptwerk untersucht und in mehreren Thesen systematisch bestimmt. Von diesen lehnen sich einige an die von Aristoteles bis Montesquieu geltende Tradition an, andere führen über sie hinaus.

In einer ersten These definiert Dewey die gesellschaftliche Funktion der Erziehung zunächst ganz im Sinne der vormodernen Tradition als die einer „Leitung der Entwicklung der Unreifen", die sich an den Formen des jeweiligen „Gruppenlebens" ausrichtet, in das diese eingeführt werden (Dewey 1916/1964, S. 113).[4] In einer zweiten These modifiziert er diese Auffassung sogleich, indem er zwischen modernen, in ständigem Wandel begriffenen Gesellschaften, die „diesen Wandel – zum Besseren – als ihren Lebenszweck betrachte[n]", und traditionellen Gesellschaften unterscheidet, „die lediglich [an] ihrem unveränderten Fortbestand" interessiert sind (ebd.).[5] In beiden Gesellschaftsformationen gelten unterschiedliche Regeln. Während statische Gesellschaften „kein freies Wechselspiel unter [ihren] Mitgliedern" kennen, verfügen moderne Gesellschaften über „eine reiche Mannigfaltigkeit gemeinsamer Unternehmungen und Erfahrungen". Sie eröffnen ihren Mitgliedern „die glei-

4 „To say that education is a social function, securing direction and development in the immature through their participation in the life of the group to which they belong, is to say in effet that education will vary with the quality of life which prevails in a group." Dewey 1916/1980, S. 87.

5 „Particularly is it true that a society which not only changes but which has the ideal of such change as will improve it, will have different standards and methods of education from one which aims simply at the perpetuation of its own customs." ebd.

che Möglichkeit", aus eigener und fremder Erfahrung zu lernen, fremde Erfahrungen aufzunehmen und eigene an andere weiterzugeben (ebd., S. 117).[6]

In einer dritten These kommt Dewey schließlich auf sein Verständnis von Demokratie zu sprechen. „Die Demokratie", so führt er aus, ist „mehr als eine Regierungsform; sie ist in erster Linie eine Form des Zusammenlebens, der gemeinsamen und miteinander geteilten Erfahrung." (ebd., S. 121)[7] Hieraus folgert er in einer vierten These, dass alle auf mannigfaltigem Erfahrungsaustausch basierende und diesen herbeiführende Erziehung per se immer schon „demokratische Erziehung" sei: „Eine Gesellschaft ..., die für die gleichmäßige Teilhabe aller ihrer Glieder an ihren Gütern und für immer erneute biegsame Anpassung ihrer Einrichtungen durch Wechselwirkung zwischen den verschiedenen Formen des Gemeinschaftslebens sorgt, ist soweit demokratisch. Eine solche Gesellschaft braucht eine Form der Erziehung, die ... diejenigen geistigen Gewöhnungen schafft, die soziale Umgestaltungen sichern, ohne Unordnung herbeizuführen." (ebd., S. 136)[8]

Die vormodernen Formen der Gewöhnung und Unterweisung werden in modernen Gesellschaften in eine nichtgewöhnend-umgewöhnende Erziehung und in eine Unterweisung transformiert, die nicht mehr in teleologische, sondern in hypothetische Wissensformen einführt (vgl. Rousseau 1762/1979, S. 47.). Wenn Dewey diesen Vorgang mit dem Begriff Demokratie umschreibt, so ist offensichtlich, dass er diesen Begriff nicht in der ursprünglichen Bedeutung von „demos kratos" – Volksherrschaft – gebraucht, sondern im Sinne von „res publica" als Öffentlichkeit deutet. Der Begriff der Demokratie wird von Dewey als Formbegriff einer Interaktion und Kommunikation verwendet, welche traditionelle Grenzen zwischen „Klassen, Rassen und Nationalstaaten" überwindet und „die geistigen Möglichkeiten" der neuen Erfahrungsweise der Tendenz nach allen Menschen zugänglich macht. Exempel, d.h. Beispiel und Vorbild einer solchen Formation ist für ihn die Gesellschaft der Vereinigten Staaten von Amerika, die als Einwanderungsgesellschaft entstand und als erste die Menschenrechte in eine Verfassung aufnahm (vgl. Arendt 1958/1994, S. 260ff.).

---

6 „This is equivalent to saying that there is no extensive number of common interests; there is no free play back and forth among the members of the social group. Stimulation and response are exceedingly one-sided. In order to have a large number of values in common, all the members of the group must have an equable opportunity to receive and to take from others. There must be a large variety of shared undertakings and experiences. Otherwise, the influences which educate some into masters, educate others into slaves." ebd., S. 90

7 „A democracy is more than a form of government; it is primarily a mode of associated living, of conjoint communicated experience." ebd., S. 93

8 „A society which makes provision for participation in its good of all its members on equal terms and which secures flexible readjustment of its institutions through interaction of the different forms of associated life is in so far democratic. Such a society must have a type of education which gives individuals a personal interest in social relationships and control, and the habits of mind which secure social changes without introducing disorder." ebd., S. 105

Die Transformation traditioneller in moderne Gesellschaften ist nach Dewey kein Resultat bewusster Planung, wurde jedoch begünstigt durch moderne „Formen der Industrie, des Handels, des Reisens, durch Völkerwanderungen und internationalen Gedankenaustausch". Von ihnen sagt er, sie alle verbinde, dass sie „aus der Herrschaft der Wissenschaft über die Naturkräfte" (Dewey 1916/1964, S. 121) erwuchsen und einer Erfahrungsstruktur folgen, die sich auch jenseits des Wissens der modernen Wissenschaften bewähre.[9]

Deweys Grundgedanke lässt sich damit wie folgt zusammenfassen: Neuzeitliche Wissenschaft, Demokratie als Staatsform, demokratisch-republikanische Lebensformen, industrielle Produktion, Welthandel und pädagogische Interaktion sind untereinander nicht nur durch das Band einer gemeinsamen Entstehungsgeschichte verbunden, sondern weisen auch eine gemeinsame Struktur auf. Diese ist die Grundstruktur menschlicher Erfahrung, die eine lernende und bildende Erfahrung ist und in den neuzeitlichen Wissenschaften eine methodisch spezifizierte Form gefunden hat. Dewey beschreibt sie als eine solche, die „passives ‚Erleiden'" und „Belehrtwerden" mit aktivem Erkennen und Selber-Lernen verbindet, aus sich heraus Theorien der Welterklärung und Weltbeherrschung hervorbringt und von der alltäglichen bis zur wissenschaftlichen Erfahrung reicht.[10] Demokratische Meinungsbildung, wissenschaftliche Rationalität und methodisch geleitetes Lernen verlaufen danach gleichsinnig und folgen demselben Muster. Sie gehen (1.) jeweils von konkreten Problemen und Fragen aus, entwerfen (2.) für diese hypothetische Lösungsmuster, erproben (3.) deren Brauchbarkeit experimentell, prüfen (4.) ihre Verallgemeinerbarkeit und entwickeln auf diese Weise (5.) Handlungsstrategien, die über die Ausgangsproblemlage hinausführen.[11]

Die angedeutete Weite des Deweyschen Demokratiebegriffs sichert diesem nicht nur breite Applikationsmöglichkeiten, sondern markiert zugleich seine Grenze. In den Ausführungen zum „demokratischen Ideal" und zur „Erziehungsphilosophie Platos" zeigt sich dies daran, dass in ihnen die Begriffe der Erfahrung und der Demokratie, des Staates und der gesellschaftlichen Arbeitsteilung sowie der Strukturen traditioneller und moderner Gesellschaften verschwimmen. Nur so ist erklärbar, dass Dewey Platons Staatsutopie folgendermaßen würdigen konnte:

---

9 „The widening of the area of shared concerns, and the liberation of a greater diversity of personal capacities which characterize a democracy, are not of course the product of deliberation and conscious effort. On the contrary, they were caused by the development of modes of manufacture and commerce, travel, migration, and intercommunication which flowed from the command of science over natural energy." Dewey 1916, S. 93; zur Kritik dieser Auffassung vgl. Böhm 1994.

10 Zu Parallelen der von Fichte und von Dewey vorgenommenen Verhältnisbestimmungen von Erfahrung, Denken und Lernen vgl. Benner 2000, S. 80-92.

11 Vgl. die Parallelität der Ausführungen zur fünfstufigen Grundstruktur der „denkenden Erfahrung" (reflexive experience) und der „Methode des Denkens" (method of thought) in Dewey 1964, S. 201f. und 218; 1916, S. 157 und 170.

„Niemand könnte besser darlegen als er, dass es die Aufgabe der Erziehung ist, die ... Befähigungen [der einzelnen] herauszufinden und sie für die soziale Verwertung zu schulen.“ „An die Stelle der Überzeugung Platos, dass ein Mensch glücklich und die Gesellschaft wohlorganisiert ist, wenn sich jeder einzelne mit dem beschäftigt, wofür er von Natur geeignet ist, können wir auch heute nichts besseres setzen; das gleiche gilt von der Auffassung, dass es die erste Aufgabe der Erziehung ist, jedem seine eigentümliche Ausstattung deutlich zu machen und ihn für ihre erfolgreiche Verwertung zu schulen. Der Fortschritt der Erkenntnis hat uns jedoch gewahr werden lassen, wie oberflächlich Platos grobe Einteilung der Individuen und ihrer ursprünglichen Fähigkeiten in drei scharf geschiedene Klassen ist; wir haben erkannt, dass die ursprünglichen Fähigkeiten von unbestimmter Zahl und Mannigfaltigkeit sind. Von der anderen Seite gesehen, können wir dies so ausdrücken: in demselben Grade, in dem sich eine Gesellschaft demokratisiert ..., bedeutet die soziale Organisation die Verwertung der besonderen und verschiedenen Fähigkeiten der einzelnen, nicht [aber] Gliederung in starre Klassen.“ (Dewey 1916/1964, S. 122 und 125; vgl. auch S. 400)[12]

Die zitierten Stellen belegen eindeutig, dass Dewey in Democracy and Education, ungeachtet seines ansonsten nicht entelechial gefassten Begabungsverständnisses, platonistische Annahmen einer nativistischen Anlagentheorie vertrat und gleichzeitig von der optimistischen Auffassung ausging, in demokratischen Gesellschaften werde ein jeder die seinen natürlichen Fähigkeiten angemessene Bestimmung finden. Hinter solchen zu Beginn meines Vortrags bereits am Beispiel eines ostdeutschen Bildungspolitikers erläuterten Gewissheiten steht die alte, schon bei Platon wirksame religiöse Überzeugung, ein Gott habe die Menschen gerade so verschieden gemacht, wie die Gesellschaft sie brauche.[13] Gegen die Vorstellung eines solchen Entsprechungsverhältnisses zwischen natürlicher Anlagen und gesellschaftlichen Lebensformen aber ist einzuwenden, dass sie auf pädagogischen Kategorienfehlern und auf ideologi-

---

12 „No one could better express than did he the fact that a society is stably organized when each individual is doing that for which he has aptitude by nature in such a way as to be useful to others (or to contribute to the whole to which he belongs); and that it is the business of education to discover these aptitudes and progressively to train them for social use.” „We cannot better Plato’s conviction that an individual is happy and society well organized when each individual engages in those activities for which he has a natural equipment, nor his conviction that it is the primary office of education to discover this equipment to its possessor and train him for its effective use. But progress in knowledge has made us aware of the superficiality of Plato’s lumping of individuals and their original powers into a few sharply marked-off classes; it has taught us that original capacities are indefinitely numerous and variable. It is but the other side of this fact to say that in the degree in which society has become democratic, social organization means utilization of the specific and variable qualities of individuals, not stratification by classes. Although his educational philosophy was revolutionary, it was none the less in bondage to static ideals.“ Dewey 1916/1980, S. 94 und 96f.; siehe auch S. 318f.

13 Vgl. auch Platons freiheitlich und deterministisch auszulegende These in Politeia 617 d 2 - 619 b 1, die Seelen hätten ihre künftige Bestimmung vor dem Eintritt in die Körper gewählt.

schen Harmonieannahmen beruht, die mit dem Begriff bildender Erfahrung nicht vereinbar sind.[14]

Dewey selbst distanzierte sich zweieinhalb Jahrzehnte nach der Veröffentlichung von Democracy and Education von einigen der dort und an anderen Stellen seines Werks vertretenen Auffassungen. In einem dem Spätwerk zuzurechnenden Essay führte er aus, der „Glaube an die Möglichkeit der Erfahrung" sei unverändert das „Herz seiner Philosophie" geblieben. Von den geschichtlichen Ereignissen der Diktaturen und totalitären Staaten des 20. Jahrhunderts auf die Anfänge seines Denkens zurückblickend, würde er „jedoch stärker betonen wollen, ... dass die Individuen letztlich die entscheidenden Faktoren in der Natur und in der Entwicklung des gesellschaftlichen Lebens" sind.[15]

Einsichten wie diese weisen nicht nur darauf hin, dass Dewey das von ihm vertretene nativistisch argumentierende Verständnis von Anlage und Begabung später korrigiert und Problemstellungen in seine Überlegungen einbezogen hat, die dem von Rousseau und Theoretikern der deutschen Klassik entwickelten Begriff einer unbestimmt-unbekannten, perfektiblen Bildsamkeit verpflichtet sind (vgl. Dewey 1931/1985, S. 32). Sie lassen darüber hinaus erkennen, dass Deweys Begriff der Demokratie zur Klärung der Verhältnisse von Erziehung, Ökonomie, geselligem Leben, Wissenschaft und Politik nicht ausreicht. Weder als Staatsform noch in irgendeinem anderen substanziellen Sinne kann Demokratie als ein Raum interpretiert werden, in dem Individualität und Vergesellschaftung versöhnt sind. Zu ihr treten vielmehr andere Bereiche ausdifferenzierter menschlicher Praxis, insbesondere Ökonomie, Ethik, Kunst und Religion, als besondere Handlungsfelder hinzu. Ihr Verhältnis zueinander lässt sich erst angemessen beschreiben, wenn wir die Beziehungen der ausdifferenzierten Praxen moderner Humanität nicht mehr mit einem Begriff des Politiksystems umschreiben und die traditionelle Ausrichtung des Erziehungssystems auf das jeweils herrschende Gesellschaftssystem auch für den Fall verabschieden, dass sich eine Gesellschaft in ihrem Politiksystem als Demokratie definiert und versteht.

---

14 Zur Kritik nativistischer Anlagen- und milieutheoretischer Begabungstheorien, die auch auf Aussagen von Dewey applizierbar ist, vgl. Göstemeyer 1996, S. 40-58.

15 „I have not changed my faith in experience nor my belief that individuality is its centre and consummation. But there has been a change in emphasis. I should now wish to emphasize more than I formerly did that individuals are the finally decisive factors of the nature and movement of associated life." Dewey 1939-1941, S. 91ff.; für den Hinweis auf diese Stelle danke ich Johannes Bellmann.

4. Vom Primat der Bildung oder: Welche Gesellschaft braucht der an seiner Bildung arbeitende Mensch?

Die Einsicht, dass staatliche Politik die Bildung des Bürgers voraussetzt und diese nicht aus eigener Kraft erzeugen kann, wurde Ende des 18., Anfang des 19. Jahrhunderts im Kontext der Erfahrungen der Französischen Revolution von Condorcet, Wilhelm von Humboldt, Schleiermacher und anderen formuliert.

Der Marquis de Condorcet vertrat diese Auffassung in den Beratungen der Französischen Nationalversammlung und des Nationalkonvents, als er für die Einführung einer von ihm ausgearbeiteten, ein allgemeines Wahlrecht vorsehenden Konstitution und die Einrichtung eines öffentlichen Bildungssystems warb. Eindringlich warnte er davor, die Ziele der Bildung politisch zu normieren und die Errungenschaften der Revolution durch eine Politisierung der Erziehung auf Dauer stellen zu wollen. „Niemals wird sich ein Volk einer beständigen und gesicherten Freiheit erfreuen ..., wenn ihr nicht dem Menschen ... durch einen allgemeinen Unterricht die Mittel gebt, mit deren Hilfe er zu einer vollkommeneren Verfassung gelangen, sich bessere Gesetze geben und eine umfassendere Freiheit gewinnen kann." (Condorcet 1792/1966, S. 42f.)[16] Was Condorcet zu verhindern suchte, war die von der jakobinischen Fraktion der Revolutionäre intendierte politische Indienstnahme der Pädagogik und ihre Ausrichtung auf die Erziehung eines Tugendbürgers, der seine Bestimmung einzig darin erblickt, der neu errichteten Ordnung zu dienen. Diesem Programm stelle Condorcet dasjenige einer Erziehung zur Freiheit gegenüber, welche die einzelnen darauf vorbereitet, ihre eigenen Lebensformen zu wählen und ihre Rechte und Pflichten als Souverän bzw. als Teil der Volkssouveränität selbst auszuüben und an keine der politischen Parteiungen abzutreten.

Die von Condorcet für unverzichtbar gehaltene Mitwirkung der Bürger an der Interpretation der Verfassung stellt die pädagogische und die politische Praxis vor die Aufgabe, die Auslegung der Verfassung als eine öffentliche Angelegenheit zu begreifen und die Gesetzgebung nicht exklusiv Parlamenten und Berufspolitikern zu überantworten. Der von Condorcet entwickelte Gedanke einer diskutierenden, räsonierenden und reflektierenden Öffentlichkeit und einer in ihr zu praktizierenden, nicht delegierbaren Souveränität verbietet es, Erziehung politisch auf den Staat hin zu finalisieren und die Mündigkeits-

---

16 „Jamais un peuple ne jouira d'une liberté constante, assurée, si … vous ne lui préparez, par une instruction générale, les moyens de parvenir à une constitution plus parfaite, de se donner de meilleures lois, et d'atteindre à une liberté plus entière." Zur Bedeutung Condorcets als eines Kritikers, nicht Parteigängers der Jacobiner, der Rousseaus Verständnis von perfectibilité teilte, siehe Hellekamps 1997, S. 77ff. und 171ff.; die von mir zitierte Stelle findet sich ebd., S. 86f.

erklärung nachwachsender Generationen an ihre Eingewöhnung in vorgegebene Verhältnisse, und seien es solche, die durch eine Revolution geschaffen wurden, zu binden.

In seinen zeitgleich verfassten „Ideen zu einem Versuch die Gränzen der Wirksamkeit des Staats zu bestimmen" entwickelte Wilhelm von Humboldt im Kontext des preußischen Staates ähnliche Auffassungen wie Condorcet im Streit mit den Jakobinern. Wie dieser gelangte auch er zu der Überzeugung, die Aufgabe einer zeitgemäßen Bildung könne nicht darin bestehen, die Verfassung der Menschen einseitig an der des Staats zu prüfen; vielmehr komme es umgekehrt darauf an, die Bildung von jeder Bevormundung durch Politik frei zu stellen. Nur so lasse sich verhindern, dass die Freiheit, die „durch die Vereinigung in einem Staat" eigentlich gesichert werden sollte, im Staat selbst verloren gehe und „der Mensch dem Bürger geopfert" werde. Für das Bildungssystem folgerte er hieraus, „die freieste, so wenig als möglich schon auf die bürgerlichen Verhältnisse gerichtete Bildung des Menschen" müsste überall der speziellen vorangehen und der „so gebildete Mensch ... dann in den Staat treten, und die Verfassung des Staats sich gleichsam an ihm prüfen. Nur bei einem solchen Kampfe [sei auf eine] wahre Besserung der Verfassung durch die Nation mit Gewissheit [zu] hoffen" und „schädliche[r] Einfluss der bürgerlichen Einrichtung[en] auf den Menschen" nicht zu befürchten (W. von Humboldt 1792/1903, S. 143f.).

Das agonale Verhältnis von Bildung, Ökonomie und Politik und die Überprüfung der Verfassung des Staates an derjenigen sich bildender Menschen kann nur in Gang gesetzt werden, wenn Annahmen einer nativistisch vorgegebenen Bestimmung der einzelnen ebenso verabschiedet werden wie Vorstellungen, welche die individuellen Bildungsmöglichkeiten linear nach Maßgabe von Erwartungen normieren, die Abnehmer des Bildungssystems als ihre Ansprüche anmelden. Das agonale Verhältnis, von dem Humboldt spricht, setzt eine Dynamisierung der Bildung auf Seiten der Subjekte und auf Seiten der Gesellschaft voraus. In dieser verbindet sich die unbestimmte Bildsamkeit oder Perfektibilität des modernen Menschen mit der Offenheit und Unbekanntheit seiner künftigen Bestimmung.[17]

An die Stelle des Duals von Mensch und Bürger bzw. einzelnem und Staat tritt bei Humboldt eine Vielheit von Individuum, Staat, bürgerlicher Gesellschaft und Nation. Die einzelnen sollen ihre Bestimmung nicht unmittelbar als Staatsbürger suchen und finden, sondern Individuen, Staatsbürger, in einem Bereich der arbeitsteiligen bürgerlichen Gesellschaft Tätige und Angehörige der Nation zugleich sein. Sie sollen diese Seiten ihres Daseins nicht in eine allgemeingültige Hierarchie überführen und ihre Identität weder in sich selbst noch im Staat noch im bürgerlichen Beruf und nicht einmal in der Nation als solcher finden, sondern sich in einer Wechselwirkung von Mensch und Welt

[17] Zur Bedeutung des Begriffs der Öffentlichkeit für diesen Zusammenhang vgl. Brüggen 1989, S. 34ff.

bilden, die durch Mannigfaltigkeit und Freiheit konstituiert wird (vgl. hierzu Benner 1995). Solche Bildung erlaubt den einzelnen die Wahl individueller Lebensformen und mutet ihnen die Entscheidung für einen bestimmten Beruf zu. Sie bestimmt die Menschen darüber hinaus zur Teilhabe am kulturellen Leben der Nation und ist zugleich offen für eine Erweiterung der nationalen Horizonte der Bildung und die Aneignung und Auseinandersetzung mit fremden Sprachen und Kulturen.

Die Antwort auf die Frage, welche Gesellschaft der an seiner Bildung arbeitende Mensch braucht, ist darum so vielfältig wie die Seiten der modernen Existenz selbst. Gesucht wird eine Gesellschaft, die die Wahl individueller Lebensformen und Berufskarrieren erlaubt, das staatliche Bildungssystem in ein öffentliches transformiert, die Folgeprobleme und Konflikte der Ausdifferenzierung der Funktionssysteme moderner Gesellschaft in einer reflektierenden Öffentlichkeit erörtert, dabei Monopolisierungen von Entscheidungsprozessen in und zwischen den Funktionensystemen diskutiert und nach Handlungsspielräumen sucht, welche diese transzendieren und korrigieren.

Ein Bereich solcher Transzendierung stellt die Zuständigkeit des modernen Staates für das Erziehungssystem dar. In seiner Abhandlung „Über den Beruf des Staates zur Erziehung" diskutierte Schleiermacher 1814 vor dem Hintergrund von Erfahrungen, die er in seiner Mitwirkung an der preußischen Bildungsreform gemacht hatte, die Frage, wann und unter welchen Bedingungen sich der Staat in Erziehung einmischen dürfe. Seine Antwort auf diese Frage entwickelte er, indem er sie zu einer anderen Frage in Beziehung setzte. Diese sucht zu klären, in welchen Lebensformen Menschen koexistierten, bevor sie ihr Zusammenleben staatlich organisierten, und welche Organisationsformen womöglich künftig geeignet sein werden, die staatlichen abzulösen oder zu ergänzen. Nachdem er umständlich auseinandergelegt hat, dass „Horden" und Völker älter sind als staatliche Gemeinschaften und in diese nicht restlos aufgelöst werden können, fasst er das Resultat seiner Untersuchung in folgenden Sätzen zusammen: „Dieses also ist meine Antwort auf die Frage: Wie kommt der Staat rechtmäßigerweise dazu, einen tätigen Anteil an der Erziehung des Volkes zu nehmen? Dann nämlich, und nur dann, wenn es darauf ankommt, eine höhere Potenz der Gemeinschaft und des Bewusstseins derselben zu stiften. Alle anderen Motive sind entweder verderblich ... oder sie sind unhaltbar." (Schleiermacher 1814/1984, S. 166) Die höhere Potenz aber, die der Staat zu stiften befugt ist, kann vom Staat selbst niemals einfach erfunden werden. Dieser muss sie vielmehr im Zusammenleben der Menschen, in den Beziehungen zwischen den verschiedenen Gemeinschaften, die sie bilden, und in der reflektierenden Öffentlichkeit suchen und als solche erkennen.

Die von den genannten französischen und preußischen Intellektuellen Ende des 18., Anfang des 19. Jahrhunderts versuchte Bestimmung der Grenzen legitimer Staatstätigkeit im Bereich der Erziehung markieren Grenzen, die nicht nur innerhalb absolutistischer Staaten zu beachten sind, sondern darüber hinaus auch in den damals neu entstehenden republikanischen Verfassungen Geltung beanspruchen. Die vormodernen, von Dewey als statische Gebilde beschriebenen Gesellschaften konnten ihre Verfassungen auf Dauer stellen, indem sie die Erziehung der Bürger an Bildungsidealen und Tugendkatalogen ausrichteten. Eine solche Selbsterhaltung ist demokratischen Staatsformen – rechtmäßigerweise jedenfalls – versagt. In seinen Überlegungen zum „Verzicht auf das Menschenbild" hat Theodor Litt 1958 die in sozialistischen Staaten fortgesetzte Tradition staatlicher Selbsterhaltung durch eine erziehende Formierung des Charakters der Bürger in die vormoderne Tradition eingeordnet und die „freie Welt des Westens" ermahnt, von solchen Strategien Abschied zu nehmen (vgl. Litt 1959, S. 62ff.).

Nicht minder deutlich ist die Überschreitung der Grenzen legitimer staatlicher Einflussnahme auf die Erziehung von Hannah Arendt kritisiert worden, als sie in ihrem Essay zur „Krise der Erziehung" ausführte, es sei „ein schwerer Missgriff" der Politik, die Erhaltung und Erneuerung der Welt „mit den von Geburt und Natur Neuen [neugeborenen Menschen] beginnen zu lassen. ... Anstatt sich mit seinesgleichen zu einigen, die Anstrengung des Überzeugens auf sich zu nehmen und das Risiko [einzugehen], dies nicht leisten zu können, greift man direktorial mit der absoluten Überlegenheit des Erwachsenen ein und versucht, das Neue dadurch zustande zu bringen, dass man ein Fait accompli schafft, also so tut, als sei das Neue [durch und für Erziehung] bereits da." (Arendt 1958/1994, S. 257f.)

Demokratische Gesellschaften zeichnen sich, richtig verstanden, vor anderen Gesellschaftsformationen dadurch aus, dass in ihnen das Verbot gilt, den neuen Menschen durch den Staat und das politisch Neue durch Erziehung herbeizuführen. Um der Erziehung und der politischen Praxis willen darf Erziehung nicht politisch definiert und Politik nicht pädagogisch praktiziert werden. Aufgabe gelingender Bildung kann freilich ebenso wenig eine konservativ-affirmative Einführung Heranwachsender in bestehende Verhältnisse sein. Die Jugend zur Affirmation des Bestehenden zu erziehen, wäre nicht minder parapädagogisch und parapolitisch, als sie zur Affirmation eines politisch Neuen zu indoktrinieren. Denn in beiden Fällen wird das Alte wie das Neue, indem es mit Hilfe der Erziehung bewahrt bzw. durchgesetzt werden soll, nicht als ein Fall der Auslegung der Verfassung und der Mitwirkung der Bürger an der Gesetzgebung begriffen, sondern der politischen Praxis entzogen.

Aus dieser Differenz zwischen nicht-demokratischen und demokratischen Verfassungen aber folgt, dass substanziell fundiertes Ehrgefühl, Vaterlandsliebe, Wertschätzung von Einfachheit u. a. m. nicht als affine Tugenden demokratischer Gesellschaften tauglich sind. Die einzige Tugend, die heute jenseits der ebenso problematischen wie unverzichtbaren Sekundärtugenden vielleicht noch allgemein akzeptiert werden kann, ist die einer antifundamentalistisch argumentierenden Zivilcourage, die die einzelnen vor die Aufgabe stellt, von der Freiheit, sich eine eigene Meinung zu bilden, öffentlichen Gebrauch machen. Sie ist, wie Jürgen Oelkers (2000a) erst kürzlich in seiner Züricher

Antrittsvorlesung ausgeführt hat, nicht mehr teleologisch, sondern nur pragmatisch legitimierbar.

5. Jenseits des Duals von Pädagogik und Politik oder: Worin besteht der öffentliche Charakter von Bildung und Demokratie?

Vergleicht man die Verfassung der Schweiz und ihrer Kantone mit der der Bundesrepublik Deutschland und ihrer Länder so lässt sich begründet in Zweifel ziehen, ob die Deutschen und andere Europäer, sieht man einmal von der anerkannten und praktizierten Gewaltenteilung ab, heute wirklich in Demokratien leben, die durch plebiszitäre Elemente sicherstellen, dass Begriff und Tatbestand der Volkssouveränität nicht völlig entleert werden. In der Bundesrepublik Deutschland wirken die Parteien nicht, wie die Verfassung es vorsieht, an der politischen Willensbildung mit, sondern formieren den politischen Willen, kontrolliert allenfalls durch Wahlen, in einem Maße, der durch das Grundgesetz selbst nicht legitimiert ist.[18] Mitbestimmungsregelungen, die die Gesetzgebung des Staates an die Meinungsbildung einer diskutierenden Öffentlichkeit zurückbinden, sind weitgehend unbekannt. Eine Folge hiervon ist, dass auch das Bildungssystem in weiten Teilen kein öffentliches, sondern bloß ein staatliches ist.

Soll der Dual von Pädagogik und Politik, der in vielen Fällen ohnedies zu einem Dual von staatlichem Bildungssystem und staatlicher Politik geschrumpft ist, wirklich überwunden werden, so gilt es zu klären, worin der öffentliche Charakter von Bildung und Demokratie bestehen könnte. Von dieser Frage möchte ich abschließend zeigen, dass sie heute die unsrige ist. Sie führt zu Problemstellungen, die den vorausgegangenen eine veränderte Bedeutung geben und zugleich Spielräume für neue Antworten eröffnen.

Eine dieser Problemstellungen bezieht sich auf das Verhältnis der Bildung zu den anderen Bereichen ausdifferenzierter Humanität. In alteuropäischen Gesellschaften konnte Bildung auf Politik finalisiert werden, weil weite Teile der Arbeit nicht nur von politisch unmündig Gehaltenen verrichtet wurden, sondern in ihren Arbeitsvollzügen kaum mehr als ein Lernen aus unmittelbarer Erfahrung voraussetzten, also ohne die von Dewey als „denkende Erfahrung" bezeichnete Form von Rationalität auskamen (vgl. Dewey 1916/1964, S. 186ff.; 1916/1985, S. 146ff.). Von daher ist es nicht verwunderlich, dass moderne Bildungsreformen zuweilen die Auffassung vertraten, in der Antike ha-

---

[18] Vgl. hierzu GG, § 21. Die Rechtsprechung des Bundesverfassungsgerichts stärkt die über die Mitwirkungsformel des Grundgesetzes weit hinausgehende Stellung der Parteien eher, als dass sie diese begrenzt.

be ein „arbeitsloser Geist über eine geistlose Arbeit geherrscht", in der Moderne sei hingegen die Arbeit durch Wissenschaft vergeistigt und der Geist in Industrie und Technik praktisch geworden.[19] Zur Begründung moderner Bildung reicht freilich deren Finalisierung auf die Verwissenschaftlichung des Beschäftigungssystems ebenso wenig aus wie deren traditionelle Finalisierung auf den Staat. Diese Ausrichtungen sind vielmehr, jede für sich und beide zusammen genommen, gleichermaßen obsolet geworden. Zur Erziehung des modernen Menschen gehört inzwischen eine auf alle Grundformen menschlichen Handelns ausgerichtete Bildung, welche nicht nur Ökonomie und Politik, sondern auch Sitte, Pädagogik, Kunst und Religion umfasst. Der moderne Mensch muss lernen, seine Subsistenz in einem immer noch expandierenden System der Bedürfnisse durch Tätigkeiten im Beschäftigungssystem zu sichern, seine Lebensformen und Bezugspersonen selbst zu wählen, an der politischen Praxis nicht nur durch Delegation des eigenen Willens auf andere, sondern auch mitdiskutierend, mitberatend und mitentscheidend zu partizipieren, in von den anderen Praxisformen freigestellten Räumen der Kunst Welt ästhetisch zu erfahren und die eigene Endlichkeit und Abhängigkeit vom Absoluten in religiösen Praxisformen zu reflektieren.

Keiner dieser Bereiche kann heute einen Sinnstiftungsprimat für sich beanspruchen. Die pädagogische Praxis ist auf jeden von ihnen bezogen und auf keinen finalisiert. Die zwischen ihnen bildungstheoretisch postulierbare Nicht-Hierarchizität aber kann nur praktisch werden, wenn es gelingt, die Systemrationalität funktional ausdifferenzierter Gesellschaften in eine praktische oder pragmatische Rationalität zu transformieren.[20] Für diese Form von Rationalität aber gilt, was John Dewey bereits in seiner Abhandlung über „Demokratie und Erziehung" sagte, als er eine Programmatik formulierte, die über die einer bloßen Harmonisierung vermeintlich natürlicher Begabungen und ihrer Allokation in der gesellschaftlichen Arbeitsteilung weit hinausgeht: „Eine Gesellschaft ..., die für die gleichmäßige Teilhabe aller ihrer Glieder an ihren Gütern und für immer erneute biegsame Anpassung ihrer Einrichtungen durch Wechselwirkung zwischen den verschiedenen Formen des Gemeinschaftslebens sorgt, ist ... demokratisch."

Ersetzen wir den von Dewey undifferenziert gebrauchten Begriff der Demokratie durch denjenigen der Öffentlichkeit und legen wir seinen Begriff denkender Erfahrung auf die heute diskutierten pluralen Formen von Kritik und nicht abschließbarer Selbstvergewisserung aus,[21] so können wir das von

---

[19] So lautete die theoretisch anspruchsvollste Begründung, mit der Fink 1960 die bundesrepublikanische Bildungsreform an Strategien der Verwissenschaftlichung und Demokratisierung auszurichten versuchte.

[20] Siehe hierzu Peukert 1984; vgl. auch die Ausführungen zu einer auf Transformationsprobleme und Nicht-Hierarchizität Bezug nehmenden Praxeologie bei Benner ^{4}2001b, Kapitel 2-4.

[21] Vgl. hierzu die grundlagentheoretischen Analysen von Ruhloff, Heid, Benner, Imelman und die bereichsspezifischen Beiträge von Müller, G. Fischer, Schluß, Meyer, Wallraven und von Laer in Benner/Göstemeyer/Sladek (Hrsg.) 1999.

ihm Gemeinte angemessener auch so formulieren: Bildung und Demokratie brauchen heute eine diskutierende und reflektierende Öffentlichkeit und ein auf Partizipation an ihr vorbereitendes öffentliches Bildungssystem. Die diesem affine Pädagogik aber kann auf der einen Seite weder eine staatliche noch eine private und auf der anderen Seite weder eine reine Wissenschaftsdidaktik noch eine bloße Umgangspädagogik sein.

Was die Unterscheidung von privater und staatlicher Erziehung betrifft, so gilt weiterhin, dass diese vernünftiger Weise, wie schon Aristoteles gezeigt hat, nur zur Abgrenzung einer vorausgehenden individuell-familiaren und einer ihr nachfolgenden staatlich-gemeinsamen Erziehung taugt. Hieraus aber folgt, dass die heute wieder verstärkt diskutierte Frage, ob das Bildungssystem staatlich oder privat organisiert werden solle, von Grund auf falsch gestellt ist. Die eigentlich zu diskutierende Frage ist nicht die, ob das Bildungssystem privat oder staatlich zu organisieren sei, sondern diejenige, ob es ein staatliches bleiben oder ein öffentliches werden soll. Staatliche Bildungssysteme unterscheiden sich von öffentlichen dadurch, dass in ihnen Gesetzgebung, Aufsicht und Verwaltung ausschließlich in der Hand des Staates liegen. Soll die für Demokratien unerlässliche Gewaltenteilung auch im Bereich des Bildungssystems gelten, so ist hier eine Differenzierung erforderlich, welche beim Staat die Gesetzgebung und die von dieser ausgehende Aufsicht verortet, hiervon die unter Mitwirkung der Bürger zu gestaltende kommunale Aufsicht unterscheidet und beide noch einmal von der Selbstverwaltung der einzelnen Schulen abgrenzt. In einem so differenzierten System arbeiteten, wie bereits Schleiermacher gefordert hat, "Vertreter des Staates beim Volke" und „Vertreter des Volkes beim Staate“ mit dem Klientel der Schulen und den in den Schulen selbst für die pädagogische Praxis Verantwortlichen in einer Weise zusammen, die nicht mehr nur durch eine Hierarchie von Aufsicht und Weisung, sondern durch eine Differenzierung von Zuständigkeit und Verantwortlichkeit gekennzeichnet wäre.[22]

Vergleichbares gilt auch für die Probleme einer zeitgemäßen Wissenschaftsdidaktik und Umgangspädagogik und die innerpädagogische Frage, wie Erfahrung und Umgang in der Erziehung sinnvoll zueinander in Beziehung zu setzen sind. Aufgabe moderner Erziehung und Bildung ist es nicht, Lernprozesse zu veranstalten, die im unmittelbaren Erfahrungs- und Umgangslernen stattfinden, sondern Erfahrung und Umgang durch künstlich und kunstvoll erteilten Unterricht zu erweitern (vgl. Benner 1997b). Dieser muss Heranwachsende so in die Wissensformen und Anwendungsmöglichkeiten neuzeitlicher Wissenschaft einführen, dass deren szientifische Wissensstrukturen erkannt, die in sie eingegangenen historisch-gesellschaftlichen Erfahrungen erinnert und die Grenzen ihres Wissens und Wissen-Könnens bedacht werden. Ver-

---

22 Schleiermacher 1814/1957, S. 166f.; nach Schleiermacher kann der Staat die Entwicklung eines öffentlichen Bildungswesens durch die Einführung von Mitwirkungsrechten seiner Klientel und die Verwissenschaftlichung der Lehrpläne und der Lehrerausbildung fördern.

gleichbares gilt für die Anschlussfragen eines praktisch zu verantwortenden Umgangs mit den durch neuzeitliche Wissenschaft eröffneten Handlungsmöglichkeiten. Hier stellt sich der Pädagogik die Aufgabe, Heranwachsende darauf vorzubereiten, diese Fragen unter zuweilen konfligierenden ökonomischen, ethischen, politischen, ästhetischen und religiösen Problemstellungen zu diskutieren und in ihrer Mehrperspektivität zu reflektieren.

Die Leistungen einer Bildung, die hierzu befähigt, beziehen sich nicht nur auf das, was als Wissen gewusst und als Können gekonnt werden soll. Sie müssen sich auch darauf hin befragen lassen, was sie zum Räsonnement einer diskutierenden Öffentlichkeit beitragen. Ohne einen solchen Beitrag aber hätte Bildung keine Zukunft.

Bildung und Kultur. Anmerkungen zu Kants „Beantwortung der Frage: Was ist Aufklärung?“ und zu Mendelssohns Essay „Über die Frage: was heißt aufklären?“ [1]

„In einer anderen Abhandlung mit dem Titel ‚Was heißt: Sich im Denken orientieren?‘ hat Kant den Grundsatz des Selbstdenkens bzw. der Aufklärung ausdrücklich als Erziehungsziel beansprucht. Aufklärung einzelner Individuen durch Erziehung zu gründen, sei gar nicht schwer, sagt er, man brauche nur die jüngere Generation an die Reflexion zu gewöhnen, ob das Urteil, das man anzunehmen gewillt ist, zuvor mit Hilfe des eigenen Verstandes geprüft worden sei oder nicht.“ (Lutz Koch 1995, S. 122)

Das Thema „Aufklärung und Bildung“ wird im Folgenden in drei Schritten behandelt werden. Die beiden ersten sind im Titel des Beitrags genannt, der auf Immanuel Kants bekannte „Beantwortung der Frage: Was ist Aufklärung?“ und den weniger bekannten Essay von Moses Mendelssohn „Über die Frage: was heißt aufklären?“ verweist. Von den Beziehungen zwischen Aufklärung und Bildung wird im Kant-Teil nur am Rande, von denjenigen zwischen Bildung und Aufklärung im Mendelssohn-Teil dafür umso ausführlicher die Rede sein. Auf die weiterführende Frage, wie Aufklärung und Bildung in differente, nicht-hierarchische und reziproke Wechselwirkungen zueinander treten können, geht erst der Schluss ein.

Die beiden Abhandlungen wurden unabhängig voneinander verfasst und erschienen im selben Jahr in der „Berlinischen Monatsschrift“, dem führenden Organ der deutschen Aufklärung, Mendelssohns Essay im September, Kants

[1] Der Kant-Teil sollte ursprünglich Lutz Koch, der Mendelssohn-Teil Wolfdietrich Schmied-Kowarzik zur Emeritierung gewidmet werden. Im folgenden wird die 2007 in der von Fuchs/Schönherr hrsg. Festschrift für Lutz Koch, S. 31-47, erschienene Fassung abgedruckt, in die Ergänzungen aus der auf der Kasseler Emeritierungsfeier vorgetragenen und in Messner (Hrsg.) 2007, S. 33-51, erschienenen Version sowie Korrekturen in der Anordnung und Auslegung der Mendelssohnschen Typik von Kollisionen zwischen Aufklärung und Kultur aufgenommen wurden.

Text im Dezember 1784.[2] Bei meiner Würdigung beider Texte gehe ich nicht nach der Reihenfolge ihres Erscheinens, sondern so vor, dass ich erst auf Kants und dann auf Mendelssohns Essay zu sprechen komme. Der Grund für diese Vorgehensweise ist der, dass in Kants Antwort einige Fragen ungeklärt bleiben, auf die Mendelssohn genauer eingeht, indem er zusätzliche Aspekte ins Spiel bringt, die Kant erst in späteren Texten mit bedacht hat. Dies gilt insbesondere für die Frage, was Aufklärung bedeutet, wie sie möglich ist, worin ihre Grenzen liegen und wovon ihr Gelingen abhängt.

1. Selbst verschuldete Unmündigkeit und die Freiheit zu öffentlichem Vernunftgebrauch in Kants „Beantwortung der Frage: Was ist Aufklärung?"

In seiner „Beantwortung der Frage: Was ist Aufklärung?" knüpft Kant an eine Kontroverse in der Berlinischen Monatsschrift an, die 1783 zwischen einem ihrer Herausgeber, dem Freimaurer und späteren Mitglied der Preußischen Akademie der Wissenschaften J.E. Biester, einem Freund von Alexander und Wilhelm von Humboldt, und dem Theologen und Prediger J.F. Zöllner, ebenfalls Akademiemitglied, ausgetragen worden war.[3] Ausgangspunkt für den Streit war Biesters Vorschlag, „die Geistlichen nicht mehr bei der Vollziehung der Ehen zu bemühen" (Biester 1783). Das schlug er nicht etwa vor, um sich für die Zivilehe auszusprechen oder Scheidungen zu erleichtern, sondern um das Konkubinat auf eine rechtliche Grundlage zu stellen. Durch dessen rechtliche Absicherung sollte es (adeligen) Männern erlaubt werden, nicht nur außereheliche Partnerschaften einzugehen, sondern im Falle einer aus diesen hervorgehenden Vaterschaft auch die Pflichten gegenüber Müttern und Kindern zu übernehmen und Sorge dafür zu tragen, dass diese nicht mehr gesellschaftlich geächtet werden. In seiner Erwiderung hielt Zöllner an der religiös fundierten Exklusivität der Ehe und am Verbot paralleler außerehelicher Beziehungen fest. In diesem Zusammenhang fragte er, „Was ist Aufklärung?", um die Beantwortung dieser Frage dann jedoch sogleich an eine naturrechtlich argumentierende Auslegung der Wahrheitsfrage zurückzubinden und zu emp-

---

[2] Die Abhandlungen werden zitiert nach dem bei Philipp Reclam jun. Leipzig 1985 herausgegebenen Auswahlband mit Beiträgen aus der Berlinischen Monatsschrift der Jahre 1783-1796 (BMA). Mendelssohns Essay findet sich dort auf den Seiten 80-84, Kants Abhandlung auf den Seiten 89-96. Für Kant werden zusätzlich jeweils die Seitenangaben der Akademieausgabe (A), für Mendelssohn die Seitenangaben nach Band 6,1 der Jubiläumsausgabe (JA) hinzugefügt.

[3] Vgl. den Verweis zu Beginn von Kants „Beantwortung der Frage: Was ist Aufklärung?" auf die S. 516 der Abhandlung von Zöllner in der Berlinischen Monatsschrift vom 5. Dezember 1783.

fehlen, erst einmal die Wahrheitsfrage zu klären und danach erst mit dem Aufklären anzufangen (vgl. Zöllner 1783, S. 516).

Kant erhob Zöllners Frage zum Titel seiner Abhandlung, folgte in dieser jedoch nicht der Empfehlung des Theologen und Predigers. Seine Ausführungen setzen nicht mit der Wahrheitsfrage ein und führen auch nicht zu dieser hin, sondern beginnen mit der folgenden, bis heute oft zitierten Antwort auf die von Zöllner aufgeworfene Frage:

„Aufklärung ist der Ausgang des Menschen aus seiner selbst verschuldeten Unmündigkeit. Unmündigkeit ist das Unvermögen, sich seines Verstandes ohne Leitung eines anderen zu bedienen. Selbstverschuldet ist diese Unmündigkeit, wenn die Ursache derselben nicht am Mangel des Verstandes, sondern der Entschließung und des Mutes liegt, sich seiner ohne Leitung eines anderen zu bedienen. Sapere aude! Habe Mut, dich deines eigenen Verstandes zu bedienen! ist also der Wahlspruch der Aufklärung." (BMA 89; A 481)

Kants Antwort hat es in sich. Das zeigt sich, wenn man sie nicht lediglich oberflächlich rezipiert, sondern zwischen einer weiten und einer engen Auslegung unterscheidet und dabei mit bedenkt, wen und was die weite Auslegung alles umfasst und wen die enge Auslegung von Aufklärung ausschließt.

Der weiten Auslegung zufolge sind natürliche wie fremd verschuldete Unmündigkeiten keine geeigneten Ausgangspunkte für Aufklärung. Wer die Schuld an der Verfasstheit der eigenen Psyche, der Gesellschaft oder der Kultur anderen – den Eltern, Vorfahren, Mitmenschen, der Gesellschaft usw. – zuschreibt, entschuldet sich vielleicht von seinem eigenen Anteil, ist aber nicht um Selbstaufklärung bemüht. Wie Kritik nicht auf eine Kritik des Verstandes, der Moral und der Urteilskraft der anderen, sondern auf eine Kritik des eigenen Verstandes, der eigenen Moral und der eigenen Urteile zielt, wie darüber hinaus Gesellschaftskritik nicht als eine Kritik fremder Gesellschaftsformationen, sondern als eine Kritik der eigenen Gesellschaft zu betreiben ist, so kann Aufklärung sinnvollerweise nur Selbstaufklärung sein. Ein Publikum kann nicht aufgeklärt werden, sondern muss selbst an seiner Aufklärung arbeiten. Aufklärung und aufgeklärt werden, so lässt sich die weite Fassung der Antwort Kants auf einen ersten Begriff bringen, wäre ein Widerspruch in sich.

Zu der weiten, alle Menschen potentiell einbeziehenden Auslegung passt, dass Kant

- nicht an die Auffassung des Predigers Zöllner anschließt, der der Wahrheit einen unbedingten Vorrang vor der Aufklärung zuerkennt und die Legitimität von Aufklärung daran zurückbindet, dass diejenigen, die sich oder andere aufklären, mit der Wahrheitsfrage bereits im Reinen sind,
- statt dessen die Aufklärungsbedürftigkeit der Menschen dahingehend neu definiert, dass Menschen, die mit der Wahrheitsfrage an kein verlässliches Ende gelangen können, sich gleichwohl um Aufklärung bemühen sollen, und so

– zu dem Ergebnis gelangt, dass Aufklärung nicht warten kann, bis die Wahrheitsfrage beantwortet ist, sondern schon denjenigen erlaubt werden muss, die die Wahrheit, ohne in ihrem Besitz zu sein, suchen.[4]

Der weiten Auslegung zufolge fasst Kant die Aufklärungsbedürftigkeit des Menschen so, dass kein Mensch über eine voll erkannte und jeder Kritik enthobene Wahrheit verfügt, mithin auch nicht eine in Wahrheit fundierte Mündigkeit anstreben kann. Durch Aufklärung bezeugen wir nicht unsere Mündigkeit, sondern können wir uns unserer Unmündigkeit bewusst werden. Dass Aufklärung von selbst verschuldeter Unmündigkeit ausgeht, bedeutet dann nicht, dass alle Unmündigkeit selbstverschuldet ist, sondern nur, dass jene Momente von Unmündigkeit den Ausgangspunkt der Aufklärung markieren, die von einzelnen, mehreren oder gar vielen als selbstverschuldet eingesehen werden.

Der weiten Auslegung lässt sich, unter Bezugnahme auf Ausführungen, die sich ebenfalls im Text finden, eine enge gegenüberstellen. In dieser erkennt Kant allen Menschen zwar eine gewisse Aufklärungsbedürftigkeit, aber nur einem verschwindend kleinen Teil der Menschen die Fähigkeit zur Selbstaufklärung zu. In seiner Unterscheidung zwischen aufklärungsbedürftigen, aufklärungsfähigen und aufklärungsresistenten Formen von Unmündigkeit geht er nicht von einer natürlichen, sondern von einer erworbenen Unmündigkeit der Menschen aus. Kinder sind von Natur aus unmündig und bedürfen der Erziehung, nicht der Aufklärung. Zweck der Erziehung ist es, Menschen hervorzubringen, die möglichst frei von selbst verschuldeter Unmündigkeit denken können und urteils- sowie handlungsfähig sind. Diese Auffassung stimmt mit der weiten Auslegung insoweit noch überein, als selbst verschuldete Unmündigkeit nicht fremdverschuldet, also auch nicht als durch die Eltern, Erzieher oder Lehrer verschuldet gedacht werden kann. Hier aber enden die Parallelen zwischen der weiten und der engen Auslegung. Fragt man nämlich, wem Kant die Fähigkeit zu einem Ausgang von selbst verschuldeter Unmündigkeit aberkennt, so ergibt sich ein Missverhältnis zwischen dem geforderten Ausgang der Aufklärung von selbst verschuldeter Unmündigkeit und der faktischen fremd verschuldeten Unmündigkeit der großen Mehrheit der Menschen.

Selbstverschuldet unmündig können nach Kant nur Erwachsene sein, die über einen bereits ausgebildeten Verstand verfügen, sich dieses aber auf Grund eines Mangels an Entschlusskraft und Mut nicht bedienen und sich daher, statt selbst zu denken, sich selbst zu entschließen und nach eigenen Einsichten zu handeln, der Leitung Anderer unterstellen. Aufklärung, so lautet Kants Antwort, sei der Ausgang von einer auf diese Weise selbst verschuldeten, nämlich durch eigene Unterlassungen herbeigeführten Unmündigkeit. Von diesem für Aufklärung unerlässlichen Ausgang aber sagt er, dieser sei

[4] Vgl. hierzu: „Leben wir jetzt in einem aufgeklärten Zeitalter? so ist die Antwort: Nein, aber wohl in einem Zeitalter der Aufklärung.“ BMA 94; A 491

dem größten Teil der Menschen verschlossen. Die meisten Menschen, „darunter das ganze schöne Geschlecht“, sei nämlich nicht selbst-, sondern fremdverschuldet unmündig. Für diese Menschen werde der „Schritt zur Mündigkeit“ nicht nur für „beschwerlich“, sondern auch für „gefährlich“ gehalten. Dafür sorgten schon ihre „Vormünder“, die sie, dem „Hausvieh“ vergleichbar, „zuerst dumm gemacht“ hätten und nun auf die Gefahr hinwiesen, die entstünde, wenn sie Mut schöpften, ihren unausgebildeten Verstand zu gebrauchen. Zu den der Aufklärung bedürftigen, aber nicht ohne weiteres fähigen Menschen rechnet Kant am Ende auch die „Vormünder“. Von ihnen heißt es, sie seien „aller Aufklärung unfähig“ und verdummten, selbst dumm, die anderen, ohne dass hieran durch Aufklärung unmittelbar etwas geändert werden könne (BMA 90; A 483).

Nachdem er die Ursache der Unmündigkeit zuerst im einzelnen Subjekt, dann bei der Mehrheit der Menschen und schließlich bei den Vormündern festgemacht und für diese die selbst verschuldete auf eine fremd verschuldete Unmündigkeit zurückgenommen hat, gesteht Kant ein, dass es „für jeden einzelnen Mensch schwer [sei], sich aus der ihm beinahe zur Natur gewordenen Unmündigkeit herauszuarbeiten“, und dass auch „ein Publikum nur langsam zur Aufklärung gelangen“ könne (BMA 89f.; A 482ff.). So schwierig aber Aufklärung dem Einzelnen falle, so leicht sei es, die allgemeinen Voraussetzungen für Aufklärung zu verbessern und zu sichern. Hierzu „sei nichts erfordert als Freiheit; und zwar die unschädlichste unter allem, was nur Freiheit heißen mag, nämlich die: von seiner Vernunft in allen Stücken öffentlichen Gebrauch zu machen“ (BMA 90; A 484).

Unter der für Aufklärung notwendigen Freiheit versteht Kant nicht eine Freiheit der Einzelnen innerhalb ihrer gesellschaftlichen Tätigkeiten und Ämter, sondern eine Freiheit der Gelehrten, die sich – wie die Autoren der Berlinischen Monatsschrift – schreibend als Intellektuelle an ein Publikum wenden und vor diesem öffentlich „räsonnieren“ (BMA 92; A 487). Als Bürger in Beschäftigungsverhältnissen, z. B. als Professoren, Lehrer oder Prediger, aber auch als Offiziere, Angestellte und Bedienstete, sind alle Einzelnen für Kant Privatleute, die den ihnen zugewiesenen „bürgerlichen Posten“ oder ihr „Amt“ per Ordre de Mufti auszuüben haben. Im öffentlichen Räsonnement aber können die Fesseln, die bürgerliche Berufe und Beschäftigungsverhältnisse sowie staatliche und kirchliche Ämter den Menschen aufzwingen, abgelegt werden. Auf diese Weise können zwar nicht aus Mägden und Knechten, Bediensteten und Lohnabhängigen, wohl aber aus Pfarrern und Lehrern, Juristen und Professoren Intellektuelle oder Gelehrte werden, die das, was sie in praxi denken, aber nicht tun dürfen, öffentlich kundtun und dadurch der Aufklärung eine Chance eröffnen.

Der Wahlspruch der Aufklärung, das „Sapere aude!“ oder „Habe Mut, dich deines eigenen Verstandes zu bedienen!“, ist somit ein auf den öffentlichen und hier auf den schreibenden Vernunftgebrauch begrenzter Wahlspruch. Der für das bürgerliche Leben und das Leben mit einem Amt geltende Grundsatz lautet dagegen weiterhin: „gehorcht“. Die Einheit beider Grundsätze sah Kant in einem Ausspruch des Preußischen Königs Friedrich II. auf einen zeitgemäß gültigen Begriff gebracht, der zu seinen Untertanen sagte: „räsonnirt so viel ihr wollt, und worüber ihr wollt; nur gehorcht!“ (BMA 96; A 493)

Unmündigkeit, Aufklärung und Vernunftgebrauch bei Kant

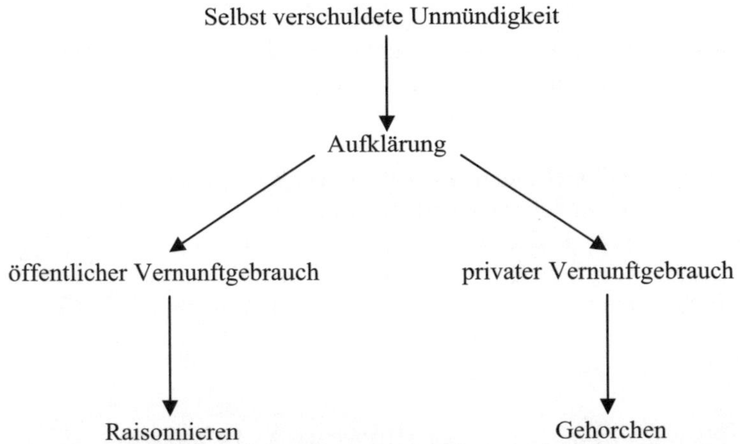

Kants Lösung des Anfangsproblems der Aufklärung hat drei Implikationen. Die eine besagt, dass nur wenige Menschen ihre Unmündigkeit selbst verschuldet haben und dass daher auch nur wenigen der Ausgang von einer selbst verschuldeten Unmündigkeit offen steht. Die zweite bindet die Wirksamkeit des von schreibenden Intellektuellen (Gelehrten) ausgehenden öffentlichen Vernunftgebrauchs daran zurück, dass „ein Publikum sich selbst aufkläre“ (BMA, 90; A 483). Die dritte verlangt, dass die Intellektuellen und ihr Publikum sich nicht in einem schon „aufgeklärten Zeitalter“ wähnen, sondern darum wissen, dass sie „in einem Zeitalter der Aufklärung“ leben (BMA 94; A 491), in dem es ihnen erlaubt ist, auf dem Wege der Kritik den Ausgang aus einer wie auch immer verschuldeten Unmündigkeit zu wagen.

Die zweite und dritte Implikation von Kants Aufklärungsbegriff weist bildungstheoretische Züge auf und macht Fortschritte in der Aufklärung von einer Abarbeitung der eigenen Unmündigkeit abhängig. Dass hierfür freie und mannigfaltige Wechselwirkungen zwischen öffentlichem und privatem Vernunftgebrauch eine unerlässliche Voraussetzung sind, führt Kant in der Abhandlung des Jahres 1784, wenige Jahre vor der Französischen Revolution, noch nicht aus. In seinen 1803 veröffentlichten Vorlesungen über Pädagogik, die er mehrfach vorgetragen hat, vertritt er die weiterführende Auffassung, dass der Fortschritt vom einzelnen Privatmanne ausgehe und dass nicht schon um Aufklärung bemühte, öffentlich räsonierende Gelehrte, sondern in ihren bürgerlichen Tätigkeiten und Ämtern denkende, urteilende und handelnde Privatleute als Kulturschaffende das ausmachen, was man legitimer Weise eine räsonierende Öffentlichkeit nennen kann.[5]

Die Spannungen und Widersprüche zwischen dem weiten und dem engen Aufklärungsverständnis Kants sind bereits von Zeitgenossen bemerkt worden. So hat Hamann in einem Brief an Christian Jacob Kraus vom 18.12.1784 Kants Abhandlung über Aufklärung den Versuch einer „Liquidation mit Unmündigen" (Hamann 1784/1821-1843, S. 191)[6] genannt und die Vorstellung einer selbst verschuldeten Unmündigkeit sowie die Unterscheidung zwischen öffentlichem und privatem Vernunftgebrauch als Positionierungen zurückgewiesen, die kaum Raum für eine produktive Wechselwirkung von Aufklärung und innovatorischer Praxis lassen. Mit Blick auf das weibliche Geschlecht führte er aus:

„Also der öffentl. Gebrauch der Vernunft u Freiheit ist nichts als ein Nachtisch, ein geiler Nachtisch. Der Privatgebrauch ist das tägl. Brodt, das wir für jenen entbehren sollen. Die selbst verschuldete Unmündigkeit ist ein ebenso schiefes Maul, als er dem ganzen schönen Geschlecht macht, und das meine 3 Töchter nicht auf sich sitzen laßen werden." (Hamann 1784/1821-1843, S. 193)

2. „Bildung, Kultur und Aufklärung" als „Modifikationen des geselligen Lebens" in Mendelssohns Essay „Was heißt aufklären?"

Anders als Kant fragt Mendelssohn nicht, was Aufklärung sei, sondern was aufklären bedeute. Im Vordergrund seines Interesses steht nicht der Ausgang aus einer wie auch immer verschuldeten Unmündigkeit, sondern eine auf die Möglichkeit von Höherentwicklung ausgerichtete bildungstheoretische Frage.

Mendelssohn gewinnt seine über Kant hinausweisende Problemsicht durch eine Zuordnung der Begriffe „Bildung, Aufklärung und Kultur", von denen er gleich eingangs seiner Überlegungen sagt, sie seien „neue Ankömmlinge" in der deutschen Sprache und gehörten „vor der Hand bloß zur Büchersprache" (BMA 80.; JA 115). Den Zusammenhang der drei Begriffe erkennt er darin, dass sie „Modifikationen des geselligen Lebens" (BMA 80f.; JA 115) darstel-

---

5 „Alle Cultur fängt von dem Privatmanne an und breitet von daher sich aus. Blos durch die Bemühung der Personen von extendirteren Neigungen, die Antheil an dem Weltbesten nehmen und der Idee eines zukünftigen bessern Zustandes fähig sind, ist die allmähliche Annäherung der menschlichen Natur zu ihrem Zwecke möglich." Kant: Über Pädagogik 1803 A 22f. Zum Begriff der Öffentlichkeit und ihrer Konstitution durch Privatleute siehe Brüggen 2004.

6 Zur neueren Diskussion über Kants, Mendelssohns und Hamanns Verständnis von Aufklärung siehe die Studie von Y. Kawanago: Kritik und Bewahrung – „Metakritik" als philosophisch-hermeneutische Haltung gegenüber der Tradition: http://www004.upp.so-net.ne.jp/kawanago/KRIBEW.HTM.

len, die den Blick auf neue Beziehungen zwischen den Menschen sowie zwischen Mensch und Welt öffnen. Von den drei Begriffen sei derjenige der „Bildung“ der weitere. Er „zerfalle“ in die Begriffe „Kultur“ und „Aufklärung“ (BMA 81; JA 115). Von diesen gehe „Kultur“ mehr ins „Praktische“, umfasse „Güte, Feinheit und Schönheit in Handwerken, Künsten und Geselligkeitssitten“. Aufklärung sei dagegen stärker auf das „Theoretische“ gerichtet, strebe nach „vernünftiger Erkenntniß“ und verlange die „Fertigkeit ... zum vernünftigen Nachdenken, über Dinge des menschlichen Lebens, nach Maßgabe ihrer Wichtigkeit und ihres Einflusses in die Bestimmung des Menschen“ (ebd.).

Mendelssohns Antwort auf die Frage, was aufklären bedeutet, fasst Kultur und Aufklärung als einander ergänzende Teile einer sprachlichen Konzeption von Bildung, die sich als praktisch-interaktive und theoretisch-reflexive Arbeit des Menschen an seiner Bestimmung versteht. Wie für Wilhelm von Humboldt (1792/1903; 1793/1960) ist Bildung auch für Mendelssohn an freie und mannigfaltige Wechselwirkungen zwischen Mensch und Welt gebunden, in denen weltbildende und selbstbildende Tätigkeiten und Erfahrungen aufeinander einwirken. In solchen Wechselwirkungen habe Bildung ihr Ziel nicht außerhalb, sondern innerhalb ihrer selbst, sei sie selbst das „Maaß und Ziel aller unserer Bestrebungen und Bemühungen“ (BMA 81; JA 115).

Bildung, Kultur und Aufklärung bei Mendelssohn

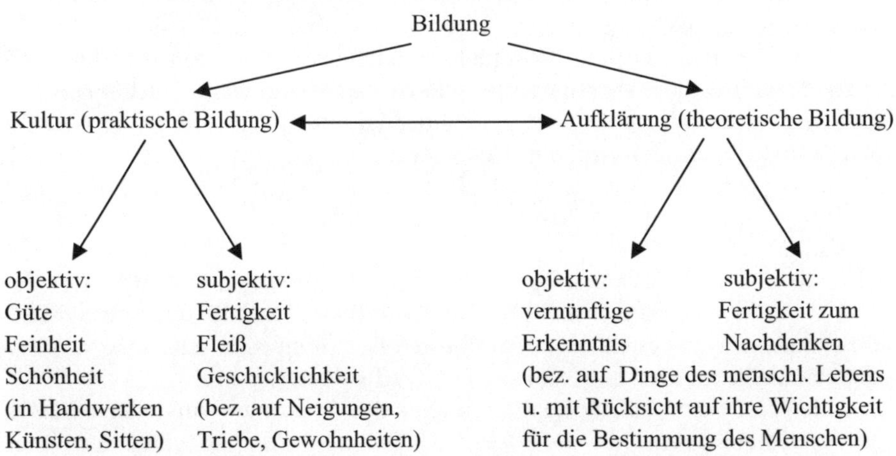

In beiden Richtungen, als Kultur ebenso wie als Aufklärung, strukturiert sich nach Mendelssohn Bildung so, dass sie sowohl „objektive“ Sachverhalte als auch „subjektive“ Formen umfasst (ebd.). Hierdurch seien Kultur und Aufklärung so aufeinander verwiesen, dass sinnvoller Weise von der einen nicht ohne die andere gesprochen werden könne. Während Kant von einem Mangel an Aufklärung ausgeht und Aufklärung an Unmündigkeit zurückbindet, geht Mendelssohn davon aus, dass Aufklärung stets auf eine vorgegebene Kultur zurückbezogen ist und dass beide – Aufklärung und Kultur – auf bildende Wechselwirkungen und Kollisionen zu untersuchen sind. Hierbei unterscheidet er zwischen theoretisch-praktischen Wechselwirkungen, die von der Aufklärung ausgehen, und praktisch-theoretischen, die von der Seite der Kultur ihren Ausgang nehmen. Beide differenziert er, anders als Kant, nicht in einen in bürgerlichen Berufen und staatlichen oder kirchlichen Ämtern angesiedelten privaten sowie einen Intellektuellen und Gelehrten vorbehaltenen öffentlichen Vernunftgebrauch. Ihre nähere Bestimmung entwickelt er vielmehr mit Blick auf die moderne Mensch-Bürger-Problematik, die zwar nicht für den Bereich der Kultur, wohl aber für den der Aufklärung konstitutiv sei. Für die Kultur gelte:

„Je mehr der gesellige Zustand eines Volks durch Kunst und Fleiß mit der Bestimmung des Menschen in Harmonie gebracht worden; desto mehr Bildung hat dieses Volk.“ (BMA 81; JA 114)

In „Ansehung der Kultur“ müsse die Mensch-Bürger-Differenz keine besondere Rolle spielen, weil hier die Bestimmung des Menschen und die des Bürgers „zusammen“ falle. Dagegen sei im Bereich der „Aufklärung“ zwischen der Aufklärung des Menschen und der des Bürgers zu unterscheiden.

„Die Aufklärung, die den Menschen als Mensch interessirt, ist allgemein ohne Unterschied der Stände; die Aufklärung des Menschen als Bürger betrachtet, modificiert sich nach Stand und Beruf.“ (BMA 82; JA 117)

Aus dieser Exposition leitet Mendelssohn Folgerungen für die Volksaufklärung bzw. die „Aufklärung einer Nation“ ab, die über Kants Dual von öffentlichem und privatem Vernunftgebrauch hinausführen. Statt den privaten Vernunftgebrauch in der Ausübung eines Berufs oder Amtes auf Gehorsam den Vorgesetzten und der Obrigkeit gegenüber zu verpflichten und den öffentlichen Vernunftgebrauch auf das Räsonieren von Gelehrten zu beschränken, spricht Mendelssohn sowohl von Kollisionen zwischen Menschenaufklärung und Bürgeraufklärung als auch von einem Widerstreit zwischen Aufklärung und Kultur.

Die Kollisionen zwischen Menschen- und Bürgeraufklärung ordnet er danach, ob in ihnen „wesentliche“ oder „zufällige Bestimmungen des Menschen“ mit „wesentlichen“ oder „zufälligen Bestimmungen des Bürgers“ kollidieren (BMA 83; JA 117). Von solchen Kollisionen sagte er:

„Ohne die wesentlichen Bestimmungen des Menschen sinkt der Mensch zum Vieh herab; ohne die außerwesentlichen ist er kein so gutes herrliches Geschöpf. Ohne die wesentlichen Bestimmungen des Menschen als Bürgers, hört die Staatsverfassung auf zu sein; ohne die außerwesentlichen bleibt sie in einigen Nebenverhältnissen nicht mehr dieselbe“ (ebd.).

Das Herabsinken des Menschen zum „Vieh“ führt Mendelssohn, anders als Kant, nicht auf selbst oder fremd verschuldete Unmündigkeit, sondern auf Kollisionen zurück, die sich durch die Maxime „räsonnirt so viel ihr wollt, und worüber ihr wollt; nur gehorcht!“ weder begreifen noch ordnen lassen.

Die von Mendelssohn unterschiedenen Kollisionen lassen sich nach folgendem Tableau ordnen:

Typik möglicher Kollisionen
zwischen den „wesentlichen" und „zufälligen" oder „außerwesentlichen" Bestimmungen des Menschen als Menschen und als Bürger

	wesentliche Bestimmung des Menschen als Menschen	zufällige Bestimmung des Menschen als Menschen
wesentliche Bestimmung des Menschen als Bürger	Kollision 1	Kollision 2
zufällige Bestimmung des Menschen als Bürger	Kollision 4	Kollision 3

Bei der Kollision 1 handelt es sich um einen Streit zwischen der für die Selbstbestimmung des Menschen wesentlichen Freiheit, die Ziele und Mittel des eigenen Tuns selbst wählen zu können, und wesentlichen Pflichten, die den Bürger als Untertan eines Staates betreffen. Zu diesem Streit führt Mendelssohn aus:

„Unglükselig der Staat, der sich gestehen muß, daß ihm die wesentlichen Bestimmungen des Menschen mit der wesentlichen Bestimmung des Bürgers nicht harmonieren, daß die Aufklärung, die der Menschheit unentbehrlich ist, sich nicht über alle Stände des Reichs ausbreiten könne; ohne daß die Verfassung in Gefahr sei, zu Grunde zu gehen!" (BMA 83; JA 117)

Als Regel für den Umgang mit einer solchen Kollision stellt er die Maxime auf: „Hier lege die Philosophie die Hand auf den Mund!" (ebd.)

Mendelssohn mahnt also zur Vorsicht, und dies nicht, weil er die Sanktion des Monarchen befürchtet, wenn er dessen „gehorcht" nicht befolgt, sondern weil er evolutiven Entwicklungen einen unbedingten Vorrang vor revolutionären Prozessen einräumt. Eine agitatorische Funktion von Aufklärung lehnt er mit der Begründung ab, sie überschreite die Grenzen der Aufklärung und gehe

Abstimmungsprobleme zwischen Aufklärung und Kulturentwicklung allein von der Seite der Aufklärung her an.

Unter den Kollisionen 2 und 3 thematisiert Mendelssohn Fälle, in denen „zufällige" oder „außerwesentliche Bestimmungen des Menschen mit den wesentlichen [Kollision 2; D.B.] oder außerwesentlichen des Bürgers [Kollision 3; D.B.] in Streit kommen". Dies ist dann der Fall, wenn eine zufällige Bestimmung, die ein Einzelner für sich wählt, mit einer wesentlichen oder auch zufälligen Bestimmung kollidiert, die ihm als Bürger auferlegt ist. Für beide Fälle gibt Mendelssohn zunächst die gleich lautende Antwort, es müssten „Regeln festgesetzt werden, nach welchen die Ausnahmen geschehen, und wie die Kollisionsfälle entschieden werden" (ebd.). Allgemeine Regeln, aus denen das Urteil über den konkreten Fall deduktiv ableitbar wäre, kann es hier nicht geben. Die Antwort muss vielmehr reflektierend für den konkreten Fall selbst gefunden werden.

Sofern eine zufällige Bestimmung eines Einzelnen mit einer wesentlichen Bestimmung des Bürgers kollidiert, mag die wesentliche Bestimmung des Bürgers einen gewissen Vorrang vor der zufälligen des Menschen für sich beanspruchen. Dies sei der Fall, wenn „man gewisse nützliche und den Menschen zierende Wahrheit nicht verbreiten darf, ohne die ihm nun einmal beiwohnenden Grundsätze der Religion und der Sittlichkeit niederzureißen; so wird der tugendliebende Aufklärer mit Vorsicht und Behutsamkeit verfahren und lieber das Vorurtheil dulden, als die mit ihm so fest verschlungene Wahrheit zugleich mit vertreiben." (BMA 83f.; JA 118)

Die Vorsicht, die Mendelssohn hier walten lässt, ist die gleiche wie im Fall der Kollision zweier wesentlichen Bestimmungen des Menschen und des Bürgers. Auch für den Fall der Kollision einer unwesentlichen Bestimmung des Menschen mit einer wesentlichen des Bürgers spricht er Kulturbeständen und Ordnungen, die Einsichten der Aufklärung widersprechen, nicht jede Legitimation ab. Deren zu bewahrende Bedeutung gründet er darauf, dass Aufklärung zwar dazu beitrage, dass „Verbrechen" an der Freiheit als der wesentlichen Bestimmung des Menschen kritisiert werden, zur Weiterentwicklung der Kultur aber unmittelbar keinen über Anregungen hinausgehenden Beitrag leiste. Die Tradierung und innovatorische Transformation von Kultur denkt Mendelssohn als eine kulturelle Praxis, die nicht als ein unmittelbares Resultat der Aufklärung selbst erwartet werden darf.

Für den dritten Fall einer Kollision, dass eine unwesentliche Bestimmung des Menschen mit einer unwesentlichen des Bürgers kollidiert, kann die Regel nur lauten, dass das, was zufällig so ist, wie es ist, auch anders sein könnte bzw. anders werden kann. Mendelssohn geht auf diesen Fall nicht explizit ein, vielleicht, weil er der Auffassung war, dass bei einem Widerstreit zwischen zwei außerwesentlichen Bestimmungen das, was im Bereich der individuellen und der bürgerlichen Existenz und Koexistenz zufällig ist, auch zufällig bleiben solle und daher nicht allgemein geregelt werden müsse.

Bleibt noch die Kollision 4 zwischen einer wesentlichen Bestimmung des Menschen und einer zufälligen des Bürgers. Auf sie kommt Mendelssohn im letzten Teil seines Beitrags zu sprechen, der Kollisionen zwischen der begrenzten kritischen Funktion von Aufklärung und der Tradierungs- und Innovationsfunktion von Kultur behandelt, welche die Beziehungen zwischen Kultur, Aufklärung und Bildung betreffen. Zu ihnen nimmt er unter Bezugnahme auf eine alte hebräische Weisheit Stellung, die besagt: „Je edler ein Ding in seiner Vollkommenheit ..., desto gräßlicher in seiner Verwesung." (BMA 84; JA 118)

Mendelssohn legt diese Weisheit sowohl auf Situationen, in denen Aufklärung ihre Grenzen überschreitet, als auch auf Kontexte aus, in denen kulturelle Üblichkeiten ihre alte Wahrheit verloren haben und eine neue noch nicht in Sicht ist. Nach Mendelssohn sind Manifestationen einer ihre Grenzen überschreitenden Aufklärung, die in ihrer vielleicht berechtigten Kritik an vorgegebenen Ordnungen zu wissen vorgibt, was unter der allein richtigen Ordnung des Staates, der Gesellschaft, der individuellen Beziehungen usw. zu verstehen sei, ebenso ein Beispiel für geschichtliche Verwesung und Auflösung wie kulturelle Üblichkeiten, die ihren Sinn verloren haben, aber neuerlich mit absoluten Ansprüchen auftreten. Als Perversionen von Aufklärung und Kultur nennt er:

„Mißbrauch der Aufklärung", sofern dieser das „moralische Gefühl" schwächt und zu „Hartsinn, Egoismus, Irreligion, und Anarchie" führt (ebd.). „Mißbrauch der Kultur", aus dem „Ueppigkeit, Gleißnerei, Weichigkeit, Aberglauben, und Sklaverei" entsteht (ebd.).

Eine letzte Fehlform von Aufklärung und Kultur findet er im „Uebermaaß" einer „Nationalglükseligkeit", mit der eine Nation sich allen anderen überlegen und am „höchsten Gipfel" ihrer Entwicklung wähnt, von dem sie „nicht höher steigen kann" (BMA 84; JA 118f.). Solche Glückseligkeit überschreitet nach Mendelssohn nicht nur die Grenzen von Aufklärung, sondern überdehnt zugleich die Grenzen von Kultur. In ihr erkennt er daher eine doppelte Gefährdung von Bildung. Mit dem Hinweis, dass damit eine neue Thematik erreicht sei, die sich nicht auf die Frage nach den Möglichkeiten und Grenzen der Aufklärung, sondern auf jene nach den Möglichkeiten und Grenzen der Kultur beziehe, beschließt er seine Untersuchung.[7]

Im Kontext von Mendelssohns Schlussüberlegungen ist daran zu erinnern, dass der Autor des Essays „Was heißt aufklären?" – anders als Kant – nicht in der Rolle eines staatlich anerkannten Gelehrten öffentlich räsoniert, der dem Preußischen König für den ihm gewährten Status eines öffentlich angestellten Professors mit begrenzter Lehr- und unbegrenzter Denkfreiheit dankt, sondern als ein Intellektueller spricht, dem eine vergleichbare Gunst des Königs nicht zuteil wurde. Obwohl Mendelssohn wesentlich zur Weiterentwicklung der deutschen Sprachkultur beitrug und sich erfolgreich um die Bewahrung der

7 „Jedoch dieses führt zu weit ab von der vorliegenden Frage!" BMA, 64; JA 119

Eigenständigkeit und die Stärkung der Anschlussfähigkeit der jüdischen Kultur bemühte (vgl. Schulte 2002, S. 199ff.), versagte ihm der von Kant so hoch gelobte König Friedrich II. gleich zweimal nach erfolgter Zuwahl die Mitgliedschaft in der Akademie der Wissenschaften (vgl. Knobloch 2006).

Wie Kants Abhandlung ist auch Mendelssohns Essay schon sehr bald von Zeitgenossen rezipiert und kommentiert worden. In einem Brief vom 21. Oktober 1784 schrieb August Hennings an Mendelssohn, dieser ziehe in seinem Beitrag in der Berlinischen Monatsschrift erstens die Grenzen der Aufklärung zu eng, bemesse zweitens die Möglichkeiten der Kultur zu weit und schätze drittens infolge dessen mögliche Kollisionen zwischen Aufklärung und Kultur nicht angemessen ein. Gott sei Dank könne „Menschen[–]Aufklärung" mit „Bürger [–] Aufklärung in Streit kommen". „Misbrauch der Aufklärung" sei dagegen ein ebenso unverständlicher Begriff wie „Dunkelheit des Lichts", denn „[b]ei der Cultur" müsse man „sehr dahin sehen, daß die Aufklärung immer den Vorsitz behalte"; dies „sei nothwendig, damit Cultur nicht die edle Bestimmung des Menschen verfehle":

„Wo Aufklärung und Cultur mit gleichen Schritten fortgehen, da ist die Menschheit für Irregehen sicher! ... Je weiter die Cultur gehet, desto wachsamer muss man durch Aufklärung dem Verirren zuvorkommen suchen. ... Wenn ihm [dem Menschen; D.B.] daher etwas als vollkommen vorgeschrieben wird, und man ihm das Bearbeiten untersagt, verschlimmert er es, daher ist das größte Verderben in der Religion. Je vollkommener diese sein soll, desto mehr muss Aufklärung sie bearbeiten. Untersagt die Lehre [einer Religion; D.B.] Aufklärung, so kan man gewiß seyn, sie taugt nichts, oder wird bald nichts mehr taugen. Die Erfahrung beweiset es." (Hennings 1784, S. 229f.)

Mendelssohn antwortete ihm:

„Kann Aufklärung schädlich seyn? An und für sich freylich nicht; aber zufälliger Weise, so wie das Sonnenlicht blöden Augen. Ich bleibe immer noch bey meiner Worterklärung. Aufklärung geht blos auf das Theoretische, auf Erkenntniß, auf Wegschaffung der Vorurtheile; Cultur hingegen auf Sitten, Geselligkeit, Künste, Thun und Lassen. Wenn Aufklärung der Cultur zu sehr voreilt, so kann sie allerdings schädlich seyn, und sogar zufälliger weise den Fortgang der Cultur auf eine Zeit lang unterbrechen ... ." (Mendelssohn 1784/1781-1785, S. 237)

Vergleicht man Mendelssohns Abgrenzung von Aufklärung und Kultur mit derjenigen von Hennings, so zeigt sich, dass Mendelssohn der Aufklärung in theoretischer, der Kultur hingegen in praktischer Hinsicht einen Primat zuerkennt und bei Konflikten zwischen beiden von einem Vorrang der Kultur ausgeht, während Hennings für Aufklärung einem unbedingten Primat reklamiert. Vielleicht liegt bei Mendelssohn eine optimistische Überbewertung der Qualität von Kultur vor, wie sie hermeneutischen Positionen eigenen ist. Hennings dagegen versäumt es, nach den Grenzen der Aufklärung zu fragen. Um diese wusste Mendelssohn wie vor ihm schon Rousseau.[8] In der Einschätzung der „Dunkelheit“ ihres „Lichts“[9] stimmte er, ungeachtet der aufgezeigten Differenzen, durchaus mit Kant überein.

3. Schlussthesen zum Verhältnis von Bildung und Aufklärung

Es gibt nicht nur Grenzen der Aufklärung, sondern auch solche der Kultur. Beide Grenzen sind nicht identisch. Dies zeigt, dass alle in den zitierten Diskursen zu Worte kommenden Diskutanten – Kant und Mendelssohn, aber auch Hamann und Hennings – mit ihren divergierenden Auffassungen – ungeachtet der von ihnen wechselseitig direkt oder indirekt gegeneinander vorgebrachten Einwände – etwas Wesentliches treffen, ohne dass die widerstreitenden Positionen in einer einzigen harmonisiert werden können. Der Ertrag des rekonstruierten Diskurses soll daher abschließend in vier Thesen zusammenfasst werden.

1. Wenn Bildung ihrem Begriff nach, wie Mendelssohn ausführt, stets Kultur und Aufklärung zugleich umfasst, dann kann es eine nur selbst verschuldete Unmündigkeit, wie Kant sie in einigen Äußerungen seiner Abhandlung unterstellt, nicht geben.
   Unterlassene Aufklärung mag selbstverschuldet sein. Kultur dagegen steht stets in einem Traditionszusammenhang, der weder ausschließlich selbstgemacht noch allein selbstverschuldet ist.
2. Wenn es keine nur selbst verschuldete Unmündigkeit gibt, kann es auch keine nur fremd verschuldete Unmündigkeit geben.
   Die befreiende Kraft dieser These trägt Hamanns Bedenken Rechnung und verbietet es, nur den Intellektuellen eine selbst verschuldete und zur Aufklärung fähige, dem ganzen weiblichen Geschlecht und seinen Vormündern dagegen eine fremd verschuldete und mithin aufklärungsresistente Unmündigkeit zuzuerkennen. Wenn nämlich Aufklärung die kritische Seite von Kultur ist und diese ebenso zur Voraussetzung hat, wie Kultur der Aufklärung bedarf, dann kann die Schuldfrage weder zum Abgrenzungskriterium von Aufklärung und Kultur noch zum Unterscheidungskriterium von richtiger und falscher Aufklärungsbedürftigkeit erhoben werden.

---

[8] Siehe hierzu den folgenden Passus aus Rousseaus Abhandlung über Erziehung von 1762/1979, S. 150: „Ich ging ohne Licht weg. Hätte ich eins gehabt, wäre es vielleicht noch ärger gewesen.“ Zur Interpretation der Stelle siehe Göstemeyer 1991/1992.

[9] Vgl. hierzu Mendelssohns Hinweise: „Das Übel, welches zufälliger Weise aus der Aufklärung entstehen kann, ist außerdem von der Beschaffenheit, daß es in der Folge sich selbst hebt. Lasset die Flamme nur recht auflodern, so wird sie den Rauch selbst verzehren, den sie hat aufsteigen lassen.“ Mendelssohn 1784/1781-1785, S. 237

3. Dennoch macht es Sinn, Aufklärung mit Kant als Ausgang des Menschen aus seiner selbst verschuldeten Unmündigkeit zu denken. Der Grund hierfür ist jedoch ein anderer, als Kant zunächst annahm.
   Unterscheidet man mit Mendelssohn zwischen Aufklärung als theoretischer und Kultur als praktischer Bildung, dann kann es in theoretischer Hinsicht weder eine selbst- noch eine fremd verschuldete Unmündigkeit geben. In praktischer Hinsicht macht diese Unterscheidung gleichwohl Sinn. Fragt man nämlich, was aufklären in praxi bedeutet und nicht nur, was sie theoretisch ist, so kann man weiterhin mit Kant empfehlen, die Gründe für die eigene Unmündigkeit nicht vorrangig anderswo zu suchen und von selbst verschuldeten, freilich niemals monokausal zu interpretierenden Gründen auszugehen. Ein so verstandener Ausgang aber führt über den Dual von selbst- und fremd verschuldeter Unmündigkeit und die Einteilung der Menschen in Intellektuelle, Vormünder und Angehörige des weiblichen Geschlechts hinaus.
   Bildung als Kultur bedarf ebenso einer zu ihr hinzukommenden und auf sie zurückwirkenden Aufklärung, wie Aufklärung, um praktisch zu werden, auf eine ihr vorgelagerte und nachfolgende Kultur bezogen bleibt. Für eine reflexive Verhältnisbestimmung der Beziehungen zwischen Aufklärung und Kultur könnte daher eine vierte These bedeutsam sein:
4. Aufklärung ohne Kultur ist gefährlich, Kultur ohne Aufklärung macht dumm.

Bildung und Religion. Überlegungen zu ihrem problematischen Verhältnis und zu den Aufgaben eines öffentlichen Religionsunterrichts heute [1]

Das Verhältnis von Bildung und Religion hat sich in den zurückliegenden Jahrzehnten nicht nur zu einem problematischen Verhältnis entwickelt, es wird auch künftig angemessen nur als ein problematisches zu denken und zu bestimmen sein.[2] Um dies zu verdeutlichen, erinnere ich im ersten Teil meines Referats an jene pädagogisch, religionspädagogisch und theologisch gleichermaßen bedeutsame Antwort, durch die Friedrich Schleiermacher das Verhältnis von Bildung und Religion für seine Zeit zu klären versucht hat. Im zweiten Teil weite ich dann eine Kritik, die ich am Brandenburgischen Schulversuch Lebensgestaltung-Ethik-Religion geübt habe, auf den Religionsunterricht aus. Dabei wird gezeigt, dass der Ansatz eines Humanismus epochenübergreifender und epochaler Schlüsselprobleme nicht ausreicht, um für den Religionsunterricht oder andere Fächer eine zeitgemäße Didaktik zu begründen. Der Beitrag schließt mit einigen Fragen, die es weiter zu diskutieren gilt, wenn für den Religionsunterricht ein bildungstheoretisch ausgewiesener Status im Schulunterricht beansprucht und ausgewiesen werden soll.

1. Anmerkungen zu Schleiermachers Verhältnisbestimmung von Religion und Bildung und ihrer veränderten Bedeutung heute

Vor etwas mehr als 200 Jahren veröffentlichte Schleiermacher eine Abhandlung „Über die Religion", in der er sich „an die Gebildeten unter ihren Verächtern" wandte (vgl. Schleiermacher 1799/1967). Schon im Titel dieser Schrift wird deren Anspruch und Thema deutlich. Die in fünf Reden gegliederte Abhandlung will zeigen, dass Religion keineswegs in höhere Formen der

---

1 Der Text wurde am 21. März 2001 auf einer von der Akademie der Diözese Rottenburg-Stuttgart und der Evangelischen Akademie Bad Boll veranstalteten Tagung vorgetragen und erschien in Battke/Fitzner/Isak/Lochmann (Hrsg.) 2002, S. 51-70; die hier abgedruckte, um drei Schlussabschnitte erweiterte Fassung findet sich in Wulf/Macha/Liebau (Hrsg.) 2004, S. 19-36.

2 Auf die bildungstheoretische Bedeutung eines problematisierenden Vernunftgebrauchs hat J. Ruhloff in verschiedenen Abhandlungen hingewiesen; siehe z. B. Ruhloff 1996.

Bildung überführt oder durch diese abgelöst werden kann, sondern eine elementare Form menschlichen in der Welt Seins darstellt, die der Bildung keineswegs abträglich sein muss (vgl. Brüggen 1990). Mit dieser These widersprach Schleiermacher einer schon zu seiner Zeit weit verbreiteten und von vielen seiner Zeitgenossen geteilten Auffassung, die Goethe kurz zuvor in den Xenien auf die bekannte Formel gebracht hatte: „Wer Kunst und Wissenschaft besitzt, hat auch Religion. Wer diese beiden nicht besitzt, der habe Religion!" (Goethe 1820, IX) Bis heute ist umstritten, ob Goethes oder Schleiermachers Auffassung sich durchsetzen wird oder ob vielleicht beide sich als unzutreffend erweisen. Der sich gegenwärtig abzeichnende Bedeutungsverlust von Religion scheint gegen beide Auffassungen zu sprechen, denn dieser findet nicht nur bei den Intellektuellen, sondern auch bei jenen statt, die ihr Leben nicht in den Formen von Kunst und Wissenschaft führen.

Nach Schleiermacher unterscheidet sich Religion von den anderen Formen menschlichen Tätigseins nicht dadurch, dass diese die Kulturstufe von Wissenschaft und Kunst erreicht haben, Religion hingegen auf der Naivitätsstufe des Mythos verharrt. Grundsätzlich sind alle Bereiche menschlichen Handelns der Kunst und Reflexion zugänglich. Was Religion von diesen gleichwohl unterscheidet, ist, dass in ihrem Zentrum nicht der Kunst, Wissenschaft und Metaphysik hervorbringende Mensch steht, sondern der Mensch, der „Sinn und Geschmack fürs Unendliche" besitzt (vgl. Schleiermacher 1799/1967, S. 51). Wer religiös empfindet, urteilt und handelt, wird nach Schleiermacher aus dem Gefühl einer schlechthinnigen Abhängigkeit heraus tätig (vgl. Ebeling 1975). Durch dieses Gefühl und seine Gerichtetheit unterscheidet sich Religion von allen anderen Formen menschlichen Tätigseins und Tätigwerdens. In der zweiten Rede führt er über dieses „Wesen der Religion" aus:

„Sie begehrt nicht, das Universum seiner Natur nach zu bestimmen und zu erklären wie die Metaphysik [ich ergänze – und die Physik; D.B.], sie begehrt nicht, aus Kraft der Freiheit und der göttlichen Willkür des Menschen es fortzubilden und fertig zu machen wie die Moral [ich ergänze – sowie die Technik und die Politik; D.B.]. Ihr Wesen ist weder Denken noch Handeln, sondern Anschauung und Gefühl. Anschauen will sie das Universum, in seinen eigenen Darstellungen und Handlungen will sie es andächtig belauschen, von seinen unmittelbaren Einflüssen will sie sich in kindlicher Passivität ergreifen und erfüllen lassen. So ist sie beiden [der Metaphysik und der Ethik; D.B.] in allem entgegengesetzt, was ihr Wesen ausmacht, und in allem, was ihre Wirkungen charakterisiert. Jene sehen im ganzen Universum nur den Menschen als Mittelpunkt aller Beziehungen, als Bedingungen alles Seins und Ursache alles Werdens; sie will im Menschen nicht weniger als in allem anderen Einzelnen und Endlichen das Unendliche sehen, dessen Abdruck, dessen Darstellung." (vgl. Schleiermacher 1799/1967, S. 49)[8]

---

[8] In meiner „Allgemeinen Pädagogik" habe ich den Versuch einer bildungstheoretischen Abgrenzung und Verhältnisbestimmung der ausdifferenzierten Formen menschlichen Handelns unternommen, welcher Religion nicht als eine auf den Horizont des Gefühls begrenzte Angelegenheit dem menschlichen Denken und Handeln gegenübergestellt, sondern als eine beson-

Die Abgrenzung zwischen Metaphysik, Ethik und Religion, die Schleiermacher hier vornimmt, war über seine Auseinandersetzung mit der kritischen Philosophie Kants und der Subjektphilosophie Fichtes vermittelt. Sie schließt eine Abgrenzung von Religion, Pädagogik und Politik ein und lässt sich heute, was die verschiedenen Formen des Wissens betrifft, nicht nur auf Metaphysik und Philosophie beziehen, sondern kann auch auf das Verhältnis der Religion zu den Natur-, Geschichts- und Sozialwissenschaften ausgelegt werden. Aus seinen Unterscheidungen zog Schleiermacher weitreichende Schlüsse. Einer betrifft die Stellung der Religion im Rahmen der ausdifferenzierten Formen der menschlichen Praxis, ein anderer das Selbstverhältnis der Religion, ein dritter die verschiedenen Horizonte moderner Bildung, ein vierter das, was unter religiöser Unterweisung und unter öffentlichem Religionsunterricht zu verstehen ist.

An Schleiermachers Unterscheidung von Religion, Ethik und Philosophie bzw. Wissenschaft fällt auf, dass sie das Proprium der Religion so bestimmt, dass von ihm aus jede religiöse Bevormundung außerreligiöser Wahrnehmungs-, Denk- und Handlungsbereiche ausgeschlossen bzw. als illegitim zurückgewiesen wird. Freilich gilt auch das Umgekehrte. Die Abgrenzung erfolgt zugleich so, dass illegitime Übergriffe von den außerreligiösen Bereichen auf den der Religion abgewehrt werden können. Durch diese doppelte Abgrenzung will Schleiermacher deutlich machen, dass der Religion ein eigenes Proprium nur zugestanden werden kann, wenn auch sie den anderen Formen menschlichen Denkens und Handelns spezifische Propria zuerkennt.[9] Die Kommunikation zwischen den ausdifferenzierten Bereichen menschlicher Tätigkeit wird von Schleiermacher – der Sache nach – unter Verzicht auf jedweden Fundamentalismus als eine mannigfaltige und insofern als eine problematische gedacht. Danach sind die Besonderheiten von Kunst, Wissenschaft, Bildung und Politik ebenso wenig religiös fundiert wie sich Religion in Metaphysik, Ethik, Kunst oder Wissenschaft überführen oder durch diese ablösen lässt. Hierfür fand Schleiermacher die berühmte Formel:

„Alles eigentliche Handeln soll moralisch sein und kann es auch, aber die religiösen Gefühle sollen wie eine heilige Musik alles Tun des Menschen begleiten; er soll alles mit Religion tun, nichts aus Religion.“ (vgl. Schleiermacher 1799/1967, S. 60)

Diese Formulierung bringt zum Ausdruck, dass sich Religion auf den gesamten Bereich des Endlichen und dessen Verhältnis zum Unendlichen bezieht. Sie erkennt der Religion den Status einer spezifischen Form des

dere Weise menschlichen Fühlens, Denkens und Handelns bestimmt. In seiner Abhandlung „Über die Religion“ überzeichnet Schleiermacher aus dem Anliegen heraus, vor seinen Lesern Argumente für die Nichtüberführbarkeit von Religion in Kunst, Ethik und Metaphysik zu entwickeln, zuweilen die Differenzen zwischen Religion und den anderen Handlungsbereichen. Seine kategoriale Bestimmung der Religion lässt sich gleichwohl als Begriff der religiösen Praxis interpretieren.

9 Zur Unterscheidung der Propria verschiedener Bereiche menschlichen Denkens und Handelns siehe auch Benner 1993b.

menschlichen in der Welt Seins zu, die sowohl einen besonderen Bereich der conditio humana ausmacht als auch einen Aspekt aller anderen Formen menschlichen Denkens und Handelns darstellt. Dem so gefassten Religionsbegriff zufolge ist die Endlichkeit des Menschen keineswegs nur eine religiöse, sondern eine solche des ganzen Menschen,[11] die sich auch in den Bereichen der Ökonomie und Ethik, der Politik und Kunst und nicht zuletzt in jenem der Erziehung zeigt. Wo Religion diese Sichtweise transzendiert und für sich den Status einer Sachwalterin der menschlichen Gesamtpraxis einfordert, spricht sie nicht nur den anderen Bereichen menschlichen Denkens und Handelns einen eigenen Sinn und eine eigene Frage- und Urteilsstruktur ab, sondern verliert sie zugleich ihr eigenes Proprium aus den Augen. Dieses bezieht und begrenzt Religion darauf, das Verhältnis des Endlichen zum Unendlichen zu betrachten und alles, was Menschen fühlen, denken und wollen, unter der Perspektive seiner schlechthinnigen Abhängigkeit zu fassen und zu deuten:

„So weit geht ... das Gebiet der Religion, ihre Gefühle sollen uns besitzen, wir sollen sie aussprechen, festhalten, darstellen; wollt ihr aber darüber hinaus mit ihnen, sollen sie eigentliche Handlungen veranlassen und zu Taten antreiben, so befindet ihr Euch auf einem fremden Gebiet, und haltet ihr dies dennoch für Religion, so seid Ihr, wie vernünftig und löblich Euer Tun auch aussehe, versunken in unheilige Superstition.“ (vgl. Schleiermacher 1799/1967, S. 60)

Religiöser Glaube, der sich fundamentalistisch als begründende Instanz für ökonomisches, ethisches, pädagogisches oder politisches Handelns setzt, verkommt dieser kategorialen Unterscheidung zufolge zur Häresie. Religion soll alles Fühlen, Denken und Handeln der Menschen begleiten, nicht aber die menschliche Gesamtpraxis beherrschen oder gar bevormunden. Für das Selbstverhältnis der Religion besagt dies, dass ihr nicht die Aufgabe zusteht, aus einer irrtümlich in Anspruch genommenen vermeintlich höheren Warte die anderen Handlungsbereiche zu fundieren, zu legitimieren, zu limitieren. Statt die menschliche „Mitgesamttätigkeit“ (Schleiermacher 1826/1983, S. 15) zu bevormunden oder gar inquisitorisch zu terrorisieren, ist es Aufgabe der Religion, ihr Selbstverhältnis und ihre Außenbeziehungen so zu gestalten und zu organisieren, dass sie nicht zu einem ihre Grenzen überschreitenden Aberglauben verkommt.

Ganz in diesem Sinne spricht Schleiermacher in der vierten Rede von der Aufgabe, die von den Religionen und Kirchen selbst verschuldeten Häresien offen zu legen, den Status von „Lehrkirchen“ zu überwinden und nach der „wahren Kirche“ zu streben. Unter letzterer versteht er eine Kirche, die ihre Dogmatik und ihren Herrschaftsbereich nicht mit den Mitteln eines fundamentalistischen Missionarismus über die ganze Welt ausdehnt und an einer Unterdrückung und Vernichtung anderer Religionen interessiert ist, sondern eine

[11] Der Begriff „ganzer Mensch“ ist hier ausdrücklich nicht ganzheitlich, sondern differentiell gemeint.

Kirche, die die Vielheit der Religionen nicht negiert, sondern aus dem Gespräch in und zwischen den verschiedenen historischen Religionen hervorgeht.

Dass im Rahmen einer so verstandenen wahren Kirche dem Judentum und dem Christentum eine besondere Bedeutung zukommt, war für Schleiermacher gewiss. Über die Gestalt der wahren Kirche aber sagte er an dieser Stelle nur, dass sie weder aus einem Sieg einer Religion über alle anderen noch aus einem künstlichen Esperanto aller Religionen hervorgehen könne. Unter dem Widerstreit zwischen fundamentalistischen Lehrkirchen und wahrer Kirche verstand er folglich weniger einen Streit zwischen den verschiedenen Religionen als vielmehr einen Diskurs, der zunächst innerhalb jeder Religion selbst geführt werden muss und der sich auf das Verhältnis verschiedener Religionen zueinander erst ausweiten lässt, wenn die Gefahr der Superstition des Religiösen zu einem die anderen Handlungsbereiche bevormundenden Aberglauben erkannt ist.[14]

Für das Verhältnis von Religion und Bildung folgt hieraus, dass Religion unter modernen Bedingungen Bildung ebenso wenig wie Politik oder Ethik und Ökonomie begründen noch diese auf ein Ziel hin ausrichten kann, wohl aber ein unverzichtbarer Bereich und eine zentrale Dimension menschlichen Handelns und insofern auch der Bildung ist. Zur Nicht-Hierarchizität des Verhältnisses von Bildung und Religion gehört nämlich, dass Religion die menschliche Bildsamkeit und Lernfähigkeit ebenso voraussetzt wie alle anderen Praxen. Nur bildsame Wesen können die Welt durch Arbeit verändern, Sitten entwickeln und tradieren, Zukunft entwerfen, Welt in ästhetischen Darstellungen transzendieren und ihren Nachwuchs erziehen. Und nur einem bildsamen Wesen kann ein Gott sich offenbaren. Zu der von Schleiermacher für die Religion in Anspruch genommenen „kindlichen Passivität" gehört daher, dass die schlechthinnige Abhängigkeit nicht nur erlitten, sondern auch erfahren, nicht nur bemerkt, sondern auch gestaltet werden muss. Schleiermacher redet also keineswegs einer bloß passiven Hörerschaft des religiösen Menschen das Wort. Er will vielmehr die auf Rezeptivität und Spontaneität beruhende Bildsamkeit des Menschen in auf Religion bezogenen Bildungsprozessen so justieren, dass dabei die Religion in ihrer Besonderheit und kategorialen Ausgewiesenheit zur Geltung kommt, nicht aber zur Zentral- oder Hyperinstanz menschlichen Denkens und Handelns hypostasiert wird.

Die Gefahr solcher Superstition gibt es übrigens nicht nur im Bereich des Religiösen. So wie Religion zum Aberglauben verkommen kann, wenn sie meint, Sitte und Politik, Arbeit und Kunst, Erziehung und Bildung fundamentalistisch bevormunden zu sollen, so können auch die anderen Bereiche menschlichen Handelns pervertieren und beispielsweise die menschliche Gesamtpraxis unter den Primat einer bestimmten Politik, Moral, Ökonomie oder auch Kunst zu ordnen versuchen. Darum kommt es darauf an, die Propria der ausdifferenzierten Bereiche menschlichen Denkens und Handelns so zu

---

[14] Zum Verhältnis von wahrer Kirche und Lehrkirche, die diese gleichsam umstellen, vgl. Schleiermacher 1799/1967, Vierte Rede; siehe auch Bolle 1988.

bestimmen, dass sie kategorial in einem nicht-hierarchischen Sinne voneinander unterschieden und so gegeneinander abgegrenzt werden, dass die in einem Bereich unter dessen jeweiligen Fragestellungen diskutierten Sachverhalte auch in den anderen Bereichen diskutabel bleiben.[15]

Zum Proprium religiösen Wahrnehmens, Denkens, Urteilens und Handelns aber gehört erstens, dass Religion Welt aus einem Sinnhorizont heraus wahrnimmt, deutet und auslegt, der der Erfahrung der Abhängigkeit des Endlichem von etwas entspringt, das nicht vom Menschen willkürlich und planvoll gesetzt und gestiftet wird. Zur Religion gehört – jedenfalls in den jüdischen und den christlichen Traditionen – zweitens, dass sich aus solcher Erfahrung ein Weltverhältnis konstituiert, das den Begriff der Geschöpflichkeit, ohne Differenzen zwischen den verschiedenen Formen des Lebens zu leugnen, auf alles Endliche appliziert und auf dieser Grundlage eine erinnernde Solidarität der Lebenden mit den Toten ausbildet. Zur Religion gehört drittens, dass sich in ihr eine Hoffnung äußert, die sich nicht auf menschliches Handeln allein gründet, sondern in der uneinholbaren Existenz der Schöpfung und ihres Schöpfers begründet glaubt.[16]

Was aber das Verhältnis von Religion und Bildung betrifft, so führt Schleiermacher aus, dass Religion nicht nur unverzichtbar zu den Horizonten und Bereichen der Bildung gehört, sondern ihrerseits auch auf Bildung angewiesen ist. Die Aufgaben der Erziehung sind nach Schleiermacher auf alle bedeutsamen Lebensbereiche ausgerichtet. Die Erziehung soll die Heranwachsenden darauf vorbereiten, in die großen Lebensbereiche von Staat und Kirche sowie Wissenschaft und freier Geselligkeit einzutreten und an diesen selbsttätig mitzuwirken. Dem Staat als Institution und dem Verhältnis der Staatsbürger untereinander ordnet er den Handlungsbereich der Politik, der Kirche und der Gemeinschaft der Glaubenden die Pflege der Religion, der Wissenschaft die Kultivierung der vom Menschen hervorgebrachten Formen des Wissens und Könnens und dem geselligen Leben jene Formen einer Interaktion zu, in denen Menschen miteinander als individuelle Personen umgehen und einander über die Grenzen von Staaten und Religionen hinweg begegnen. Solche Geselligkeit wird nicht mehr durch Standesschranken und auch nicht durch Staats- und Religionszugehörigkeiten begrenzt, sondern basiert auf frei eingegangenen Gesellungen, in denen die, die sich gesellen, einander zum Bekannten und

---

[15] Zu einem weit gefassten Begriff menschlicher Praxis, der zwischen Arbeit, Pädagogik, Ethik, Politik, Kunst und Religion unterscheidet, die eigene Bereiche ausmachen und sich wechselseitig thematisieren können, vgl. D. Benner [4]2001b, S. 15ff., S. 29ff., S. 285ff.; die Begründung dieser Konzeption wurde übrigens nicht, wie F. Schweitzer meint, „an eine einzelne philosophische Position ... delegiert", sondern in Auseinandersetzung mit bedeutsamen Ansätzen der bildungstheoretischen Theorie- und Problemgeschichte erarbeitet. Vgl. Schweitzer 2000, S. 568f.

[16] Zur kategorialen Bedeutung des so gefassten Proprium der Religion für den Religionsunterricht vgl. G. Biemer/D. Benner 1973; zur außerreligiös nicht fassbaren Bedeutung einer erinnernden Solidarität siehe das Kapitel „Die unbegrenzte Kommunikationsgemeinschaft und die Aporie anamnetischer Solidarität" in Peukert 1976, S. 273-282.

Freund, zum Genossen oder zur Genossin, zum Nahestehenden und Vertrauten wählen oder auch nicht wählen.

Der Angewiesenheit von Bildung auf Religion als einem unverzichtbaren Horizont menschlichen Fühlens, Denkens und Handelns steht somit nach Schleiermacher eine Angewiesenheit der Religion auf Erziehung und Bildung gegenüber. Dies zeigt sich zum einen an ihrem Bezug zu der für alle Erfahrungen und Lernprozesse konstitutiven unbestimmten Bildsamkeit des Menschen und wird zum anderen an der Rolle deutlich, die dem Lehrer im Rahmen der religiösen Unterweisung und des öffentlichen Religionsunterrichts zukommt. Was die Bildsamkeit und Lernfähigkeit des Menschen betrifft, so begrenzt Schleiermacher diese keineswegs auf außerreligiöse Bereiche und Kenntnisse. Sie ist vielmehr auch für die Tradierung von Religion unverzichtbar. Auf seinem auf dem Friedhof der Dreifaltigkeitskirche in Berlin Kreuzberg gelegenen Grab ließ er einen Grabstein mit einer Inschrift setzten, die aus dem Kap13, Vers 7 des Hebräerbriefes stammt. In dieser ist das „mnemoneuete ton hegomenon“ nicht mit „Gedenket der Gemeindevorsteher“, sondern mit „Gedenket an eure Lehrer“ übersetzt. Der Grabspruch lautet:

> „Gedenket an eure Lehrer die
> Euch das Wort Gottes gesaget!
> Welcher Ende schauet an und
> Folget ihrem Glauben nach.“

Religion ist nach Schleiermacher eine Form des Lebens, die, wie alle anderen auch, eine intergenerationelle Seite hat. In dieser ist sie über Erziehung und Bildung vermittelt. Rein aus der Schrift und der Offenbarung Gottes kann Religion nicht tradiert werden. Sie bedarf der Erziehung und der bildenden Unterweisung ebenso wie die anderen Bereiche menschlichen Handelns. Und da unter modernen Bedingungen Tradierung von Religion nur mehr im Sinne eines ausdifferenzierten und intergenerationellen „alles mit Religion ..., nichts aus Religion“ möglich und sinnvoll ist, müssen die Heranwachsenden in ein abwägendes Urteilen und Reflektieren eingeführt werden, welches das „alles mit ..., nichts aus“ im Sinne einer Problematisierung fundamentalistischer Normen auslegt und die Differenz von Lehrkirche und wahrer Kirche u. a. auch auf Religionen und Kirchen appliziert. Hierzu reichen die in religiöser Sozialisation zu gewinnenden Erfahrungen nicht aus. Die hierfür notwendigen Lernprozesse sind jedoch auch nicht ohne religiöse Sozialisation denkbar und möglich. Sie lassen sich darum auf bloße Lehrerschaft und Didaktik ebenso wenig gründen wie auf Kirchlichkeit und innerkirchliche Religiosität allein.

Schleiermacher zog hieraus den Schluß, dass er die Einführung in und das Lehren von Religion zu einer gemeinsamen Aufgabe der Familien und der Kirche erhob. Für den Religionsunterricht beanspruchte er daher keinen genuinen Platz in der zu seiner Zeit gerade entstehenden modernen Schule. Dem öffentlichen Religionsunterricht an Schulen erkannte er nur eine vorübergehende Notwendigkeit, Bedeutung und Funktion zu. Diese erblickte er darin, die Überwindung des von ihm kritisierten Lehrkirchentums und die Hinwendung zur wahren Kirche zu unterstützen und Wahlfreiheit auch im Bereich des religiösen Fühlens, Denkens und Handelns zu fördern. Die Aufgabe religiöser Erziehung und Bildung sah er darin, Heranwachsende zu Menschen zu erziehen, die die Erfahrung machen, dass Religion in ihrer kategorial ausgewiesenen Grundstruktur eine selbst gewählte Lebensform darstellt, deren Einübung und Aneignung über Erziehung und Bildung vermittelt ist. Zu diesem Zweck gilt es, in den Familien und in den Kirchen intergenerationelle Lehr-Lern-Prozesse in Formen eines tradierenden und erneuernden Umgangs mit Religion zu organisieren und durch öffentliche religiöse Unterweisung in Schulen Sorge dafür zu tragen, dass die Formen der Geselligkeit sich nicht nach den Grenzen der Bekenntnisse und Religionen richten oder an diesen Halt machen. Würde einmal der Primat der Religion vor der Lehrkirche in den Kirchen selbst anerkannt und das „alles mit Religion ..., nichts aus Religion" zum Bestandteil einer übergreifenden allgemeinen Sitte geworden sein, so bedürfte es, dies war die Erwartung Schleiermachers, eines öffentlichen Religionsunterrichts an Schulen nicht mehr.

Nicht in seiner ergänzungsbedürftigen und erweiterungsfähigen Definition des Religiösen und in dessen Abgrenzung und Zuordnung zu den anderen Horizonten und Bereichen menschlichen Denkens und Handelns und auch nicht in seiner Unterscheidung zwischen der innerkirchlich-religiösen Unterweisung und Praxis und der außerkirchlich-öffentlichen Unterweisung an Schulen hat Schleiermacher geirrt, wohl aber in seiner Annahme, es werde eines Tages alles wieder „eine Sitte" werden.[17] Was unter dem „alles mit ..., nichts aus" Religion zu verstehen ist, hat sich in den zurückliegenden beiden Jahrhunderten keineswegs in einer menschheitsübergreifenden Sitte geklärt, sondern ist heute vielleicht noch problematischer geworden, als es dies schon zu Schleiermachers Zeiten war (vgl. Nipkow 2000; Leschinsky/Gruehn 2001). Einige der hierfür maßgeblichen Gründe und Phänomene seien kurz genannt:

Das Verhältnis von Wissenschaft und Praxis hat sich grundlegend gewandelt. Die Praxis, die wir heute kennen, ist nicht mehr in jedem Fall älter als die Theorie. Theorie folgt heute nicht allein der Praxis nach, sondern kann dieser ebenso vorausgehen. Unter den Bedingungen einer zunehmend verwissenschaftlichten Zivilisation und sich permanent in Modernisierungsschüben entwickelnder Gesellschaften und Staaten sind die Folgewirkungen und Orientierungsfragen individuellen und gesellschaftlichen Handelns nicht mehr mit den

[17] Schleiermacher hoffte übrigens nicht nur auf ein Überflüssigwerden öffentlicher Unterweisung über Religion, sondern setzte ebenso auf ein Überflüssigwerden weiterer erziehender und bildender Funktionen der Schule wie z. B. diejenige der Vermittlung der Elementartechniken des Lesen, Schreibens und Rechnens. Würde einmal eine ganze Generation alphabetisiert sein, so meinte er, könnten diese Elementartechniken tradiert werden wie die Muttersprache, die auch nicht in Schulen erlernt wird. Vgl. Schleiermacher 1826/1983, S. 58.

Mitteln einer hermeneutischen Auslegung der Sitte allein antizipierbar und interpretierbar.

Zu diesen Folgewirkungen gehört, dass die traditionellen Formen und Praktiken der Religion zunehmend an öffentlicher Sichtbarkeit und Bedeutung verlieren. Immer weniger Menschen üben ihre religiöse Praxis in einem kirchlichen Sinne aus, immer weniger werden vom kirchlich gebundenen Religionsunterricht der Schulen erreicht.

Der kulturelle Bestand der Religion – ganz zu schweigen vom ihrem praktischen Fortbestand – ist durch die Kirchen und durch die gesellschaftliche Öffentlichkeit allein nicht mehr ohne weiteres zu sichern. Nicht nur Kirchen, auch die Familien haben für viele längst aufgehört, eine Institution zu sein, in der elementare Formen religiösen Umgangs und einer diesen erweiternden religiösen Unterweisung praktiziert werden.

Hinzukommt, dass in pluralistischen Gesellschaften Religion nicht mehr ausschließlich oder vorrangig in der Form von Konfessionen ein und desselben Bekenntnisses vorkommt. An ihre Stelle ist vielerorts eine Vielheit der Religionen getreten, die zu ihrer Tradierung alle auf Erziehung und Bildung angewiesen sind und insofern ein gleiches Recht auf Partizipation an öffentlicher Unterweisung für sich in Anspruch nehmen können sollten.

Dem Verlust der Bedeutung der Religion steht zugleich eine Ausweitung religiöser Phänomene gegenüber. Nicht nur im öffentlichen Bewusstsein, auch in Gesetzestexten wird inzwischen zuweilen unterschiedslos von Religionsgemeinschaften und Weltanschauungsgruppierungen gesprochen. Eine neuerliche Verteidigung, Rechfertigung und Selbstkritik der Religion müsste sich daher heute nicht nur „an die Gebildeten unter ihren Verächtern" wenden. Sie müsste sich darüber hinaus auch an die in unterschiedlichen Religionen Aufgewachsenen richten und die in religiösen Sachverhalten weitgehend Ungebildeten und Gleichgültigen erreichen.

Bei alledem ist nicht zu leugnen, dass in vielen Bereichen der Verlust von Religion mit einem deutlichen Zugewinn an individueller und gesellschaftlicher Freiheit verbunden ist. Ich nenne nur die gegenüber Schleiermachers Zeit weiter fortgeschrittene Trennung von Staat und Kirche, die im Ursprungsland der Reformation das Ende der Staatsreligion herbeigeführt hat, oder die Durchsetzung negativer und positiver Religionsfreiheit sowie die im gesellschaftlichen Leben heute weithin anerkannte, schon von Schleiermacher geforderte Unterscheidung zwischen Wissenschaft, Ethik und Religion. Sie wird zwar zuweilen von einzelnen Religionen und Bekenntnissen noch in Frage gestellt, ist gleichwohl in unserer Verfassung durch allgemeine Grundrechte abgesichert.

Aus Schleiermachers „alles mit Religion ..., nichts aus Religion" ist weithin ein „alles ohne Religion, nichts mit Religion" geworden. Religion scheint damit einerseits in einem in unserer Tradition noch nie gekannten Maße auf eine Tradierung in öffentlichen Schulen angewiesen und anderseits auf eine solche Vermittlung trotz der bis in die Zeit der Reformation und über sie hinaus zurückreichenden Traditionen religiöser Unterweisung in Schulen noch nicht angemessen vorbereitet zu sein. Dies leitet zum zweiten Teil meiner Überlegungen über.

2. Grundprobleme und Grundfragen eines zeitgemäßen Religionsunterrichts an öffentlichen Schulen

Nähert man sich dem Religionsunterricht nicht im Ausgang von bildungstheoretischen, religionspädagogischen sowie theologischen Reflexionen, sondern auf dem Weg durch die Präambeln der Richtlinien und Lehrpläne, so gewinnt man ein anderes Bild. In diesen ist verständlicherweise nicht von einem „alles ohne, nicht mit Religion“ die Rede. Dagegen finden sich zuweilen dort Ausführungen, die Schleiermachers „alles mit, nichts aus Religion“ zu beherzigen suchen. Häufig aber werden in den Präambeln zum konfessionellen Religionsunterricht Auffassungen vertreten, die das von Schleiermacher kritisierte und kategorial nicht ausweisbare „alles mit und alles aus Religion“ zum Programm erheben.

Es ist m.E. verdienstvoll, dass die Evangelische Kirche Berlin-Brandenburg vor einiger Zeit damit begonnen hat, die von ihr in West-Berlin über Jahrzehnte praktizierte, durch die Berliner Regelung für den Religionsunterricht mitbedingte Konzeption einer gemeindeorientierten religiösen Unterweisung in öffentlichen Schulen zu überprüfen und im Sinne eines stärker didaktisch und schultheoretisch ausgerichteten Ansatzes zu reformieren. Gegenwärtig wird versucht, eine Konzeption für den evangelischen Religionsunterricht zu erarbeiten, welche die kategorialen Anliegen religiöser Unterweisung mit denjenigen eines öffentlich zu erteilenden Unterrichts in einem zugleich bildungstheoretisch, religionspädagogisch und theologisch ausgewiesenen Sinne abzustimmen sucht.

Die „Grundsätze für den Evangelischen Religionsunterricht“ und der auf ihnen aufbauende Rahmenplanentwurf unterscheiden kaum zwischen unterrichtlichen Aufgaben und solchen der praktischen Ausübung von Religion, sie unterstellen zuweilen unproblematische und in sich stimmige Zusammenhänge zwischen biblischen Zeugnissen, der gegenwärtigen Tradierung des Glaubens, der Gegenwartsbedeutsamkeit des tradierten Bekenntnisses und einem durch Unterricht zu fördernden Dienst an der Kirche, die so weder allgemein gegeben und anerkannt noch wünschbar und herstellbar und auch nicht mit den Aufgaben öffentlichen Unterrichts in Schulen abgestimmt sind. Aussagen über einen didaktisch ausgewiesenen und bildungstheoretisch und theologisch orientierten Religionsunterricht fehlen nahezu gänzlich. Stattdessen ist durchgehend aus der Sicht eines Predigers die Rede, der seinen Glauben bezeugt und die Gemeinde im Glauben zu stärken sucht.

Auch wenn diese Einstellung im innerkirchlichen Bereich für die Ausübung und Tätigkeit in pastoralen Ämtern legitim sein mag, die jedoch zunehmend mit ähnlichen Transformationsaufgaben und Problemen wie der Unterricht an Schulen konfrontiert sind, auf den Bereich eines öffentlichen Unterrichts ist sie nicht übertragbar. Öffentlicher Religionsunterricht kann nicht aus der Sicht eines Predigers erteilt werden, der zur Ausübung des richtigen Glaubens aufruft und ermahnt. Er verlangt zwingend, dass die Grundüberzeugungen, die Lehrmeinung, die Glaubenspraktiken, die Geschichte und Überlieferung der Religion und die z.T. kontroversen Reflexionen der Theologie in schulische Unterrichtsinhalte transformiert werden. Diese müssen sich auf ein Wissen beziehen, das als solches gelehrt, gelernt, gewusst, beurteilt und überprüft werden kann. Ohne den kategorialen Ausweis eines solchen Wissens und Könnens ist Religionsunterricht an öffentlichen Schulen nicht legitimierbar.

Freilich muss es sich bei diesem Wissen, soll es in einem Unterricht vermittelt, gelehrt und angeeignet werden, der den Namen Unterricht über Religion verdient, um ein Wissen handeln, das ein Wissen über Religion und religiöse Sachverhalte bereit stellt. Sowenig Ergebnisse der Meinungsforschung über naturwissenschaftliche und technische Sachverhalte für Physik und Chemie gehalten werden, sowenig eine Psychologie oder Soziologie der Mathematik die Mathematik selbst zu ersetzen vermag, sondern diese als solche voraussetzt, sowenig können religionswissenschaftliche und sozialwissenschaftliche Thematisierungen von Religion für sich genommen die Thematik des Religionsunterrichts ausmachen. Auch sie setzen die Religionen und ihre Phänomene, die sie untersuchen, voraus und müssen sich davor hüten, den Sachverhalt, den sie untersuchen, auf das zu reduzieren, was sie von ihm in der Sprache der Wissenschaft erfassen.

Die Heranwachsenden aber sollen im Schulunterricht nicht in szientifische und metawissenschaftliche Thematisierungen des Religiösen, sondern in die Wissensformen der Religion selbst eingeführt werden. Wie Fremdsprachenunterricht in der Schule nicht in der Form einer Metatheorie der vergleichenden Sprachforschung, sondern als Latein-, Englisch-, Französisch- oder Spanischunterricht erteilt und betrieben wird, so kann auch Religionsunterricht nicht in der Form einer vergleichenden Religionskunde und -wissenschaft erteilt werden. Vergleichen kann nur, wer ansatzweise schon kundig ist in dem, was verglichen werden soll. Unterrichtlich aber können ebenso wenig gleichzeitig in einem Fach mehrere Sprachen wie mehrere Religionen vermittelt werden. Aufgabe des Unterrichts in einer bestimmten Sprache wie in einer bestimmten Religion ist es, das Kundigwerden in der jeweiligen Sache zu fördern und das Vergleichen allererst möglich zu machen. Unterricht beginnt beim Bekannten und vermittelt von hierher das noch nicht Bekannte. Im Vergleichen wird hingegen Eigenes mit Fremdem verglichen. Für den aber, der nichts Eigenes hat, kann es auch kein Fremdes geben.[20]

Von hierher sehe ich zwei Gefahren, mit denen heute religiöse Unterweisung und Religionsunterricht konfrontiert sind. Die eine scheint mir die zu sein, dass die religiösen Erfahrungen selbst abhanden kommen, an die Religionsunterricht anknüpfen muss, um den Lernenden noch Unbekanntes von ihnen schon Bekanntem her zu erschließen. Wie ohne den vorausgegangenen Erwerb der Muttersprache Fremdsprachenunterricht nicht möglich ist, so kann ohne vorausgegangene Befassung mit religiösen Phänomenen Religionsunterricht nicht gelingen. Die Pflege der Religion in der Sphäre des Umgangs mit einer konkreten, geschichtlich überlieferten Religion gehört darum zu den durch nichts substituierbaren Voraussetzungen religiöser Unterweisung. Wo sie nicht gegeben ist, muss sie auf dem Wege der Erkundung und Exkursion, der Expertenbefragung und Hospitation in der Schule künstlich angebahnt werden. Solche Erkundungen dienen im Bereich des Schulunterrichts dann nicht dem Zweck, Heranwachsende in den Glauben einer bestimmten Religion einzuüben, sondern verfolgen das Ziel, Kenntnisse über religiöse Phänomene und Erfahrungen bezüglich religiöser Praktiken zu vermitteln, an die Unterricht anknüpfen kann.

Vorstellungen von einer unmittelbaren Einheit von Empirie, Theorie und Praxis sind zur Bestimmung solcher Aufgabenstellungen wenig hilfreich. Nicht der Sprung aus der Lehrerrolle in die des Predigers und Missionars, sondern die geduldige Anstrengung des Lehrers ist hier gefragt. Vom Lehrer wird verlangt, dass er in dem den Schülerinnen und Schülern schon Bekannten die Spuren des Religiösen aufzusuchen und dieses in seinen Vermischungen mit und Überlagerungen durch anderes zu analysieren weiß und es von daher versteht, die Erfahrung und das Bewusstsein für die Eigenstruktur des Religiösen und seine mannigfaltigen Beziehungen zu anderem zu fördern. Ohne entsprechende Anstrengungen auf Seiten der Lehrenden und der Lernenden drohen Bildungsprozesse im Bereich des Religiösen so zu enden, wie Musil sie im „Mann ohne Eigenschaften“ dargestellt hat. Von diesem sagte er sinngemäß: „Er glaubte nichts, aber er war ein religiöser Mensch.”

Musils Mann ohne Eigenschaften wusste immerhin, dass er keinen Glauben hatte. Heute gibt es dagegen zunehmend Leute mit Eigenschaften, die alles nach Belieben miteinander verknüpfen und abwechselnd den Urknall oder die Entropie als wissenschaftlich elaborierte Formen älterer religiöser Deutungsmuster ansehen oder die Jahrmillionen, die die Erde als Himmelkörper nach den Einsichten der Thermodynamik noch Bestand haben soll, für eine exakte Berechnung der noch ausstehenden Dauer einer Heilsgeschichte halten, in der Menschen versuchen können, das Reich Gottes auf Erden zu verwirklichen.

[20] Eine vergleichende Betrachtung der Religionen kann daher nicht am Anfang religiöser Erziehung und Unterweisung stehen, sondern gehört zu den unverzichtbaren Aufgaben eines schon etwas fortgeschritteneren Religionsunterrichts.

Die so reden, haben keinerlei Ahnung von den Differenzierungs- und Transformationsleistungen, die es zu vollziehen gilt, um den Blick von physikalischen, ethischen oder metaphysischen Sachverhalten auf religiöse Sachverhalte zu richten und einen „Sinn und Geschmack“ für das Verhältnis des Endlichen zum Absoluten und die Beziehung der all unserem Wissen und Forschen uneinholbar vorausgesetzten Welt zu deren Gegebenheit als Schöpfung zu entwickeln.

Aufgabe des Religionsunterrichts ist es, am Beispiel und im Medium einer historisch überlieferten Religion elementare religiöse Erfahrungen zu thematisieren, in religiöse Deutungsmuster einzuführen und im Durchgang durch die Geschichte der jeweiligen Religion das Bewusstsein dafür zu schärfen, worin die Leistungen und die Grenzen des religiösen Erfahrungsraumes liegen. Hierzu gehört, dass die Heranwachsenden auch ein Problembewusstsein dafür entwickeln, wann Religion, um noch einmal Schleiermacher zu erwähnen, indoktriniert und in „unheilige Superstition“ umschlägt. Ein erfahrungs- und umgangserweiternd, analytisch und zugleich kritisch konzeptualisierter Religionsunterricht erreicht dort sein Ziel, wo Heranwachsenden im Medium einer überlieferten Religion und von daher auch in Auseinandersetzung mit anderen Religionen bewusst wird, dass das Proprium der Religion in der Erfahrung und Reflexion des Verhältnisses des Endlichen zum Unendlichen liegt und dass es zwischen diesem und außerreligiösen Sachverhalten und Erfahrungen nach vielen Seiten bedeutsame und problematische Bezüge gibt.

Ganz in diesem Sinne hat sich Wolfgang Huber, Bischof der Evangelischen Kirche von Berlin und Brandenburg, in einem anlässlich der Berliner Ausstellung „Körperwelten“ entstandenen Beitrag im „Tagesspiegel“ geäußert. Gegen Vorstellungen, die das Verhältnis des Endlichen zum Absoluten als verdinglichte Unendlichkeit einer innerweltlichen Unsterblichkeit denken und nach dem Vorbild der altägyptischen Mumien, des Lebens der Einzeller oder der jüngsten Klon-Visionen der Evolutionstechnologie interpretieren, gibt er zu bedenken, dass die Annahme der Endlichkeit und des Todes und die mit ihr verbundene Trauer und Hoffnung „kein Verlust“ sein müssen:

„Schließlich macht die Endlichkeit unseres Lebens erst den Augenblick wertvoll; nur die Tatsache, dass das Leben begrenzt ist, zwingt uns zur Entscheidung darüber, was richtig ist. So entscheiden wir uns für ein Leben.“ (Huber 2001)

Aufgabe des Religionsunterrichts an öffentlichen Schulen wäre es vor diesem Hintergrund, religiöse Erfahrungen im Medium des Unterrichts zu tradieren und zu reflektieren und Voraussetzungen dafür zu schaffen, dass auch unter modernen Bedingungen die bewusste Wahl einer religiösen Lebensform möglich bleibt. Anders als in früheren Zeiten kann Religionsunterricht heute diese Wahl nicht mehr als durch die Eltern stellvertretend für die Heranwachsenden bereits entschieden voraussetzen. Auch stellvertretend vorweggenommene Wahlen müssen heute von denen, die sich für eine bestimmte Lebensform entscheiden, selbst gewählt und im eigenen Handeln immer wieder von neuem bestätigt werden. Unterricht kann und darf solche Wahlen nicht als Unterricht unmittelbar herbeiführen wollen. Aber zu zeigen, welche Fragen, Schwierigkeiten und Anstrengungen mit einer sich auf der Höhe der Zeit bewegenden Betrachtung des Endlichen aus seiner Abhängigkeit vom Unendlichen verbunden sind, und auf diese Weise die bewusste Wahl einer auch diese Fragen bedenkenden Lebensform offen zu halten, könnte eine von indoktrinierendem Missionarismus befreite didaktische, bildungstheoretische, theologische und religionspädagogische Aufgabe eines erziehenden und bildenden Religionsunterrichts sein.

Hier aber kommt eine weitere Schwierigkeit hinzu. Viele Inhalte des Religionsunterrichts erfüllen diese Bedingung heute nicht. Schleiermachers „alles mit Religion, nichts aus Religion“ verstand unter dem „mit Religion“ einen kategorial ausgewiesenen Horizont religiöser Erfahrung, den es von Problemstellungen der Ethik und der Wissenschaften streng zu unterscheiden gilt.[22] In den Lehrplänen für Religion wird dagegen an Stelle der von Schleichermacher aufgezeigten Allapplizierbarkeit des Religiösen zuweilen eine Allzuständigkeit von Religion unterstellt oder in Anspruch genommen, die es nicht gibt, die so auch nicht wünschbar ist und die den Lehrern dieses Faches ihre Arbeit nicht erleichtert, sondern unnötig erschwert. Einen beträchtlichen Anteil an dieser Misere scheint mir ein gewisser Schlüsselproblemhumanismus zu haben, der inzwischen ältere Anstrengungen um eine kategorial und exemplarisch ausgewiesene Legitimation der Unterrichtsfächer, ihrer Inhalte und Betrachtungsweisen vielerorts abgelöst hat.[23] Als Schlüsselprobleme hat Wolfgang Klafki in einer Studie zu LER zunächst sieben genannt und diesen dann ein achtes hinzugefügt, das erst Ende des 20. Jahrhunderts virulent geworden sein soll. Bei den sieben handelt es sich um die „ökologische Problematik“, um „alte und neue Kriegsgefahren“ und um die Probleme „der wachsenden

[22] Es sei daran erinnert, dass die beiden großen systematischen Ethiken unserer Tradition, diejenige des Aristoteles und diejenige Kants, keine religiöse Letztbegründung kennen, ohne dass dies ihnen als ein Defizit angerechnet werden kann. Und die sie problematisierenden Ansätze des skeptisch und aporetisch argumentierenden Sokrates oder des Formalismuskritikers Hegel setzen ebenso wenig auf eine religiöse Fundierung der Ethik. Für öffentlich zu erteilenden Religionsunterricht muss daher gleichermaßen gelten, was Kritiker des neuen Faches LER zu bedenken gegeben haben, dass es nicht Aufgabe öffentlicher Unterweisung sein kann, sich in die Lebensgestaltung der Einzelnen, diese bevormundend, einzumischen oder religiöse mit ethischen Fragen zum Schaden beider beliebig zu vermischen und zu vermengen. Vgl. hierzu Benner 1999a.

[23] W. Klafkis frühe Studien zur Bildungstheorie und Didaktik gehören m.E: auch heute noch zu den bedeutenden Arbeiten im Bereich der Allgemeinen Didaktik. Ihre Aktualität scheint mir u. a. darin zu liegen, dass sie einerseits anschlussfähig sind an neuere Bestrebungen um eine Pluralisierung von Kritik, wie sie W. Klafki selbst in seiner Aufnahme von Problemstellungen der kritischen Theorie der Frankfurter Schule bereits Ende der 60er Jahre vollzogen hat, und anderseits Aspekte enthalten, die für eine Kritik der von W. Klafki in den letzten Jahren vertretenen Schlüsselproblemdidaktik hilfreich sind. Siehe hierzu Klafki 1963, 1985 und 1999; vgl. auch die Beiträge von Ruhloff, Heid, Benner, Imelman, Müller, G. Fischer, Schluß, Meijer, Wallraven und von Laer in: Benner/Göstemeyer/ Sladek 1999.

Weltbevölkerung", der „gesellschaftlich produzierten alten und neuen Ungleichheiten", der „weltweiten Vernetzungen und Abhängigkeiten", der „neuen elektronischen Informations-, Kommunikations- und Steuerungsmedien" sowie der „oft spannungsreichen Begegnungen zwischen Menschen verschiedener Kulturen, Ethnien, Religionen". Zu diesen Schlüsselproblemen soll „am Ende des 20. Jahrhunderts" ein achtes „epochal-typisches Schlüsselproblem" hinzugekommen sein. Von diesem wird gesagt, es beziehe sich auf die „Frage der personalen Identitätsbildung, der verantwortbaren Lebensgestaltung, der Entwicklung der Fähigkeiten, sich mit Sinnfragen (und) ethischen und religiösen Orientierungsproblemen auseinanderzusetzen und personal verantwortbare Entscheidungen treffen zu können".

Mit den zitierten Ausführungen will Wolfgang Klafki ausdrücklich nicht nur LER legitimieren, sondern darüber hinaus zugleich auf Möglichkeiten einer Reform des Religionsunterrichts hinweisen. Dieser soll alternativ als ein allgemeiner oder auch als ein konfessioneller Religionsunterricht ausgestaltet werden und sich wie LER mit Fragen der Lebensgestaltung, der Ethik und der Religion befassen. Dahinter steht die Auffassung, dass die in LER zusammengeführten Lernbereiche dadurch definiert sind, dass sie alle auf Schlüsselprobleme bezogen sind, die je nach Konzeption ohne ausgewiesene religiöse Bindung in Fach „Lebensgestaltung–Ethik– Religion" oder mit einer allgemeinen religiösen Bindung in einem Fach „allgemeiner Religionsunterricht" oder auch in einem Wahlpflichtfach „konfessioneller Religionsunterricht–Ethik" unterrichtet werden können.

In diesem Vorschlag ist nahezu die gesamte Bandbreite der gegenwärtig diskutierten Modelle angesprochen, die seit Schleiermacher diskutierte Aufgabe einer problematischen Legitimation religiöser Unterweisung in Abgrenzung zu Ethik, neuzeitlicher Wissenschaft und Philosophie jedoch weitgehend ausgeblendet.[24] Auf sie aber kommt es in bildungstheoretischer, religionspädagogischer und theologischer Hinsicht entscheidend an, wenn dem Religionsunterricht nicht leichtfertig eine Problemlösungskompetenz in Hinblick auf angeblich erst seit dem Ende des 20. Jahrhunderts sichtbar gewordene epochale Schlüsselprobleme zugesprochen werden soll. Durch eine kategorial beliebige und reflexiv unkontrollierte Vermischung von Fragen unterschiedlichster Art zu vermeintlichen Schlüsselproblemen, über deren Definition, Beschreibung und Lösung es zudem keinerlei Konsens gibt, kann Religionsunterricht ebenso wenig wie irgendein anderer Bereich des Unterrichts eine angemessene Konturierung und Legitimation finden.

Eine Didaktik des Religionsunterrichts an öffentlichen Schulen wird sich daher davor hüten müssen, ihre Aufgaben aus vermeintlichen Schlüsselproblemen abzuleiten und auf diese hin die Kompetenzen zu definieren, die durch Religionsunterricht zu vermitteln sind. Im Zentrum des Religionsunterrichts

---

24 Über den Streit für und wider LER, in dem u. a. auch neue Konzepte für den Religionsunterricht entwickelt wurden, informiert Schluß 2000.

müssen vielmehr historisch erinnernde, hermeneutisch problematisierende, die Möglichkeiten und Grenzen des religiösen Weltverhältnisses reflektierende Betrachtungsarten stehen, welche an die Tradition und Überlieferung anschließen, in diese einführen und zu einem offenen Experimentieren mit den in ihr geklärten und ungeklärten Fragen herausfordern. Das vorläufige Ergebnis meiner Überlegungen lässt sich daher in folgenden Thesen zusammenfassen:

Religionsunterricht kann nur dann einen legitimen Platz im Rahmen des an öffentlichen Schulen zu erteilenden Unterrichts beanspruchen, wenn er von einer kritischen Bestimmung des Proprium der Religion ausgeht und seine Aufgabe darin sieht, in den Heranwachsenden ein Bewusstsein von den Möglichkeiten, Aufgaben, Schwierigkeiten und Grenzen religiöser Weltinterpretation zu entwickeln.

Ein solcher Unterricht muss darauf verzichten, für Religion überhaupt oder für eine bestimmte Religion eine universelle Problemlösungskompetenz im Bezug auf alle Orientierungs- und Sinnfragen des Lebens zu beanspruchen oder zu unterstellen.

Was es heißt, „alles mit, nichts aus Religion“ zu tun, ist kein affirmativer, sondern ein problematischer Sachverhalt, den es differenziert zu interpretieren gilt. Zu diesem Zweck muss Religionsunterricht an die im Horizont und Umkreis der Heranwachsenden vorfindlichen religiösen Erfahrungen anknüpfen, diese durch Erkundungen, Exkursionen und Hospitationen bewusst zu machen und zu klären suchen und dabei in die Praktiken und die Geschichte einer positiven Religion so einführen, dass deren Deutungsmuster erkannt und durch den Blick auf andere Religionen erweitert werden.

Anliegen eines solchen Unterrichts kann es nicht sein, Heranwachsende zur Affirmation der Dogmatik und Lehre, der Heilsgewissheiten und Herrschaftsstrukturen einer bestimmten Kirche zu erziehen, sondern sie in Betrachtungsweisen einzuführen, welche die Differenz zwischen fundamentalistischer Lehrkirche und wahrer Kirche in die Geschichte der Religion zurückverfolgen und für die Gegenwart fruchtbar zu machen suchen.

Zu einer angemessenen Betrachtung des Endlichen in seinen Beziehungen zum Absoluten gehört darum auch, an die Irrwege und Irrtümer, die unterdrückten Richtungen und die Verbrechen zu erinnern, die die im Unterricht zu vermittelnden Religionen, insbesondere aber die jeweilige Leitreligion, in der Geschichte an ihren Angehörigen und an Anderen begangen oder gefördert haben.

Die genannten Sachverhalte gilt es im Unterricht nicht moralisierend und politisierend und auch nicht postulatorisch, sondern als Beispiele für die Aufgabe und die Schwierigkeit zu behandeln, das Proprium des Religiösen angemessen in einer überlieferten Religion zu bestimmen und „unheilige Superstitionen“, wenn vielleicht nicht gänzlich zu vermeiden, so doch wenigstens zu erschweren.

Die damit beschriebenen Möglichkeiten und Grenzen eines theologisch, bildungstheoretisch und didaktisch ausgewiesenen Religionsunterrichts sind Grenzen des Unterrichts, nicht aber Grenzen religiöser Erziehung und Bildung und auch nicht Grenzen der Religion selbst. Die Praktiken religiöser Erziehung und Bildung gehen wie die anderer Bereiche der Bildung – die sprachliche, die historische, die politische und die ästhetische, um nur einige Beispiele zu nennen – weit über die Formen einer unterrichtlichen Vermittlung grundlegender Kenntnisse und Wissensformen hinaus. Religiöse Erziehung und Bildung hat es immer auch mit der Aufgabe zu tun, Heranwachsende in die religiöse Praxis selbst einzuführen und zur Wahl einer religiösen Lebensform anzuhalten.

Von dieser durch Unterricht zwar anzubahnenden, über Unterricht jedoch hinausweisenden Aufgabe war hier nicht die Rede. Sie sollte am Ende jedoch ausdrücklich genannt werden. Das Verhältnis von Religion und Bildung ist nicht nur ein unterrichtlich zu thematisierender Sachverhalt. Es bezieht sich – wie die Verhältnisse von Bildung und Arbeit, Bildung und Ethik, Bildung und Politik sowie Bildung und Kunst – zugleich auf die Aufgabe, Heranwachsende auf den Eintritt in gesellschaftliche Handlungsfelder vorzubereiten.

So gesehen sind die Grenzen des Religionsunterrichts nicht mit den Grenzen religiöser Erziehung und Bildung und auch nicht mit jenen der Religion identisch. Religion und religiöse Bildung haben nicht nur unterrichtliche Grenzen, sondern auch über den Unterricht hinausgehende Möglichkeiten.[25] Sie gilt es für religiöse Erziehung so zu nutzen und zu kultivieren, dass religiöse Bildung weder sich selbst noch andere Bereiche der Bildung beschädigt, sondern die nicht-religiösen Weltverhältnisse um Möglichkeiten, Perspektiven und Aufgaben bereichert, die diese aus eigener Kraft nicht sichern können.

---

[25] Vgl. hierzu die grundsätzlichen Überlegungen von Berthold Otto 1919/2001.

Negative Moralisierung und experimentelle Ethik als zeitgemäße Formen der Moralerziehung [1]

1. Vorbemerkung

Im Jahre 1980 veröffentlichte die österreichische Schriftstellerin Christine Nöstlinger einen autobiographischen Essay, in dem sie sich zum Verhältnis von Moral und Bildung eingangs folgendermaßen äußert:

„Vor mehr als zehn Jahren schrieb ich ein Gedicht, das begann ungefähr so:
Man hat versäumt, mir Maßstäbe mitzugeben,
an denen ich meine Handlungen messen kann,
in moralischer Hinsicht -
Nach zehn Jahren Kinderbuchschreiben und der damit verbundenen Erinnerungsarbeit weiß ich, dass ich mich damals beim Gedichtschreiben sehr geirrt habe. Jeder Mensch, der mir in meiner Kindheit Bezugsperson war, hat in ‚moralischer Hinsicht' emsig an mir gewerkt." (Christine Nöstlinger 1980)

Im Fortgang ihrer Selbstvergewisserung zeigt Nöstlinger, dass ihre moralische Sozialisation keineswegs durch einen Mangel und auch nicht durch einen Überfluss an moralischen Leitbildern bestimmt war. Anlass zur Korrektur der im Gedicht vertretenen Auffassung sei nämlich ein erst später von ihr reflektierter Widerstreit zwischen den Urteils- und Handlungsmustern der unterschiedlichen Moralen gewesen, zu denen und nach denen sie erzogen wurde. Die Erfahrung dieses Widerstreits habe sie schließlich zu der Einsicht geführt, nicht nur in ihrer Kindheit und Jugend, sondern in ihrem ganzen bisherigen Leben „moralisch unterwegs" gewesen zu sein.

Christines Erziehung war anfänglich durch Moralvorstellungen der Mutter bestimmt und geriet später unter weitere Einflüsse, die vom Großvater, der Volksschullehrerin und dem aus der Gefangenschaft zurückgekehrten Vater ausgingen. Vom Wechselbad ihrer moralischen Erfahrungen und Sozialisation heißt es im Text:

---

[1] Der Beitrag geht auf einen Vortrag im Rahmen eines von der Schweizer Konferenz der kantonalen Erziehungsdirektoren am 04. und 05. März 2004 organisierten wissenschaftlichen Kolloquiums an der Universität Bern zurück Eine deutsch-französische Fassung ist erschienen in Hügli/Thurnherr (Hrsg.) 2006, S. 83-130, eine gekürzte Fassung wurde in die Festschrift für Achim Leschinsky aufgenommen; siehe Gruehn/Kluchert/Koinzer (Hrsg.) 2004, S. 219-234.

- Die ersten moralischen Erfahrungen habe sie im Umgang mit der Mutter gemacht, die ihr beibrachte, dass „lügen, raufen, streiten, bockig-sein" zu den moralisch erlaubten Handlungen gehören, „Sittlichkeitsdelikte" hingegen nicht und „Eigentumsdelikte" nur dann, wenn durch sie nicht die eigene Familie, sondern Fremde bestohlen werden.
- Unter dem Einfluss dieser Morallektionen habe sie bei einer nahe gelegenen Trafik regelmäßig Zigaretten gestohlen und diese in ihrem Puppenkoffer für den in Kriegsgefangenschaft lebenden Vater aufbewahrt.
- Als der Inhalt des Köfferchens nicht zu-, sondern abnahm, habe sie entdeckt, dass der Großvater nicht die Moral ihrer Mutter teilte, sondern mit dem Inhalt des Köfferchens der Enkelin seine „Nikotinsucht" befriedigte.
- Durch die Volksschullehrerin sei sie dann darüber aufgeklärt worden, dass das Wort „Gewissen" nicht ihr gutes Gewissen beim fürsorglichen Stehlen, sondern das „schlechte Gewissen" bezeichne, das sich im Falle von Diebstahl und anderen Verfehlungen bei sogenannten guten Menschen von selbst einstelle. Fortan habe sie nicht mehr mit gutem Gewissen gestohlen, sondern angefangen, sich „gewissenlos" zu fühlen.
- Dem aus der Gefangenschaft entlassenen Vater sei es schließlich gelungen, die inzwischen pubertierende Tochter davon zu überzeugen, dass man ein „schlechtes Gewissen" nur zu haben brauche, „wenn man die Dinge, die man für richtig hält, nicht sagt und nicht tut".
- Nach der Annahme dieser Überzeugung sei sie mit vierzehn Jahren dem „Vater eine helle Freude" und der „kleinbürgerlichen Umgebung ein rechter Greuel" gewesen.
- Um „einzusehen, dass das Bild", das ihr der Vater von seiner Person vermittelte, „erstunken und erlogen war", habe sie weitere 15 Jahre gebraucht. Dasselbe lasse sich von jener Moral sagen, mit der sie der Vater zu befreunden suchte. Deren Grundsatz habe gelautet, „dass Weiber, die herumschmusen und dann das ‚Letzte' verweigern, das Letzte sind" (Nöstlinger 1980, S. 1-6).

Nöstlingers Essay erinnert Begegnungen mit Personen, die – jede auf ihre Weise - über fest gefügte moralische Grundsätze verfügten und - zum Leidwesen und Glück für das heranwachsende Kind – einander widerstreitende Moralen repräsentierten. Unter dem Einfluss von Normen und Lebensformen, die ihr als „mores" nahe gebracht wurden, musste sich das junge Mädchen mit verschiedenen Tugenderwartungen auseinander setzen. Nacheinander erlernte sie auf diese Weise die Tugenden und Untugenden des fürsorglichen Diebstahls, der heteronomen Gewissensprüfung und der versuchsweisen Promiskuität. Erst später wurde sie gewahr, dass sie bei der Nachahmung und Übernahme der verschiedenen Moralen zu keiner Moral gelangte, an der sie als ihrer eigenen Moral und einer legitimen Moral für den Umgang mit anderen hätte festhalten können.

Nöstlingers Rückblick auf ihre eigene moralische Sozialisation ist ein eindrucksvolles Beispiel dafür, dass moralische Erziehung und Sozialisation wechselnden Normsetzungen einander widerstreitender Moralen folgen kann, ohne dass der Durchgang durch diese zu einer dauerhaften Übernahme und Anerkennung einer der sozialisatorisch wirksamen Moralen führen muss. Vorgänge dieser Art gehören seit der biblischen Erzählung vom Sündenfall zur Normalsituation des Eintritts von Menschen in die Geschichte. Negative Erfahrungen im Umgang mit Moral müssen daher auch in der heutigen Diskussion über Tugenderziehung nicht als beunruhigend empfunden werden. Zu fragen ist vielmehr, wie ein bildender Umgang mit der Vielzahl von Moralen denkbar und möglich ist, die Heranwachsenden von ihren Bezugspersonen und der Gesellschaft zugemutet werden.

Im Zentrum der folgenden Analysen stehen Reflexionen zur Bedeutung negativer moralischer Erfahrungen für eine reflektierende Ethik und Moralerziehung. Sie lassen sich in der Philosophie bis auf Sokrates zurückverfolgen. Anspruchsvolle Überlegungen zur Bedeutung negativer moralischer Erfahrungen finden sich in der Pädagogik bei Klassikern wie Rousseau, Schleiermacher und Herbart. Die sozialwissenschaftliche Forschung fand lange Zeit kaum Anschluss an diese handlungstheoretischen Traditionen. In jüngster Zeit hat jedoch Fritz Oser in Untersuchungen zur moralischen Sozialisation Erwachsener dem reflektierenden Umgang mit negativen moralischen Erfahrungen eine grundlegende Bedeutung für moralische Erziehung, Bildung und Entwicklung zuerkannt. Diese eröffnen neue Chancen für eine Theorieentwicklung und Forschung, die den Hiatus zwischen philosophischen, bildungstheoretischen und erfahrungswissenschaftlichen Thematisierungen der Beziehungen zwischen Moral und Bildung sowie Erziehung und moralischer Entwicklung reflektiert und ein Stück weit überbrückt.

2. Positive und negative moralische Bildung in der Theorie der griechischen Paideia

In ihren Entwürfen zu einer Polis-Ethik gingen schon Platon und Aristoteles von der Erfahrung aus, dass Moral den Menschen weder angeboren ist noch von selbst entsteht, sondern einer besonderen pädagogischen und politischen Sorge bedarf (vgl. Platon: Protagoras 323 c; Aristoteles: Politik: 8. Buch, Kapitel 1). Die Erziehung der freien Bürger konzipierten sie so, dass Heranwachsende zunächst in die bestehende Sitte eingeführt und erst nach abgeschlossener positiver Gewöhnung – als Erwachsene also – über die Gründe der zweckmäßigen Ordnung der Polis unterrichtet werden. In der Annahme eines quasi-natürlichen Nachfolgeverhältnisses von moralischer Sozialisation und ethischer Unterweisung stimmten Platon und Aristoteles überein, nicht aber in den Antworten, die sie auf die Frage gaben, worin denn die Zweckordnung der moralisch-politischen Welt bestehe und wie im Umgang mit ihr die Tugend erlernt werden könne.

Die griechische Philosophie suchte die für den Erhalt der Polis notwendigen ökonomischen, ethischen, pädagogischen, politischen, ästhetischen und religiösen Praktiken nach Maßgabe einer Hierarchie der Tätigkeiten, Güter und Tugenden zu ordnen. Dieser zufolge bringen die niederen, zur Arbeit gehörenden Tätigkeiten niedere Güter hervor, die sich durch höhere Tätigkeiten zu höheren Gütern veredeln lassen, welche die Mittel für ranghöchste Tätigkeiten bereitstellen, die ihren Zweck nicht außerhalb ihrer selbst, sondern in sich haben. An klassischen Exempeln lässt sich dies verdeutlichen. So sägen Sklaven im Bergwerk den Marmorblock aus dem Stein, heben anschließend Bildhauer aus ihm die Form einer Opferschale hervor, die von Priestern gebraucht wird, um den Segen der Götter für die Stadt zu erflehen.

Die griechische Philosophie entwarf das skizzierte teleologische Ordnungsmodell zum Zeitpunkt des Niedergangs der antiken Polis. In ihm dient die Arbeit der Sicherung lebensnotwendiger Güter, die von Sklaven und Handwerkern hergestellt werden. Diese wissen die Früchte ihrer eigenen Tätigkeit nicht richtig zu gebrauchen und übergeben darum die Resultate ihrer Arbeit freien Polisbürgern, die als tapfere Wächter den Staat schützen und als einsichtig und weise Regierende die öffentlichen Angelegenheiten zweckgeleitet regeln. Eine solche Ordnung kann nur erhalten werden, wenn die Gemeinschaft der Freien und Unfreien vor den Gefahren einer Umwertung der niederen Werte, Güter und Tugenden zu höheren Künsten bewahrt wird. Die Sorge um den Erhalt der richtigen Ordnung wach zu halten, ist Aufgabe der philosophischen Reflexion, welche über die vernünftigen Zwecke der Polisordnung diskutiert. Ihr gebührt deshalb der höchste Rang unter den menschlichen Tätigkeiten, weil sie nach der „Idee des Guten“ fragt und die Bedeutung zu klären sucht, die dieser in der Beratschlagung der Bürger über Fragen der praktischen Gestaltung des Lebens (phronesis) zukommt (vgl. Platon: Politeia 601 c - 602 a; Euthydemos 289 b - 290 d).

Die von Platon und Aristoteles vorgestellte „Idee des Guten“ war mehr als eine Herrenmoral, mit der freie Bürger ihre Herrschaft über Sklaven rechtfertigten. Sie schloss die Sorge um den Fortbestand der Polis und den Erhalt der in ihr möglichen Freiheit ein. Der Fortbestand der Polis schien gefährdet, wenn der Zweck der Arbeit nicht in der Wohlversorgtheit der Bürger, sondern im gewinnbringenden Handel mit Gütern und in der Akkumulation eines stetig wachsenden Reichtums gesehen wird oder wenn Politik nicht der Selbsterhaltung der Polis dient, sondern die Macht des Staates permanent zu steigern sucht und sich die Sicherung von Vorherrschaft eines Stadtstaates über andere Staaten zum Ziel setzt.

Nach Aristoteles hängt wohlgeordnete Herrschaft davon ab, dass sie als eine gerechte Herrschaft freier Bürger über Freie und Unfreie ausgeübt wird. Der Erziehung von Kindern und Jugendlichen erkannte die antike Paideia eine dienende, nicht aber eine innovative Bedeutung für eine Weiterentwicklung der gesellschaftlichen Ordnung zu. Von der Pädagogik wurden keine neuen Einsichten in die Idee des Guten erwartet. Die Ziele der Erziehung wurden an der Selbsterhaltung der gefährdeten Polis ausgerichtet, welche auf eine gewöhnende und sozialisierende Einführung der Heranwachsenden in die Sitte angewiesen war. An diese sollte sich eine nur für Erwachsene bestimmte Beschäftigung mit theoretischen Fragen der Ethik und Politik sowie der Metaphysik und Physik anschließen. Der Zweck der praktischen Philosophie wurde darin gesehen, die Auslegung und Deutung konkreter Handlungssituationen zu unterstützen. Ihr Studium war nicht für Kinder und Jugendliche, sondern für Erwachsene bestimmt. Heranwachsende in mathematische Denk- und Urteilsformen einzuführen, gehörte nach Aristoteles zu den Aufgaben der Erziehung, Kinder und Jugendliche an der Erörterung ethischer und politischer Fragen zu beteiligen, hingegen nicht. Die Beschäftigung mit ihnen sah die antike Paideia erst für Menschen in einem fortgeschritteneren Alter vor, in dem die Einübung und Eingewöhnung in die Sitte längst abgeschlossen ist. Tugend und Charakter wurden infolgedessen nicht als Ergebnisse der Erziehung, sondern als ein Resultat eines von erwachsenen Menschen selbst verantworteten Handelns interpretiert.

Reflexionen zum Verhältnis von Erziehung, Bildung und Moral, die der Sache nach über den späteren Platon, aber auch über Aristoteles hinausweisen, finden sich in den frühen, den sokratischen Dialogen. In ihnen spricht Sokrates von einem Nicht-Wissen um das Gute, das nicht nur für den Beginn, sondern auch für den Fortgang moralischer Erziehung und Sozialisation bedeutsam ist. Im Dialog Protagoras überführen sich Sokrates und Protagoras wechselseitig eines solchen Nicht-Wissens im Bereich der Moral. Das Nicht-Wissen, von dem in diesem Dialog die Rede ist, bezieht sich sowohl auf den Begriff des Guten als auch auf Frage nach einer zur Tugend hinführenden Erziehung. Wissen und Nicht-Wissen werden von Sokrates nicht als einander ausschließende oder in höheren Formen des Wissens aufhebbare Gegenpole, sondern als Pole interpretiert, die wechselseitig aufeinander bezogen sind. So wie es erworbenes Wissen nur in Bezug auf ein vorausgehendes Nicht-Wissen gibt, so ist Nicht-Wissen auch nur in Beziehung zu Gewusstem möglich. Der Zusammenhang beider ist weder zugunsten eines abschließenden Wissens noch eines definitiven Nicht-Wissens auflösbar. Er bleibt daran zurückgebunden, dass im Wissen wie im Nicht-Wissen immer zugleich richtige und unrichtige Vorstellungen wirksam sind, die in Lern- und Verständigungsprozessen bewusst gemacht werden und deutlicher hervortreten können. In der Apologie bestreitet Sokrates, in moralischen und anderen Fragen jemals irgendjemandem gegenüber als wissender Lehrer aufgetreten zu sein (vgl. Fischer 1987). Mit Blick auf seinen eigenen moralischen Bildungsprozess führt er aus, in sich keine Stimme zu kennen, die ihm sagt, was er tun solle, wohl aber ein negatives daimonion zu besitzen (vgl. Weiß 2004), dessen Warnungen er bei bestimmten Anlässen vernehme:

„Mir ... ist dies von meiner Kindheit an geschehen, eine Stimme nämlich, welche jedes Mal, wenn sie sich hören lässt, mir von etwas abredet, was ich tun will, zugeredet aber hat sie mir nie." (Platon: Apologie 31 d)

In den von Protagoras vorgetragenen Überlegungen zur Kindererziehung spielt dagegen negative Moralität nur insoweit eine Rolle, als berichtet wird, Kinder würden durch eine spiegelbildliche Gegenüberstellung des Moralisch-Guten und des Moralisch-Bösen in die Sitte eingeführt und an moralische Urteilsformen und Wissensbestände, gewöhnt:

„Schon von der zartesten Kindheit an ..., solange sie leben, belehren und ermahnen sie ein Kind, sobald es nur versteht, was zu ihm geredet wird, sowohl die Wärterin als die Mutter, der Knabenführer und der Vater selbst beeifern sich darauf, dass der Knabe aufs beste gedeihe, indem sie ihn bei jeder Handlung und Rede belehren und ihm zeigen, dies ist recht, jenes ist unrecht, dies gut, jenes schlecht, dies fromm, jenes gottlos, dies, tue, jenes tue nicht ..." (Platon: Protagoras 325 c-d).

Abgrenzungen wie diese werden für Lernprozesse im Bereich der Moral und der moralischen Erziehung offenbar seit alters her für notwendig gehalten. Erst an der Frage, wie sich die spiegelbildlichen Unterscheidungen zum Sokratischen Wissen und Nicht-Wissen um das Gute verhalten, scheiden sich die Geister. Auf sie sind in der Moderne neue und weiterführende Antworten gegeben worden. Sie erlauben es heute, an der von Sokrates aufgeworfenen Frage festzuhalten und die von Protagoras referierte traditionelle Antwort erneut in Frage zu stellen.

3. Bruchstücke zu einer über negative Moralität vermittelten moralischen Erziehung und Bildung bei Rousseau

Von der für die griechische Polis konzipierten Ethik und Paideia unterscheiden sich moderne Erziehung und Bildung dadurch, dass für sie weder auf Seiten des Staates noch auf Seiten einer philosophischen Ethik oder irgendeiner anderen Instanz ein in sich geschlossener teleologischer Gesamtrahmen bereitsteht. In der Moderne traten nicht nur Ethik und Politik, sondern auch Politik und Religion sowie Politik und Ökonomie, über die bereits von Aristoteles entwickelten Unterscheidungen hinausgehend, soweit auseinander, dass Erziehung und Bildung nicht mehr an einer alle Bereiche menschlicher Tätigkeit hierarchisch ordnenden „Idee des Guten" ausgerichtet werden können.

Die folgenden Überlegungen gehen von einer Neubestimmung des Verhältnisses von Erziehung, Bildung und Moral aus, die sich in Rousseaus pädagogischen und politischen Abhandlungen findet. Sie knüpfen an seine Unterscheidung der Lebensformen des modernen Menschen, des antiken Staatsbürgers und des neuzeitlichen Besitzbürgers an und würdigen seine Konzeption negativer Moralerziehung als einen Ansatz, der vom Standpunkt negativer Moralität aus argumentiert und die Idee des Guten nicht mehr nach Maßgabe einer oder mehrerer positiver Moralen interpretiert.

Die Erziehung des modernen Menschen wird von Rousseau als ein Prozess ohne vorgegebenes positives Endziel beschrieben. Heranwachsende sollen nicht länger in einen bestimmten gesellschaftlichen Stand eingeführt werden, sondern lernen, ihre Bestimmung mit zu entwerfen und ihren Ort in der Gesellschaft selbst zu suchen und zu finden. Vom antiken Staatsbürger unterscheidet sich der moderne Mensch dadurch, dass er ein individuelles Leben führen kann, das nicht auf ein Leben in der Polis finalisiert ist, sondern Gesellungsformen mannigfaltigster Art kennt und erlaubt. Für den Begriff einer zeitgemäßen Moralität und Sittlichkeit bedeutet dies, dass die Beziehungen der Menschen nicht mehr nach Maßstäben einer Polissitte normiert werden können, welche die Lebensformen nach feststehenden Zwecken ordnet. Arbeit, Politik und Religion sind in modernen Gesellschaften soweit auseinander getreten, dass die Arbeit zunehmend weniger nach Ständen organisiert, Politik nicht mehr auf den Einzelstaat begrenzt und Religion nicht mehr als Staatsreligion definiert werden kann.

Von der modernen Freiheit, die eigene Lebens- und Gesellungsform zu entwerfen und zu wählen, macht nach Rousseau der keinen Gebrauch, der ein Leben als Besitzbürger führt und seinen Reichtum immer weiter zu steigern und sein Ansehen zu mehren sucht. In den Lebensformen des Ancien régime sah Rousseau die antike Form der Tugend als vernichtet an. Sie erlaubte den freien Bürgern nach den Lehren der praktischen Philosophie nicht, die Lebensform eines nach Pleonexie strebenden Besitzbürgers zu wählen, der nur seinen Vorteil kennt und die Mitbürger als bloße Mittel braucht, um seine willkürlichen Zwecke zu erreichen.

Mit Blick auf die Lebensformen des antiken Staats- und des modernen Besitzbürgers führte Rousseau aus, der moderne Mensch könne nur zum Gebrauch seiner Freiheit erzogen werden, wenn in der Erziehung die Gewöhnungen des antiken Staats- und des zeitgenössischen Besitzbürgers gleichermaßen vermieden werden:

„Die einzige Gewohnheit, welche man das Kind annehmen lassen muss, ist, dass es keine annehme ... . Man bereite von Ferne seine Freiheit und den Gebrauch seiner Kräfte dadurch vor, dass man seinem Körper die natürliche Gewöhnung lässt, dass man ihn in den Stand setzt, stets Herr über sich zu sein und in allen Sachen seinen Willen zu tun, sobald es einen haben wird.“ (Rousseau 1762/1979, S. 47)

Dass Gewöhnung an die Sitte und moralische Unterweisung unter modernen Bedingungen in das Gegenteil umschlagen können, zeigte Rousseau an der folgenden „Musterlektion“, auf die „fast alle moralischen Belehrungen zurückgeführt werden können ... die man den Kindern gibt oder geben kann“ (Rousseau 1762/1979, S. 82f.):

Der Lehrer:	Man darf das nicht tun.
Das Kind:	Und warum darf man das nicht tun?
Der Lehrer:	Weil es böse ist.
Das Kind:	Was ist denn böse?
Der Lehrer:	Was man dir verbietet.
Das Kind:	Was geschieht denn, wenn ich das tue, was man mir verbietet?
Der Lehrer:	Man wird dich bestrafen, weil du ungehorsam gewesen bist.
Das Kind:	Ich werde es schon so machen, dass man nichts davon erfährt.
Der Lehrer:	Man wird auf dich aufpassen.
Das Kind:	Ich werde mich verstecken.
Der Lehrer:	Man wird dich ausfragen.
Das Kind:	Ich werde lügen.
Der Lehrer:	Man darf nicht lügen.
Das Kind:	Warum darf man nicht lügen?
Der Lehrer:	Weil es böse ist, usw.
	Dies ist der unvermeidliche Zirkel."

In Fortführung der zunächst für die ersten Lebensalter konzipierten negativen Moralerziehung (vgl. Blankertz 1990) schlug Rousseau für das Jugendalter eine moralische Erziehung vor, welche Heranwachsende, die an keine verbindlich vorgegebene positive Moral gewöhnt sind, dazu auffordert, die gesellschaftlich vorgegebene positive Moralen daraufhin zu prüfen, inwieweit sie einer gegenseitigen Anerkennung der Menschen oder der Verschleierung von Unmoralität und der Ausübung von Herrschaft dienen. Eine solche Erziehung muss nach Rousseau

1) Heranwachsende mit dem Schicksal von Menschen konfrontieren, die nicht glücklicher, sondern unglücklicher sind als sie selbst,

(2) das zu beklagende Leid so auswählen, dass es die Lernenden selbst treffen könnte,

(3) hierbei nicht auf die Größe des Unglücks und Leids, sondern auf die Größe des Mitgefühls setzen, das vom Zögling aufgebracht und empfunden werden kann (siehe ebd., S. 274ff.).

Vom Sinn dieser Regeln sagt Rousseau, sie dienten einer Moralerziehung, die das Schicksal der Mitmenschen nicht instrumentell als Erziehungsmittel missbraucht, sondern als Mittel zur Stimulierung von Mitleid einsetzt und für die Weckung einer mitmenschlichen Solidarität nutzt, die ihren Grund und ihr Ziel in der Achtung der Würde eines jeden Einzelnen hat (zu Rousseaus Erziehungskonzeption vgl. von Hentig 2003).

4. Moderne Moralerziehung im Kontext einer nicht-hierarchisch konzipierten Sittlichkeit

Die Frage, was unter einem reflektierenden Verhältnis von Moral und Bildung und einer an dieses Verhältnis anschließenden Moralerziehung zu verstehen ist, wurde in der Folgezeit kontrovers diskutiert. Kants Moralphilosophie setzte an die Stelle der Legitimation von Beweggründen nach Maßgabe materialer Sittennormen einen einzigen „kategorischen Imperativ". Dieser wurde als ein formales und regulatives Prinzip zur Prüfung der Verallgemeinerbarkeit empirisch gehaltvoller Handlungsmaximen definiert. Zwei seiner bekannten Formulierungen lauten:

„Handle so, dass die Maxime deines Willens jederzeit zugleich als Prinzip einer allgemeinen Gesetzgebung gelten könne." (Kant 1788, A 54)

„Handle so, dass du die Menschheit, sowohl in deiner Person, als in der Person eines jeden andern, jederzeit zugleich als Zweck, niemals bloß als Mittel brauchest." (Kant 1785, A 66f.)

Eine Erziehung, die auf die Entwicklung moralischer Urteilskraft setzt, wird in den Heranwachsenden die Bereitschaft und Fähigkeit zu einem Handeln hervorzubringen suchen, das an der Idee der Anerkennung der eigenen Person und der eines jeden Anderen als Selbstzweck orientiert ist. Eine solche Erziehung erlaubt nicht mehr eine an materialen Normen ausgerichtete moralische Sozialisierung. Sie muss vielmehr jene Revolution der Denkungsart, die der kategorische Imperativ auf einen Begriff brachte, im Gemüt der Heranwachsenden hervorlocken und provozieren.

Die Legitimität einer am kategorischen Imperativ ausgerichteten Moral und Moralerziehung ist von Hegel grundsätzlich in Frage gestellt worden. Dieser warf der Ethik Kants vor, über das aristotelische Verständnis von Sittlichkeit nicht hinausgelangt, sondern hinter dieses zurückgefallen zu sein. Mit Verweis auf Kants Depositum-Beispiel führte Hegel aus, Handlungsmaximen ließen sich mit Hilfe des kategorischen Imperativs nur auf ihre formal-logische Verallgemeinerbarkeit hin prüfen, eine solche Prüfung sage jedoch nichts über die moralische Qualität der jeweiligen Maxime aus. So habe Kant auf die Frage, ob man einen in Verwahrung genommenen, deponierten Gegenstand als den eigenen ausgeben dürfe, geantwortet, dies sei nicht erlaubt, da es nach einer solchen Maxime gar kein Depositum gebe. Gegen diese Beweisführung wandte Hegel ein, die Sittlichkeit einer Handlungsmaxime hänge nicht davon ab, ob ein Depositum gedacht werden könne oder nicht, sondern davon, was unter rechtmäßigem Eigentum zu verstehen sei. Zur Illustration des Gemeinten fügte er hinzu, nach der Logik des Depositum-Beispiels müsse die Frage, ob Armen in einem verallgemeinerbaren Sinne geholfen werden dürfe, dahingehend beantwortet werden, dass eine solche Hilfe sei moralisch nicht erlaubt sei. Gewährten nämlich alle den Armen ihre Hilfe, so gäbe es keine Armut mehr.

Nach Hegels Kritik ist der kategorische Imperativ kein Prinzip der Sittlichkeit, sondern ein „Prinzip der Unsittlichkeit". Das von Kant am Depositum-Beispiel erläuterte Prüfverfahren setze an die Stelle der zu fordernden inhaltlichen Prüfung von Handlungsmaximen eine Beweisführung, die letztlich über Tautologien nicht hinausgelange. Sie ähnele damit einem Verfahren, bei dem „einer den Bock melkt, der Andere ein Sieb unterhält" (Hegel 1802/03, S. 437-537, insbesondere S. 463f.).

Zieht man jedoch nicht nur die erste, sondern auch die zweite Formulierung des kategorischen Imperativs heran, so zeigt sich, dass Hegels Kant-Kritik nur eine eingeschränkte Gültigkeit besitzt. Sie gilt für jene Formulierung, welche die formal-logische Verallgemeinerbarkeit von Maximen als Prüfkriterium für die mögliche Moralität von Handlungsmaximen ausgibt. Sie trifft hingegen nicht auf die andere Formulierung zu, welche die moralische Dignität von Handlungsmaximen daran zurück bindet, dass die jeweils intendierten Handlungen sowohl die eigene Person als die eines jeden Anderen niemals bloß als Mittel gebrauchen, sondern immer zugleich als Selbstzweck anerkennen.

Ethik und Moralerziehung stehen damit vor der Aporie, dass materiale Sittenordnungen – ganz im Sinne von Kants Unterscheidung zwischen materialer und formaler Ethik – nicht ausreichen, um die Bonität eines Willens zu prüfen, und dass die formale Allgemeinheit des Sittengesetzes – ganz im Sinne der Kant-Kritik Hegels – keinen Rechtsgrund bereitstellt, um empirisch gehaltvolle Maximen einer moralischen Legitimitätsprüfung zu unterziehen. Die Bedeutung dieser Aporie für die weitere Diskussion über Fragen der Moral- und Tugenderziehung lässt sich in Anlehnung an Kants Begriff der Aufklärung und Schleiermachers Theorie der Erziehung genauer umschreiben.

In seiner „Beantwortung" der Preisfrage, was unter Aufklärung zu verstehen sei, definierte Kant Aufklärung als „Ausgang des Menschen aus seiner selbst verschuldeten Unmündigkeit". Unmündigkeit interpretierte er als „Unvermögen, sich seines Verstandes ohne Leitung eines anderen zu bedienen". Solche Unmündigkeit nannte er „selbstverschuldet ..., wenn die Ursache derselben nicht am Mangel des Verstandes, sondern der Entschließung und des Muthes liegt", den eigenen Verstand „ohne Leitung eines andern" zu gebrauchen (Kant 1784, A 481). Der so gefasste Begriff von Aufklärung bezieht sich auf das Selbstverhältnis des erwachsenen Menschen und deutet dieses zunächst jenseits aller Erziehung. Seine pädagogische Bedeutung zeigt sich erst, wenn man die Konsequenzen bedenkt, die sich von ihm aus für die Beziehungen zwischen den Generationen ergeben.

Kants Begriff der Aufklärung leite eine Neubestimmung des Verhältnisses zwischen der erwachsenen und den nachwachsenden Generationen ein, der zufolge Erwachsene und Heranwachsende nicht mehr einander als aufgeklärte Mündige und unaufgeklärte Unmündige, sondern als an ihrer Bestimmung arbeitende Menschen gegenüberstehen. Aufklärung und Erziehung treten damit in ein Verhältnis, in dem es den Erwachsenen obliegt, sich selbst aufzuklären und Heranwachsende so zu erziehen sind, dass sich in ihnen der Mut und die

Fähigkeit entwickeln, von der Hilfe ihrer Erzieher und Lehrer unabhängig zu werden sowie selbst zu denken und zu urteilen. Moderne Erziehung kann Heranwachsende nicht mehr auf eine unmittelbare Weitergabe von Traditionen verpflichten, sondern muss dazu beitragen, dass nachwachsende Generationen schrittweise an der Beratung über die Bewahrung und die Veränderung von Traditionen mitwirken können.

Die eigene Person und die eines jeden anderen jederzeit zugleich als Zweck, niemals bloß als Mittel zu gebrauchen, stellt eine Regel dar, deren Beachtung nicht höherrangigen Tätigkeiten vorbehalten ist, sondern sich der Tendenz nach auf alle menschlichen Tätigkeiten bezieht. Wo immer Menschen einander als Mittel für ihre Zwecke gebrauchen, sind sie mit dem Problem konfrontiert, sich zugleich gegenseitig als Selbstzweck oder Person anzuerkennen; und wo überall sie sich diesem Problem stellen, geschieht dies in Kontexten, in denen sie einander als Mittel zur Erreichung eigener Zwecke gebrauchen. An die Stelle hierarchisch geordneter Beziehungen zwischen nieder- und höherwertigen Tätigkeiten und einer in sie eingewöhnenden Erziehung tritt in der modernen praktischen Philosophie und Bildungstheorie eine nicht mehr hierarchisch und teleologisch ausgerichtete Unterscheidung der menschlichen Tätigkeiten sowie ein Generationenverhältnis, welches Bildung zu Pädagogik und Politik und zunehmend auch zu Ökonomie und Religion in gleichberechtigte, kategorial ausdifferenzierte Beziehungen rückt.

Ganz in diesem Sinne unterschied Schleiermacher zwischen den Lebensgemeinschaften des Staates, der Kirche, der freien Geselligkeit und der Wissenschaft. Ihr Verhältnis ordnete er so, dass keine von ihnen einen Primat vor den anderen für sich beanspruchen kann. Dabei definierte er Religion als Gefühl der schlechthinnigen Abhängigkeit vom Absoluten, religiöse Bildung als Befähigung und Versuch des Menschen, „alles mit Religion ..., nichts aus Religion" zu tun (Schleiermacher 1799/1967, S. 60). Die Erziehung interpretierte er als eine Praxis, die sowohl auf eine individuelle als auch auf eine universelle Aufgabe ausgerichtet ist. Sie muss dafür Sorge tragen, dass jeder Einzelne in sich eine persönliche Eigentümlichkeit ausbildet und zugleich fähig wird, in die großen Lebensgemeinschaften einzutreten und an ihrer Entwicklung durch eigenes Denken und Handeln mitzuwirken (vgl. Schleiermacher 1826/1959, S. 67ff.).

Die alte, bis auf die Antike zurückgehende Einteilung der Erziehung in eine gewöhnende Sozialisierung und eine dieser nachfolgenden Unterweisung überführte Schleiermacher in eine dreifache Differenzierung. Diese unterscheidet zwischen Praktiken und Regeln einer ver- oder behütenden, einer gegenwirkenden sowie einer unterstützenden Erziehung.

Behütend nannte Schleiermacher eine Erziehung, welche Heranwachsende nach dem Modell der pädagogischen Provinz Rousseaus vor gesellschaftlichen Einflüssen zu schützen sucht. Eine solche Erziehung empfahl Rousseau für die Lebensalter von der Geburt bis zum Beginn der Pubertät. Nach Schleiermacher ist sie am Anfang des Lebens überflüssig, in der Kindheit nur in engen Grenzen erlaubt und in der Jugendzeit – wie Rousseau bereits wusste – sogar schädlich. Denn sie steht in der Gefahr, Heranwachsende untüchtig für ein Lernen und Handeln in Auseinandersetzung mit gesellschaftlichen Anforderungen und Üblichkeiten zu machen (vgl. Schleiermacher 1826/1959, S. 99ff.).

Unter einer gegenwirkenden Erziehung verstand Schleiermacher Erziehungsmaßnahmen, durch die Erwachsene versuchen, Heranwachsende mit Hilfe von Strafen auf den Eintritt in die Lebensgemeinschaften vorzubereiten und durch Warnungen sicherzustellen, dass sie in diesen nicht scheitern, sondern partizipatorisch tätig werden können. Hierzu führte er aus, pädagogische Gegenwirkungen seien im Bereich der Entwicklung der persönlichen Eigentümlichkeit überflüssig und im Bereich der Vorbereitung der Heranwachsenden auf Wissenschaft, Geselligkeit, Kirche und Politik nur dort angebracht, wo sie sich nicht auf die Gesinnung oder auf einzelne Willensakte beziehen, sondern die Entstehung unerwünschter Fertigkeiten zu verhindern suchen.

Von der pädagogischen Gegenwirkung hob er die sittliche Missbilligung ab. Im Unterschied zu einer gegenwirkenden Erziehung hielt er sie überall dort für geboten, wo Heranwachsende beginnen, aus unsittlichen Handlungsmotiven heraus tätig zu werden (vgl. Schleiermacher 1826/1959, S. 123f.). Nach Schleiermacher lassen sich unsittliche Motive durch unmittelbare pädagogische Gegenwirkungen nicht korrigieren. Gesinnungen könnten nur von den Einzelnen geprüft, Willensstrebungen nur von den Wollenden selbst beurteilt und angehalten werden. So sei es beispielsweise nicht möglich, die Absicht zu lügen durch gegenwirkende pädagogische Maßnahmen zu korrigieren. Wohl aber seien gegenwirkende Maßnahmen hilfreich, um zu verhindern, dass sich aus einer schlechten Absicht eingeübte Fertigkeiten und aus diesen schlechte Gewohnheiten entwickeln.

Nach Schleiermachers Theorie der Erziehung kann all das, was den Einzelnen und der Gesellschaft fehlt, nur durch eine unterstützende Erziehung gefördert werden. Ihre Aufgabe ist es, die für Lernprozesse aller Art unverzichtbare Rezeptivität und Spontaneität in Gang zu halten und die Heranwachsenden zu einer selbsttätigen Mitwirkung an der in unterschiedliche Lebensgemeinschaften ausdifferenzierten Praxis aufzufordern.

Mit ihrer Neubestimmung der Möglichkeiten und Grenzen von Aufklärung, Erziehung und Bildung verabschiedeten Kant und Schleiermacher traditionelle Konzepte einer positiven Moralisierung und überführten diese in solche eines kritischen Umgangs mit negativer Moralität. Die Transformation positiver in negative Erziehung zielte nicht auf ein Ende moralischer Erziehung und Bildung, sondern auf eine Konzeptualisierung, welche es erlaubt, die Sicherung der gesellschaftlichen Voraussetzungen für moralische Lernprozesse im Erziehungsprozess zu thematisieren. Die Freiheit der Wahl einer eigenen Lebensform, auf die Heranwachsende durch Erziehung vorbereitet werden, schließt die Freiheit der Wahl einer persönlichen Moral ein. Diese aber kann nicht willkürlich im Sinne eines beliebigen Dezisionismus wahrgenommen werden, sondern ist auf eine Freiheit angewiesen, welche die Achtung der Freiheit der Anderen, an der Hervorbringung und Interpretation von Moral mitzuwirken, einschließt.

5. Von der Vernachlässigung negativer Moralität in der Entwicklungspsychologie von L. Kohlberg zu ihrer Wiederentdeckung in der moralischen Sozialisationsforschung von Fritz Oser

Von den handlungstheoretischen Reflexionen zur Theorie moralischer Erziehung und Bildung unterscheiden sich sozialwissenschaftliche Thematisierungen dadurch, dass sie von positiven gesellschaftlichen Verhaltensnormierungen ausgehen und weitgehend darauf verzichten, nach dem im Wissen der Wissenschaften verborgenen Nicht-Wissen um das Gute zu fragen. Einen viel beachteten Ansatz zu einer übergreifenden Systematisierung moraltheoretischer Ansätze und Konzepte hat innerhalb der Entwicklungspsychologie Lawrence Kohlberg ausgearbeitet (vgl. hierzu Kohlberg 1981 und 1984; siehe auch Oser 1981). Dieser ordnet moralische Urteile nach Entwicklungsniveaus, die von einer präkonventionellen über eine konventionelle zu einer postkonventionellen Phase aufsteigen, und differenziert jede dieser Phasen noch einmal in zwei Stufen, welche die phasenspezifische Urteilsform nach einer zunächst heteronomen, später selbstbezüglichen Logik auslegen.

Auf der untersten Stufe des präkonventionellen Niveaus bewegen sich moralische Urteile in ängstlicher Abhängigkeit zu Personen, denen sich die Urteilenden verpflichtet fühlen. Auf einer zweiten Stufe sind die Urteile an der Befriedigung der eigenen Bedürfnisse ausgerichtet, die nun zum Motiv für Gehorsam und Folgsamkeit werden. Auf konventionellem Niveau wird im Kontext gesellschaftlicher Üblichkeiten und Normensysteme geurteilt. Auf einer dritten Entwicklungsstufe bilden sich wiederum zunächst personenkonforme Urteilsmuster aus, die auf einer vierten Stufe von regelkonformen Argumentationsmustern abgelöst werden. Zwischen den Urteilsformen der konventionellen und der post-konventionellen Phase siedelt Kohlberg die von Kant beschriebene Revolution der Denkungsart an, durch die sich moderne Moralität von vormoderner Sittlichkeit unterscheidet. Auf der fünften Stufe überschreiten moralische Urteile die konventionalistischen Deutungsmuster, indem sie die intersubjektive Vereinbarung von Regeln bei ihrer Urteilsbildung mit reflektieren. Auf einer sechsten Stufe wird schließlich nicht nur gefragt, ob die Regeln intersubjektiv vereinbart wurden, sondern zusätzlich geprüft, ob die Aushandlung in Anerkennung des von Kant aufgestellten kategorischen Imperativs erfolgt ist bzw. legitimiert werden kann.

Kohlbergs entwicklungslogische Systematisierung erhebt Anspruch auf eine überhistorische und transgesellschaftliche Geltung. Bei der Definition der Stufen und bei der Zuordnung der Urteile von Probanden zu entwicklungslogischen Phasen und Stufen wird vom Erfahrungskontext der Versuchspersonen ebenso abstrahiert wie von inhaltlichen, materialen und positionalen Merkmalen moralischer Urteile. Das von Kohlberg ausgearbeitete Forschungsprogramm sieht vor, dass Versuchspersonen dilemmatisch konfigurierte Handlungssituationen zur Beurteilung vorgelegt werden. Für welche Handlungsvariante sie sich entscheiden, spielt bei der Auswertung und Zuordnung der Antworten zu Stufen der Entwicklung letztlich keine Rolle, auch nicht, welche der angebotenen Handlungsalternativen gewählt und ob weitere Optionen ins Spiel gebracht werden.

Kohlbergs moralpsychologische Theorie lässt sich als eine Systematisierung würdigen, die vormoderne und moderne Ethikkonzepte in eine übergreifende Ordnung bringt und ihre widerstreitenden Argumentationsmuster durch eine zeitliche und stufenförmige Anordnung harmonisiert. Die Integration der klassischen Ansätze in eine in sich geschlossene Entwicklungskette wird durch eine Logik erreicht, die lediglich formale Aspekte des moralischen Urteilens erfasst. Eine Folge dieser Vorgehensweise ist, dass Erfahrungen im Umgang mit negativer Moralität nicht berücksichtigt werden, eine andere, dass sich der zwischen Kant und Hegel rekonstruierte Streit über eine inhaltlich ausgewiesene oder nur formal legitimierte Moralität zwischen der zweiten und dritten Phase wiederholt, ohne dass er durch die Stufenfolge geschlichtet werden könnte.

Kohlberg immunisierte seinen Ansatz gegen Kritik, indem er Antworten von Probanden, die auf eine Abhängigkeit moralischen Argumentierens von Vorerfahrungen und bereichsspezifischen Urteilskompetenzen hinwiesen, durch eine Veränderung der Dilemmata zu vermeiden suchte. In Kontrolluntersuchungen, die erfahrungs- und kontextabhängige Variablen berücksichtigten, konnte inzwischen ansatzweise nachgewiesen werden, dass es eine universelle, gegenstandsunabhängige Stufenlogik moralischen Argumentierens nicht gibt. So argumentieren nach Gertrud Nunner-Winkler schon Kinder in ihnen vertrauten Handlungsbereichen auf höheren Stufen als in Handlungsfeldern, die ihnen nicht vertraut sind (vgl. Nunner-Winkler 1993).

Vor diesem Hintergrund verdienen neuere Studien von Fritz Oser besondere Beachtung. Sie sind Kohlbergs Ansatz verpflichtet und nehmen an diesem wichtige Erweiterungen vor. In seinen Arbeiten zur Bedeutung negativer moralischer Erfahrungen für moralische Erziehungs- und Entwicklungsprozesse geht Oser einen bedeutenden Schritt über Kohlberg hinaus. In biographischen Interviews rekonstruierte er Ereignisse und Kontexte im Bildungsgang der Versuchspersonen, die über negative moralische Erfahrungen vermittelt sind, welche die moralische Entwicklung der interviewten Probanden nachhaltig beeinflusst haben.

Wie schon Protagoras definiert Oser Moral spiegelbildlich als Gegenteil des Bösen und dieses wiederum spiegelbildlich als Gegenteil des Guten. Der Auseinandersetzung mit negativer Moralität und der Erfahrung des Bösen im eigenen und im fremden Handeln erkennt er eine konstitutive und konstruktive Bedeutung für moralische Entwicklungsprozesse zu. Sie begründen nach Oser eine „Schutzfunktion", in der ein von negativen moralischen Erfahrungen ausgehendes Wissen die Vereinbarung und Einhaltung von Regeln absichert.[2]

Nach Oser kann negatives moralisches Wissen als Wissen um das dem Guten spiegelbildlich gegenüberstehende Böse sowohl durch eigene Handlungen und Erfahrungen als auch advokatorisch, d.h. durch Vertiefung in die Erfahrungen Anderer, erworben werden. Seine Funktion für die Ausbildung einer individuellen Moral und seine über negative moralische Erfahrungen vermittelte „Schutzfunktion für den Standard" sind daran zurückgebunden, dass negative Moralität also solche erkannt, im privaten wie im öffentlichen Bereich identifiziert und als moralisch illegitim klassifiziert wird:

„Die Bedingungen der Möglichkeit zum Aufbau von negativem moralischen Wissen sind ‚öffentliche' Verantwortung, provisorische Normsetzung und die Auseinandersetzung mit deren Verletzung, die zum spiegelbildlich richtigen ... und falschen ... Verhalten führen. Negatives Wissen ist so der vorauszusetzende inhaltliche Kern für das, was Kant als die eigene und dennoch allgemeine Gesetzgebung bezeichnet, der jeder Mensch unterworfen sei." (ebd., Oser 1998, Absatz (30); vgl. auch Rommel 2004).

Der von Oser geforderte Schutz für den Standard muss nicht notwendig als Schutz der von Kohlberg aufgestellten Regeln einer inhaltsleeren Logik der Entwicklung moralischer Urteile verstanden werden (vgl. Reichenbach 1998), sondern lässt sich auch auf den über negative Erfahrungen vermittelten Prozess der Vereinbarung von Regeln und deren Erprobung im individuellen und gemeinsamen Handeln beziehen. Der von Oser herausgearbeitete Zusammenhang zwischen negativem moralischen Wissen, provisorischer Normsetzung und öffentlicher Verantwortung kann als Hinweis auf eine experimentelle Grundstruktur der Moral selbst interpretiert werden. Diese erlaubt es nicht, Moralität auf moralische Urteile und moralische Urteile auf Kohlbergs Entwicklungslogik zu reduzieren, sondern verlangt nach einer Würdigung der Tatsache, dass die Negativität der Erfahrung für menschliche Lernprozesse konstitutiv ist.

2 Siehe die Berichte über die Einflüsse negativer moralischer Erfahrungen im Zusammenhang mit einem Ladendiebstahl bzw. einem in der Schule gezeigten unehrlichen und unehrenhaften Verhalten in Oser 1998, Absätze 13-14 sowie 28; vgl. auch Rommelt 2004.

6. Von der Notwendigkeit einer interaktiven Aushandlung und Auslegung der Idee des Guten. Überlegungen zu einer experimentellen Theorie moralischer Erziehung und Bildung

Moralität geht ebenso wenig in der Einhaltung vorgegebener, gesetzter oder vereinbarter Regeln auf, wie sich die Entwicklung des Begriffs des Guten allein spiegelbildlich aus seiner Entgegensetzung zum Bösen und dieses wiederum spiegelbildlich als das Gegenteil des Guten erklären lässt. Unterscheidungen wie die zwischen „gut" und „böse" gehen nicht allein auf bestimmende, sondern auch auf reflektierende Urteile zurück. Reflektierende Urteilskraft folgt nach Kant nicht einfach vorgegebenen Abgrenzungen, sondern problematisiert zugleich die Begriffe des Guten und Bösen. Sie führt auf diese Weise über spiegelbildliche Abgrenzungen hinaus.

Auf allen Stufen der Moralentwicklung sind nicht nur Regeln, sondern ist immer zugleich das konkrete Du zu achten und zu schützen. Soll ein bloßer Regelkonformismus vermieden werden, müssen Regeln so ausgehandelt und interpretiert werden, dass nicht die Anerkennung der Regel, sondern die wechselseitige Anerkennung von Personen im Zentrum der Aushandlung und Auslegung einer Regel steht. Da der Sinn moralischer Regeln nicht in ihrer Beachtung, sondern in ihrer Funktion für moralische Urteile und Handlungen liegt, kann solches Aushandeln immer nur ein Aushandeln auf Probe sein. Moral und Bildung treten damit in ein Verhältnis, in dem empirisch vorgegebene Moralen nicht nur der Bildung von Moral vorausgehen, sondern die Bildung von Moral für Moralität konstitutiv wird.[3]

Eine Ethik, welche die modernen Beziehungen zwischen Erziehung, Bildung und Moral reflektiert, liegt in J. Fr. Herbarts „Allgemeiner praktischer Philosophie" von 1808 vor, die bis heute weder in der Philosophie noch in den Sozialwissenschaften angemessen rezipiert worden ist.[4] Diese unterscheidet zwischen fünf einfachen Elementarurteilen über individuelle und fünf abgeleiteten Elementarurteilen über gesellschaftliche Willensverhältnisse. Sie stellt insgesamt zehn praktische Ideen auf, welche die Ausdifferenzierung der Praxis in gesellschaftliche Systeme berücksichtigen und die nicht nur in topologischer Hinsicht bedeutsam sind, sondern zugleich einen Begriff der Entwicklung und Bildung praktischer Urteilskraft entwickeln, der erziehungs- und bildungstheoretisch ausgewiesen ist (vgl. Herbart 1808/1997; vgl. auch Benner 1997a, S. 115-145).

---

3 Die Bedeutung, die Bruner 1982/2003 sprachlichen Aushandlungsprozessen in der Erziehung generell zuerkennt, gilt auch für den Bereich moralischer Erziehung und Sozialisation.

4 Vgl. hierzu die Ausführungen zum Verhältnis von Moral und Evolution in Tugendhat 2000, S. 200ff., die Herbarts Kant-Kritik durchaus nahe stehen und wie diese nach einer Position jenseits von ethischem Apriorismus und Relativismus suchen.

Anders als Kohlbergs Stufen der Entwicklung moralischer Urteilskompetenz sind Herbarts praktischen Ideen nicht-hierarchisch geordnet. An den bis auf Aristoteles zurückzuverfolgenden (vgl. Höffe 1996), von Herbart für den modernen Kontext reformulierten Ideen der „inneren Freiheit“, der ”Vollkommenheit“, des „Wohlwollens“, des „Rechts“ und der „Billigkeit“, welche spezifische Elementarurteile über individuelle Willensverhältnisse aufstellen, lässt sich dies verdeutlichen (vgl. hierzu Benner 1993a, S. 137-184).

Abstrahiert man zunächst von aller Inhaltlichkeit der menschlichen Strebungen, so findet sich ein erstes, allgemeines, in allen anderen Willensverhältnissen wiederkehrendes Willensverhältnis in der Beziehung zwischen den Willensstrebungen und dem Urteil, das über diese gefällt und im Handeln befolgt werden soll. Dieses Verhältnis wird von Herbart als ein durch „innere Freiheit“ reguliertes vorgestellt. Der Urteilende soll sich in seinem Urteil von seinen Willensstrebungen innerlich freimachen und in seinem Handeln nicht seinen Handlungsantrieben, sondern dem über sie gefällten Urteil folgen. Als Urteil über das in { } gesetzte Verhältnis von Wille und Urteil lässt sich das erste Elementarurteil wie folgt darstellen:

{ Willenstrebung ---> Urteil } ----> Urteil: innere Freiheit

Weitere Willensverhältnisse und Elementarurteile kommen in den Blick, sobald die Urteilsbildung sich auf die im ersten Elementarurteil ausgeklammerte Mannigfaltigkeit individueller und interindividueller Willensstrebungen richtet. Ein zweites zur Beurteilung anstehendes Willensverhältnis liegt dort vor, wo mehrere Willensäußerungen innerhalb ein und derselben Person zur Beurteilung anstehen. Unter Absehung von ihrer in nachfolgenden Urteilen zu prüfenden interindividuellen Dimension lassen sie sich als Willensäußerungen beschreiben, die untereinander durch ihre Stärke unterschieden sind. Die Formel für dieses Willensverhältnis und das über es ergehende reflektierende Elementarurteil lautet:

{ Wille 1 stärkere <---> Wille 2 schwächere } ---> Urteil: Vollkommenheit

Das zweite Elementarurteil besagt, dass weder dem stärkeren Willen – wegen seiner Stärke – noch dem schwächeren Willen – wegen seiner Schwäche – irgendein Vorzug eingeräumt werden darf. Urteile wie die, man solle dem stärksten oder dem schwächsten Motiv folgen, sind in moralischer Hinsicht illegitim. An ihre Stelle tritt die Weisung, der Urteilende solle, um innere Freiheit gegenüber seinen Willensstrebungen aufzubringen, in sich mehrere Willen zulassen, diese kultivieren und in ein gleichschwebendes Verhältnis bringen. Diese Weisung bezieht sich auf die Arbeit des Menschen an seiner Bestimmung. Sie wird von Herbart als Begriff einer quantitativ – nicht qualitativ – gefassten Idee der Vollkommenheit vorgestellt. Diese stellt das pädagogische Handeln vor die Aufgabe, in jedem Heranwachsenden ein vielseitiges Interesse auszubilden. Hierunter verstand Herbart einen in sechs Interessen ausdifferenzierten Gedankenkreis, in dem das empirische Interesse an Weltdingen um wissenschaftliche und künstlerische Interessen erweitert und das sympathetische Interesse an Mitmenschen für politische und religiöse Interessen geöffnet wird.

Die weiteren Elementarurteile beziehen sich nicht nur auf die Relation von Wille und Urteil, sondern reflektieren nach den quantitativen Merkmalen auch die Qualität, die Willensverhältnissen als Beziehungen zwischen mehreren Personen zukommt. Dabei urteilt das dritte Elementarurteil über ein Willensverhältnis, das gleichsam in der Mitte zwischen Willensverhältnissen innerhalb ein und derselben Person und solchen zwischen verschiedenen Personen steht. Gemeint ist das Willensverhältnis zwischen einem Ich und einem Du, das der konkreten Interaktion vorausgeht. In ihm wird das Du zunächst nur als vorgestellten fremdes Du erfasst. Es lässt sich auf die Formel bringen:

{ Wille Ich ---> Wille vorgestelltes Du } ---> Urteil: Wohlwollen

Das reflektierende Urteil über Willensverhältnisse vor Eintritt in eine Interaktion besagt, es gelte dadurch innere Freiheit gegenüber dem eigenen Wollen zu entwickeln und so an der Vielseitigkeit des eigenen Wollens zu arbeiten, dass dem zunächst nur vorgestellten fremden Du gegenüber ein motivloses Wohlwollen aufgebracht wird. Die geforderte Motivlosigkeit gründet sich nicht auf eine Abwesenheit jeglicher Motive im Hinblick auf das vorgestellte fremde Du, sondern zielt auf einen Akt der Freisetzung des Ich von diesen Motiven. Durch ihn nimmt das Wohlwollen allererst die Form einer Güte an, die dem Anderen „ohne Seitenblick" wohl will.

Das vierte reflektierende Elementarurteil beurteilt nicht Willensverhältnisse zwischen einem Ich und einem Du vor Aufnahme einer zwischenmenschlichen Interaktion, sondern bezieht sich auf das Wollen interagierender Personen, deren Willen ohne besondere Absicht so aufeinander treffen, dass Streit entsteht. Das elementare Urteil über Willensverhältnisse dieses Typs kann nur gefunden werden, wenn die vorausgegangenen Elementarurteile in Kraft bleiben. Von diesen ergehen an die Streitenden die gleich lautenden Weisungen, sie sollten gegenüber ihren Willensstrebungen innere Freiheit entwickeln, in sich eine Vielheit von Interessen und möglichen Willensstrebungen zulassen und dem jeweiligen Du gegenüber vor Eintritt in eine Interaktion Wohlwollen aufbringen. Alsdann könne es gelingen, dass jeder den eigenen Willen anhält und den Willen des Anderen zulässt. Sofern dies gelinge, könne schließlich eine Regel ausgehandelt und gefunden werden, die den aufgetretenen Streit schlichtet und künftigem Streit vorbeugt. Das so lautende vierte Elementarurteil reguliert und orientiert nach Herbart die interindividuelle Vereinbarung von Rechten:

{ Wille Ich <----> Wille Du } ----> Urteil: Rechtsvereinbarung

Dem Urteil liegt nicht die pazifistische Vorstellung zugrunde, dass Streit generell zu vermeiden sei, sondern die Auffassung, dass Streit fruchtbar ausgetragen werden kann, wenn er zum Anlass für eine Überprüfung der Selbstverhältnisse und zwischenmenschlichen Beziehungen der Streitenden genommen wird. Interindividuelle Abstimmungen von Willensstrebungen durch persönliche Rechtsvereinbarungen garantieren nicht, dass kein erneuter Streit aufkommt. Sie beugen künftigem Streit vor, stehen aber nicht unter dem Telos, dass künftiger Streit in jedem Fall zu vermeiden sei.

Erneuter Streit über eine vereinbarte Rechtsregel entsteht, wenn diese nicht mehr gleichsinnig ausgelegt wird. Dies ist dann der Fall, wenn eine Person die vereinbarte Regel absichtlich verletzt und eine von der Regelverletzung betroffene Person sich leidend verhält. Das reflektierende Elementarurteil über Willensverhältnisse dieser Art besagt, in diesen missfalle die Aktivität des handelnden Ich ebenso wie die Passivität des leidenden Anderen. Die Weisung lautet daher, es sei billig, nach einem Weg zu suchen, wie die vereinbarte Regel auf neuem Niveau wiederhergestellt werden kann:

{ Wille Ich aktiv ----> Wille Du leidend } ---> Urteil: Billigkeit

Nach Herbart verlangt die Idee der Billigkeit sowohl Anerkennung, wenn eine Rechtsvereinbarung durch eine Übeltat verletzt wird, als auch in dem gegenteiligen Fall, dass eine Wohltat eine Regel außer Kraft setzt. Beide Male ergeht dieselbe Weisung. Im Fall der Übeltat verlangt die Billigkeit, die Regelverletzung wieder gut zu machen, im Falle der Wohltat, dass die Regelverletzung ihren Sinn in sich selbst hat und keine Abhängigkeit stiftet, die den Empfänger der Wohltat an den Wohltäter binden würde. Hierzu führt Herbart aus:

„Dem Wohltäter mag Gott vergelten, wenn er nicht sein Werk als Vergeltung achtet, welches er eigentlich von Anfang an tun sollte und musste, um nicht durch sein Wohltun selbst ein Missverhältnis zu erzeugen. Man dürfte wünschen, dass die Empfänger minder geneigt wären, sich dem Geber gegenüber unvollkommener zu fühlen.“ (Herbart 1808, S. 173)

Die fünf individuellen Elementarurteile sind untereinander durch eine übergreifende entwicklungslogische Struktur verbunden. Sie erlaubt es, Herbarts praktische Philosophie als Beitrag zu einer experimentellen Theorie der Moral und der Moralerziehung zu interpretieren. Aufgabe einer solchen Theorie und einer an ihr sich orientierenden Forschung wäre es, normative Bedingungszusammenhänge und Voraussetzungsverhältnisse zu klären, die für moralisches und moralpädagogisches Handeln grundlegend sind.

Die moralbildende und moralerzieherische Funktion der Ideen ist hierbei eine zweifache. Sie können zum einen die Kritik leiten, in der urteilende Personen die Beweggründe ihres Handelns prüfen, wenn sie über diese eine negative Zensur ausüben. In solcher Kritik urteilt nach Herbart der subjektive Charakter über den objektiven. Folgt der Handelnde seinem Urteil, so reduziert sich im objektiven Charakter der Einfluss derjenigen Handlungsantriebe, die der subjektive Charakter zensiert hat. Negative Zensur urteilt nicht darüber, was zu wollen und zu tun ist, sondern darüber, was in einem konkreten Fall nicht zu wollen, d.h. zu lassen ist. Darüber hinaus kommt den Elementarurteilen auch eine positive Funktion für die Bildung des objektiven Charakters zu. Orientiert sich die Erziehung an allen Elementarurteilen, so bildet sich in dem an seiner Bestimmung arbeitenden Menschen jene innere Freiheit und Vielseitigkeit des Interesses, jenes Wohlwollen und jene Rechtlichkeit sowie die Fähigkeit zu Billigkeitserwägungen aus, die ihn in die Lage versetzen, eigene und fremde Willensstrebungen in innerer Freiheit zu prüfen und in sich einen weiten Motivationshorizont zu entwickeln, der gleichermaßen durch Wohlwollen, Rechtlichkeit und Billigkeit bestimmt ist.

Den sittlichen Ideen oder Elementarurteilen kommt für diesen Motivationshorizont keine unmittelbar bestimmende, sondern eine reflektierende Bedeutung zu. Sie legen nicht fest, welche Motive Menschen in sich ausbilden sollen, sondern orientieren die Entwicklung und Erweiterung bereits erworbener Willensstrebungen und Wissenszusammenhänge. Sie fungieren nicht als Elementarurteile im Dienste einer normativen Moral, sondern sind Elementarurteile für eine reflektierende Moral und Moralerziehung. Sie orientieren die Entwicklung des objektiven Charakters an der Idee innerer Freiheit und interpretieren diese als Freiheit zur Arbeit an einer persönlich ausgeprägten, positiven Sittlichkeit. Die Zensur, die der subjektive Charakter über den objektiven ausübt, dient nicht der Durchsetzung einer bestimmten positiven Moralität, sondern folgt Grundsätzen einer „negativen Sittlichkeit". Sie beansprucht nicht, das Gute in einem substanziellen Sinne zu kennen, sondern konzentriert sich darauf, das Böse, das sie erkannt hat, im Motivationshorizont aufzuspüren. Für den Diskurs über das Gute eröffnet solche Zensur den Raum einer durch Elementarurteile abgesicherten Freiheit. Sie erlaubt es, auch im Bereich der moralischen Urteile und Handlungen zu experimentieren und aus Erfahrungen im Umgang mit negativer Moralität zu lernen.5

Zur Eigenart einer so experimentierenden Moralerziehung und Moralität gehört,

- dass sie die Spielräume für Experimente mit dem Guten erweitert,
- negative Moralität auf eine Kritik des Bösen begrenzt
- und die Entwicklung positiver Moralität als Aufgabe einer ideengeleiteten individuellen und interindividuellen Meinungsbildung interpretiert.

Eine so verstandene Moralerziehung und Bildung von Moral führt über die Regelsysteme einer spiegelbildlichen Moral hinaus. Sie erlaubt, das moralisch Falsche in Unkenntnis des moralisch Guten zu kritisieren und fordert zu einer Arbeit an der bestehenden Moral und Sitte auf, die durch eine Suche nach dem durch Regeln nicht ausschöpfbaren Guten bestimmt ist.

---

5 Zur konstruktiven Negativität geschichtlichen Experimentierens siehe Mollenhauer 1964, S. 69; vgl. auch Benner 2003 sowie Benner/English 2004.

Aufgabe der Erziehung ist es nicht, Heranwachsende zur Tugend zu führen.[6] Tugend stellt sich, wenn überhaupt, erst im späteren Erwachsenenalter ein. Sie ist weder ein direktes Werk der Erziehung noch ein unmittelbares Resultat ethischer Unterweisung und Schulung. Der Erziehung wies Herbart die Aufgabe zu, bei den Lernenden eine frühzeitige Verfestigung von Einstellungen und Gesinnungen zu Denkgewohnheiten und Handlungsweisen zu vermeiden und die Entwicklung von Kindern und Jugendlichen durch eine Charakterbildung zu unterstützen, welche in diesen zunächst eine „heilsame Charakterlosigkeit" erhalte (Herbart 1806/1965, S. 117).

Eine negative Moralerziehung, die solchen Einsichten folgt, muss in Rechnung stellen, dass negative Erfahrungen im Bereich der Moral wie in jedem anderen Bereich menschlichen Lernens und Handelns nach einer Verarbeitung verlangen, die auf ein Selbst-Denken, -Urteilen und -Handeln bezogen ist. Sie wird Heranwachsenden weder eine fest gefügte Moral noch eine ihr Handeln normierende Tugend vermitteln, sondern sie zu einem Experimentieren innerhalb und mit den gesellschaftlich vorgegebenen Moralen auffordern. Eine solche Moralerziehung weiß im Einvernehmen mit den bis in die Antike zurückreichenden Traditionen kritischer Ethik, dass es für Menschen, die im Sinne der Selbst- und Zeitdiagnose von Christine Nöstlinger moralisch unterwegs sind, keine definitive Moral und keine definitiven Tugenden gibt, der sie ihr Denken, Urteilen und Handeln anvertrauen könnten. „Moralisch unterwegs" zu sein, setzt den Zweifel an der eigenen Sittlichkeit und die Bereitschaft voraus, vorgegebene Moralen und Sittenordnungen zu problematisieren.[7] Eine experimentelle Moral muss deshalb keineswegs unmoralisch sein. Praktische Entscheidung und die Wahl zwischen den bestehenden Moralen muss sie den Einzelnen überlassen und darüber hinaus dem Urteil einer Geschichte anheim stellen, in der über einmal getroffene Wahlen und deren Spielräume hinausgegangen und stets von neuem gestritten werden kann.

7. Sieben Thesen zur Programmatik einer experimentellen Ethik und negativen Moralisierung

1. Moralische Erziehung hat weniger die Aufgabe, Heranwachsende zu einer positiven Moral zu führen, als vielmehr die viel begrenztere Aufgabe, sie über unmoralische Handlungen aufzuklären und für moralische Fragen zu sensibilisieren.

---

6 Zur explizit ethischen, pädagogisch nicht regulierbaren Sorge für die Tugend siehe Pleines 2005.

7 Vgl. hierzu Ruhloff 1996, dessen Überlegungen zu einem problematisierenden Vernunftgebrauch sich gleichermaßen auf Fragen des Erkennens und des Handelns beziehen und insofern über den Dual von theoretischer und praktischer Philosophie, ohne Differenzen einzuebnen, hinausweisen.

2. Praktische Vernunft hat es unter modernen Bedingungen nicht mehr mit höchsten Zwecken menschlichen Handelns, sondern mit Abstimmungsproblemen zwischen ausdifferenzierten Handlungsformen und Gesellschaftssystemen zu tun. Zu diesen gehören Arbeit und Sitte, Herrschaft und Politik, Kunst und Religion sowie Erziehung und Bildung.
3. Im pädagogischen Generationenverhältnis stehen einander nicht mündige Bürger und unmündige Heranwachsende, sondern an ihrer Bestimmung arbeitende Menschen gegenüber.
4. In einer experimentellen Theorie der Moral treten Moral und Bildung in ein wechselseitig konstitutives, interaktives Verhältnis.
5. Dieses lässt sich durch die Begriffe „innere Freiheit", „Vollkommenheit", „Wohlwollen", „Recht" und „Billigkeit" beschreiben.
6. Zur Eigenart einer experimentierenden Moral und Moralerziehung gehört, dass sie
   a) die Spielräume für Experimente mit dem Guten erweitern,
   b) negative Moralität auf eine Kritik des Bösen begrenzen und
   c) die Entwicklung positiver Moralität als Aufgabe einer ideengeleiteten individuellen und interindividuellen Meinungsbildung interpretieren.
7. Aufgabe moralischer Erziehung ist es nicht, Heranwachsende zur Tugend zu führen. Tugend stellt sich erst im späteren Leben ein. Sie ist weder ein Werk der Erziehung noch ein Resultat ethischer Unterweisung und Schulung. Für die Erziehung bedeutet dies, dass sie bei den Lernenden eine frühzeitige Verfestigung von Einstellungen und Gesinnungen zu feststehenden Denkgewohnheiten und Handlungsweisen vermeiden und die Entwicklung von Kindern und Jugendlichen an Ideen einer experimentellen Ethik orientieren sollte.

Über den Widerstreit von Bildung und Globalisierung [1]

Bildung verweist auf die mit der Existenz und Koexistenz des Menschen immer schon gegebene Möglichkeit und Notwendigkeit, dass Menschen sich zur Welt, sich selbst und zu den eigenen Erfahrungen lernend verhalten können und in gewissem Sinne sogar müssen (vgl. Benner [4]2001b, S. 29ff.). Bildendes Lernen findet in Wechselwirkungen von selbst- und weltbildenden Tätigkeiten statt (vgl. Humboldt 1793/1960). In diesen werden die Spielräume und Grenzen dessen, was Menschen wissen und können, stets von neuem erfahren und verändert, vorgegebene Praktiken der Welt- und Selbsterfahrung tradiert und neue Formen welt- und selbstbildender Tätigkeiten hervorgebracht.

Der Begriff der Globalisierung bezeichnet Prozesse eines weltweiten Wandels in den menschlichen Weltverhältnissen und zwischenmenschlichen Beziehungen, die zunehmend nicht nur durch neuzeitliche Wissenschaft und Technologie bestimmt, sondern auch unter Einbeziehung ökonomischer Maßstäbe für Rentabilität und Effizienz formiert werden (vgl. Bellmann 2001). Die Veränderungen beziehen sich inzwischen auf alle ausdifferenzierten Weltverhältnisse und wirken sich sowohl auf die Einzelnen als auch auf Staaten und Nationen und schließlich auf die Menschheit insgesamt aus.

Teilen der veröffentlichten Meinung zufolge treten in Globalisierungsprozessen an die Stelle von Entwicklungen, die in der Vergangenheit durch das Handeln Einzelner oder einzelner Staaten beeinflusst wurden, zunehmend systemische Prozesse, die untereinander vernetzt sind und intentional kaum gesteuert werden können. Betroffen hiervon sind alle Bereiche menschlichen Handelns, insbesondere Wirtschaft und Politik, aber auch Wissenschaft und Technologie, Kunst und Religion und nicht zuletzt Bildung und Kultur (vgl. Featerstone 1990; in der Erziehungswissenschaft siehe Wulf/Merkel 2002; Scheunflug 2003).

Die heute mit dem Begriff Globalisierung umschriebenen Phänomene sind jedoch keineswegs so neu, wie zuweilen angenommen wird. Sie wurden bereits Anfang der 60er Jahre von dem Soziologen H. Schelsky empirisch gehaltvoll beschrieben und prognostiziert. Schelskys zentrale These lautete, unter den Bedingungen einer fortschreitenden Verwissenschaftlichung der Zivilisation bringe jede technische Innovation psychische und soziale Folgeprobleme hervor, welche die gesamte Lebensspanne des Menschen von der Geburt

---

1 Der Beitrag geht auf einen Vortrag im Rahmen des Symposions „Per una societa' piu' gusta. Globalizzare per umanizzare" vom 28. bis 31. Oktober 2003 in Praia a Mare Italien zurück. Die deutsche Fassung wurde Dieter Keiner zum 66. Geburtstag gewidmet und erschien in Bracht (Hrsg.) 2005, S. 40-49.

bis zum Tod beträfen und alle Bereiche menschlicher Existenz und Koexistenz erfassten. Sie seien nicht mehr mit den Mitteln staatlicher Politik, sondern letztlich nur szientifisch-technisch zu kontrollieren und zu bewältigen. Spätmoderne Gesellschaften brächten auf diese Weise ständig neue Sachzwänge hervor, die wiederum nach neuen Formen der Bildung, Moral und Dauerreflexion verlangten (vgl. Schelsky 1961).

Im Folgenden soll das Verhältnis von Bildung und Globalisierung etwas genauer bestimmt und die Frage nach den Möglichkeiten und Grenzen menschlichen Wissens, Könnens und Tuns auf den Prozess der Globalisierung selbst zurückbezogen werden. Die zu sieben Thesen führende Analyse der Beziehungen zwischen Bildung und Globalisierung weiß sich einer Studie von Dieter Keiner verbunden, welche die gegenwärtigen Abstimmungsprobleme zwischen „Nationalstaat und Weltgesellschaften" als problematische und offene Kontexte „für öffentliche Erziehung, staatliche Bildungspolitik und individuelle Bildungs- und Lernprozesse" interpretiert (Keiner 1998).

Zusammengenommen erläutern die Thesen die allgemeine Zeitdiagnose, dass zwischen Bildung und Globalisierung weder ein absoluter Widerspruch noch ein ohne weiteres harmonisierbares Verhältnis, sondern ein vielfältig beschreibbarer und bearbeitbarer Widerstreit besteht. Der Terminus Widerstreit wird dabei in einem zwischen F.E.D. Schleiermacher und J.-F. Lyotard changierenden Sinne zur Analyse der Beziehungen zwischen verschiedenen Bereichen der ausdifferenzierten gesellschaftlichen Praxis gebraucht. Die Beziehungen zwischen Arbeit und Moral, Politik, Erziehung, Kunst und Religion sind heute durch Vermittlungsprobleme bestimmt, in denen Sachverhalte der ausdifferenzierten Praxisbereiche und gesellschaftliche Teilsysteme in einen bereits von Schleiermacher untersuchten „Widerstreit" geraten (vgl. Schleiermacher 1826/1959, S. 66ff.; siehe auch Benner 2003c). Dabei treten zuweilen Unvereinbarkeiten zwischen verschiedenen Handlungslogiken auf, die mit den Denkmitteln der Schleiermacherschen Dialektik nicht zu klären sind und einen Widerstreit im Sinne des von Lyotard (1989) untersuchten „Différend" markieren (vgl. Ruhloff 1990). Für das Verhältnis von Bildung und Globalisierung bedeutet dies, dass es sowohl durch Abstimmungsprobleme zwischen den ausdifferenzierten gesellschaftlichen Teilsystemen und Bereichen menschlicher Praxis als auch durch Kollisionen bestimmt sein kann, in denen gesellschaftliche Anforderungen an die Erziehung und pädagogische Anforderungen an die Gesellschaft einander unvereinbar gegenüber stehen.

I

Pädagogische Sachverhalte in dem angedeuteten zweifachen Sinne zeigen sich heute überall dort, wo pädagogische Phänomene, die traditionell einer gesellschaftlich nicht ausdifferenzierten Erziehung und Bildung zugeordnet waren (vgl. den Begriff der „Protopädie" in Sünkel 2002), sich institutionell verbesondern und in Wechselwirkung zu anderen ausdifferenzierten Gesellschaftsbereichen treten. Wie an der weltweiten Durchsetzung schulisch institutionalisierter Erziehung und Unterweisung beobachtet werden kann (vgl. Adick 1992 und 2000), stehen pädagogische Tatsachen dieser Art zu Prozessen der Globalisierung nicht notwendig in Opposition. Sie gehören diesen vielmehr in bestimmten Formen selbst an.

Die erste und allgemeinste These lautet daher:

> Lernen und Bildung unterliegen nicht einfach einem Prozess der Globalisierung. Sie sind vielmehr ein genuiner Teil dieses Prozesses selbst.

II

In den Medien dominieren zuweilen Auffassungen, welche die globalen Entwicklungen und Veränderungen als Phänomene und Sachverhalte beschreiben, die szientifisch-technische, ökonomische, ökologische oder auch moralisch-politische Sachzwänge markieren. Von diesen wird dann – je nach Position und eigener Weltanschauung – behauptet, sie erwiesen sich für Teile der Menschheit oder für diese insgesamt als ein an universalistischen Werten orientierter Segen, der zur weltweiten Anerkennung der Menschenrechte führen und immer mehr Menschen zu Freiheit und Wohlstand verhelfen werde, oder auch als ein Fluch, der von der globalen Durchsetzung einer kapitalistischen Wertlogik ausgehe, welche keine anderen Handlungslogiken neben sich dulde.

Von solchen Deutungen unterscheidet sich eine wissenschaftlich differenziertere Betrachtung des Verhältnisses von Bildung und Globalisierung dadurch, dass sie die als Globalisierung apostrophierten Sachverhalte und Phänomene nicht aus der Sicht eschatologischer Unheils- oder Heilserwartungen interpretiert, sondern als Herausforderungen deutet, welche die Einzelnen und die Menschheit insgesamt vor neue Lernprobleme und -aufgaben stellen (vgl. Hornstein 2001; Benner/Reinicke/Witte 2000; für die vergleichende Erziehungswissenschaft siehe Schriewer 1994). Diese lassen sich angemessen nicht schon mit den Formeln eines lebenslangen oder vernetzten Lernens umschreiben, sondern beziehen sich auf Unterscheidungen und Abstimmungsprobleme zwischen den ausdifferenzierten Handlungslogiken von Ökonomie, Erziehung, Politik und Moral, die nach einer differenzierten, bildungstheoretisch ausgewiesenen Betrachtung verlangen.

Unter pädagogischen Fragestellungen markieren die als Globalisierung umschriebenen Phänomene keineswegs einen in sich konsistenten Sachverhalt (vgl. Oelkers 2000b), der sich angemessen als Verheißung oder Fluch interpretieren ließe, sondern einen Problemtatbestand, der nach einer differenzierteren Betrachtungsweise verlangt. Diese muss die Einseitigkeiten politischer, moralischer oder ökonomischer Katastrophenszenarien bzw. Fortschrittsprophetien vermeiden und Aspekte ins Spiel bringen, die das Verhältnis von Bildung und Globalisierung als ein Bildungsproblem interpretieren, das auf Prozesse des Weiterlernens in bereits eingeübten Bahnen, des Verlernens und des Umlernens sowie des Erlernens von Neuem bezogen ist (vgl. Meyer-Drawe 1986; Benner 2004e; Bracht 2003).

Die zweite These lautet daher:

> Den außerpädagogischen Betrachtungsweisen von Globalisierungsphänomenen und -prozessen lässt sich eine pädagogisch argumentierende und reflektierende Problemsicht hinzufügen. Sie interpretiert das Verhältnis von Bildung und Globalisierung als einen Sachverhalt, der auf Weiterlernen sowie Umlernen und Erlernen von Neuem bezogen ist und in den auch Prozesse des Verlernens eingebettet sind.

III

Der pädagogische Blick auf das Verhältnis von Bildung und Globalisierung öffnet sich, sobald zwischen Bildung und Lernen als impliziten Momenten von Globalisierungsprozessen und einer expliziten Thematisierung von Globalisierungsphänomenen und -sachverhalten in Bildungs- und Lernprozessen unterschieden wird (vgl. die Unterscheidung zwischen Rahmenbedingungen, Thematisierungsweise und Konstitutionsproblemen in Bellmann 2001, S. 17ff.). Als Momente anderer gesellschaftlicher Tätigkeiten stellen Bildung und Lernen gleichsam ein integriertes Moment ausdifferenzierter Handlungsfelder dar, in denen Globalisierungsphänomene und -vorgänge mannigfaltige Beziehungen zu Prozessen des Weiterlernens und des Erlernens von Neuem eingehen können. Als ausdifferenzierte Form menschlicher Interaktion können Bildung und Lernen sich explizit mit Sachverhalten der Globalisierung auseinandersetzen, indem sie diese isolieren und zum Gegenstand einer unterrichtlichen Thematisierung sowie besonderer auf das Handeln in gesellschaftlichen Kontexten vorbereitender Maßnahmen erheben (vgl. hierzu noch ohne Bezug zur Globalisierungssemantik Benner ^{4}2001b, S. 207ff.).

In wie zwischen den impliziten und expliziten Beziehungen von Bildung und Globalisierung kann es zu einem Widerstreit von Bildung und Globalisierung kommen. In diesem treten Aspekte der Temporalität und Einmaligkeit pädagogischer Interaktivität sowie einer über die Leiblichkeit des Menschen vermittelten Topologie der Bildung hervor, die globalisierungstheoretisch weder übersprungen noch in das gesellschaftliche Gefüge aufgehoben werden können. Sie weisen darauf hin, dass Weiterlernen und Umlernen sich widerständig gegenüber Prozessen der Globalisierung verhalten und diese sich als widerständig gegenüber Bildung und Lernen erweisen können.

Die dritte These lautet daher:

> Es gibt einen Widerstreit im Verhältnis von Bildung und Globalisierung, der für beide Seiten konstitutiv ist. Dieser zeigt sich sowohl in nicht ausdifferenzierten als auch in ausdifferenzierten pädagogischen Kontexten.

IV

Der Widerstreit zwischen Bildung und Globalisierung ist in beiden Kontexten nicht derselbe, sondern verlangt nach einer differenzierenden Betrachtung und Reflexion. In Kontexten, in denen Bildung und Lernen nicht in besondere Praktiken ausdifferenziert sind, sondern als Momente anderer gesellschaftlicher Erfahrungen und Tätigkeiten auftreten, kann das Verhältnis von Bildung und Globalisierung mindestens drei verschiedene Formen annehmen:

- es gibt Wechselwirkungen von Bildung und Globalisierung, die sich günstig auf mehrere Handlungsbereiche auswirken;
- es gibt von Globalisierungsprozessen ausgehende Anforderungen an Einzelne oder ganze Generationen, die von vielen Menschen gar nicht bewältigt werden können;
- es gibt schließlich Fälle, in denen Globalisierungsprozesse sich gegenüber einem bildungstheoretisch qualifizierten Weiterlernen und Umlernen von Menschen abschließen oder sperrig verhalten.

Im ersten Fall, demjenigen günstiger Wechselwirkungen, sind keine besonderen pädagogischen Interventionen erforderlich.

Im zweiten Fall eines Widerstreits zwischen temporär leiblichen Ansprüchen und sogenannten gesamtgesellschaftlichen Erfordernissen können didaktische Interventionen notwendig und sinnvoll sein, die in den Bereich schulisch organisierter Erziehung fallen und nach einer weiteren Professionalisierung der pädagogischen Praxis verlangen.

Im dritten Fall eines Widerstreits zwischen bildungstheoretisch ausgewiesenen Formen des Weiter- und Umlernens und bloß systemisch erzeugten Normen eines verdinglichten Lebens sind darüber hinaus weitergehende gesellschaftspädagogische, -politische und -ökonomische Interventionen angezeigt, die mit Korrekturen an der Logik des Globalisierungsprozesses experimentieren und diesen für Erfahrungen und Lernprozesse öffnen, die quer zu den ausdifferenzierten gesellschaftlichen Bereichen zu verorten sind.

Daher lautet die vierte These:

> Differenzen zwischen Bildung und Globalisierung können sowohl Anlass zu expliziten pädagogischen Innovationen als auch zu gesellschaftspädagogischen Korrekturen geben. Erstere beziehen sich auf Lehr-Lern- und Bildungsprozesse im Bereich der ausdifferenzierten pädagogischen Praxis, letztere auf gesamtgesellschaftliche Problem-

felder in den Beziehungen zwischen den ausdifferenzierten Handlungsfeldern und gesellschaftlichen Teilsystemen.

V

Der Widerstreit von Bildung und Globalisierung verweist nicht nur auf die Gefahr einer Überformung der ausdifferenzierten Handlungslogiken durch eine rationalistische Einheitslogik, welche in naturalistischen Fehlschlüssen die Rationalität neuzeitlicher Wissenschaft und Technik zur universellen Grundnorm menschlichen Denkens und Handelns hypostasiert (vgl. kritisch hierzu die Beiträge in Beillerot/Wulf 2003; siehe auch Borrelli 2003; Ruhloff 2003 und Benner/English 2004). Die im Kontext von Globalisierungsprozessen auftretenden Diskontinuitäten weisen zugleich Bezüge zum Schwinden einer funktionierenden gesellschaftlichen Überlieferungspraxis zwischen den Generationen auf, welche Kontinuität im Bereich basaler Erfahrungen sichert (vgl. Benner 2004c). Vom Verlust intergenerationeller Erfahrungs- und Lebensformen sind in spätmodernen Gesellschaften nahezu alle ausdifferenzierten Praxisformen betroffen.

Zu nennen ist hier die in Parlamenten professionalisierte politische Praxis, welche aus eigener Kraft die demokratische Partizipation der Bürger am gesellschaftlichen Leben und in den ausdifferenzierten Handlungsfeldern nicht auf Dauer stellen kann. In Deutschland ist bei der Vereinigung der beiden Nachkriegsstaaten versäumt worden, eine Verfassung auszuarbeiten und durch das Volk zu verabschieden, die den Bürgern – wie beispielsweise in den USA und in der Schweiz üblich – demokratische Mitwirkungsrechte in bürgernahen Sektoren der Politik einräumt. Ohne eine Partizipation der Bürger an der politischen Praxis aber lassen sich Bürgertugenden wie der Mut zur Artikulation einer eigenen Meinung, Zivilcourage sowie die Bereitschaft zum Eintreten für das Gemeinwohl und die Fähigkeit, an der Erarbeitung von Kompromissen mitzuwirken, in öffentlichen Räumen weder praktizieren noch tradieren.

Zu nennen ist auch jene Organisation des Beschäftigungssystems, welche nicht mehr alle Bürger dazu verpflichtet, durch persönliche Arbeit die Mittel für die eigene Subsistenz zu sichern, sondern die Arbeit so verteilt, dass viele dieser Pflicht gar nicht nachkommen können. Sie zerstört auf Dauer die Voraussetzungen für eine ökonomisch gerechte Lebensordnung. Sie macht Einzelne nicht nur vorübergehend, sondern dauerhaft von gesellschaftlichen Leistungen und Wohltaten Anderer abhängig, sie zwingt ihnen damit eine parasitäre Koexistenzform auf und entzieht ihnen die Möglichkeit, ein selbständiges und von fremder Hilfe weitgehend unabhängiges Leben zu führen.

Zu den Bereichen nicht mehr gelingender, sondern unterbrochener Tradierung gehört in vielen Regionen auch die Religion, die immer häufiger allenfalls noch zu Beginn und am Ende des Lebens in Anspruch ge+nommen wird und oft schon nicht mehr den Charakter einer intergenerationellen Praxis hat. Auf Erwachsenengenerationen, die in ihren Familien kaum noch religiöse

Umgangsformen kennengelernt haben, sind häufig nachwachsende Generationen gefolgt, die in keinerlei Umgangsverhältnis zu religiösen Traditionen mehr stehen und diese von ihren eigenen Erfahrungen her, selbst wenn sie wollten, nicht mehr tradieren könnten.

Zu nennen ist schließlich auch die pädagogische Praxis selbst. Diese wird als eine bisubjektive Tätigkeit oft nur mehr im Horizont der ausdifferenzierten Praxisformen, nicht aber im Horizont einer Familienpraxis erfahren, in der Eltern intergenerationellen Umgang mit der individuellen Eigentümlichkeit mehrerer Kinder pflegen und Kinder die Erfahrung machen, miterziehende Geschwister zu haben und deren Miterzieher zu sein.

In den Bereichen von Arbeit und Politik, Erziehung und Religion kann auf umgängliche und lebensweltliche Erfahrungen und Lernprozesse ebenso wie in anderen Bereichen des gesellschaftlichen und intergenerationellen Lebens nicht verzichtet werden. Wo Gesellschaften im Kontext globaler Veränderungen die Kraft verlieren, Traditionen im Horizont von Umgangserfahrung weiterzugeben und zu verändern, müssen künstliche Formen einer Tradierung entwickelt werden, welche die lebensweltlichen Voraussetzungen für intergenerationelle Kommunikation und Interaktion institutionell so abzusichern suchen, dass kulturelle Tradierung gesichert wird.

Die fünfte These lautet daher:

> Globalisierungsprozesse stellen das Zusammenleben der Menschen zunehmend vor die Aufgabe, künstliche Formen der Überlieferung zu entwickeln, in denen elementare Formen menschlicher Praxis, welche moderne Gesellschaften aus eigener Kraft nicht mehr tradieren können, intergenerationell tradiert werden.

VI

Die Sorge um eine künstlich wieder in den Erfahrungskontext spätmoderner Gesellschaften zu induzierende Tradierungspraxis muss intergenerationell wahrgenommen werden und kann nicht an Schulen und schulischen Unterricht delegiert werden. Sie kommt jedoch ohne eine Absicherung durch schulischen Unterricht und differenzierte Formen des Schullebens nicht aus.

Darum lautet die sechste These:

> Abstimmungsprobleme zwischen Bildung und Globalisierung lassen sich in unterrichtlichen Lehr-Lern-Prozessen so thematisieren, dass Heranwachsende lernen, zwischen szientifischen, historischen, lebensweltlichen und praktischen Wissens- und Umgangsformen zu unterscheiden und an Tradierungsvorgängen zu partizipieren, in denen

die Mannigfaltigkeit regionaler und nationaler Kulturen bewahrt und für interkulturelle und internationale Lernprozesse geöffnet wird.

Zur Leiblichkeit ortsgebundener und intergenerationeller Temporalität kommt hier auch eine regionale, historisch-gesellschaftlich vermittelte Kulturalität hinzu, die auf Globalisierungsprozesse reagieren und diese in eigene Kontexte transformieren kann (vgl. Schriewer 1994; Steiner-Khamsi 1996).

VII

Die siebte zusammenfassende und abschließende These lautet:

> Das Verhältnis von Bildung und Globalisierung ist weder auf eine einheitliche Weltgesellschaft ohne differente Kulturen und Traditionen noch auf eine Vielzahl regionaler Gesellschaften ohne Austausch zwischen diesen zu finalisieren. Vielmehr kommt es darauf an, Tatbestände und Sachverhalte der Globalisierung universal und regional zugleich zu interpretieren. Dies verlangt nach einer Betrachtungsweise, die zwischen den ausdifferenzierten Handlungsfeldern und Praxisbereichen unterscheidet und Kollisionen zwischen diesen sowie der Vielfalt ihrer kulturellen Ausprägungen nicht leugnet.

Für die Erziehung und für die wissenschaftliche Pädagogik bedeutet dies: Praktische Pädagogik kann für sich nicht den Anspruch erheben, den Widerstreit von Bildung und Globalisierung aus eigener Kraft schlichten oder gar lösen zu können. Die Aufgabe der Erziehung kann nicht darin gesehen werden, Heranwachsende zu Sympathisanten oder Gegnern von Globalisierungsprozessen zu erziehen oder zu Menschen zu indoktrinieren, die an positive oder negative Globalisierungsprophetien glauben und aus diesen den Sinnhorizont für ihr Leben ableiten.

Wohl aber können Heranwachsende durch intergenerationelle Erziehung und schulischen Unterricht so in den Widerstreit von Bildung und Globalisierung eingeführt werden, dass sie sich mit diesem im Sinne der Wechselwirkung von selbst- und weltbildenden Tätigkeiten auseinanderzusetzen lernen. Lernen und Bildungsprozesse unterliegen nicht der falschen Alternative, entweder eine autonome und selbstbestimmte Tätigkeit zu sein oder einer fremdbestimmten Sachgesetzlichkeit zu folgen. Bildendes Lernen vollzieht sich vielmehr in Wechselwirkungen zwischen selbstbildenden und weltbildenden Tätigkeiten. Solche Wechselwirkungen sind vermittelt über Antizipationen, Irritationen und Erfahrungen, die individuell bearbeitet werden und von einer widerständigen Welt ausgehen. Dies gilt auch für bildende Lernprozesse im Kontext von Globalisierung. Auch in ihnen vollzieht sich Lernen in der Spannung von Bekanntem und Unbekanntem, Gewusstem und Nicht-Gewusstem, Erinnertem und Vergessenem, in der an Bekanntem Neues und an Neuem schon Gewusstes, nicht mehr Gewusstes oder noch nicht Gewusstes entdeckt werden kann.

III. Auf dem Weg zu einer reflexiven und innovatorischen Bildungsforschung

Zum Kritikverständnis der Unterscheidung affirmativer und nicht-affirmativer Bildungskonzepte [1]

> *„Wie es keine Kritik an sich gibt, so gibt es auch keine Kritikfähigkeit als solche. Kritik hat immer einen konkreten Gegenstand, einen konkreten Zweck, einen konkreten Adressaten und nicht zuletzt ein Urteilskriterium." (Helmut Heid: Konstitutionsbedingungen legitimer Kritik, S. 25)*

Die folgenden Überlegungen zur Unterscheidung affirmativer und nicht-affirmativer Bildungskonzepte wurden im Kontext des Projekts „Bildungstheorie und Unterricht" entwickelt, das ein Teilprojekt der von der DFG an der Freien Universität und der Humboldt-Universität eingerichteten Forschergruppe „Bildung und Schule im Transformationsprozess von SBZ, DDR und neuen Ländern" ist.[2] In diesem Projekt wird dieser Transformationsprozess am Beispiel der Lehrpläne und Richtlinien daraufhin untersucht, ob und inwieweit in ihm affirmative Lernzielnormierungen, wie sie in der DDR üblich waren, lediglich gegen solche der neuen Gesellschaftsordnung ausgetauscht oder durch reflektierende Orientierungen ersetzt wurden, die eine reflexive Auseinandersetzung mit dem Systemwandel nahe legen und erlauben. Als Lernbereiche, an denen eine solche Analyse und Prüfung exemplarisch durchgeführt wird, wurden die traditionellen Unterrichtsfächer „Chemie", „Staatsbürgerkunde", „Geschichte" und „Polytechnik" ausgewählt.

Zu Beginn unserer Arbeit haben wir neun allgemeine Kriterien zusammengestellt, die eine lehrplanbezogene fach- bzw. bereichsspezifische Reformulierung erlauben. Die Kriterien wurden in Auseinandersetzung mit geisteswissenschaftlichen, erfahrungswissenschaftlichen, hermeneutischen, ideologiekritischen sowie transzendentalkritischen Ansätzen entwickelt, welche die in der BRD und in der DDR geführte bildungstheoretische Diskussion entscheidend bestimmt haben. Bei der fachspezifischen Auslegung der Kriterien erwies sich

---

[1] Der Text geht auf einen Vortrag im Rahmen eines 1998 durchgeführten Symposions der DFG-Forschergruppe „Bildung und Schule im Transformationsprozess von SBZ, DDR und neuen Ländern" zurück. Er erschien zuerst in der von Pollak/Prim 1999 hrsg. Festschrift für Helmut Heid, S. 13-30, und in überarbeiteter Fassung in dem von Benner/Göstemeyer/Sladek 1999 hrsg. Symposionband, S. 47-65.

[2] Über die im Förderzeitraum 1994-1997 in der Forschergruppe geleistete Arbeit informieren die Bände Benner/Merkens/Schmidt (Hrsg.) 1996; Benner/Merkens/Gatzemann (Hrsg.) 1996; zum Projekt „Bildungstheorie und Unterricht" siehe Benner/Gatzemann/Fischer/Göstemeyer/Sladek 1998; G. Fischer 2004; Schluß 2003.

zunehmend die Frage als klärungsbedürftig, ob und inwieweit die dem Projekt „Bildungstheorie und Unterricht“ zugrunde liegende „normative Konnotation“ und Entgegensetzung von „affirmativ und kritisch“ geeignet ist, um die verschiedenen, in die Aufstellung der Kriterientafel eingegangenen Formen von Kritik hinsichtlich ihrer jeweiligen Reichweiten und Grenzen systematisch zu ordnen. Zur Klärung dieser und anderer Fragen fand von 21. bis 23. Mai 1998 an der Humboldt-Universität ein Symposion mit dem Thema „Über den Gebrauch von Kritik im Umgang mit Bildungszielen und -problemen“ statt, auf dem u. a. die im folgenden wiedergegebenen Überlegungen zur Diskussion gestellt wurden.

Sie beziehen die Frage nach pädagogisch bedeutsamen und legitimen Formen von Kritik zunächst auf das Verhältnis von außerpädagogischer Erziehungs- und Bildungskritik sowie pädagogischer Gesellschaftskritik (1) und erinnern dann jene Bedeutungen von Kritik, die sich etymologisch bis in die altgriechischen Begriffe *krinein, krisis* und *kriterion* zurückverfolgen lassen (2). Im Anschluss hieran werden neun im Projekt „Bildungstheorie und Unterricht“ erarbeitete Kriterien als Disjunktionen beschrieben, die unterschiedliche Sachverhalte der Kritik nach unterschiedlichen Kriterien auslegen (3). Danach wird der Versuch unternommen, die den Kriterien zugrunde liegende Unterscheidung von „kritisch“ und „affirmativ“ mit Hilfe einer Gegenüberstellung dualer, triadischer und reflexiver Problemstellungen zu präzisieren (4). Der Beitrag schließt mit Ausführungen zur Alternativität bzw. Komplementarität der in die Kriterientafel zur Unterscheidung affirmativer und reflektierender Lernzielnormierungen eingegangenen Kritikbegriffe (5) sowie mit Überlegungen zum problematischen Verhältnis zwischen der internen oder selbstbezüglichen und der externen oder fremdbezüglichen Geltung der zuvor unterschiedenen Formen von Kritik (6).

1. Pädagogische Kritik zwischen außerpädagogischer Kritik der Erziehung und pädagogischer Kritik der außerpädagogischen Anforderungen und Einflüsse auf die pädagogische Praxis

Über Kritik und ihre Legitimität wird in pädagogischen und pädagogisch bedeutsamen Kontexten auf verschiedene Weise gesprochen. Was das Verhältnis der pädagogischen Praxis zu anderen Bereichen gesellschaftlichen Handelns betrifft, lassen sich ökonomische, ethische, religiöse und politische Kritiken, die auf Fehler und Mängel der Erziehung und Unterweisung von Kindern und Jugendlichen aufmerksam machen, von anderen Kritiken unterscheiden, in denen nicht die pädagogische Praxis Gegenstand einer außerpädagogischen Kritik, sondern ökonomische, sittliche, religiöse oder politische Vorgaben,

Anforderungen und Ansprüche an die pädagogische Praxis zu Gegenständen einer pädagogischen Kritik erhoben werden (vgl. Weniger 1936/ 1975).

Beide Formen von Kritik scheinen mir dann durchaus erlaubt zu sein, wenn jede die andere nicht nur zulässt, sondern zugleich darum weiß, dass sie diese zum Zwecke ihrer eigenen Legitimität nicht ersetzen kann und darf. So sind außerpädagogische Kritiken an den Wirkungen eines konkreten pädagogischen Handelns oder des Erziehungssystems insgesamt immer dann geboten und erlaubt, wenn Heranwachsende nicht angemessen darauf vorbereitet werden, in die gesellschaftlichen Handlungsfelder einzutreten und in diesen eigene Lernprozesse und Leistungen zu erbringen. Monokausale Erklärungen, welche die Defizite der Erziehung und Bildung der nachwachsenden Generation jedoch einseitig der pädagogischen Praxis anlasten, finden in solchen Zusammenhängen dort jeweils eine Grenze, wo sich die ökonomischen, ethischen, religiösen und politischen Kritiken an der Erziehung und Bildung der nachwachsenden Generation um pädagogische Kritiken der Ökonomie, der Sitte, der Religion und der Politik ergänzen und erweitern lassen. Freilich gilt auch das Umgekehrte. Auch pädagogische Kritiken an außerpädagogischen Voraussetzungen von sowie Anforderungen an und Einwirkungen auf pädagogische Prozesse sind nur legitim, wenn sie für sich kein Kritikmonopol beanspruchen und ihre eigene Geltung dahingehend begrenzen, dass nicht eine Immunisierung gegenüber externer Kritik angestrebt, sondern solche Kritik ausdrücklich zugelassen wird.

Die bisher genannten Formen von Kritik erheben entweder die außerpädagogische Wirklichkeit zu einem Gegenstand pädagogischer Kritik oder das pädagogisches Handeln zum Gegenstand einer außerpädagogischen Kritik. Ihnen ist gemeinsam, dass sie Kritik als eine externe Kritik verstehen, die von einem Standpunkt außerhalb des jeweils Kritisierten geübt wird. Von solchen Kritiken lassen sich wiederum andere unterscheiden, in denen Kritik nicht als nach außen gerichtete Kritik, sondern ausdrücklich als selbstbezügliche Kritik auftritt. Kritiken dieser Art finden sich dort, wo Subjekt und Objekt der Kritik nicht verschieden, sondern in gewissem Sinne identisch sind. Trägt man solche Selbstbezüglichkeiten in die bisher genannten Formen von Kritik ein, so erweitern sich die Horizonte der außerpädagogischer Kritiken der Erziehung um diejenigen einer politischen Kritik der Politik, einer religiösen Kritik der Religion, einer ökonomischen Kritik der Ökonomie und einer ethischen Kritik der Sitte. Pädagogische Gesellschaftskritik verbindet sich alsdann mit einer pädagogischen Kritik der Pädagogik selbst.

Auch für diese Kritiken gilt, was zuvor für das Verhältnis außerpädagogischer Kritiken an der Erziehung und Bildung der nachwachsenden Generation und pädagogischer Gesellschaftskritik gesagt wurde. Die verschiedenen Formen selbstbezüglicher Kritik stellen keine Formen von Kritik dar, die gegeneinander mit dem Anspruch auf eine allein mögliche und erlaubte Form von Kritik auftreten können, sondern stehen in einem Verhältnis zueinander, welches Fremdkritik nur um den Preis eines Fundamentalismus ausschließt.

Wie sich die verschiedenen Formen von Kritik zu sich selbst und zueinander verhalten, ist eine noch weithin ungeklärte Frage. Die im Projekt „Bildungstheorie und Unterricht“ vertretene Auffassung, dass sich affirmative und reflexive Bildungsvorstellungen voneinander abgrenzen lassen, favorisiert ein Verständnis von Kritik, welches Kritiken aller Art keine schlechthin anzuerkennende Geltung beimisst, sondern dazu auffordert, mit den Problemen der Selbstbezüglichkeit und Fremdbezüglichkeit von Kritik reflektierend umzugehen. Die Frage, was hierunter zu verstehen ist, soll im folgenden zunächst an jenem Bedeutungszusammenhang geklärt werden, der sich bis in die griechische Sprache zurückverfolgen lässt und der auch heute noch im Gebrauch der Begriffe „Kritik“ und „kritisch“ wirksam ist (vgl. Heid 2003).

2. Die Bedeutung von *krinein, krisis* und *kriterion* für die Unterscheidung zwischen einer formallogischen und einer bildungstheoretischen Konzeption von Affirmativität und Nicht-Affirmativität

Ein Hinweis darauf, was unter einer nicht einfach zu bejahenden, sondern reflexiv zu prüfenden Kritik zu verstehen ist, lässt sich den keineswegs nur etymologisch, sondern auch wirkungsgeschichtlich interessanten Bedeutungen der griechischen Begriffe *krinein, krisis* und *kriterion* entnehmen.

krinein bedeutet zunächst „etwas sichten“, „von anderem scheiden“, „unterscheiden“, dann aber auch „etwas absondern“, „aussondern“ und „auswählen“; es wird schließlich gebraucht, um auszudrücken, was Menschen nicht nur der Sache, sondern auch der Art der Tätigkeit nach tun, wenn sie an etwas Kritik üben. Alsdann bedeutet *krinein* nicht nur „scheiden“, „unterscheiden“ und „auswählen“, sondern auch „entscheiden“, „richten“ und „urteilen“.

Das mit dem Verb *krinein* verwandte Substantiv *krisis* gebrauchten die Griechen, um strittige Situationen und Prozesse in natürlichen und gesellschaftlichen Kontexten zu beschreiben, in denen etwas sich entscheidet, zur Entscheidung ansteht oder über etwas entschieden wird. Unter einem *kriterion* schließlich verstanden sie das in solchen Vorgängen, Ereignissen und Prozessen jeweils ausschlaggebende Kennzeichen oder Merkmal, an dem sich – z. B. im Verlauf einer Krankheit oder eines Gefechtes oder bei der Urteilsfindung vor Gericht – entscheidet, ob ein Ereignis eintritt, wie sich etwas entwickelt oder wie über etwas entschieden wird.

Von *krisis, krinein* und *kriterion* sprachen die Griechen sowohl mit Blick auf natürliche als auch auf gesellschaftliche Situationen, also nicht in Bezug auf Naturvorgänge, sondern auch bei Prozessen vor Gericht und nicht zuletzt bei gemischten Vorgängen wie z. B. beim Verlauf von Krankheiten und deren medizinischer Behandlung. Den Bedeutungszusammenhang von *krisis, krinein* und *kriterion* interpretierten sie dabei so, dass er weder dezisionistisch in das Belieben der Menschen gestellt, noch naturalistisch dem Seienden selbst überlassen, sondern als ein teleologisch oder zweckmäßig geordneter Zusammenhang zu denken sei. Danach stellt sich in einer Krankheit der Tod dann ein, wenn das Leben seinen Zweck, die Erhaltung und Expression der Lebendigkeit, angesichts des Erlöschens der Selbstheilungskräfte der Natur verliert. Und vor Gericht wird das richtige Urteil dann gefunden, wenn ein Streitfall unter Absehung von zufälligen oder privaten Motiven der Streitenden nach der Prüfung und Beurteilung seines Zwecks entschieden wird. So empfiehlt beispielsweise die aristotelische Politik, Ehebruch während der für die Zeugung, Aufzucht und Erziehung von Nachwuchs bestimmten Lebensphase mit dem Verlust der Bürgerrechte zu bestrafen, in einem fortgeschritteneren Alter hingegen straffrei zu stellen (vgl. Aristoteles: Politik 1335 b 38 – 1136 a 3).

Versuchen wir zwischen dem in der griechischen Sprache aufbewahrten teleologischen Bedeutungszusammenhang von *krinein, krisis* und *kriterion* und der Unterscheidung affirmativer und nicht-affirmativer Bildungsvorstellungen eine erste Beziehung herzustellen, so lässt sich zeigen, dass letztere nicht in Analogie zur Einteilung der logischen Qualität von Urteilen in bejahende, verneinende sowie Bejahung und Verneinung verbindende limitative Aussagen gedacht werden kann (vgl. Kant: Kritik der reinen Vernunft A 70; B 95). An die Stelle des formallogischen Unterschieds von Bejahung, Verneinung und Limitation tritt in teleologischen Argumentationen vielmehr eine Unterscheidung zwischen Affirmativität und Nicht-Affirmativität, welche auf Urteils- und Entscheidungsprobleme verweist, die sich auf Fragen einer legitimen Aneignung und Anerkennung von etwas beziehen. So lässt sich der Satz „Sokrates ist ein Mensch“ nicht nur als logische Schlussfolgerung eines Syllogismus (A=B; B=C; A=C) so interpretieren, dass Sokrates im Sinne einer bejahenden Aussage ein Exemplar der Gattung Mensch ist; gemäß der Bedeutung von *krinein, krisis* und *kriterion* besagt der Satz zugleich, dass Sokrates auch als ein solcher sich verhalten und behandelt werden soll. Und der Satz „Die schwere Krankheit des Hypokrates ist nicht heilbar“ enthält nicht nur eine verneinende bzw. limitative Aussage, sondern besagt im Kontext der vormodernen Medizin zugleich, dass es teleologisch unsinnig wäre, den sterbenden Hypokrates am Sterben zu hindern, durchaus stimmig und geboten aber, ihn sterben zu lassen.

Zu diesem teleologischen Verständnis von Kritik sind in der Moderne verschiedene Ansätze der Kritik der einst für wahr gehaltenen *teloi* hinzugekommen. In ihnen lebt der sokratische Zweifel an der Richtigkeit und Gültigkeit des Wissens der Alten in einer Weise fort, welche es uns nicht erlaubt, die modernen Formen von Kritik neuerlich einer vorgegebenen oder vorentworfenen natürlichen und gesellschaftlichen Ordnung zu unterstellen (vgl. W. Fischer 1989; Fischer/Ruhloff 1993; Ruhloff 1996b und 1999). Bildungstheoretische Affirmativität und Nicht-Affirmativität verhalten sich darum heute nicht zueinander wie die Bejahung, Verneinung oder Limitation einer teleologisch zweifelsfreien Zweckordnung, sondern wie unbegründete und ungeprüfte Anerkennung von etwas zu dessen aporetisch-problematischer Reflexion. Das Selbstverhältnis des modernen Menschen zu der von ihm entzauberten Welt und zu sich selbst kann nicht mehr reflexiv durch eine Rückbesinnung auf vorgegebene, als gültig angesehene *teloi* gewendet werden, sondern ist auf Aneignungs- und Interpretationsprozesse angewiesen, in denen unser Wissen, Können und Sollen zugleich modernen Formen der Kritik ausgesetzt wird.

Die Frage, ob und wie sich vor dem Hintergrund der in unserer Tradition entwickelten unterschiedlichen Formen von Kritik affirmative von nicht-affirmativen Bildungskonzepten unterscheiden lassen, hat sich damit zunächst soweit geklärt, als gezeigt werden konnte, dass zwischen affirmativen und reflektierenden Bildungskonzepten angemessen nicht allein nach Maßgabe der Unterscheidung bejahender und verneinender Aussagen, sondern nur reflektierend unterschieden werden kann. Die bildungstheoretische Kritik von Affirmativität zielt ebenso wenig auf ein Verbot affirmativer Urteile im Sinne bejahender Aussagen wie die bildungstheoretische Anerkennung von Nicht-Affirmativität eine Bevorzugung nicht-affirmativer oder verneinender Urteile anstrebt. Dies war letztlich der Grund, warum wir im Projekt „Bildungstheorie und Unterricht“ bei der Formulierung der Kriterientafel zur Unterscheidung affirmativer und nicht-affirmativer Bildungskonzepte auf den Dual affirmativ/nicht-affirmativ verzichtet und an seiner Stelle die Unterscheidung affirmativ/reflektierend gewählt haben. Gleichwohl kommt auch die Explikation dieser Unterscheidung nicht ohne eine Inanspruchnahme der sprachlichen Kategorien affirmativer und nicht-affirmativer Aussagen aus. Dies hat zu gewissen Schwierigkeiten bei der Formulierung, Anordnung und Systematisierung der insgesamt neun Kriterien geführt, auf die im Folgenden eingegangen wird.

3. Kriterien zur Unterscheidung affirmativer und reflektierender Bildungskonzepte

Den modernen Formen legitimer Kritik ist, so sehr sie sich im Einzelnen auch voneinander unterscheiden mögen, gemeinsam, dass sie Kritiken entwickeln, die unsere Urteilskraft durch Selbstkritiken von Rationalität, Bewusstsein und Vernunft zu schärfen suchen. In diesem Sinne verweisen der kritische Rationalismus auf eine unbedingt zuzulassende Falsifizierbarkeit und nach Möglichkeit sogar herbeizuführende Falsifikation unseres Wissens, die reflektierende Hermeneutik auf Verständigungsmöglichkeiten, in denen wir uns nicht innerhalb der Grenzen unseres Vorverständnisses bewegen, sondern Erfahrungs- und Reflexionsmöglichkeiten an dessen Grenzen erkunden, die Ideologiekritik der kritischen Theorie auf die Gefahren eines undurchschauten falschen Bewusstseins und die transzendentale Vernunftkritik auf prinzipielle Grenzen unseres Erkenntnisvermögens.

Die Frage, wie sich diese Kritiken zueinander verhalten, scheint mir eine in der gegenwärtigen Diskussion weithin vernachlässigte Frage zu sein.[3] Im wissenschaftlichen wie im politischen Raum werden immer wieder Kritiken bevorzugt, die gegen das Kriterium der Selbstbezüglichkeit aller legitimen Kritik verstoßen und sich im Sinne von Carl Schmitts Definition des Politischen als Kritiken eines Gegners verstehen, der nicht als innerer, sondern als äußerer Feind definiert wird (vgl. Schmitt 1950). Demgegenüber zeichnen sich die im Projekt „Bildungstheorie und Unterricht" rekonstruierten, in bildungstheoretischer Sicht unverzichtbaren Formen legitimer Kritik durch eine Selbstbezüglichkeit aus, welche es nahe legt, die Fremdbezüglichkeit der verschiedenen Formen von Kritik so zu justieren, dass in ihnen Selbstbezüglichkeit nicht aufgegeben und das Verhältnis der verschiedenen Kritiken zueinander als ein reflexives gedacht wird.

Alle von uns aufgestellten Kriterien beanspruchen, zwischen affirmativen und reflektierenden Bildungskonzepten nicht dogmatisch im Sinne einfacher „Ist-" bzw. „Ist-nicht-Aussagen", sondern selbstbezüglich und reflektierend zugleich zu unterscheiden.[4] Das 1. Kriterium bringt diese Absicht in der Formulierung „reflektierende Bildungsidee versus normatives Bildungsideal" auf einen Begriff, der an den Positionen von Litt (1955/1959; 1959) und Weniger (1952) entwickelt wurde. Ihm zufolge ist Bildungsvorstellungen und Lernzielen, die einem reflektierenden Mensch-Welt-Verhältnis verpflichtet sind, ein unbedingter Vorzug gegenüber normativen Bildungsidealen einzuräumen, welche die Aneignung, den Gebrauch und die Bedeutung eines zu lernenden Sachverhalts oder Verhaltens an vermeintlich absoluten, nicht hinterfragbaren Maßstäben für Positivität und Negativität auszurichten suchen, von denen es die einen zu bejahen, die anderen zu verneinen gilt.

Worin die eigentümliche Normativität der Unterscheidung von Affirmativität und Reflexivität besteht, geht aus der Gegenüberstellung von reflektierender Bildungsidee und positivem Bildungsideal unmittelbar noch nicht hervor. Die folgenden acht Kriterien erläutern im Anschluss an unterschiedliche Traditionen kritischer Theorie, was unter der im 1. Kriterium formulierten allgemeinen Entgegensetzung von reflektierender Bildungsidee und affirmativem Bildungsideal verstanden werden kann. Hierzu führt das 2. Kriterium mit der in Bezugnahme auf Max Weber (1919), Ernst Topitsch (1960) und Teile der analytischen Philosophie getroffenen Formulierung „offene versus geschlossene Verknüpfung zwischen deskriptiven und präskriptiven Aussagen" aus, dass unreflektierte Vermischungen oder gar Gleichsetzungen von beschrei-

---

3 So könnte eine kritische Aufarbeitung des sogenannten Positivismusstreit in der Soziologie und seiner Nachahmung in der Erziehungswissenschaft womöglich erweisen, dass die bleibende Bedeutung dieses Streits in der Überwindung der Dogmatismen der in ihm verhandelten Positionen liegt.

4 Vgl. zu den folgenden Ausführungen die am Ende dieses Beitrags abgedruckte Kriterientafel sowie deren Auslegung auf die naturwissenschaftliche Bildung in G. Fischer 2004 und die politische Bildung in Schluß 2003.

benden und erklärenden sowie vorschreibenden und orientierenden Aussagen aus Gründen der intellektuellen Redlichkeit nicht erlaubt sind und dass Vermittlungsprobleme zwischen beiden Aussagetypen diskursiv und reflexiv offen zu legen und auszutragen sind. Affirmative und reflektierende Bildungskonzepte unterscheiden sich demzufolge aus kritisch-rationalistischer Sicht dadurch, dass erstere Bildungsprozesse darauf verpflichten, die Aneignung, Interpretation und Bearbeitung szientifisch erkennbarer Sachverhalte nach Maßgabe wie auch immer vorgegebener präskriptiver Überzeugungen so zu beeinflussen, dass im Bewusstsein und im Handeln der Lernenden ein verpflichtender, normativ geschlossener Sinnzusammenhang von Sein und Sollen entsteht. Demgegenüber besteht die Aufgabe reflektierender Bildung darin, zwischen deskriptiven Aussagen und Wertungen so zu unterscheiden, dass Vermittlungsprobleme zwischen beiden deskriptiv analysiert und normativ diskutiert werden können.

Über eine bestimmte, wünschenswerte Normativität solcher Analysen und Diskussionen ist hiermit freilich noch nicht entschieden. Vorfindliche Meinungen und Optionen lassen sich mit Hilfe der auf Karl Marx (1845/46) und Karl Mannheim (1929) zurückgehenden Ideologiekritik daraufhin befragen, ob sie vorgegebene Überzeugungen und scheinbare Sachzwänge einer bestehenden oder idealiter antizipierten Gesellschaftsordnung unreflektiert verallgemeinern und monopolisieren oder aber als solche kenntlich machen und zum Gegenstand einer problematisierenden Reflexion erheben. In unserer Kriterientafel haben wir diese Aufgabe in Anlehnung an Robert Alts Kritik des bürgerlichen Bildungsmonopols (Alt 1978) auf den Begriff „nicht-monopolisierte versus monopolisierte Bildung“ gebracht. Dem 3. Kriterium zufolge legitimieren affirmative Bildungskonzepte gesellschaftliche Monopolisierungen im Rekurs auf vermeintliche Naturkategorien und versuchen reflektierende Bildungskonzepte entsprechende Naturalisierungen durch Aufklärung zu problematisieren.

Über den Sinn solcher Aufklärung ist damit noch nichts gesagt. Soll dieser nicht neuerlich an ungeprüften normativen Optionen ausgerichtet oder dezisionistisch der Beliebigkeit anheim gestellt werden, so gilt es auch hier der Analyse und Diskussion von Vermittlungsproblemen einen Vorzug gegenüber Einheitsvorstellungen einzuräumen. Das 4. Kriterium knüpft an Alfred Petzelts bildungstheoretische Auslegung der Vernunftkritiken von Immanuel Kant an (Petzelt 1964). Mit der These „Vermittlungsproblematik versus Einheit von Wissen und Haltung“ räumt es der Offenlegung von Abstimmungsproblemen zwischen Wissen und Haltung einen Vorrang gegenüber Vorstellungen ein, die an der Herstellung einer Einheit von Wissen und Haltung interessiert sind, die sie vor jeglicher Kritik zu bewahren suchen (vgl. Vogel 1990; Benner 1994).

Vergleichbare Einheitsvorstellungen wie im Bereich der politischen Ideologie gilt es nicht nur im Außenverhältnis des pädagogischen Handelns zu anderen Praxisbereichen, sondern auch in dessen Innenverhältnis zu vermeiden. In

Anlehnung an erziehungstheoretische Kritiken reformpädagogischer Konzepte und Optionen erkennt das 5. Kriterium im Anschluss an Max Gustav Langes Überlegungen zum Verhältnis von „Denken und Handeln in der Erziehung" Lange 1947) der „Vermittlungsproblematik ... von praktischem und theoretischem Denken und Lernen" einen Vorrang gegenüber Einheitsvorstellungen von Lernen und Handeln zu. Begründet wird dies damit, dass erst die Analyse von Vermittlungsproblemen zwischen Denken und Handeln einen hermeneutisch abgesicherten Zugang zu künstlich arrangierten erfahrungserweiternden Lehr-Lern-Prozesse eröffnet, in denen die vormoderne Einheit von Leben und Lernen transzendiert wird.

Das 6. Kriterium legt diese Differenz in Anknüpfung an Überlegungen der frühen kritischen Theorie bei Max Horkheimer (1937) auf das theoretische Lernen selbst aus und unterscheidet hier zwischen einem innerszientifischen und einem gesellschaftlichen Sinn des Wissens der modernen Wissenschaften. Mit der Formulierung „Vermittlungsproblematik versus Einheit von innerszientifischem und gesellschaftlichem Sinn wissenschaftlicher Aussagesysteme" weist es darauf hin, dass die gesellschaftliche Bedingtheit der Aussagesysteme der modernen Wissenschaften in diesen selbst nicht erinnert werden kann, sondern zusätzlicher wissenschafts- und gesellschaftshistorischer Reflexionen bedarf. Deren bildungstheoretisch bedeutsame Aufgabe besteht darin, Abstimmungs- und Vermittlungsprobleme zwischen der innerszientifischen und der gesellschaftlichen Bedeutung des Wissens der Wissenschaften nicht zu leugnen, sondern zu thematisieren.

Die Kriterien 4 bis 6 arbeiten mit Unterscheidungen, die Vermittlungsproblemen zwischen Wissen und Haltung, praktischem und theoretischem Lernen sowie innerszientifischem und gesellschaftlichem Sinn des Wissens der modernen Wissenschaften einen Vorrang gegenüber entsprechenden Einheitsvorstellungen einräumen. Worin die Reflexivität dieser Vermittlungsprobleme liegt, klären sie jedoch noch nicht.

Hierzu äußern sich erst die Kriterien 7 bis 9. Dabei bringt das 7. Kriterium mit der in Anlehnung an die Bildungstheorie von Theodor Litt (1955/1959) gewählten Formulierung „Differenzierung versus Gleichsetzung von szientifischem Weltbegriff und Umgangsverhältnis von Mensch und Welt" moderne Unterscheidungen und Vermittlungsprobleme zwischen szientifischen und umgänglichen Weltverhältnissen in den Blick (vgl. Benner 1997b). Das 8. Kriterium unterscheidet im Anschluss hieran unter Berufung auf Kants Begriff der transzendentalen Differenz, Franz Fischers (1975) Frage nach dem „Anspruch der unvermittelt vorausgesetzten Wirklichkeit" und Theodor W. Adornos (1957/58, S. 317ff.) nicht-reziproke Verhältnisbestimmung von „Unmittelbarkeit und Vermittlung" zwischen der unserem Denken und Handeln uneinholbar vorausgesetzten und der durch unser Denken und Handeln konstituierten und konstruierten Welt.

Das 9. Kriterium bildet insofern den Schlussstein der Kriterientafel, als es Vorstellungen von einer Nicht-Hierarchizität der zuvor genannten Kritiken einen grundsätzlichen Vorrang gegenüber Annahmen einer hierarchischen Ordnung der Kritikmodelle einräumt. Im Rückblick auf die im ersten Teil dieses Beitrags erläuterten Unterscheidungen bedeutet dies, dass Reflexionen, welche Rücksichtnahmen auf Beziehungen und Interdependenzen zwischen den ausdifferenzierten Bereichen ökonomischer, sittlicher, pädagogischer, politischer, ästhetischer und religiöser Praxis zulassen, ein Vorzug gegenüber Vorstellungen einzuräumen ist, die die getroffenen Unterscheidungen außer Kraft zu setzen oder zu reduzieren suchen (vgl. Benner [4]2001b, S. S. 115ff. und S. 178ff.).

Auf die Frage, wie einem „nicht-hierarchischen Zusammenhang“ menschlicher Weltverhältnisse ein Vorrang gegenüber allen nur denkbaren hierarchischen Anordnungen der ausdifferenzierten Formen menschlicher Praxis eingeräumt werden kann, gibt das 9. Kriterium zusammen mit den vorausgegangenen die zunächst rein formale Antwort, es gelte den Zusammenhang der bildungstheoretischen Kriterien so zu denken, dass eine wechselseitige Anwendung der von ihnen her möglichen Kritiken durchaus erlaubt und möglich wird. Deren Verhältnis zueinander sei darum nicht hierarchisch, sondern nicht-hierarchisch zu konzipieren.

4. Zur differenten normativen Grundstruktur dualer, triadischer und reflexiver Problemstellungen. Oder: Unterscheidung dreier Lesarten der Kriterientafel zur Abgrenzung affirmativer und reflektierender Bildungsvorstellungen

Wie bereits angedeutet, haben sich bei den bisherigen Versuchen, die neun Kriterien systematisch im Sinne eines sie verbindenden Problemzusammenhangs anzuordnen, einige noch ungeklärte Fragen ergeben. Zwei dieser Fragen seien an dieser Stelle genannt. Die eine bezieht sich auf das Problem, ob sich Kriterien zur Unterscheidung affirmativer und nicht-affirmativer Lernzielnormierungen und Bildungsvorstellungen überhaupt angemessen in der Form von Dualen fassen lassen. Formulierungen, die sich des Duals A versus B bedienen, können so verstanden werden, als propagierten sie die Affirmation von A und die Nicht-Affirmation oder Verneinung von B und als räumten sie auf diese Weise reflektierenden Problemstellungen keinerlei Vorzug gegenüber affirmativen Positionen ein. Die zweite Frage bezieht sich auf das Problem, wie von den in Anspruch genommenen Referenzpositionen her ein bildungstheoretisch fruchtbares Kritik-Verständnis zu gewinnen ist, welches über eine bloße Beliebigkeit möglicher Referenzen hinausführt und unverzichtbare Aspekte einer pädagogischen Kritik von Bildungszielen und -aspirationen zur Geltung bringt.

Auf die erste Frage kann an dieser Stelle zumindest eine vorläufige Antwort gegeben werden. Sollte sich zwischen dem bildungstheoretischen Sinn von Nicht-Affirmativität im Sinne von Reflexivität und der kategorialen Einteilung der formal-logischen Qualität von Aussagen in bejahende, verneinende und limitierende Aussagen wirklich im bereits angedeuteten Sinne unterscheiden lassen, so ließen sich die Duale A versus B auch anders lesen, nämlich als Hinweise auf Reflexionsprobleme, die in bildungstheoretischer Hinsicht nicht unterschlagen werden dürfen. An verschiedenen Lesarten der Kriterientafel lässt sich das Gemeinte verdeutlichen.

Eine in bildungstheoretischer Hinsicht affirmative Lesart wird die Kriterien so verstehen, als verlangten die Formulierungen A versus B stets eine Bejahung der Position A und eine Verneinung der Position B. Die in A jeweils angesprochene bildungstheoretische Nicht-Affirmativität wird auf diese Weise in eine einfache Bejahung überführt, was unweigerlich zur Folge hat, dass die in den Kriterien intendierte Reflexivität nicht in den Blick kommt. Am 1. Kriterium lässt sich das Missverständnis, dem eine solche Interpretation erliegt, verdeutlichen. Die Kritik oder Unterscheidung Bildungsidee versus Bildungsideal wird alsdann nämlich dahingehend ausgelegt, als räume dieses Kriterium einer Affirmation von Bildungsideen einen Vorzug gegenüber einer Affirmation von Bildungsidealen ein. Der an der Kontroverse zwischen Litt und Weniger aufweisbare Unterschied zwischen Bildungsidee und Bildungsideal geht hierbei jedoch bis zur Unkenntlichkeit verloren. Denn eine zu affirmierende Bildungsidee wäre dem 1. Kriterium zufolge nichts anderes als die Setzung eines normativen Bildungsideals, dessen Anerkennung einfach postuliert wird.

Einer zweiten Lesart zufolge könnte das A versus B im Sinne eines *tertium datur* so verstanden werden, dass die logische Affirmation von A und B ebenso wie deren logische Negation zu vermeiden und statt dessen nach einer dritten Position zu suchen sei, die zwischen A und B vermittelt. Eine solche an Harmonisierung von Widerstreit interessierte Lesart verfiele dem Missverständnis, als sei mit dem A versus B jeweils gemeint, dass die Lösung der widerstreitenden Probleme in einem Zwischenbereich zwischen zwei gleichermaßen als falsch erwiesenen Extremen zu suchen sei. Bezogen auf das 3. Kriterium bedeutete das versus von Nichtmonopolisierung und Monopolisierung alsdann, in bildungstheoretischer Hinsicht sei es wünschenswert, dass Bildungsinhalte und -prozesse in bestimmten Hinsichten stets monopolisiert und in anderen nicht monopolisiert würden. Die im 3. Kriterium angesprochene Aufgabe, über offene und heimliche Monopolisierungen aufzuklären, bliebe in solchen Lesarten jedoch ebenso unbemerkt wie die im 1. Kriterium angesprochene Differenz zwischen offener Bildungsidee und normativem Bildungsideal.

Die dritte Lesart unterscheidet sich von der ersten und zweiten dadurch, dass sie weder, wie die zweite, einem *tertium datur* und ebenso wenig als Negation dieser Lesart einem *tertium non datur* das Wort redet, noch, wie die erste, Reflexivität auf eine Polarität von Affirmation und Negation reduziert.

Von beiden bisher angesprochenen Lesarten unterscheidet sich die dritte dadurch, dass sie das sich in den neun Kategorien wiederholende A versus B als ein Reflexionsproblem wahrnimmt, welches ebenso wenig in ein zu affirmierendes A wie in ein zu negierendes B und auch nicht einfach in etwas zwischen A und B überführt werden kann, sondern als Widerstreit zwischen A und B erfahren, erkannt und ausgehalten werden will.

Formale Aussagen über das in den einzelnen Kriterien jeweils gemeinte A versus B reichen dieser dritten Interpretation zufolge nicht aus, um den Widerstreit von Bildungsidee und Bildungsideal (Kriterium 1), von Deskription und Präskription (Kriterium 2), von Nicht-Monopolisierung und Monopolisierung (Kriterium 3) und die in den Kriterien 4 bis 6 angesprochenen Vermittlungsproblematiken von Wissen und Haltung, praktischem und theoretischem Denken sowie szientifischem und gesellschaftlichem Sinn wissenschaftlicher Aussagesysteme einzuholen. Analoges gilt für die Kriterien 7, 8 und 9, in denen Formen des Widerstreits von Umgang und Wissen, Unmittelbarkeit und Vermittlung sowie Nicht-Hierarchizität und Hierarchizität menschlicher Weltverhältnisse angesprochen sind.

Mit den bisherigen Hinweisen zu der von uns beabsichtigten dritten Lesart der Kriterientafel hat freilich nur die erste, nicht aber die zweite der eingangs dieses Abschnitts genannten Fragen eine Antwort gefunden. Der Frage, wie sich die verschiedenen in der Kriterientafel angesprochenen Kritiken, Krisen und Kriterien zueinander verhalten und ob und wie diese in ein bildungstheoretisch legitimes Verhältnis zueinander treten können, wende ich mich im vorletzten Teil meiner Überlegungen zu.

5. Von der Alternativität oder Komplementarität der verschiedenen, in die Kriterientafel eingegangenen Ansätze von Kritik

Alternative und komplementäre Lesarten der in die Kriterientafel eingegangenen Kritiken sind seit langem bekannt. Während sich im Positivismusstreit in den Sozialwissenschaften die Positionen des kritischen Rationalismus und der kritischen Theorie zuweilen wie unvereinbare und insofern alternative Positionen einander gegenüberstanden, hat die im Anschluss an Jürgen Habermas in den sechziger und siebziger Jahren entwickelte emanzipatorische Erziehungswissenschaft in einigen ihrer Richtungen zuweilen die These vertreten, die Positionen empirischer, hermeneutischer und ideologiekritischer Erfahrungssicherung und Reflexion verhielten sich zueinander komplementär (vgl. Benner ^{3}1991, S. 225ff. und S. 275ff). Beide Modelle sind nicht nur früh als Irrwege einer einheitswissenschaftlichen Methodologie kritisiert worden, sondern haben sich inzwischen auch als irrig herausgestellt. Weder ist eine strikte Alternativität von kritischem Rationalismus und Ideologiekritik nachweisbar, noch kann an der Auffassung einer expliziten Unterscheidbarkeit und Komplementarität der angeblich auf Arbeit, Sprache und Interaktion zurückführbaren Geltungsansprüche der empirisch-analytischen, historisch-hermeneutischen und emanzipatorischen Wissensformen und Forschungskonzepte festgehalten werden. Darum möchte ich an dieser Stelle erneut die These vertreten, dass die bereits mehrfach genannten Formen von Kritik weder alternativ noch komplementär einander zuzuordnen und zu verstehen sind. Weder kann eine von ihnen – im Sinne des Alternativitätsmodells – die anderen ersetzen, noch ergeben sie zusammen genommen – im Sinne des Komplementaritätsmodells – ein in sich stimmiges Ganzes.

Zur Absicherung dieser These sei daran erinnert, dass keine der in die Kriterientafel eingegangenen Kritiken bisher davor gefeit gewesen ist, ihre in der Wissens-, Bewusstseins- und Vernunftkritik liegenden Ursprünge zu vergessen und eine dogmatische oder fundamentalistische Gestalt anzunehmen. So kann der kritische Rationalismus auf zweifache Weise durch Grenzüberschreitungen pervertieren. Die eine liegt dort vor, wo für Aussagesysteme neuzeitlicher Wissenschaft der Anspruch erhoben wird, sie näherten sich im Ausgang von hypothetischen Konstruktionen schrittweise der Wahrheit an; die andere kommt dann zustande, wenn von der Tatsache, dass in alles wissenschaftliche Wissen niemals nur unsere Fragen, sondern immer auch Antworten der Dinge eingehen, abstrahiert und unser Wissen als Produkt einer autopoietischen, womöglich beliebigen Konstruktionstätigkeit unseres Gehirns ausgegeben wird. Ein in diesem Sinne radikaler Konstruktivismus unterstellt nicht nur eine beliebige Vielzahl konstruierbarer Welten, sondern verfügt letztlich über keinen Begriff der Realität mehr. Er kann folglich weder an der Erfahrung scheitern, noch die Differenz zwischen der durch unser Denken konstituierten und konstruierten Welt und der grenzbegrifflich vorausgesetzten, uneinholbaren Wirklichkeit fassen (vgl. König/Zedler 1998, 232ff.).

In der Ideologiekritik kann das Vergessen der Selbstbezüglichkeit von Kritik dazu führen, dass diese zur Kritik des falschen Bewusstseins des jeweiligen Gegners verkommt und am Ende nur mehr dem Zweck dient, den Ideologieverdacht von den eigenen auf fremde Überzeugungen zu lenken und für sich selbst ein richtiges, für alle anderen Auffassungen aber ein falsches Bewusstsein zu reklamieren. Auch die transzendentale Kritik ist vor Perversionen nicht a priori geschützt. Wo sie sich nicht mehr als eine Kritik der Voraussetzungen unseres Denkens und Urteilens versteht, sondern von den von ihr aufgedeckten Anschauungsformen und Kategorien – wie in bestimmten Richtungen des Neukantianismus – behauptet, diese seien als Bedingungen der Möglichkeit des Wissens zugleich Bedingungen der Möglichkeit der Wirklichkeit, da verliert transzendentale Reflexion den Status kritischer Theorie, indem sie auf die Stufe schlechter Metaphysik zurückfällt, die durch sie eigentlich überwunden werden sollte. Ein vergleichbares Schicksal erleidet die Hermeneutik, sobald sie sich nicht mehr als ein diskursives Ausmessen von Reflexions- und Urteilsmöglichkeiten, sondern als Bündnispartner einer vernehmbaren Seinsgeschichte oder als Garant eines richtigen historistischen Bewusstseins versteht, welches zu fassen vermag, „wie es eigentlich gewesen ist".

Wo die genannten Formen von Kritik sich gegenseitig den Anspruch legitimer Kritik streitig machen, geraten sie in einen Fundamentalismus, der sie ihre eigenen Dogmen affirmieren statt problematisieren lässt. Solcher Fundamentalismus und Dogmatismus ist dort nicht vermeidbar, wo Ansätze wissenschaftlicher Rationalität und Kritik sich als Einheitsmodelle für Rationalität überhaupt verstehen, die, jeglicher Selbst- und Fremdkritik vermeintlich enthoben, sich zu universeller Fremdkritik eignen.

Vor solchen Ansprüchen sucht die im Projekt „Bildungstheorie und Unterricht" erarbeitete Kriterientafel die Kritiken, die in sie eingegangen sind, auf zweifache Weise zu bewahren. Zum einen intendieren die Kriterien keine dogmatische Verfestigung der den verschiedenen Formen von Kritik zugrunde liegenden Unterscheidungen. Sie geben vielmehr ausdrücklich auf, auch nach dem Verhältnis des in den Kritiken Unterschiedenen zu fragen. Die Unterscheidung von Deskription und Präskription verbindet sich dann mit der Frage, wie Aussagen dieser Art zueinander in ein reflektierendes Verhältnis gesetzt werden können. Nicht anders ergeht es den anderen Disjunktionen. Liest man das A versus B im Sinne der dritten Lesart, so zielen die Kriterien auf die Vermeidung eines Unterscheidungsdogmatismus, in welchem Unterscheidungen nicht mehr dazu fungieren, Reflexionsmöglichkeiten freizusetzen, die ohne sie nicht möglich wären, sondern die Vermittlungsprobleme leugnen, die im Anschluss an sie zu diskutieren sind.

Den Rückfall von Kritik in fundamentalistischen Dogmatismus sucht die Kriterientafel noch auf eine andere Weise zu verhüten. Sie nimmt alle zuvor genannten Ansätze von Kritik nicht deshalb in sich auf, um sie gegeneinander abzuschotten, sondern um den zwischen den verschiedenen Kritiken möglichen Widerstreit zu bedenken. Hierzu führt das 9. Kriterium aus, dass solchem Widerstreit ein unbedingter Vorrang gegenüber jeder hierarchischen Teleologisierung oder Harmonisierung von Kritik einzuräumen ist. Unter der Nicht-Hierarchizität der Kriterien wird damit keineswegs ein herrschaftsfreier Raum oder eine Beliebigkeit ihrer Verhältnisse verstanden; vielmehr ist mit ihr ein „Zwischen" gemeint, welches es verbietet, vergleichende Analysen der verschiedenen Kritiken und ihre wechselseitige Anwendung aufeinander unter ein Reflexionsverbot zu stellen.

Als hinter der Kriterientafel stehende Normativität tritt damit die Maxime hervor, es komme darauf an, legitime Formen selbstbezüglicher Kritik zuzulassen und nicht durch falsche Orthodoxierungen zu unterbinden.

Diese These leitet zum letzten Teil meines Beitrags über, in welchem einige Überlegungen zum problematischen Verhältnis zwischen der internen oder selbstbezüglichen und der externen oder fremdbezüglichen Geltung der zuvor unterschiedenen Formen von Kritik zur Diskussion gestellt werden.

6. Zum Verhältnis von Bildung und Normativität. Zur Aufgabe einer kontroverstheoretischen Anwendung der Kriterien auf Lernbereiche und Bildungsprobleme

Die im Projekt „Bildungstheorie und Unterricht" entwickelte Kriterientafel ist eine vorläufige. Mit der Normativität von Kritik wäre es unvereinbar, wenn die Kriterien als Werkzeuge verstanden würden, deren Anwendung auf beliebige Gegenstands- und Lernbereiche automatisch zu gültigen fachspezifischen Kritiken und Unterscheidungen führte.

Zum Zusammenhang von *krinein, krisis* und *kriterion* gehört es, dass Kriterien durch Unterscheidungen definiert werden können, die an der jeweils zu untersuchenden und zu klärenden Sache selbst vorzunehmen sind. Um solche Unterscheidungen oder Kriterien auffinden zu können, empfiehlt es sich, jene Krisen zu untersuchen, in denen etwas in bildungstheoretisch bedeutsamer Hinsicht zur Entscheidung gebracht wurde oder sich entschieden hat. Die mögliche heuristische Bedeutung der neun Kriterien muss sich in der Rekonstruktion von Krisen und Kontroversen also stets von neuem daran erweisen, ob es gelingt, mit ihrer Hilfe einen bereichs- und fachspezifischen Widerstreit zwischen affirmativen und reflektierenden Bildungskonzepten aufzuspüren. Die intendierte Nicht-Hierarchizität der neun Kriterien stellt solche Analysen vor die Aufgabe zu zeigen, dass an solchen Kontroversen unterschiedliche Formen von Kritik beteiligt waren. Anliegen bildungstheoretischer Analysen ist es darum nicht allein, Krisen und Kontroversen zu rekonstruieren, sondern zugleich, diese so zu interpretieren, dass dabei unterschiedliche Formen von Kritik gegeneinander zur Geltung gebracht werden.[5]

Die Prüfung, der die Kriterientafel in solchen Analysen unterzogen wird, ist nicht die eines Verifikationsexperimentes zur Bestätigung einmal eingeführter Annahmen, sondern die eines Falsifikationsexperimentes, welches offen dafür ist, dass weitere Kriterien gefunden werden können. So gesehen muss sich die Kriterientafel in der Rekonstruktion von Kontroversen und Reflexionsproblemen stets von neuem bewähren. Sie ist damit selbst jenen Formen von Kritik ausgesetzt und auszusetzen, die in sie Eingang gefunden haben.

In der zurückliegenden Projektarbeit haben wir uns über den Erst- und Fortsetzungsantrag zum Projekt „Bildungstheorie und Unterricht" hinaus bisher dreimal zu Fragen und Problemen der Systematisierung und architektonischen Anordnung der neun Kriterien geäußert und dabei verschiedene Darstellungsmodi gewählt. Anfangs ordneten wir die Kriterien 1 bis 8 paarweise an, später versuchten wir die paarweise Anordnung durch eine andere Anordnung zu er-

[5] Vgl. hierzu die Studie von G. Fischer 2004, welche die Kriterientafel auf dem „Umweg" über eine zwischen Helmut Schelsky und Ernst Bloch rekonstruierbare Kontroverse zum Naturverständnis der Philosophie und der Naturwissenschaften fachspezifisch reformuliert.

setzen. In dieser sind die Kriterien 1 bis 3 unter der Überschrift „Bildungstheoretische, analytische und antimonopolistische Kritiken von Bildungsidealen", die Kriterien 4 bis 6 unter der Überschrift „Notwendige Differenzierungen und Vermittlungsprobleme" und die Kriterien 7 bis 9 unter einer Sammelüberschrift angeordnet. Weitere Darstellungsweisen sind denkbar. So ließen sich die Kriterien 2 bis 8 in verschiedenen Formationen zwischen den Kriterien 1 und 9 platzieren, wobei die Entgegensetzung von „reflektierender Bildungsidee" und „normativem Bildungsideal" sowie „nicht-hierarchischem Verhältnis" und „hierarchischen Verhältnis der menschlichen Weltverhältnisse" gleichsam die bildungstheoretische Rahmung für die anderen Unterscheidungen, Kriterien und Kritiken abgäben.

An der Vielheit der Anordnungs- bzw. Gruppierungsmöglichkeiten deutet sich an, dass es sich bei der von uns aufgestellten Kriterientafel zur Unterscheidung affirmativer und reflektierender Lernzielnormierungen keineswegs um ein in sich (ab-)geschlossenes, sondern allenfalls um ein bildungstheoretisch argumentierendes heuristisches Schema handelt, dass auf Vollständigkeit in der Anzahl der Problemstellungen ebenso wenig Anspruch erheben kann wie auf Allgemeingültigkeit hinsichtlich ihrer Anordnung.

Die am Schluss dieses Beitrags gewählte Anordnung präsentiert die Kriterien in Dreiergruppen, in denen die in die Kriterientafel eingegangenen Formen von Kritik unter bildungstheoretisch bedeutsamen Problemüberschriften so angeordnet sind, dass jeweils unterschiedliche Formen von Kritik aufeinander beziehbar werden. Wie sich die Selbstbezüglichkeiten und Fremdbezüglichkeiten dieser Kritiken zueinander verhalten, lässt sich formal nicht beantworten, sondern nur in Auseinandersetzung mit fachspezifischen Kontroversen und den in diesen jeweils gewählten Problemstellungen klären.

Mit dieser Feststellung sind wir an den Anfang dieses Beitrags zurückgekehrt. Auf die Frage, wie die Beziehungen und Verhältnisse zwischen den verschiedenen Formen von Kritik zu ordnen sind, lässt sich nun eine vorläufige Antwort geben. Diese ist systematischer Hinsicht anschlussfähig an Überlegungen, die Jörg Ruhloff, Helmut Heid und Jan Dirk Imelman zu verschiedenen Formen von Kritik entwickelt haben. Der von Helmut Heid (1999) behaupteten Unmöglichkeit einer allgemeinen Kritikfähigkeit an sich zufolge kann es für die verschiedenen Gegenstände, Zwecke, Adressaten und Kriterien von Kritik kein abschließendes System geben, in welches diese sich eintragen ließen. Dass „Kritik ... immer einen konkreten Gegenstand, einen konkreten Zweck, einen konkreten Adressaten und nicht zuletzt ein Urteilskriterium" hat, bedeutet somit, dass das Verhältnis der Kritiken zueinander nur kritisch, nicht aber dogmatisch im Sinne einer Einheitsordnung von Kritik sein kann. Dies schließt ein, dass zu den bereits bekannten Formen von Kritik noch neue hinzukommen können. Aber auch für diese gilt, was Jörg Ruhloff in seinem Beitrag ausführt, dass ihr Vernunftgebrauch skeptisch zu relativieren sein wird (vgl. Ruhloff 1999). Auch sie müssen dann freilich die Geltung ihrer Fremdbezüglichkeit durch Selbstbezüglichkeit ausweisen und ihre Selbstbezüglichkeit gegenüber Ergänzungen von Seiten anderer Formen von Kritik auf die Probe stellen (vgl. Imelman 1999).

7. Kriterientafel zur Unterscheidung affirmativer und reflektierender Lernzielnormierungen

I. Bildungstheoretische, analytische und antimonopolistische Kritiken an Bildungsidealen:

(1) reflektierende Bildungsidee *versus* normatives Bildungsideal
(2) offene *versus* geschlossene Verknüpfung zwischen deskriptiven und präskriptiven Aussagen
(3) nicht-monopolisierte *versus* monopolisierte Bildung

II. Notwendige Differenzierungen und Vermittlungsprobleme:

(4) Vermittlungsproblematik *versus* Einheit von Wissen und Haltung
(5) Vermittlungsproblematik *versus* Einheit von praktischem und theoretischem Denken und Lernen
(6) Vermittlungsproblematik *versus* Einheit von innerszientifischem und gesellschaftlichem Sinn wissenschaftlicher Aussagesysteme

III. Probleme der Unverdrängbarkeit des Umgangs, der unvermittelten Unmittelbarkeit, der Ausdifferenzierung der Mensch-Welt-Verhältnisse und ihrer Kritiken:

(7) Differenzierung *versus* Gleichsetzung von szientifischem Weltbegriff und Umgangsverhältnis von Mensch und Welt
(8) Frage nach dem Anspruch der unvermittelt vorausgesetzten Wirklichkeit *versus* Identität von Unmittelbarkeit und Vermittlung
(9) nicht-hierarchischer *versus* hierarchischer Zusammenhang der menschlichen Weltverhältnisse und den in (1) - (8) genannten Unterscheidungen/Kritiken

Die Struktur der Allgemeinbildung im Kerncurriculum moderner Bildungssysteme. Ein Vorschlag zur bildungstheoretischen Rahmung von PISA [1]

Die folgenden Überlegungen sind im Kontext von Diskussionen entstanden, die Helmut Heid, Ewald Terhart und ich im Rahmen einer Tagung des PISA-Konsortiums mit Mitgliedern des Beirats und Vertretern der Kultusministerien der Länder angeregt haben. Diese führten zu dem von allen Beteiligten geteilten Ergebnis, dass die Konzeption des von TIMMS und PISA derzeit weltweit verfolgten Ansatzes einer internationalen Schulleistungsvergleichsforschung dringend einer bildungstheoretischen Ergänzung und Rahmung bedarf, welche die pädagogischen Implikationen dieser Forschungsrichtung offen legt und ihre Anschlussprobleme an pädagogische Theorieentwicklung, erziehungswissenschaftliche Forschung und pädagogische Praxisoptimierung reflektiert. Zu den hier zu diskutierenden Fragen gehört u. a. auch diejenige, wie die Ergebnisse der internationalen Schulleistungsvergleichsforschung bildungstheoretisch einzuschätzen und für die Definition eines Kerncurriculums an allgemeinbildenden Schulen zu nutzen sind.

Ich beginne mit einigen Hinweisen zu den in der Erziehungswissenschaft derzeit diskutierten Ansätzen zur Klärung der Struktur eines allgemeinbildenden Kerncurriculums (1). Danach zeige ich, welche Antworten moderne Bildungs- und Schultheorien auf die Frage nach der Grundstruktur der Allgemeinbildung im Kerncurriculum gegeben haben (2). Anschließend gehe ich auf den Implikationszusammenhang von Unterricht, Didaktik, Curriculumentwicklung und Leistungsmessung ein und arbeite einige querliegende Problemstellungen heraus, die beachtet werden müssen, wenn die Ergebnisse der internationalen Schulleistungsvergleichsforschung erziehungswissenschaftlich interpretiert und auf ihre Relevanz für eine Verbesserung der Qualität von Schule und Unterricht hin eingeschätzt werden sollen (3). Im Anschluss hieran entwickele ich eine Problemskizze zu Leistungen und Defiziten des im Großprojekt PISA verfolgten Ansatzes der internationalen Schulleistungsver-

---

[1] Der Text wurde für eine bildungstheoretische Rahmung von PISA verfasst, die zwischen Jürgen Baumert, Heinz-Elmar Tenorth, Helmut Heid und mir abgestimmt werden sollte; siehe hierzu Benner: Bildungsforschung und Erziehungswissenschaft in Merkens (Hrsg.) 2006, S. 129-145. Er wurde auf dem 8. Symposion der Abteilungen für Allgemeine, Historische und Vergleichende Erziehungswissenschaft am Institut für Allgemeine Pädagogik der Humboldt-Universität zu Berlin vorgetragen, das vom 08. bis 09. Dezember 2000 stattfand. Nachdem ein gemeinsam abgestimmter Text nicht zustande kam, erschien die hier geringfügig überarbeitete Fassung 2002 in der Zeitschrift für Pädagogik 48, S. 68-90.

gleichsforschung (4). Meine Überlegungen schließen mit Hinweisen zu dem bisher vernachlässigten Zusammenhang von Unterricht, Didaktik, Curriculumentwicklung und Leistungsmessung, der einer weitergehenden Klärung bedarf (5).

1. Ansätze zur Klärung der Struktur eines allgemeinbildenden Curriculums

Die Struktur der Allgemeinbildung im Kerncurriculum des Bildungssystems kann auf sehr verschiedene Weise thematisiert und untersucht werden. In der Erziehungswissenschaft in Deutschland werden derzeit vier Ansätze diskutiert, die u. a. auch am Institut für Allgemeine Pädagogik der Humboldt-Universität vertreten werden. Sie arbeiten nicht nur mit unterschiedlichen Begriffen von Allgemeinbildung und Kerncurriculum, sondern unterscheiden sich auch hinsichtlich der Thematisierung der Abstimmungsprobleme, die zwischen Fragen der Gestaltung des Unterrichts, seiner didaktischen Struktur, der Entwicklung von Curricula und der Messung und Beurteilung von Schulleistungen bestehen.

An erster Stelle nenne ich den Ansatz einer vergleichenden Forschung, die herauszufinden sucht, wie sich Curricula entwickelt haben und gegenwärtig weiterentwickeln und was unter dem Kerncurriculum einzelner wissenschaftlicher Disziplinen, bestimmter Schulstufen oder ganzer Bildungssysteme verstanden wird. Dieser Ansatz abstrahiert weitgehend von unterrichtlichen, didaktischen, curriculumtheoretischen Fragen und Problemen, die sich alle wiederum separat vergleichend untersuchen lassen. Wer vergleichend forscht, wird Curricula verschiedener Länder und Kulturen dia- und synchron analysieren und weltweit wirksame konvergente oder auch kulturspezifisch und regional divergente Entwicklungstendenzen ausmachen und nachweisen. Auf diese Weise lassen sich Entwicklungen beschreiben und prognostizieren, die zwar nicht für alle Länder und alle Zeiten Geltung beanspruchen,[2] wohl aber für einzelne Disziplinen und Lernbereiche klären, was in bestimmten Zeitabschnitten, beispielsweise im 20. oder 21. Jahrhundert, als Weltcurriculum angesehen wird (vgl. Meyer/Ramirez 1998). Der Vorzug dieses an der Humboldt-Universität von Jürgen Schriewer vertretenen Ansatzes liegt darin, dass er konvergente wie divergente internationale Entwicklungen gleichermaßen

---

[2] Irrige Erwartungen, ein überhistorisches Weltcurriculum mit den Mitteln der Wissenschaft begründen zu können, sind keineswegs nur im Rahmen normativer Pädagogiken, sondern auch innerhalb der Empirischen Erziehungswissenschaft geweckt und vertreten worden. Vgl. z. B. die von Lay 1920, S. 77, entwickelte Vorstellung, es werde der experimentellen Erziehungswissenschaft gelingen, eine auf biologischer Grundlage basierende Weltpädagogik zu begründen.

beobachtet (vgl. Schriewer 2004) und dass sein Instrumentarium disziplin- und institutionenunspezifisch und daher universell einsetzbar ist. Hierin liegt freilich zugleich eine Grenze. Der vergleichende Ansatz kommt weitgehend ohne gegenstandsspezifische Theorien aus, welche in der Lage wären, das, was als Weltcurriculum identifiziert wird, auch in seiner Qualität zu beurteilen und in seiner Legitimität zu prüfen.

An dieser Stelle meldet sich ein zweiter, an der Humboldt-Universität durch Heinz-Elmar Tenorth vertretener Ansatz zu Wort, der die vergleichende Dimension gleichsam auf die gesamte Bildungsgeschichte ausweitet. Er bestimmt das Kerncurriculum und seine Struktur entlang der historischen Entwicklung moderner Bildungssysteme und geht von den offiziellen Festlegungen dessen aus, „(w)as alle wissen müssen" (Tenorth 1994). Die Stärke des historischen Ansatzes scheint mir in der von ihm erfolgreich bestätigten Hypothese zu liegen, dass moderne Bildungssysteme eine nunmehr ca. 200 Jahre andauernde kontinuierliche Entwicklung aufweisen. Diese ist durch eine schrittweise Ablösung vertikal voneinander abgegrenzter Bildungssysteme durch horizontal angeordnete Schulstufen sowie ein weitgehend durchgehaltenes Kerncurriculum und bestimmte Formen der Verberuflichung gekennzeichnet (vgl. Lundgreen 2000).

Der dritte, von mir selbst verfolgte Ansatz arbeitet an einer systematischen Klärung der Struktur der Allgemeinbildung und sucht aus dieser Schlussfolgerungen für die Gestaltung des Unterrichts, eine aufgabenangemessene Didaktik sowie eine auch bildungstheoretisch ausgewiesene Curriculumentwicklung zu gewinnen. Er prüft u. a. die Legitimität der Wirkungserwartungen, die Curricula schulischem Unterricht zuschreiben und die Unterricht bezogen und Lernprozesse Heranwachsender verfolgt. Er entwirft zugleich Aufgabenstellungen für pädagogisch legitime Richtlinien und Lehrpläne, didaktische Konzepte und unterrichtlich vermittelte Lehr-Lern-Prozesse (vgl. Benner 1999b; Benner/Fischer/Gatzemann/Göstemeyer/Sladek 1998). In die Analyse einbezogen werden auch die schul- und institutionentheoretischen Annahmen, die den Wirkungsabsichten und Aufgabenvorstellungen jeweils zugrunde liegen.

Auch bei diesem Ansatz liegen Vorzüge und Grenzen eng beieinander. Als ein Vorzug kann angesehen werden, dass er ein spezifisch erziehungswissenschaftliches Theoriedesign besitzt, welches die Forschung auf eine Klärung theoretisch ausweisbarer und praktisch bedeutsamer Fragen verpflichtet, als eine Grenze, dass er zwar auf den Implikationszusammenhang unterrichtlicher, didaktischer und curricularer Strukturen und Entscheidungen aufmerksam macht, diesen Zusammenhang aber nicht zugleich empirisch klärt und folglich zuweilen mehr Fragen aufwirft, als er aus eigener Kraft zu beantworten vermag.

In den letzten Jahren hat sich in Großprojekten wie TIMMS und PISA als vierte Forschungsstrategie diejenige einer inzwischen weltweit operierenden empirischen Schulleistungsvergleichsforschung herausgebildet und etabliert. Sie wird an der Humboldt-Universität von R.H. Lehmann vertreten (vgl. Baumert/Lehmann 1997; Deutsches PISA-Konsortium 2000). Dieser Ansatz versucht auf dem Wege empirisch-vergleichender Leistungsmessungen Einfluss auf die Definition dessen zu nehmen, was sich als allgemeinbildendes Kerncurriculum weltweit durchsetzt. Es ist zu erwarten, dass dieser Ansatz, wenn seine Konjunktur lange genug anhält, die Problemstellungen der älteren systematischen, historischen und vergleichenden Betrachtungsarten nicht nur um zusätzliche Gesichtspunkte und Strategien erweitern, sondern zugleich eigene Antworten auf Fragen geben wird, die in den zunächst genannten Ansätzen zwar gestellt, aber nicht immer befriedigend geklärt werden konnten.[3]

Die von der Schulleistungsvergleichsforschung zu findenden Antworten werden zwar nicht in jedem Fall Antworten auf die von der Systematischen, Historischen und Vergleichenden Erziehungswissenschaft seit Jahrzehnten diskutierten Fragen sein, gleichwohl die Ausgangslage für weitere Forschungsvorhaben verändern. Meine Vermutung geht dahin, dass sie die Entstehung eines Weltcurriculum fördern werden, das von den kulturellen und historischen Besonderheiten weitgehend abstrahiert und wichtige Fragen, die bisher in der erziehungswissenschaftlichen Grundlagenforschung, in der systematischen Didaktik und in den Fachdidaktiken diskutiert wurden, vernachlässigt.

Ein Interesse daran, dass ein solcher Zustand nicht eintritt, lässt sich zunächst aus der Sicht der drei zuerst genannten Ansätze artikulieren, kann dann aber auch mit Blick auf Problemstellungen des vierten Ansatzes begründet werden. Nicht nur in Deutschland ist bereits einmal der Versuch gescheitert, mit den Mitteln der empirischen Bildungsforschung das Kerncurriculum der Allgemeinbildung zu definieren. Ich erinnere an das Desaster, in dem vor ca. 40 Jahren die von S.B. Robinsohn am Max-Planck-Institut für Bildungsforschung in Berlin propagierte „Bildungsreform als Revision des Curriculum" endete (vgl. Schmied-Kowarzik 1970; Benner 1971). Robinsohn hatte damals der bildungs- und lerntheoretischen Didaktik vorgeworfen, über Jahrzehnte alle Fragen einer Revision des Curriculums vernachlässigt zu haben, und eine baldige Lösung der von der Didaktik verursachten Problemlage in Aussicht gestellt.(vgl. Robinsohn 1971) Das Strukturkonzept für die Revision des Gesamtcurriculums, das er entwarf, versprach, die künftigen Lebenssituationen Heranwachsender identifizieren, aus diesen detaillierte Qualifikationsanforderungen, die Abnehmer an Schulabsolventen richten, ableiten und schließlich jene Inhalte ermitteln zu können, die es im allgemeinbildenden Curriculum des Bildungssystems zu verankern gilt. Das von der Volkswagen-Stiftung hoch dotierte Projekt einer Gesamtrevision des Curriculums endete schon nach wenigen Jahren, ohne dass ein einziger Lehrplan entwickelt, geschweige denn diskutiert und erprobt worden wäre.

---

[3] Zu den von der Internationalen Schulleistungsvergleichsforschung teilweise heute schon vorgelegten und künftig vermehrt zu erwartenden Antworten vgl. Baumert 2001.

Die neuen Großprojekte TIMMS und PISA propagieren heute keine Totalrevisionen des Curriculums mehr. Sie vernachlässigen jedoch didaktische, bildungstheoretische und schultheoretische Problemstellungen in nahezu gleichem Umfang wie die seinerzeit von Robinsohn in Anknüpfung an angelsächsische Erfahrungen und Konzepte in den nordischen Ländern propagierte Curriculumforschung. Der Systematischen, Historischen und Vergleichenden Erziehungswissenschaft stellt sich vor dem skizzierten Hintergrund die Aufgabe, auf die in TIMMS und PISA vernachlässigten Problemstellungen frühzeitig aufmerksam und auf diese Weise ein neuerliches Scheitern des vierten Ansatzes zumindest unwahrscheinlicher zu machen.

2. Die Grundstruktur moderner Allgemeinbildung und ihre Verortung im Kerncurriculum des allgemeinen Bildungssystems

In systematisch-historischer Sicht zeichnet sich moderne Allgemeinbildung durch eine Stufenordnung aus, welche Lehr-Lern-Prozesse, die einer künstlichen Vermittlung und Einübung in der Schule bedürfen, horizontal differenziert. Diese Stufung entstand zuerst in Schulen des gehobenen Bürgertums und weitete sich von dort schrittweise aus (vgl. Lundgreen 2000, S. 164). Sie löste vertikale Schulstrukturen ab, die auf feststehende Berufsstände des absolutistischen Staates ausgerichtet waren,[4] und erreichte im 20. Jahrhundert schließlich das gesamte Schulsystem. Die Lerninhalte und -aufgaben, die in der modernen, horizontal differenzierenden Ordnung schulischer Unterweisung gelehrt und gelernt werden, lösen einander nicht nur von Stufe zu Stufe ab, sondern folgen zugleich so aufeinander, dass das auf der vorausgegangenen Stufe Gelernte in den folgenden wirksam bleibt. Diese Ordnung ist ein Teilmoment der systematischen Grundstruktur des Kerncurriculum moderner Allgemeinbildung.

Einige der so gestuften Lehr-Lern-Prozesse weisen eine in Europa bis in die Antike, in anderen Kulturen zuweilen noch weiter zurückreichende Tradition auf; andere sind an Revolutionen der Denkart zurückgebunden, die sich in der Neuzeit und Moderne ereignet haben. Die erste Schulstufe ist – der Konzeption nach – seit alters her die Elementarschule. Sie führt die Heranwachsenden in die Kunst des Zeichnens, Lesens, Schreibens und Rechnens ein. Sie erwei-

4 Vgl. hierzu das Allgemeine Preußische Landrecht von 1794, welches die Stände der feudalistischen Gesellschaft in Berufsstände des Staates überführte und hiernach das Bildungssystem in Land-, Stadt- und Gelehrte Schulen differenzierte. Humboldt suchte diese Ordnung durch eine horizontale Strukturierung des Bildungssystems zu korrigieren, die in schultheoretischer Hinsicht als Ertrag der ersten modernen reformpädagogischen Bewegung in Deutschland angesehen werden kann; vgl. hierzu Benner/Kemper 2001.

tert die in der familiären Erziehung erlernte Muttersprache um künstliche Formen der Schriftsprache. Die schriftliche Sprachkompetenz besteht in der Beherrschung allgemeiner Techniken, die universell einsetzbar sind und beliebig gebraucht werden können. Noch heute gilt, was Aristoteles von der Eingangsstufe des Bildungssystems sagte, als er feststellte, dass schulischer Unterricht mit dem Allgemeinsten beginne, nämlich mit den elementaren Zeichen der Schrift.[5] Kinder lernen in der Elementarschule nicht nur das Lesen, Schreiben, Rechnen und Zeichnen, sondern auch lesend, schreibend und rechnend miteinander umzugehen und Welt auch im Medium von Texten zu erfahren. Im Literatur- und Sachkundeunterricht eignen sie sich neue Weltinhalte an, die auch jenseits des Horizonts alltäglicher Erfahrungen liegen können.

Wer in der Elementarschule den Übergang von der gesprochenen Sprache zum richtigen Gebrauch der Zeichen der Schriftsprache erlernt hat, der hat die zweite Stufe allgemeiner schulischer Bildung erreicht und die vorschulisch erworbene Fähigkeit, im Medium der gesprochenen Sprache zu lernen, dahingehend erweitert, dass er nun auch im Medium der Schriftsprache lernen und weiterlernen kann. Das Kerncurriculum der zweiten Schulstufe besteht aus umgangserweiternden, über neuzeitliche Wissenschaft vermittelnden Kunden,[6] die nur im Medium der Schriftsprache und ihrer Zeichensysteme erlernt werden können. Sie weisen Bezüge zu verschiedenen Wissenschaften auf und differenzieren sich in solche der Mathematik und der Fremdsprachen, der Natur und der Gesellschaft, der Geschichte, der Kunst und der Religion aus. So wie zum Curriculum der Elementarschule das Erlernen der Zeichensysteme der Schrift und deren Gebrauch in der Muttersprache und in der noch nicht weiter ausdifferenzierten Sachkunde gehören, so gehören zum Curriculum der zweiten Schulstufe die ausdifferenzierten Kunden eines mathematischen, fremdsprachlichen, naturkundlichen, gesellschaftlich-historischen, ästhetischen und religiösen Wissens und Könnens. Auch in diesen Bereichen fördert die Schule auf der zweiten Schulstufe Lehr-Lern-Prozesse, die ohne eine künstliche Vermittlung im Unterricht nicht stattfinden könnten.

Moderne Gesellschaften unterscheiden sich von vormodernen dadurch, dass in ihnen die allgemeinen Kunden, die für rationales und sachkundiges Denken und Handeln unverzichtbar sind, nicht mehr allein im Zusammenleben der Menschen und Generationen tradiert, sondern zunehmend auch schulförmig und künstlich vermittelt werden müssen. Zur Aneignung dieser Kunden gehört

---

5 Das sind in den meisten Sprachen die sogenannten Buchstaben des Alphabets, die relativ einfach erlernbar sind. In einigen Sprachen sind es die Zeichen einer Bilderschrift, die weitaus älter als die Buchstabenschrift ist und weitaus höhere Anforderungen an Lehr-Lern-Prozesse und eine Demokratisierung der Bildung stellt.

6 Ich verwende an dieser Stelle den Begriff „Kunde" zur Bezeichnung einer didaktischen Wissensform, die angemessen nicht durch die Unterscheidung zwischen „volkstümlich" und „gelehrt" bestimmt werden kann, sondern sich auf ein Wissen bezieht, das zwar über neuzeitliche Wissenschaft vermittelt, selber aber nicht wissenschaftsförmig ist, sondern zwischen Umgangswissen und wissenschaftlichem Wissen steht.

unverzichtbar die Einübung eines Blickwechsels, den es zu vollziehen gilt, um Heranwachsende in allgemeinen Sachverhalten kundig zu machen. Es ist dies der Blickwechsel von einem Denken, Lernen und Handeln in den Sphären unmittelbarer Welterfahrung und zwischenmenschlichen Umgangs in die Erfahrungs- und Umgangsformen eines szientifischen und historischen Wissens und Könnens. Dieses ist auch dort, wo hierum nicht eigens gewusst wird, über neuzeitliche Wissenschaft vermittelt. Kein Curriculum darf den Lernenden die Erfahrung und die Anstrengung dieses Blickwechsels vorenthalten und die mit seinem Vollzug möglich werdenden Reflexionen ersparen. Wo dies dennoch geschieht, werden Heranwachsende in wesentlichen Aspekten und Sachverhalten unkundig gehalten, deren Aneignung im Sinne des Begriffs einer zeitgemäßen Mündigkeit unverzichtbar ist (vgl. Benner/Brüggen 2004).

In der zweiten Schulstufe moderner Bildungssysteme wird der Schritt vom Umgangsverhältnis zu über die Schrift vermittelten Reflexionsverhältnissen getan und der Blickwechsel vollzogen und eingeübt, der hierfür notwendig ist. Die explizite Reflexion dieses Blickwechsels wird schließlich auf einer dritten Schulstufe möglich.[7] In ihr tritt an die Stelle des nach Kunden ausdifferenzierten Curriculums der zweiten Schulstufe ein wissenschaftspropädeutisches, zu den Satzsystemen der modernen Wissenschaften und ihren Erkenntnissen hinführendes Curriculum. An die Lehrpläne und Bildungsinhalte der dritten Schulstufe ist aus bildungstheoretischer Sicht die Forderung zu stellen, Lernende so in die szientifischen Aussagesysteme einzuführen, dass sie den Blickwechsel und die Konstruktionen kennen lernen, die für die Entstehung dieser Satzsysteme konstitutiv waren und die es zu erinnern gilt, um sachkundig mit den Errungenschaften neuzeitlicher Wissenschaft und Technik umgehen zu können (vgl. Benner 2000).

Hierzu gehört unverzichtbar, dass zwischen Umgangserfahrungen und wissenschaftlich vermittelten Erfahrungen unterschieden wird und dass erstere nicht auf letztere reduziert werden. Das gilt sowohl für das Verhältnis des Menschen zur Natur als auch für die zwischenmenschlichen Verhältnisse in den Bereichen der Arbeit und Ethik, der Bildung und der Politik, der Kunst

---

7 Humboldts Schulpläne differenzieren den Unterricht in Elementarunterricht, Schulunterricht und Universitätsunterricht. Unter letzterem verstand Humboldt eine forschende Lehre und lehrende Forschung, in der philosophische, historische und vergleichende Fragestellungen grundlagentheoretisch verknüpft sind. Da es solche Forschung in vielen universitären Disziplinen heute nicht gibt, scheint es mir eine Aufgabe des Schulunterrichts der Sekundarstufe II zu sein, den Übergang von den Kunden der Sekundarstufe I zu den universitären Wissenschaften in einer Weise zu vollziehen, welche die im folgenden unterschiedenen Formen von Kritik bereits im Schulunterricht zur Geltung bringt. Zu diesem Zweck ist der Schulunterricht nicht mehr, wie in Humboldts Schulplänen, in Elementarunterricht und Schulunterricht, sondern in drei Stufen des Unterrichts zu differenzieren. Die so bei Humboldt noch nicht zu findende, den Schulunterricht der Oberstufe mit dem Universitätsunterricht verbindende Bildungsperspektive hat H. von Hentig im Rahmen seiner Konzeption für die Laborschule der Universität Bielefeld in der Curriculumwerkstatt eines Oberstufenkollegs zu institutionalisieren versucht; vgl. von Hentig et al 1971.

und der Religion. Allen wissenschaftlichen und verwissenschaftlichten Weltverhältnissen des Menschen gehen sowohl in einem zeitlichen als auch in einem sachlichen Sinne Formen des Umgangs voraus. Hierauf ist zurückzuführen, dass Umgangsverhältnisse niemals vollständig in wissenschaftliche Weltverhältnisse überführt oder als bloße Anwendungsfälle der letzteren konzipiert werden können. Was Abhängigkeit des Menschen von der Natur, was Arbeit und Freundschaft, Erziehung und Herrschaft, Spiel und Tod bedeuten, lässt sich zwar auch mit den Mitteln der Wissenschaften untersuchen und beschreiben, geht aber in Wissenschaft grundsätzlich nicht auf. Darum müssen in bildungstheoretischer Hinsicht Wissenschaften so gelehrt und vermittelt werden, dass die Lernenden sich mit den zwischen umgänglichen und wissenschaftlichen Weltverhältnissen bestehenden Differenzen auseinandersetzen und diese reflektieren lernen (vgl. Litt 1955/59). Hierfür sind Einsichten wie die folgenden unverzichtbar:

(1) Die Aussagesysteme der modernen Wissenschaften können nur angemessen gelehrt werden, wenn sich die Schüler die in diesen verwendeten Begriffe und Methoden im Vollzug des für sie konstitutiven Blickwechsels von der Alltagserfahrung zu hypothetisch-experimentell vermittelten Erfahrungen aneignen.

(2) In die Aussagesysteme der neuzeitlichen Wissenschaften muss so eingeführt werden, dass die Schüler diese als Theorien kennen lernen, die nicht die Ordnung der Welt an sich abbilden, sondern hypothetische Aussagen formulieren, die an der Erfahrung scheitern oder durch Erfahrung bestätigt werden können.

(3) Moderner wissenschaftspropädeutischer Unterricht muss nicht nur den Blickwechsel von der alltäglichen in die wissenschaftliche Weltbetrachtung vollziehen, sondern den Schülern zugleich ein Wissen davon vermitteln, dass in den Aussagesystemen neuzeitlicher Wissenschaft mit historisch varianten Deutungsmustern argumentiert wird, deren historischer Sinngehalt in den jeweiligen Wissenschaften selbst nicht erinnert werden kann.

(4) Ein Unterricht, der hierum weiß, wird die Theorien und Begriffe der Wissenschaften nicht nur szientifisch und historisch, sondern auch ideologiekritisch interpretieren und auf diese Weise einheitswissenschaftliche Deutungsmuster problematisieren.

(5) Ein solcher Unterricht muss darüber hinaus zeigen, dass wissenschaftliche Theorien aufgrund ihrer hypothetischen und historischen Annahmen keine ontologischen und metaphysischen Einsichten bereitstellen und darum auch nicht unmittelbar ontologisch oder metaphysisch interpretiert werden können.

(6) Ein Unterricht, der die genannten Zusammenhänge thematisiert, wird schließlich auch das Bewusstsein dafür schärfen, dass die Differenzen zwischen dem vorwissenschaftlichen und dem wissenschaftlichen Weltverhältnis für den Umgang mit neuzeitlicher Wissenschaft und Technik bedeutsam sind. Er wird daher deutlich machen, dass die Fragen eines verantwortlichen Umgangs ökonomisch, ethisch, pädagogisch, politisch, ästhetisch und religiös zu

reflektieren sind und dass zwischen den Deutungsmustern der ausdifferenzierten Formen menschlichen Handelns kein harmonisches, sondern ein durch differente Sichtweisen und Widerstreit gekennzeichnetes Verhältnis besteht, das Gegenstand öffentlicher Diskurse und nach Handlungsbereichen ausdifferenzierter Entscheidungen werden kann (vgl. Benner [4]2001b, S. 231ff.).

Schulstufe	*Inhalte*	*Aufgaben*	*Blickwechsel*
Elementarstufe des Schulunterrichts	Lesen, Schreiben, Rechnen, Zeichnen, Sachkunde, Literatur, Bildung des Leibes (Gebärde, Tanz, Spiel)	Lernen, mit Weltinhalten und Mitmenschen im Medium der Schriftsprache umzugehen	Blickwechsel von gesprochener Sprache und zwischenmenschlicher Interaktion zu Schriftsprache und schriftlicher Kommunikation
Schulstufe der über Wissenschaft vermittelten Weltkunden	Mutter- und Fremdsprachen, Mathematik und Naturkunde, Erd-, Sozial- und Geschichtskunde, Kunst und Religion	Aneignung elementarer, an die Beherrschung der Schriftsprache gebundener, ohne Schule nicht tradierbarer Kulturbereiche	Übergang von einfachen Erfahrungs- und umgänglichen Lernformen in solche eines Lernens jenseits der Einheit von Leben und Lernen
Schulstufe der wissenschaftspropädeutischen Wissens- und Reflexionsformen	Einführung in elementare Wissenschaftsbereiche und ausdifferenzierte Handlungsfelder	Ausdifferenzierung lebensweltlicher, szientifischer, hermeneutischer, ideologiekritischer sowie praktischer Wissensformen und Einübung in Unterscheidungen einer nicht-fundamentalistischen Kritik	Übergang von alltäglichen in szientifische und von diesen in ausdifferenzierte praktische Weltverhältnisse und Reflexionsformen

Die hier vorgetragenen Überlegungen zur dreifachen horizontalen Grundstruktur moderner Schulbildung und ihrer Inhalte und Fragestellungen begründen keinen material geschlossenen Kanon, beschreiben aber eine Reflexionsstruktur,[8] deren Thematisierung und Einübung zum unverzichtbaren Kernbestand eines allgemeinbildenden, der beruflichen Ausbildung in zeitlicher Hinsicht vorausgehenden Curriculums gehört.[9]

8 Der dreifachen horizontale Grundstruktur moderner Bildungsprozesse in schulischen Institutionen ist eine unverzichtbare Basisstufe vorgeordnet; vgl. hierzu das Schema im Abschnitt 5.2.3 in Benner [6]2009.

9 Zu diesem Kerncurriculum gehört von der zweiten horizontalen Stufe allgemeiner Bildung an u. a. auch die Thematisierung und Anbahnung von Berufswahlentscheidungen - nicht der

Viele Lehrpläne präsentieren diese aus bildungstheoretischer Sicht unverzichtbare und durch nichts anderes zu ersetzende Reflexionsstruktur in der Regel nur defizitär und rudimentär. Blickwechsel und Reflexionen wie die zuletzt genannten können explizit zwar erst im synthetischen Unterricht der dritten Stufe des Bildungssystems thematisiert und mit Schülerinnen und Schülern bearbeitet werden. Zu ihnen hinführende Problemstellungen gehören jedoch bereits zum Kerncurriculum der zweiten Schulstufe, die auf eine Thematisierung der genannten Problemstellungen keineswegs verzichten muss. Im darstellenden Unterricht können die historisch-gesellschaftlichen Erfahrungen, in die der Übergang von der vorneuzeitlichen zur neuzeitlichen Wissenschaft eingebettet war, bereits früher als im analytischen und synthetischen Unterricht erörtert werden.[10] Vielleicht lässt sich auf diese Weise erreichen, dass durch unterlassene Besinnung und Reflexion in der zweiten Stufe nicht bereits jenes modellplatonistische Missverständnis neuzeitlicher Wissenschaft grundgelegt wird, das heute so oft als Resultat der Lernprozesse der dritten Stufe zu konstatieren ist. In ihm erliegen Schüler und ihre Lehrer dem Irrtum, als handele es sich bei Aussagesystemen der neuzeitlichen Wissenschaften um solche, die Auskunft über eine innere Ordnung und Zweckmäßigkeit der Natur geben und die es im Handeln zu beachten gilt, um nicht nur erfolgreich, sondern auch zweckmäßig und sinngerichtet tätig zu sein.

Die staatlichen Lehrpläne und Richtlinien reduzieren, statt sich an die Wissensstrukturen grundlegender Bildung zu halten, die Abstimmungsprobleme zwischen alltäglicher und wissenschaftlicher Welterfahrung und den ausdifferenzierten Bereichen der menschlichen Praxis oder ersetzen sie durch Wünschbarkeiten aller Art, zu deren Absicherung oder gar Einlösung weder die Schule noch der schulische Unterricht in der Lage oder befugt sind. Regierungen, Parlamente und von diesen beauftragte Kommissionen scheuen sich nicht, Lehrpläne mit gesamtgesellschaftlichen Aufgaben und Zielvorgaben – angefangen von der Durchsetzung der Achtung der Menschenwürde über die Herstellung einer Weltfriedensordnung bis hin zur Sicherung eines ökologischen Gleichgewichts von Arbeit, Kapital und Natur – zu belasten, die im Erziehungs- und Bildungssystem erwiesenermaßen nicht einzulösen sind. Schwerer aber noch wiegt, dass die zum Kerncurriculum gehörenden Aufgaben einer szientifischen, historischen, ideologiekritischen, transzendentalkritischen sowie die Perspektivwechsel zwischen den verschiedenen Weltverhältnissen reflektierenden Bildung vernachlässigt und unter den hehren Postulaten eines Schlüsselproblem-Humanismus bis zur Unkenntlichkeit entstellt werden.

Viele der behaupteten Schlüsselprobleme und -qualifikationen, zu deren Lösung und Aneignung die Schule einen Beitrag leisten soll, stellen nichts an-

Schule, sondern der Schüler. Diese gilt es mit Hilfe von Kursen auf eine rationale Grundlage zu stellen, welche die genannte Grundstruktur der Allgemeinbildung berufsspezifisch auslegt; vgl. hierzu Kell 2000.

10 Vgl. hierzu Herbarts 1806 Unterscheidung zwischen darstellendem, analytischem und synthetischem Unterricht.

deres als aus wirklichen oder vermeintlichen Wünschbarkeiten abgeleitete Tautologien dar, welche unterstellen, dass Probleme wie a, b und c durch Schlüsselqualifikationen A, B und C lösbar sein werden. Hier gilt es eine grundlegende Aufräumarbeit in Angriff zu nehmen und ein Kerncurriculum, welches die genannten Reflexionsformen einschließt, sichtbar zu machen, andere Aufgaben aber, ohne diese gering zu schätzen, an die Gesellschaft und ihre Teilsysteme zur Bearbeitung und Reflexion zurückzugeben.

3. Der problematische Implikationszusammenhang von Unterricht, Didaktik, Curriculumentwicklung und Leistungsmessung als Gegenstand erziehungswissenschaftlicher Forschung

Der skizzierten Stufenordnung moderner Bildungssysteme korrespondiert eine Stufenordnung des Unterrichts und seiner Didaktik. Dieser zufolge macht jede Schulstufe den Lehrer der vorausgegangenen Stufe überflüssig und den der folgenden Stufe möglich. Dies hat nicht zuletzt Folgen auch für das, was unter der Ermittlung, Beurteilung und Prüfung von Leistungen des Bildungssystems bzw. im Bildungssystem zu verstehen ist. Die Leistungen des Bildungssystems insgesamt lassen sich als eine Stufenfolge aufeinander aufbauender Leistungen beschreiben, die unter komplexen Bedingungen zustande kommen. Danach korrespondiert jeder Schulstufe eine Leistungsmessung, -prüfung und -beurteilung, deren Aufgabe darin besteht, herauszufinden, ob und inwieweit das im Kerncurriculum bezeichnete Wissen und Können durch Lehr-Lern-Prozesse in Unterricht und Schule vermittelt und von den Schülern erworben und angeeignet wird. Zur irreduziblen Komplexität der Evaluation der Leistungen von Bildungssystemen gehört darum, dass die Messung von Schülerleistungen der Ermittlung von Leistungen des Bildungssystems und der in diesem interagierenden professionellen Pädagogen dient. Diese sollen in jeder Stufe Schülerleistungen möglich machen, die nicht nur der Regelung des Übergangs von einer Stufe in die andere dienen, sondern einen Bewährungshorizont aufweisen, der nicht im Unterricht aufgeht, sondern zugleich auf Verstehens- und Urteilssituationen außerhalb der Schule ausgerichtet ist.[11]

Wird dieser über Unterricht, Curricula und Schulstrukturen vermittelte Zusammenhang zwischen der Leistungserhebung bei Schülern und der Leistungsprüfung von Bildungssystemen ausgeblendet, so handeln entsprechende

[11] Das in der Schule Gelernte muss darum sowohl innerhalb als auch außerhalb der Schule brauchbar sein. Hieraus ergeben sich differenzierte Anforderungen an eine methodische, thematische und institutionelle Bestimmung von Leistungsmerkmalen sowohl der Lehrleistungen des Bildungssystems als auch der Schülerleistungen. Zur Unverzichtbarkeit eines entsprechend dimensionierten Kriteriums von „Brauchbarkeit“ vgl. Heid 2001.

Untersuchungen nicht von dem, was sie zu untersuchen versprechen, sondern ermitteln Daten, über deren Aussagekraft anschließend politisch und szientifisch weitgehend beliebig gestritten werden kann. Allgemeinbildung, Schulstruktur, Curriculum und Didaktik stehen also in einem Implikationszusammenhang, der in den Blick kommen muss, wenn Fragen des Unterrichts und seiner Didaktik, der Lehrpläne und ihrer Legitimation, des Bildungssystems und seiner Leistungen im Zusammenhang thematisiert und erziehungswissenschaftlich untersucht werden sollen. Wird von diesem Implikationszusammenhang soweit abstrahiert, dass nur die Struktur des Bildungssystems oder nur Merkmale von Curricula oder nur Formen des Unterrichts oder nur Leistungen von Schülern erfasst und getestet werden, so bewegt sich die Analyse und Empirie vielleicht in einem Bereich pädagogisch relevanter und erziehungswissenschaftlich bedeutsamer Themen und Sachverhalte, nicht jedoch im engeren Bereich pädagogischer Theoriebildung und erziehungswissenschaftlicher Forschung.[12]

Im Zentrum des pädagogischen Handlungs- und erziehungswissenschaftlichen Forschungsinteresses stehen weder die Faktizität vorgegebener Curricula noch irgendwelche Dogmatiken darüber, was unter einem Kerncurriculum zu verstehen ist oder verstanden werden soll. Die Frage nach dem Verhältnis von Allgemeinbildung, Kerncurriculum und den Leistungen, die vom und im Bildungssystem zu erbringen sind, bezieht sich vielmehr auf Sachverhalte, die angemessen nur im Schnittpunkt von Unterricht, Didaktik, Curriculumentwicklung und Leistungsmessung zu erfassen sind. Damit dies aber gelingen kann, müssen Leistungen in ihrer Abhängigkeit und Interdependenz zum Unterricht und seiner Didaktik, zum Curriculum und seiner Kernstruktur sowie zur Schulstufe und Struktur der jeweiligen Bildungssysteme beschrieben und erhoben sowie unter erziehungs-, bildungs- und institutionentheoretischen Kriterien geprüft und beurteilt werden.[13]

Hier zeigt sich, warum der Verständigung darüber, was in erziehungs-, bildungs- und institutionentheoretischer Hinsicht unter der Struktur der Allgemeinbildung im Kerncurriculum des Bildungssystems zu verstehen ist, eine wichtige Bedeutung zukommt. Ohne eine Klärung der genannten Fragen sind nämlich die Ergebnisse der internationalen Schulleistungsvergleichsforschung

---

12 Dem Zusammenhang von Produkt und Prozess kommt nicht nur eine irreduzible Bedeutung für die pädagogische Praxis zu. Zur testtheoretischen Bedeutung des Zusammenhangs von Prozess- und Produktanalysen sowie -messungen in der erziehungswissenschaftlichen Forschung vgl. Zedler 2000.

13 Leistungsvergleiche, die von dieser Problemstellung abstrahieren, können dem Kriterium der Reliabilität genügen, ohne das einer bildungstheoretisch ausgewiesenen Validität zu beachten. Für diese ist eine bildungstheoretische Klärung der Struktur der Allgemeinbildung im Kerncurriculum unverzichtbar. Zum Verhältnis von Reliabilität und Validität in der empirischen Forschung vgl. Merkens 2000 und 2001. Zu Problem und Aufgabe, Ergebnisse von PISA in Konzepte, Strategien und Forschungsvorhaben zur Verbesserung der Qualität von Schulen umzusetzen, vgl. Terhart 2002 und Pekrun 2002.

erziehungswissenschaftlich nicht differenziert auslegbar und prüfbar und pädagogisch, bildungsplanerisch und -politisch nicht angemessen diskutierbar.

4. Das Forschungsdesign von PISA im Lichte einiger seiner impliziten und expliziten Annahmen

PISA versteht sich als ein Programm und Instrument zur „Erfassung basaler Kompetenzen der nachwachsenden Generation", das in den Mitgliedstaaten der OECD zum Einsatz gelangt.[14] Es will den Regierungen dieser Länder „Ertragsindikatoren für Bildungsprozesse" zur Verfügung stellen, die „für politisch administrative Entscheidungen zur Verbesserung der nationalen Bildungssysteme" brauchbar sind. Die in PISA verwendeten Indikatoren erfassen derzeit die Bereiche „Lesekompetenz", „mathematische Grundbildung", „naturwissenschaftliche Grundbildung" und „fächerübergreifende Kompetenzen". Sie setzen sich aus „vier Arten von Indikatoren" – nämlich aus Basis-, Kontext- und Trendindikatoren sowie relationalen Maßen – zusammen (Baumert/Artelt/ Klieme/Stanat 2001, S. 285f.).

Die in PISA gesetzten Basisindikatoren erheben für sich den Anspruch, jene Kenntnisse und Fähigkeiten der nachwachsenden Generation abzubilden, die für eine „aktive gesellschaftliche Teilhabe und kontinuierliches Weiterlernen grundlegend sind". Die Kontextindikatoren sollen die „demographische, soziale und wirtschaftliche Einbettung von Bildungssystemen beschreiben und über deren institutionelle Verfassung Auskunft geben". Von den relationalen Maßen wird ausgesagt, dass sie „international variierende Zusammenhänge zwischen individuellen Hintergrundmerkmalen und schulischen Kontextvariablen einerseits und Leistungsergebnissen andererseits sichtbar machen". Die Trendindikatoren schließlich sollen sich „aus dem zyklischen Charakter der Datenerhebung" selbst ergeben und zeigen, welche „Veränderungen des Leistungsniveaus, der Leistungsverteilungen und der Zusammenhänge zwischen schüler- und schulbezogenen Merkmalen und Leistungsresultaten im Zeitverlauf" nachgewiesen werden können (ebd., S. 286).

Nähert man sich dem Ansatz von PISA unter erziehungswissenschaftlichen Gesichtspunkten, so kann man zunächst feststellen, dass PISA ohne Annah-

---

[14] Bei der Beschreibung einiger impliziter und expliziter Annahmen von PISA stütze ich mich im Folgenden auf einen einführenden, von Mitgliedern des deutschen Konsortiums verfassten Überblicksartikel, der das Gesamtkonzept beschreibt, die Teilprojekte vorstellt und ihre Fragestellungen offen legt. Die Studie stammt von Baumert/Artelt/Klieme/Stanat und wurde als Tischvorlage zur 5. Sitzung des PISA-Beirats im September 2000 verteilt. Sie hat den Titel: „PISA. Programme for International Student Assessment. Zielsetzung, theoretische Konzeption und Entwicklung von Messverfahren" und erschien 2001 als Kapitel 19 in dem von Weinert hrsg. Band „Leistungsmessungen in Schulen".

men hinsichtlich einer Kausalität pädagogischen Wirkens, ohne Didaktik und Schultheorie und ohne eine als solche ausgewiesene Bildungstheorie auskommt. Vermutlich verdankt der Ansatz einen Teil der Stringenz und Überzeugungskraft der Ausblendung dieser Fragen. Als Ergebnis sind daher keine konstruktiven Theorien des Lehrens und Lernens, des Unterrichts und seiner Didaktik, des Lehrplans und seiner Struktur, wohl aber Einsichten zu erwarten, die vorgegebene Vorurteile hinsichtlich des Zusammenhangs zwischen Kontextindikatoren und Basisindikatoren bestätigen oder korrigieren.

Sollte sich diese Vermutung bestätigen, so wäre zu wünschen, dass zusammen mit der Vorlage der Ergebnisse nicht nur die normsetzenden Implikationen von PISA offen gelegt, sondern auch die von PISA nicht zu beantwortenden didaktischen, curriculumtheoretischen, schultheoretischen und bildungstheoretischen Fragen als solche ausgewiesen werden. Unter dieser Voraussetzung besteht Aussicht, dass der durch die Konzeption zuweilen selbst erweckte Anschein korrigiert werden kann, als ließen sich auf der Grundlage der in PISA ermittelten Ertragsindikatoren politisch-administrative Entscheidungen zur Verbesserung nationaler Bildungssysteme treffen. Die Brauchbarkeit der Ergebnisse für solche Entscheidungen aber hängt wesentlich von einer Interpretation der Befunde ab, welche die in PISA gegenstandskonstitutiv und methodologisch ausgegrenzten pädagogischen und erziehungswissenschaftlichen Problemstellungen thematisiert und explizit berücksichtigt. Nur dann wird zu entscheiden sein, ob und, wenn ja, welche Befunde nicht nur eine gewisse Reliabilität, sondern zugleich eine kriteriengeleitet ausweisbare und prüfbare Validität besitzen.[15]

Beim derzeitigen Stand der Entwicklung von PISA konzentriert sich die Messung von Schülerleistungen, wie bereits angedeutet, auf die Bereiche der Lesekompetenz, der mathematischen und naturwissenschaftlichen Grundbildung sowie fächerübergreifender Kompetenzen. Im ersten Zyklus wird die Lesekompetenz von Schülerinnen und Schülern daraufhin getestet, ob diese bestimmte Aussagen, Absichten und formale Strukturen von geschriebenen Texten verstehen und in einen größeren sinnstiftenden Zusammenhang einordnen können. Als Textsorten werden nicht nur Prosatexte wie Erzählungen und Kommentare, sondern auch Formulare, Graphiken, Karten, Diagramme und Tabellen berücksichtigt (vgl. Baumert/Artelt/Klieme/Stanat 2001, S. 290). Aus pädagogischer Sicht fällt auf, dass PISA einerseits die Textsorten gebrauchsnah auswählt und hierbei zwischen privatem, öffentlichem und beruflichem Gebrauch unterscheidet, nicht jedoch die bildenden Kontexte berücksichtigt, in die der lesende Gebrauch der Schriftsprache eingebettet ist. Dieser wird weitgehend losgelöst vom schreibenden und sprechenden Gebrauch gesehen und getestet. Dies dürfte zur Folge haben, dass auch die Wechselwirkungen

---

15 Vgl. hierzu die von Terhart (2002) betonte Notwendigkeit eines Forschungstyps, der sich mit der weithin ungeklärten Frage auseinandersetzt, wie sich „extern erzeugte Leistungsinformationen in interne (institutionelle und personenbezogene) Lernprozesse umsetzen lassen“.

von Lesen und Schreiben, Schreiben und Lesen, Lesen und Sprechen, die für das Erlernen und den Gebrauch der Schriftsprache unverzichtbar sind, ausgeblendet bleiben. Bedenklich wäre dies deshalb, weil es beim Gebrauch der Schriftsprache heute nicht mehr wie beim Umgang mit heiligen Schriften in früheren Zeiten vorwiegend darum geht, einen vorliegenden Text sinnverstehend zu rezipieren, sondern vor allem darauf ankommt, die Intentionen eigenen und fremden Schriftgebrauchs immer auch aus der Sicht anderer Leser zu prüfen, die Lesekompetenz als Mittel zur Entwicklung eigener Schreibkompetenz einzusetzen und auch zur Weiterentwicklung und Kultivierung von Formen der freien Rede zu nutzen.

So wie keine Lesedidaktik denkbar ist, die auf schreibdidaktische Aufgaben und Leistungen verzichtete, so ist auch keine Bestimmung der Lesekompetenz angemessen, die diese unabhängig von schreibdidaktischen Fragestellungen und Konzepten der Förderung von freier Rede testet und erfasst. Hier wäre zu wünschen, dass die Konzeption von PISA angemessen erweitert und an elementardidaktische Untersuchungen anschlussfähig gemacht wird, die Lesen und Schreiben im Zusammenhang mit Hören und Sprechen erforschen und die genannten vier Bereiche in Wechselwirkung untereinander sowie in Bezug auf freies Sprechen zu fördern suchen.

Der Blickwechsel vom mündlichen Gebrauch der Sprache zum schriftlichen Sprachgebrauch und zurück verlangt nicht nur den Vollzug eines Blickwechsels vom Hörer zum Leser, sondern auch jenen vom Sprecher zum Schreiber und von da wieder zurück zum Hörer und Sprecher. Diese doppelten Blickwechsel und die in ihrem Vollzug möglich werdenden Erfahrungen sowie die pädagogischen Einwirkungen, sie hervorzulocken und zu fördern, stehen im Zentrum der pädagogischen Thematisierungen und Inszenierungen, und zwar sowohl in der erziehungstheoretischen Diskussion über elementardidaktische Technologien und Ersatztechnologien als auch in der bildungstheoretischen Diskussion über eine sachadäquate Bestimmung der Aufgaben des Elementarunterrichts und seiner Didaktik.

Sie können von einem Ansatz, der die Lesekompetenz isoliert betrachtet, nicht mit erfasst werden. Eine entsprechende Perspektivenerweiterung in der Konzeption und in der Datenauswertung aber wäre unerlässlich, wenn PISA, wie intendiert, einen pädagogisch weiterführenden Beitrag dazu leisten soll, Spielräume zu ermitteln und Entscheidungen anzuregen, die der Verbesserung von Bildungssystemen dienen. Die in PISA derzeit verwendeten Modelle zur Erfassung von Verstehensleistungen im Umgang mit der Schriftsprache und zur Erklärung von individueller Lesekompetenz[16] abstrahieren noch weitgehend von den Interdependenzen zwischen Lese- und Schreiberfahrungen sowie solchen in der freien Rede. Sie verkennen damit, dass Lesekompetenz nicht ohne den Erwerb von Schreibkompetenz sinnvoll zu erwerben und pädagogisch zu fördern ist.

---

16 Siehe die Abbildung 2 in Baumert/Artelt/Klieme/Stanat 2001, S. 293.

Wendet man sich der Beschreibung der mathematischen Kompetenz in PISA zu, so lassen sich auch dort vergleichbare Fragen stellen und diskutieren. Unter mathematischer Grundbildung wird ein Verständnis der „Rolle“ verstanden, die „die Mathematik in der sozialen, kulturellen und technischen Welt spielt“, sowie die „Fähigkeit, Sachverhalte unter mathematischen Gesichtspunkten angemessen zu beurteilen“. Als elementare Qualifikationen werden u. a. ausgewiesen, mathematisch auch mit „offenen Aufgabenstellungen“ umgehen, „mathematische Konzepte und Modelle auf alltägliche und komplexe Problemstellungen“ anwenden und diese in „geeignete Operationen ... übersetzen“ zu können (Baumert/Artelt/Klieme/Stanat 2001, S. 294). Mit dieser Ausrichtung favorisiert PISA eine realistische Mathematik, die nicht immer nur eine, sondern zuweilen mehrere Problemlösungen kennt und den mathematischen Stoffgebieten der Algebra, der Arithmetik und der Geometrie keine dogmatische, sondern eine heuristische Funktion zuerkennt. Beeindruckend an diesem Ansatz ist, dass von ihm Rechenfertigkeit ebenso erfasst wird wie mathematisches Denken, bloße Schemaorientierungen hingegen zugunsten realitätsnäherer Problemstellungen vermieden werden. Dies gilt nicht nur für die Kompetenzdefinition, sondern auch für die Breite dessen, was mit den Tests gemessen wird.

Auch zu den Ausführungen zur mathematischen Grundbildung lassen sich ergänzende und problematisierende Anfragen formulieren. Ich konzentriere mich im Folgenden auf das noch nicht erwähnte Kompetenzmerkmal, demzufolge mathematisches Denken u. a. darin bestehen soll, „die einem Problem zugrunde liegende mathematische Struktur zu sehen“ und zu erfassen. Formulierungen wie diese unterstellen, dass Problemen, die sich mathematisch bearbeiten lassen, eine mathematische Struktur zugrunde liegt, die keineswegs an den jeweiligen Sachverhalt herangetragen wird, sondern diesem als solchem eigen ist. Durch eine solche Deutung würde jedoch der Blickwechsel, der vollzogen werden muss, um einen alltäglichen Sachverhalt in einen mathematischen zu transformieren, als ein Blickwechsel in eine mathematische Tiefenstruktur interpretiert, die der Sache selbst zugrunde liegt. Eine solche Interpretation abstrahiert sowohl von den konstruktiven Leistungen, ohne die mathematische Satzsysteme gar nicht formulierbar sind, als auch von den strukturtransformierenden Operationen, die überall dort stattfinden, wo im Umgang erfahrene Wirklichkeit mathematisiert und nach Maßgabe mathematischer Relationen geordnet und erklärt wird.

Deutungen von Mathematik, welche mathematische Strukturen zu Tiefenstrukturen mathematisierter Sachverhalte hypostasieren, sind vermeidbar, wenn in der Konzeption zur mathematischen Grundbildung genauer ausgeführt und in den Tests dann auch eigens geprüft wird, was unter einer Transformation alltäglicher Fragen und Probleme in mathematische Probleme und Sachverhalte verstanden wird. Die Annahme, es gebe mathematische Probleme, die alltäglichen Sachverhalten immer schon zugrunde liegen und in ihrer Struktur bloß erkannt werden müssten, scheint mir zu kurz zu greifen. Die Geschichte der Mathematik und die phänomenologische Forschung zur Entstehung der mathematischen Aussagesysteme sind reich an Erfahrungen, welche einerseits belegen, dass in die Formulierung mathematischer Aussagesysteme gesellschaftliche Erfahrungen eingegangen sind. Sie zeigen anderseits, dass die Anwendung mathematischer Logik auf reale Sachverhalte einen Blickwechsel verlangt, durch den diese nicht mehr unmittelbar alltäglich, sondern mathematisch thematisiert werden.[17]

Eine entsprechende Erweiterung der Konzeption wäre nicht nur für die Bestimmung dessen bedeutsam, was unter mathematischer Grundbildung verstanden wird, sondern darüber hinaus auch für den naturwissenschaftlichen Teil von PISA und das in diesem verfolgte Verständnis von naturwissenschaftlich-technischer Grundbildung folgenreich. Im ersten Zyklus von PISA hat die naturwissenschaftliche Grundbildung, die in der untersuchten Schulstufe noch nicht in eine physikalische, chemische und biologische ausdifferenziert wird, nur eine randständige Bedeutung. Unter naturwissenschaftlicher Literalität und Kompetenz wird „ein Verständnis grundlegender naturwissenschaftlicher Konzepte", „die Vertrautheit mit naturwissenschaftlichen Denk- und Arbeitsweisen" und die Fähigkeit verstanden, das „Konzept- und Prozesswissen" bei der „Beurteilung naturwissenschaftlich technischer Sachverhalte" einsetzen zu können. Als Anwendungsgebiete werden insbesondere „Leben und Gesundheit, Erde und Umwelt sowie Technologie" genannt (Baumert/Artelt/Klieme/Stanat 2001, S. 298f.).

Hier ist zu prüfen, ob und inwieweit das PISA zugrunde liegende Verständnis von naturwissenschaftlicher Literalität sich auf Kenntnisse naturwissenschaftlicher Konzepte, Prozesse und Anwendungssituationen konzentriert oder auch die Blickwechsel thematisiert, die vollzogen werden müssen, wenn vorwissenschaftliche Denk- und Umgangsformen verlassen und in szientifische überführt werden. Zu bedenken wäre in diesem Zusammenhang insbesondere, dass beide Betrachtungsweisen einander keineswegs ablösen müssen, sondern auch nebeneinander stehen und alsdann in ihrem Verhältnis zu bedenken sind. Dabei lässt sich Technik nicht als ein bloßes Anwendungsgebiet naturwissenschaftlicher Konzepte und Prozesse interpretierten, sondern als ein Bereich erfassen, der sich durch eine eigene Kreativität auszeichnet, die nicht nur naturwissenschaftlich, sondern zuweilen auch ökonomisch, ästhetisch sowie auf andere Weise strukturiert ist (vgl. Fink 1963; siehe auch Kos 1999).

Zu klären ist daher, ob die Rückbindung naturwissenschaftlicher Curriculuminhalte an Mathematik so erfolgt, dass auch historisch-gesellschaftliche Zusammenhänge und Prozesse mit thematisiert und bedacht werden und spezifisch technischen Problemstellungen und Lösungen eine eigene Struktur zuerkannt wird. In der Definition naturwissenschaftlicher Grundbildung dürfen die Dimensionen der Transformation alltäglicher in szientifische Einstellungen,

---

[17] Vgl. hierzu Husserl/Fink 1936/1987; siehe auch die Hinweise zur Entstehung ihrer Überlegungen zum „Ursprung der Geometrie" in Derrida 1987, S. 31.

die Reflexion dessen, was unter einer Mathematisierung des Mensch-Welt-Verhältnisses zu verstehen ist, und die Reflexion der mit ihr verbundenen Disziplinierungsleistungen der Subjekte einschließlich ihrer Bedeutung für die Herausbildung naturwissenschaftlicher Objekte und Sachverhalte nicht fehlen (vgl. Litt 1959/1968, S. 54ff. und S. 91ff.).

Von hierher lassen sich auch Rückfragen an die in PISA unterschiedenen vier naturwissenschaftlichen Kompetenzniveaus stellen. Es sind dies erstens die Kenntnis von Fachausdrücken, zweitens die Fähigkeit, diese zu verwenden, drittens das Verständnis von Konzepten sowie viertens Einsichten in das „Wesen", die Geschichte und die Rolle der Naturwissenschaft in Kultur und Gesellschaft (vgl. Baumert/Artelt/Klieme/Stanat 2001, S. 299). Diese Stufenfolge setzt in gewissem Sinne eine aufsteigende Ordnung in der Kenntnis von Fachtermini, deren Gebrauch, dem Verständnis von Konzepten und sogenannten Wesenseinsichten voraus, in der von den Lehr-Lern-Prozessen, in denen die entsprechenden Einsichten erworben werden sollen, weitgehend abstrahiert ist. Als höchste Stufe werden Einsichten und Wesensaspekte genannt, die in didaktischer Hinsicht schon für die Fachbegriffe wie „Arbeit", „freier Fall", „Bewegung" u. a. m. grundlegend sind. Sollen naturwissenschaftliche Einsichten und Sachverhalte auch im Kontext des für sie konstitutiven Blickwechsels sowie der historisch-gesellschaftlichen Situation, in der dieser vollzogen wurde, erlernt werden, so kommt es darauf an, Zusammenhänge dieser Art auch schon bei der Klärung und Prüfung des Verständnisses der Fachtermini zu erfassen.

Naturwissenschaftlich-naturkundlicher Unterricht zielt in den Formen eines darstellenden, analytischen und synthetischen Unterrichts nicht linear auf eine den Stufen von PISA folgende Kompetenzvermittlung, sondern sucht Alltagserfahrungen zu erweitern, ohne dass vorausgegangene Erfahrungshorizonte einfach in höhere aufgehoben oder überführt, wohl aber um andere ergänzt werden. Alltägliche, lebensweltliche, szientifische, historische und technische Naturaspekte sollen durch einen solchen Unterricht differenziert, nicht aber in eine einzige naturwissenschaftliche Logik und Struktur überführt werden. Insoweit dürfte sich die Differenzierung nach den genannten Literalisierungsniveaus als ergänzungsbedürftig erweisen.

Zu wünschen wäre, dass naturwissenschaftliche Kompetenzen in PISA unter Einbeziehung der für diese konstitutiven Mehrperspektivität definiert werden. Dann könnten vielleicht auch modellplatonistische Überzeugungen und Deutungen leichter als solche identifiziert und Defizite hinsichtlich einer tiefer gehenden Reflexivität in den Lehrleistungen der Bildungssysteme und den Lernleistungen von Schülern identifiziert werden. Hierzu wäre es erforderlich, dass in den Testaufgaben nicht nur nach den innerszientifischen Reichweiten und Grenzen naturwissenschaftlichen Wissens gefragt, sondern auch die Grenzen und Leistungen des Paradigmas selbst thematisiert werden.

5. Problemstellungen und Desiderata aus der Sicht erziehungswissenschaftlicher Grundlagenforschung

Die in PISA derzeit beobachtbare Konzentration auf Fragen der Produktqualität, die damit verbundene Vernachlässigung der Prozessstruktur und die Ausklammerung wichtiger hermeneutischer Kompetenzen[18] ist sicher u. a. auch darauf zurückzuführen, dass es schwieriger ist, auch für diese Bereiche und Aspekte Aufgaben zu definieren, die international abgestimmt und in unterschiedlichen Kulturen für Tests einsetzbar sind. Auch dürfte hier die politische Akzeptanz geringer sein und die Einführung bestimmter Kriterien in Staaten auf Widerstand stoßen, die keine streitbare Demokratie und keine diskutierende Öffentlichkeit kennen. Es ist aber zu vermuten, dass sich die Ausklammerung hermeneutischer Kompetenzen nicht nur hinsichtlich der Normierung dessen, was zum Kerncurriculum allgemeiner Bildung zu rechnen ist, sondern auch innerhalb der vier in PISA untersuchten Lern- und Kompetenzbereiche auswirkt.

Die in der hier vorgelegten Studie angesprochenen und zur Ergänzung bzw. Vertiefung der in PISA gemessenen Kompetenzen vorgeschlagenen Aspekte und Fragen gehören nicht in den Bereich der nicht-testbaren, nur individuell diskutablen Sachverhalte. Auch für sie lassen sich Aufgaben formulieren, die es erlauben, Schülerleistungen und Leistungen von Unterricht entsprechend zu testen und zu evaluieren. Erst wenn dies gelingt, kann den Ergebnissen der internationalen Schulleistungsvergleichsforschung über die von dieser vielleicht schon erreichte Reliabilität hinaus auch eine bildungstheoretisch ausgewiesene Validität zuerkannt werden. Darum möchte ich abschließend noch einmal zusammenfassen, auf was es m.E. in der Weiterentwicklung von PISA ankommt.

1. Es sollte versucht werden, das Spektrum der Testaufgaben in PISA gegenstands- und bildungstheoretisch angemessen zu erweitern. Wenn Sprache, Mathematik, Geschichte und mehrperspektivische Reflexivität zum Kernbestand allgemeiner Bildung gehören, dann müssen auch die Aufgaben so formuliert werden, dass dieser Kernbestand fachbezogen und zugleich fächerübergreifend thematisiert wird. Die Auslagerung entsprechender Themen, Sachverhalte und Fragen in einen separaten Bereich fächerübergreifender Kompetenzen, der dann als Selbstregulierung und Motivation gefasst wird, reicht hierzu nicht aus.
2. Zwischen den Testergebnissen und Aussagen über Unterricht, der in PISA bisher nicht untersucht wurde, muss angemessen unterschieden werden. Die Testergebnisse zeigen die Spannbreite dessen, was Schüler gelernt haben.

[18] Als hermeneutische Kompetenzen bezeichne ich hier und im folgenden die im Abschnitt 2 genannten Problemstellungen zur Unterscheidung von Alltagserfahrungen und wissenschaftlichen Erfahrungen sowie die umgangstheoretischen, historischen, ideologiekritischen, transzendentalkritischen und nicht-hierarchischen Kritiken und Korrekturen am weit verbreiteten Modellplatonismus, die zum Kerncurriculum der Allgemeinbildung gehören.

Aber sie erlauben von sich aus keine Aussagen über die didaktische Qualität von Unterricht, die es daher gesondert zu erfassen gilt.

3. Zu diesem Zweck muss sich die systematische Didaktik zu einer erziehungswissenschaftlichen Disziplin weiterentwickeln, die weniger durch Postulatorik und Dogmen und mehr durch experimentelle Erfahrungen und eine sowohl erziehungs- als auch bildungs- und schultheoretische Reflexivität bestimmt ist.
4. Die vorgeschlagene Erweiterung der in PISA verfolgten Problemstellungen ist auch deshalb notwendig, weil ohne sie nicht ausgeschlossen werden kann, dass von PISA unkontrollierte und nicht bedachte Auswirkungen auf die Entwicklung des Kerncurriculum ausgehen. Diese könnten das Aufgabenspektrum schulischen Unterrichts auf Lehr-Lernresultate reduzieren, die in den Teilstudien gemessen werden, und auf diesem Wege zu einer Entprofessionalisierung des Lehrerberufs beitragen, welche die in diesem Beitrag diskutierten Problemstellungen eines erziehenden Unterrichts, der bildet, aus den Augen verliert.

Solche Entwicklungen lassen sich jedoch vermeiden. Die in diesem Beitrag angesprochenen bildungstheoretischen Rückfragen an PISA wollen nicht nur einen bildungstheoretischen Rahmen für die weitere Diskussion skizzieren. Sie sind ihrerseits auf eine empirische Auslegung und Prüfung angewiesen. Zwar lassen sich Bildungstheorie und Empirie nicht in ein Kontinuum aufheben. Die Spannungen zwischen bildungstheoretischen und empirischen Fragen wechselseitig fruchtbar zu machen, ist dagegen ein Unternehmen, das für beide Seiten lohnend sein könnte.

Schulische Allgemeinbildung versus allgemeine Menschenbildung? Von der doppelten Gefahr einer wechselseitigen Beschädigung beider [1]

1. Elementare Grundbildung oder Allgemeinbildung?

Im Editorial zum „Schwerpunkt: Allgemeinbildung oder Grundbildung" geben Stephanie Hellekamps und Meinert A. Meyer (2004) als Problemstellung für den Thementeil vor, dieser wolle prüfen, welche Folgen sich für das Verständnis allgemeiner Bildung daraus ergeben, dass das deutsche Schulsystem den Ergebnissen von TIMSS und PISA zufolge vielen seiner Schüler „noch nicht einmal das notwendige Fundament für die Realisierung allgemeiner Bildung, die Beherrschung basaler Kompetenzen und elementarer Kulturtechniken" vermittelt.[2] Auf diese Frage entwickeln Tenorth und Koch unterschiedliche, in einzelnen Aspekten übereinstimmende, in anderen einander ausschließende Antworten.

In seinen Überlegungen zu „Allgemeinbildung und Grundbildung, Identität oder Alternative?" sucht Lutz Koch unter Berufung auf Bildungstheorien der Tradition zu zeigen, dass Allgemeinbildung in den PISA-Projekten auf eine utilitäre Grundbildung verkürzt wird, welche „mit dem, was die Tradition ‚Bildung' nannte, wenig oder gar nichts zu tun" habe (Koch 2004, S. 189). Als Begründung für diese Diagnose führt er an, Bildung ziele seit alters her auf „eine Kombination von zugleich nützlichem und darüber hinaus den Menschen als solchen bereicherndem Wissen und Können" (ebd., S. 184). Solches Wissen und Können sei jedoch nicht allein als ein Etwas-Wissen und Etwas-Können zu begreifen, sondern konstituiere sich über einen bildenden „Rückbezug des Gelernten auf den Lernenden" (ebd., S. 188). Unter Berufung auf H. Blumenberg führt er aus, Bildung sei „kein Arsenal", sondern „ein Horizont", und erläutert dies dann durch das Bonmot eines französischen Ministerpräsi-

---

1 Der Beitrag ist zuerst 2005 erschienen in der Zeitschrift für Erziehungswissenschaft 8, S. 563-575.

2 Vgl. hierzu auch die ernüchternde, von A. Leschinsky in einem in der Wochenzeitung DIE ZEIT abgedruckten Interview geäußerte Auffassung, die durch die PISA-Projekte angeblich offenkundig werdende neue deutsche Bildungskatastrophe sei dahingehend zu relativieren, dass das deutsche Bildungssystem wohl in keiner seiner Epochen in Gänze zur „Spitze" zu rechnen gewesen sei; die in der Öffentlichkeit unter Mitwirkung von empirischer Bildungsforschung und Bildungspolitik geweckten Erwartungen, dass sich hieran auf absehbare Zeit etwas ändern lasse, seien daher durch die skeptische Einsicht zu relativieren, dass von Reformen mehr als eine Verbesserung der gemessenen Schülerleistungen um einige wenige internationale Rangplätze kaum zu erwarten sei. Siehe Wiarda 2005.

denten, der gesagt haben soll, Bildung sei „das, was übrig bleibt, wenn alles, was in der Schule gelernt wurde, vergessen ist" (ebd., S. 185). Nicht in der Kombination von Grundbildung und Utilität erkennt Koch also die Schwachstelle des in den PISA-Projekten entwickelten Ansatzes, sondern darin, dass diese Forschungsrichtung keinen Begriff einer konkret-historisch und individuell eingebundenen Wechselwirkung von Mensch und Welt kenne, sondern auf historisch und gesellschaftlich invariante Basiskompetenzen als Grundnormen für Bildung setze. So zielten die in PISA vorgenommenen Messungen und Vergleiche lediglich auf die Konstruktion und Überprüfung eines Bildungs-„Minimum", das so bemessen werde, dass es für die „Sicherung von Wirtschaftswachstum und Konkurrenzfähigkeit" ausreiche (ebd., S. 186f.). Der in den genannten Projekten verwendete Kompetenzbegriff abstrahiere von der Grundstruktur einer bildenden Veränderung der Selbst- und Welthorizonte (ebd., S. 187f.), welche gymnasiale Bildung seit ihren Anfängen stets als ein zu erreichendes „Maximum" angestrebt habe (ebd., S. 184).

Gegen solche Angriffe sucht Heinz-Elmar Tenorth die PISA-Projekte in seinen Ausführungen zum „Stichwort: ‚Grundbildung' und ‚Basiskompetenzen'" zu verteidigen. In der in diesen vorgenommenen Definition von „Grundbildung" durch „Basiskompetenzen" glaubt er einen alternativlosen Ansatz erkennen zu können, der die bildungstheoretischen Argumentationsmuster der alten Pädagogik so weit hinter sich lasse, dass sich Rekurse auf sie fortan erübrigten. Die anzustrebende neue „Bildungstheorie entsteh[e] damit quasi aus einem theoriegeleiteten Prozess der Bildungsforschung selbst" (Tenorth 2004, S. 175). Wie Koch rekurriert auch Tenorth auf die Differenz von elementarer und höherer Bildung und wie dieser legt er sie in Analogie zur Unterscheidung zwischen „Eliten- und Massenbildung" aus (vgl. ebd., S. 170). Gegen sich auch heute noch auf Humboldt berufende Vorstellungen von einer horizontalen Differenzierung von Bildungsgängen (vgl. Benner 2002) meint er geltend machen zu können, selbst „unter den Klassikern" habe niemanden die „Bildung der Individualität ... in der Universalität einer von Begabung oder individueller Anstrengung unlimitierten Teilhabe an allen Stufen des Bildungsprozesses" verortet (ebd., S. 171).[3] Darum sei es nur folgerichtig, Grundbildung an den Maßstäben eines „Mindestniveaus" auszurichten und gemeinsame öffentliche Erziehung auf die Aufgabe der Sicherung eines „Bildungsminimum" zu begrenzen (ebd., S. 174ff.). Dieses aber gelte es von den anspruchsvolleren Formen gymnasialer Grundbildung und Bildung zu unterscheiden (ebd., vgl.

---

[3] Die Aktualität der Schulpläne Humboldts scheint mir gerade darin zu liegen, dass diese in Anerkennung der Erziehungs- und der Selektionsfunktion des Bildungssystems zwischen der unbestimmten Bildsamkeit jedes Einzelnen und den sich zeigenden Begabungen und Talenten unterschieden und eine horizontale Differenzierung des Bildungssystems nach Schulstufen entwickelten, welche Grundbildung auf allen Stufen aus dem Horizont allgemeiner Menschenbildung heraus konzipierte und unterschiedliche Übergänge in weiterführende berufliche Bildungsgänge vorsah; vgl. hierzu Benner 1990/2003, S. 206ff.

S. 171). In Würdigung von Sprangers Kennzeichnung der Grundbildung als erster Form der Allgemeinbildung und ihrer Einordnung in den Horizont der allgemeinen Menschenbildung, aber ohne die exklusiven Rolle zu problematisieren, die Spranger der Berufsbildung zuschreibt, verweist Tenorth auf dessen Trias von „grundlegender Bildung“, „Berufsbildung“ und „Allgemeinbildung“ sowie darauf, dass der „Weg zu der höheren Allgemeinbildung ... über den Beruf und nur über den Beruf“ führe (ebd., S. 178).

Tenorths Beitrag kommt am Ende auf an anderer Stelle von anderen Autoren bereits aufgezeigte „ungelöste“ und „offene Fragen“ zu sprechen (vgl. Benner 2002; Terhart 2002; Pekrun 2002). Zu diesen rechnet er sowohl Probleme, die durch die PISA-Projekte eigentlich geklärt werden sollten, als auch Sachverhalte, welche die sich von jeglicher Pädagogik abgrenzende Erziehungswissenschaft der reformpädagogischen Praxis in den Schulen überantworten möchte. Ungeklärt seien erstens der „Kompetenzbegriff“selbst sowie zweitens alle Fragen der Konstruktion eines legitimen „Kanon[s] bzw. Kerncurriculum[s]“, drittens die Organisation des Schulsystems sowie viertens „zentrale didaktische und methodische Erwartungen“ (ebd., S. 178). Was letztere betrifft, müsse weiterhin auf die „didaktische und methodische Erfindungskraft“ der Praktiker gesetzt werden. Diese erwachse jedoch nicht aus „bildungstheoretischer Reflexion“, sondern entstehe nur „im Alltag der Schularbeit“.[4] Man müsse „hoffen, dass einschlägige Forschung bei diesem wichtigen Geschäft zur Hilfe kommt, sicher sein kann man sich dessen noch nicht“ (ebd., S. 180).

Weiter als bis zu ungelösten Fragen scheint die Entwicklung der aus der Bildungsforschung von selbst hervorgehenden neuen Bildungstheorie „nicht“, im Lichte von Tenorths Vision einer strikten Trennung zwischen Pädagogik und Erziehungswissenschaft „noch nicht“ gediehen zu sein. Die alte Trias von pädagogischen Experimenten, pädagogischer Theoriebildung und erziehungswissenschaftlicher Forschung (vgl. Benner [4]2001a, S. 327/S. 319ff.) soll nach Tenorth durch einen Dual von alltäglicher „Schularbeit“ und „empirischer Bildungsforschung“ ersetzt werden. An diesen knüpft er die Hoffnung, dass Forschung zur Entstehung von didaktischer und methodischer Erfindungskraft beitragen möge.

[4] Darum, dass auch dieser Dual nicht zwingend ist, wusste Herbart (1802/1903), der in seiner Theorie des pädagogischen Takts und in seinen Entwürfen für ein pädagogisches und didaktisches Seminar die Beziehungen zwischen Theorie und Praxis so konstruierte, dass diese sowohl über erziehungswissenschaftliche Theorien als auch über praktische pädagogische Erfahrungen vermittelt sind.

2. Jenseits des Duals von Grundbildung und Allgemeinbildung

Vergleicht man Tenorths Befürwortung und Kochs Problematisierung von Grundbildungskonzepten, so fällt auf, dass beide Betrachtungsweisen in einem merkwürdigen Verhältnis zueinander stehen. Jede kritisiert die jeweils andere Position und Option sowie das in dieser als wünschenswert Unterstellte und empfiehlt ihre eigene Antwort als wissenschaftlich angemessene Problemdiagnose. Was aber, wenn nicht nur die eine oder nur die andere Kritik zutreffen sollte, sondern beide gute Gründe für ihre Diagnose vorbringen können? Sie thematisierten dann ein Problem, das durch Warnen (Koch) und Hoffen (Tenorth) nicht traktabel sein dürfte. Alsdann wäre es ebenso problematisch, schulische Grundbildung aus Maßstäben allgemeiner Menschenbildung ableiten wie Theorien allgemeiner Menschenbildung mit Verweis auf Programme schulischer Grundbildung verabschieden zu wollen.

Für eine Position, die sich jenseits der rekonstruierten Duale bewegt, ist es keineswegs zwingend, dass die zitierten Kontrahenten mit Verweis auf die PISA-Projekte die alte Differenz von niederer (volkstümlicher) und höherer Bildung wieder zur Geltung zu bringen und elementare Grundbildung auf ein „Bildungsminimum" zu begrenzen suchen. Zwei Hinweise mögen dies verdeutlichen. So markieren beispielsweise die für die PISA-Mathematik-Tests ausgewählten Mathematik-Aufgaben ebenso wie die in neueren Studien der empirischen Bildungsforschung in Tests eingesetzten Grammatik-Aufgaben keineswegs ein Bildungsminimum. Die Aufgaben und Test werden vielmehr so konstruiert und geordnet, dass sie, bezogen auf die jeweils explizierte Logik der Aufgaben, das ganze empirisch nachweisbare Spektrum von Schülerleistungen erfassen. Statt von einem „Bildungsminimum" zu sprechen, empfiehlt es sich daher, zwischen Mindest-, Regel- und Exzellenzstandards zu unterscheiden und erstere so zu definieren, dass sie die zur Grundbildung gehörenden Leistungen auf einem sachlogisch zutreffenden und akzeptablen unteren Niveau erfassen, letztere dagegen so zu definieren, dass sie zur Identifizierung der von Heranwachsenden altersspezifisch und bereichsbezogen zu erbringenden Höchstleistungen tauglich sind (vgl. hierzu Benner/Schluß/Schieder/Willems 2005). Nicht von der bildungspolitischen Festlegung eines Bildungsminimums, sondern von der auch von Tenorth befürworteten Erfassung der ganzen, empirisch beschreibbaren Leistungsbreite hängt ab, ob Tests verlässliche Auskunft über das vorhandene Leistungsspektrum geben.

Hierbei ist freilich zugleich zu bedenken, dass Bildungstheorie und Bildungsforschung sich nicht damit begnügen dürfen, die faktische Leistungsverteilung nach Maßgabe feststehender Bildungsstandards zu ermitteln, sondern darüber hinaus an der Aufstellung reflexiver Bildungsstandards arbeiten müssen, die ihrerseits einer bildungstheoretischen Überprüfung und Kritik zu unterziehen sind. Bildungsprozesse verlaufen keineswegs linear kumulativ, sondern sind auf mannigfaltige Weise über die Bearbeitung von Irritationen und über Problematisierungen vermittelt. Diese wiederum sind an negative Erfahrungen zurückgebunden, von denen bei der Formulierung von Standards nicht gänzlich abstrahiert werden darf.

Sollen bestimmte Bereiche grundlegender Bildung nicht gegenüber anderen privilegiert werden, müssen Bildungsstandards für alle Bereiche des Lernens entwickelt werden, die auf in Schulen organisierte Lehr-Lern-Prozesse angewiesen und für weiterführende Lernprozesse von Bedeutung sind. Welche Bereiche hierzu gehören und welche Reflexionsformen als grundlegend anzusehen sind, kann empirische Bildungsforschung aus eigener Kraft nicht klären. Sie bleibt hier auf theoretisch argumentierende und reflektierende Bildungstheorien und eine räsonierende Öffentlichkeit angewiesen. Einer monopolistischen Verkürzung von Standards auf einige wenige Aspekte kann entgegengewirkt werden, wenn bei deren Formulierung plurale Aspekte zur Geltung gebracht und Vorsorge dafür getroffen wird, dass Bildung nicht durch einseitige Standardsetzungen reduziert, sondern Standards so definiert werden, dass auch bildungstheoretische Reflexionen in ihnen zur Geltung kommen (vgl. hierzu Blömeke 2003/2005).[5]

Auch in der Frage einer bildungstheoretischen Rahmung der empirischen Bildungsforschung ist die Fixierung auf ein Minimum ebenso wenig wünschenswert wie die auf ein Maximum. Engführungen, die beispielsweise die Sprachkompetenz auf bloße Lesekompetenz verkürzen, sind ebenso zu vermeiden wie Ausweitungen, welche die sprachlichen Fähigkeiten an Leistungen messen, die Schriftsteller und Dichter in ihren Werken erreichen. Wohl aber gilt es die Hervorbringungs- und Verwendungssituationen von Sprache so weit zu fassen, dass nicht nur Prozesse der Informationsgewinnung und -verarbeitung, sondern auch andere Formen des Sprechens und Hörens berücksichtigt werden. Über die bisher in den PISA-Projekten erfassten Verwendungssituationen hinausgehend, werden reflexive Bildungsstandards dem ästhetisch-literarischen und dem freien Sprachgebrauch eine besondere Aufmerksamkeit schenken, Wechselwirkungen zwischen mündlichem und schriftlichem Sprachgebrauch berücksichtigen und den schriftlichen Sprachgebrauch über das Lesen fremder Texte hinaus auch auf das Verfassen eigener Texte beziehen (vgl. hierzu die Vorschläge in Benner 2002).

Das Verhältnis zwischen dem von Koch und Tenorth der elementaren Bildung auferlegten Minimum und dem der gymnasialen Bildung abverlangten

---

[5] Ich stimme mit Terhart 2004/2006 überein, dass Bildungstheorien auch empirisch und Bildungsforschung auch bildungstheoretisch argumentieren. Dies setzt freilich eine Theoriediskussion voraus, in der nicht nur nach bildungstheoretischen Elementen in den Konzeptionen empirischer Bildungsforschung gesucht, sondern auch jene Anschlussmöglichkeiten erkannt werden, die bildungstheoretische Reflexionen im Hinblick auf empirische Forschungsvorhaben entwerfen; vgl. hierzu Heid 2004.

bzw. tendenziell zuerkannten Maximum ist darüber hinaus auch in erziehungs- und bildungstheoretischer sowie lerntheoretischer Hinsicht unterbestimmt. Bildende Wechselwirkungen zwischen selbst- und weltbildenden Tätigkeiten sind keineswegs Prozessen höherer Bildung vorbehalten, sondern beziehen sich auf alle Wechselwirkungen zwischen Mensch und Welt, in denen Welterfahrungen bildend auf ein Selbst zurückwirken und dieses sich verändert, indem es lernt, Weltverhältnisse differenziert zu erfassen. Solche Wechselwirkungen bestimmen die Bildung der Sinne im frühen Kindesalter und das Erlernen der Muttersprache ebenso wie die Entwicklung mathematischer Maßverhältnisse oder den Schriftspracherwerb bei Grundschülern, das Erfassen geschichtlicher Zusammenhänge und gesellschaftlicher Strukturen oder die Erweiterung muttersprachlicher Welthorizonte durch das Erlernen einer oder mehrerer Fremdsprachen.

In allen Bereichen des Lernens sind bildende Wechselwirkungen immer auch über negative Erfahrungen vermittelt. Diese fordern Lernende dazu heraus, ihre Weltbegriffe auszudifferenzieren und eine Urteilskompetenz zu entwickeln, die sie befähigt, kriteriengeleitet zwischen richtigen und falschen Aussagen, angemessenen und unangemessenen Verhaltensweisen zu unterscheiden und sich an Diskursen über legitime Kriterien und deren Applikation auf konkrete Fälle zu beteiligen (vgl. hierzu Bruner 1982/2003). Ohne die irritierende Erfahrung, dass Hörer etwas so oder auch anders verstehen und deuten, als es von einem Sprecher gemeint war, und ohne die horizonterweiternde Erfahrung, dass Weltstrukturen zuweilen andere sind, als zunächst angenommen, sind bildenden Wechselwirkungen nicht möglich. Bildungsstandards sind daher auf allen Niveaus so zu konzipieren, dass sie sich auf bildende Wechselwirkungen applizieren lassen, die für weiterführendes Lernen grundlegend sind.[6] Dies aber kann nur gelingen, wenn zwischen der gegenwärtig in der empirischen Bildungsforschung bevorzugten Output-Orientierung und Forschungskonzepten, die das Kerncurriculum der modernen Schule auch unter bildungs- und schultheoretischen Problemstellungen definieren, ein reflexiver Zusammenhang hergestellt und Fragen einer sich über negative Erfahrungen steuernden didaktischen Induktion eine größere Aufmerksamkeit gewidmet wird (vgl. Benner 2002; Achtenhagen 2003; Hellekamps/Meyer 2004; Oser/Spychinger 2005). Erst nach einer solchen reflexiven und konstruktiven Erweiterung würde empirische Bildungsforschung den Namen, den sie – ungeachtet aller angeblich im Namen empirischer Forschung unternommenen Verabschiedungsversuche des Bildungsbegriffs – heute schon führt, besser ausfüllen.

---

6 Siehe insbesondere die Beiträge von Benner, English, Koch, McDermott, Meyer-Drawe und Oser in Benner (Hrsg.) 2005.

3. Das comenianische „omnes omnia omnino“ und die Unterscheidung zwischen schulischer Grundbildung und allgemeiner Menschenbildung

So wenig es zwingend ist, Grundbildung an einem Minimum, höhere Bildung dagegen an einem Maximum auszurichten, so wenig führt es in der Sache weiter, wenn die PISA-Projekte das eine Mal – nach den erziehungswissenschaftlichen Einsichten Tenorths – als Vorhaben gefeiert werden, die uns von den bildungstheoretischen Problemstellungen der Tradition befreien, und das andere Mal – nach den Vorstellungen von L. Koch – als ein Ansatz kritisiert werden, den es vor den Richterstuhl der Bildungstheorien der Traditionen zu stellen und grundlegend zu korrigieren gilt.

Die Grenzen der Argumentationsweisen von H.-E. Tenorth und L. Koch zeigen sich gerade dort, wo diese mit Verweis auf historische Beispiele ausführen, dass wir – so Tenorth (2004, S. 170) – von PISA heute „Alternativen zur überlieferten Bildungskonzeption“ des comenianischen „Omnes, Omnia, Omnino“ lernen könnten oder umgekehrt – so Koch (2004, S.187ff.) – an der Bildungstheorie Humboldts als der einzig legitimen Alternative zu PISA festhalten sollten. Es verwundert, dass Tenorth und Koch den Bildungstheorien der Tradition als Irrtum bzw. Wahrheit zuschreiben, allgemeine Theorien über die „menschliche Natur und Bestimmung“ entwickelt und aus der „lichten Höhe philosophischer Reflexion“ Bildungsaufgaben abgeleitet zu haben, die – so Tenorth (2004, S. 174f.) – pragmatischen gesellschaftlichen Erfordernissen nicht Rechnung trügen bzw. über die Grenzen einer bloß pragmatischen Betrachtungsweise – so Koch – weit hinauswiesen.

Studiert man die von den beiden Kontrahenten selbst genannten Quellen, zeigt sich ein anderes Bild. Weder Aristoteles noch Comenius noch Wilhelm von Humboldt haben ihre Bestimmungen dessen, was zur Grundbildung zu rechnen ist, linear aus den von ihnen ausgearbeiteten Theorien allgemeiner Menschenbildung abgeleitet. Sie unterschieden vielmehr, jeder auf seine Weise, deutlich zwischen schulisch zu organisierender Grundbildung und den Sphären einer über Schulunterricht hinausweisenden allgemeinen Menschenbildung (vgl. hierzu Benner 2004a). Unter Grundbildung verstanden sie basale und weiterführende Elementaria, die allen Heranwachsenden gemeinsam zu vermitteln sind, unter allgemeiner Menschenbildung Bildungsprozesse, welche sich auf die gesamte Lebensspanne beziehen und nicht primär schulisch organisiert werden können. Grundbildung für alle wurde von ihnen als eine solche vor und jenseits der ausdifferenzierten Berufe definiert, der Horizont allgemeiner Menschenbildung dagegen so weit gefasst, dass ihm nichts Menschliches fremd sein sollte. In der Definition der Humaniora freilich unterscheiden sich ihre Bildungsbegriffe. Während Aristoteles wahre Bildung in dem jenseits der Sphäre der Arbeit (a-scholia) angesiedelten Bereich der Muße (scholia) verortet, rechnen Comenius als Denker des Übergangs vom Mittelalter zur Neuzeit und moderne Theoretiker wie Wilhelm von Humboldt auch Arbeit und Beruf zum Kreis jener spezifisch menschlichen Tätigkeiten, an denen alle teilhaben sollen und auf die Grundbildung einen jeden vorbereiten muss.[7]

Schon Aristoteles unterteilte die Elementaria der Grundbildung in „Lesen und Schreiben", „Leibesübung", „musische Kunst" und „Zeichnen" und unterschied hiervon die erst in einem fortgeschritteneren Alter zu erlernenden rhetorischen und philosophischen Kompetenzen, nach den Ursachen und Gründen der Ordnung des Kosmos und der Polis fragen sowie ein theoretisches und praktisches Leben führen zu können, das sich auf solche Fragen zurückbezogen weiß. In seiner Politik (1337 b 4-8) stellte er fest, es sei „unzweifelhaft", dass „man von dem Nützlichen das Unentbehrliche lernen soll ...; dass man aber nicht alles lernen soll, ist klar, und ... so ist es auch klar, dass man sich nur an denjenigen unter den nützlichen Tätigkeiten beteiligen muss, die einen nicht zu handwerksmäßigen Charakter herabdrücken." Von den genannten Elementaria aber sei das Lesen und Schreiben sowohl zu „Geldgeschäften, zur Haushaltung, zur weiteren Ausbildung und zu mancherlei Staatsgeschäften von Nutzen", diene die Leibesübung „zur Gesundheit und Körperstärke" und als „Schule der Tapferkeit", die Musik der Entwicklung einer freien Lebensgestaltung und das Zeichnen dem besseren Verständnis der Maßverhältnisse in den „Werken der Künstler" (ebd., 1337 b 21ff.).

Comenius erweiterte später die Aufgaben schulischer Grundbildung, Erziehung und Unterweisung, indem er die aristotelischen Unterscheidungen zwischen freien und unfreien, zur Reproduktion der Polis geeigneten und ungeeigneten, für ein Leben in Muße und für Arbeit bestimmten Menschen überwand. Aber auch er unterschied zwischen schulischer Grundbildung und einer „Allgemeinen Beratung über die Verbesserung der menschlichen Dinge" und leitete die Elementaria schulischer Grundbildung keineswegs aus reinen, bildungsidealistischen Ideen ab. Die *Consultatio catholica* wendet sich ausdrücklich nicht vorrangig an Lehrer, Kinder und Jugendliche, sondern an das ganze „Menschengeschlecht, vor allem aber an die Gelehrten, Theologen und Machthaber Europas" (Comenius 1656/1970). Darum definierte er die „Didaktik" nicht als eine solche Beratung herbeiführende und sichernde Kunst, sondern als eine Technik, welche Menschen beiderlei Geschlechts, rasch wie langsam lernende, schwach- wie hochbegabte, behinderte wie nichtbehinderte in elementare Bereiche des Wissens, der Sittlichkeit und der Frömmigkeit einzuführen vermag. Er hoffte, mit Hilfe einer didaktisch regulierten und instrumentierten Erziehung werde es gelingen, die Entwicklung von Lebensformen zu fördern, die Europa aus dem Zeitalter der Religions- und Bürgerkriege hinaus-

---

[7] Zum Begriff der so gefassten Doppelqualifikation von Schulbildung, den Tenorth in seinen Hinweisen zu meiner Würdigung einer horizontalen Differenzierung des Bildungssystems übersieht, siehe Benner [3]2003, S. 167-209.

führen. Das „Omnes, omnia, omnino“, von dem er nicht primär, wohl aber auch mit Blick auf den Schulunterricht spricht, lässt sich daher weder mit „Alle, Alles, Allseitig“ lehren (Tenorth 2004, S. 169) übersetzen noch so auslegen, als habe Comenius allen Menschen einen „identischen Bildungsstand“ vermitteln und alle auf gleichem Niveau zu „Allwissenden (Pansophen)“ erziehen wollen.[8] Es verweist vielmehr auf eine neuzeitliche, christlich-protestantische Deutung der aristotelischen Teleologie, welche die Einteilung der Menschen in Freie und Unfreie überwindet, neuzeitliche Wissenschaft und teleologisches Denken in Beziehung zueinander setzt und jedem Einzelnen eine weltoffene, unbestimmte Bildsamkeit zuerkennt.[9]

Die Unterscheidung zwischen schulischer Grundbildung und allgemeiner Menschenbildung lässt sich ferner bis in jene Bildungskonzepte nachweisen, die Wilhelm von Humboldt in seinen bildungs-, sprach- und staatstheoretischen Schriften und in seinen Schulplänen und Texten zur Preußischen Schulreform entwickelt hat (vgl. Lüth 1988). Im Bildungsfragment von 1793-94 und in der Abhandlung über den „Geist der Menschheit“ von 1797 definiert Humboldt Bildung als freieste und mannigfaltigste Wechselwirkung von Mensch und Welt, die an originelle Begegnungen zwischen Individuen zurückgebunden und auf kein bestimmtes Paradigma verpflichtet ist. Für bildende Wechselwirkungen soll danach einzig gelten, dass sie als Wechselwirkungen des Selbst mit einer widerständigen, vom neuzeitlichen Subjekt weder konstruierten (Bacon 1620/1990) noch gesetzten Welt (Fichte 1796/1962) konzipiert und so realisiert werden, dass weltbildende und selbstbildende Prozesse wechselseitig aufeinander zurückwirken können.

In seinen Schulplänen aus dem Jahre 1809 schloss Humboldt für die in allgemeinen und öffentlichen Schulen zu institutionalisierenden Bildungsprozesse selbst eine solche Wechselwirkung jedoch weitgehend aus. Schulbildung soll den Schulplänen zufolge – wie schon bei Aristoteles – auf das unbedingt Notwendige und Elementarische konzentriert und nach dem Modell einer strengen Stadienfolge organisiert werden, welche für die Absolventen zwar größtmögliche Freiheit und Mannigfaltigkeit anstrebt, zugleich jedoch darum weiß, dass diese innerhalb der Bildungsanstalten nicht bereits einzulösen sind. Von der stufenspezifisch auszudifferenzierenden Reife sagt Humboldt mit Blick auf den Schulunterricht: „Der Schüler ist reif, wenn er so viel bei andern gelernt hat, dass er nun für sich selbst zu lernen im Stande ist.“ (1809, S. 190)

---

8 Siehe die Antwort im Online-Seminar Pädagogik auf die Frage: „Welches war der Leitspruch des Comenius?„: www.uni-stuttgart.de/pae/edl/index.php?SeminarID=41&ThemenID=131&KapitelID=409.

9 Zum problematischen Zusammenhang zwischen der im „omnino“ angesprochenen pansophischen Emendatio und dem didaktischen „omnes omnia“ siehe Schaller 2004, S. 30ff., S. 57ff., S. 67ff.; vgl. auch die auf den Schulunterricht bezogenen Ausführungen von L. Koch 2003 zur Differenz zwischen der pansophischen und der didaktischen Auslegung des „omnes omnia“, die für eine differenziertere Würdigung und Kritik der PISA-Projekte hätten hilfreich sein können.

Zur Sonderstellung Humboldts gehört in diesem Zusammenhang, dass er die Grundbildung nicht nur der allgemeinen und beruflichen Bildung zeitlich vorordnete, sondern sie so in Horizonte allgemeiner Menschenbildung einstellte, dass Bildung, Ökonomie und Politik in ein widerstreitendes und agonales Verhältnis treten, welches er zwischen den durch Grundbildung und öffentlicher Schulerziehung zu initiierenden und den in gesellschaftlichen Kontexten möglichen weiterführenden Lern- und Bildungsprozessen ansetzte (siehe Humboldt 1792/1960, S. 105f.; vgl. auch Ruhloff, J. 1989; 2002).

Wie kommt es, dass in der Kontroverse zwischen Tenorth und Koch von dieser Bildungsaufgabe, die mit bestimmten Anliegen von PISA durchaus kompatibel ist und die zu einer elementarischen Erweiterung der PISA-Projekte auch auf reflexive Bildungsaufgaben geradezu herausfordert, nicht die Rede ist? Anschlussmöglichkeiten sind in L. Kochs (2003) Interpretation der Didaktik des Comenius durchaus vorhanden und lassen sich auch von Tenorths früherer Studie zur Allgemeinbildung (1994) her denken, vorausgesetzt freilich, man überschreitet den Dual von Pädagogik und Erziehungswissenschaft und strebt eine Theorieentwicklung und eine Konzeptualisierung von Forschungsvorhaben an, welche an einer reflexiven Ausrichtung von Grundbildung interessiert sind.

4. Thesen zum Verhältnis von schulischer Grundbildung und allgemeiner Menschenbildung

Sprangers These, dass der „Weg zu der höheren Allgemeinbildung ... über den Beruf und nur über den Beruf" führe, ist heute nicht mehr zu retten und war auch schon im Kontext der Weimarer Republik und der in dieser gegebenen überberuflichen demokratischen Öffentlichkeit so nicht haltbar. Für die Erweiterung elementarer Grundbildung ist nicht die berufliche Bildung allein, sondern sind auch andere Formen und Bereiche von Bildung heranzuziehen. Arbeit und Sitte, Erziehung und Politik, Kunst und Religion lassen sich gegenüber elementaren Formen der Bildung nicht als Formen einer höheren „allgemeinen Bildung" abgrenzen. Sie stellen vielmehr Bereiche koexistentialer Praxen der Menschen dar, in welche die nachwachsende Generation auf allen Stufen einer öffentlich institutionalisierten Erziehung und Unterweisung eingeführt werden muss. Grundbildung wird daher zu eng gefasst, wenn sie nur auf elementare Formen des Wissens und Könnens begrenzt wird. Zur modernen Grundbildung gehört die Einführung der nachwachsenden Generation in das, was Schleiermacher „Mitgesamttätigkeit" (1826/1983, S. 15) genannt hat. Auch hier ist die Differenz zwischen Grundbildung und allgemeiner Menschenbildung zu beachten. Allgemeine Menschenbildung schließt Bildungs- und Lernprozesse ein, die sich im Kontext eines in den Sphären von Beruf,

Öffentlichkeit und individueller Lebensführung angesiedelten lebenslangen Lernens vollziehen. Schulisch zu vermittelnde Grundbildung hat immer auch eine propädeutische Funktion und ist so auszurichten, dass sie Lernende in den Horizonten allgemeiner Menschenbildung auf den Übergang in berufliche *und* in gesellschaftliche Handlungsfelder vorbereitet.

Auf der Grundlage des bisher erarbeiteten Gedankengangs werden im Folgenden drei Thesen zur Unterscheidung allgemeiner Grundbildung und - allgemeiner Menschenbildung formuliert. Sie verweisen auf weiterführende Fragen, die sich nicht im Sinne eines Entweder – Oder diskutieren lassen.

Die *erste* These lautet: *Zwischen schulischer Grundbildung und allgemeiner Menschenbildung ist so zu unterscheiden, dass erstere auf Grundlegendes, Notwendiges und Unentbehrliches konzentriert, letztere hingegen auch auf Bildungsprozesse außerhalb und jenseits der Schule ausgelegt wird.*

Eine ihre Theorie- und Problemgeschichte erinnernde Erziehungswissenschaft braucht die Unterscheidung zwischen schulischer Grundbildung und allgemeiner Menschenbildung keineswegs, wie Tenorth meint, von der internationalen Schulleistungsvergleichsforschung zu lernen. Sie findet sie vielmehr in ihrer mehr als zweitausendjährigen Problemgeschichte in einer Form vor, welche Grundbildung auf das Erlernen elementarer Kulturtechniken *und* die Einführung der nachwachsenden Generation in die Sitte und später in die ausdifferenzierten Lebensformen zurückbezieht.

Die *zweite* These lautet: *Es gibt durchaus die Gefahr einer Beschädigung allgemeiner Menschenbildung durch Schulbildung.*

Sie ist, wie L. Koch gezeigt hat, immer dann gegeben, wenn Schulbildung die Vermittlung der Elementaria auf die Handhabung bloßer Techniken reduziert und diese nicht mit Aufgaben einer altersgemäßen und diskursiven Einführung der nachwachsenden Generation in reflexive Formen der ausdifferenzierten gesellschaftlichen Praxen abstimmt. Vor einer solchen Beschädigung allgemeiner Menschenbildung durch Schulbildung sind auch die höheren Elementaria nicht gefeit, wie Nietzsche (1872/1973) in seiner Kritik der Gymnasien gezeigt hat. Allgemeine Menschenbildung kann durch Schulbildung beschädigt werden, wenn diese nicht als eine grundlegende, sondern als eine auf vorbestimmte Bildungsgänge bezogene Schulbildung konzipiert wird. Die Selektionen, die das Schulsystem vornimmt, müssen durch Leistungen im Bereich der Grundbildung, nicht aber durch Prognosen hinsichtlich der zu erwartenden späteren gesellschaftlichen Allokation der Schülerinnen und Schüler legitimiert werden. In dieser Hinsicht ist dann auch das vom PISA-Konsortium (2002), Jürgen Baumert (2002) und Heinz-Elmar Tenorth angesprochene Kriterium eines Bildungsminimums bedeutsam. Die Vorstellung, das ganze Spektrum der elementaren Leistungen von Schülern und Schülerinnen zu erfassen, muss dann nicht mit Vorstellungen eines im öffentlichen Bildungssystems zu vermittelnden Minimums an Grundbildung kollidieren, wenn unter dem Minimum nicht minimale Kenntnisse und Fertigkeiten, sondern jenes notwendige Wissen und Können verstanden wird, das für weiterführendes Lernen unentbehrlich ist.

Eine an solchen Erfordernissen ausgerichtete Grundbildung muss auf Vorstellungen eines gleichmäßigen Fortschreitens aller Lernenden in einem als Jahrgangsklassensystem organisierten öffentlichen Bildungswesen verzichten (vgl. Bellmann 2005) und statt dessen mit Differenzierungsformen arbeiten, die zwischen Grundlagenkursen und weiterführenden Kursen unterscheiden und in beiden eine gewisse Alters- und Leistungsheterogenität zulassen. Auf diese Weise kann zwar die Selektionsfunktion des Bildungssystems nicht auf dessen Erziehungsfunktion zurückgeführt, wohl aber durch größere Spielräume für individuelle Bildungsgänge gerechter gestaltet werden (vgl. Luhmann 2002, S. 62ff.).

Die *dritte* These besagt, *dass umgekehrt auch grundlegende Schulbildung durch Konzepte allgemeiner Menschenbildung beschädigt werden kann. Dies ist immer dann der Fall, wenn letztere so auf schulische Lehr-Lern-Prozesse appliziert werden, dass es zu einer Überdehnung der Aufgaben, Möglichkeiten und Grenzen schulischer Bildung kommt.*

Wird schulische Grundbildung beispielsweise auf die Lösung epochenspezifischer Schlüsselprobleme verpflichtet oder wird Erziehung an Zielen ausgerichtet, über die Völker und Staaten und die Menschheit insgesamt sich bisher nicht haben verständigen können, so werden die Aufgaben schulischer Grundbildung gleich zweifach überbestimmt.[10] An die Stelle der Vermittlung und Einübung von Elementaria treten alsdann – wie H.-E. Tenorth zu Recht kritisiert hat – bildungsidealistische, moralische oder auch politische Ideen und Ideale, für deren Vermittlung Schule nicht zuständig sein kann. Ihnen kann in der Schule auch deshalb kein Primat zuerkannt werden, weil durch sie die Aufgabe der Vermittlung einer elementaren Grundbildung nicht gefördert wird, sondern eher in den Hintergrund rückt.

5. Schlussbemerkung

Beide, schulische Grundbildung und allgemeine Menschenbildung, sind auf individuelle und öffentliche Bildungsprozesse bezogen. Die zeitlich eng begrenzte schulische Grundbildung muss die Einzelnen in jenen Raum des öffentlichen Lebens und der ausdifferenzierten gesellschaftlichen Systeme und Praxisbereiche einführen, in dem allgemeine Menschenbildung ihr lebenslanges Betätigungs- und Bewährungsfeld findet. Die allgemeine Menschenbil-

[10] Es sei an dieser Stelle auf Differenzen zwischen W. Klafkis Rede von epochenspezifischen Schlüsselproblemen und bestimmten Formulierungen in Richtlinien und Lehrplänen hingewiesen. Während letztere zuweilen unterstellen, im schulisch institutionalisierten Lernen seien die Kompetenzen zur Lösung von Schlüsselproblemen vermittelbar, setzt Klafki 1995 stärker auf Aufklärung, Reflexion und Partizipation.

dung auszeichnenden Kompetenzen können durch schulische Bildung nicht schon vermittelt, sondern allenfalls ansatzweise grundgelegt werden. Dies aber kann nur gelingen, wenn schulische Allgemeinbildung als Grundbildung und allgemeine Menschenbildung so konzipiert werden, dass sie besondere Horizonte einer individuellen und öffentlichen Bildung ausmachen, welche divergierende Anschlussmöglichkeiten in beide Richtungen eröffnen.

UNTERRICHT – WISSEN – KOMPETENZ. ZUR DIFFERENZ ZWISCHEN DIDAKTISCHEN AUFGABEN UND TESTAUFGABEN [1]

Die folgenden Überlegungen über Beziehungen zwischen Unterricht, Wissen und Kompetenz wollen an systematische Zusammenhänge erinnern, die in der jüngeren Diskussion etwas aus dem Blick geraten sind, die es aber wieder einzuholen gilt, wenn es zu einer fruchtbaren Kooperation zwischen systematischer Erziehungswissenschaft, empirischer Bildungsforschung und Schulpädagogik kommen soll. Sie sind im Kontext des von der DFG finanzierten Projektes RUBiQua[2] entstanden, das am Beispiel des evangelischen Religionsunterrichts ein Kompetenzstufenmodell für Religionsunterricht an öffentlichen Schulen entwickelt (vgl. Benner 2004b; Benner/Krause/Nikolova/Pilger/Schluß/Schieder/Weiß/Willems 2007). Zur Besonderheit dieses Projekts gehört, dass es Bildungsstandard-Aufgaben konstruiert, die zugleich bildungstheoretisch, fachdidaktisch und theologisch ausgewiesen sind, dabei zwischen didaktischen und Testaufgaben unterscheidet und deren Beziehungen eine besondere Aufmerksamkeit schenkt. Die Berücksichtigung solcher Zusammenhänge kann dazu beitragen, die in den letzten Jahren durch empirische Bildungsforschung möglich gewordenen Problemzugewinne so mit bildungstheoretischen und didaktischen Fragestellungen zu verknüpfen, dass die Problemzugewinne nicht mit dauerhaften Problemverlusten in den Fachdidaktiken und der Unterrichtsforschung verbunden bleiben.

Die Ausführungen gliedern sich in vier Teile:

---

1 Der Beitrag geht auf einen Vortrag im Rahmen des 14. Symposions der Abteilungen für Allgemeine, Historische und Vergleichende Erziehungswissenschaft am Institut für Eriehungswissenschaften der Humboldt-Universität zu Berlin zurück, das unter Mitwirkung der Europäischen Forschergruppe „Unterricht–Unterrichtstheorie–Unterrichtsforschung“ vom 08. bis 09. Dezember 2006 stattfand. Er ist erschienen in Benner (Hrsg.) 2007, S. 123-138.

2 Der vollständige Name des Projekts lautet: „Qualitätssicherung und Bildungsstandards für den Religionsunterricht an öffentlichen Schulen, am Beispiel des Evangelischen Religionsunterrichts“ (RUBiQua). Der gemeinsamen Projektleitung gehören an: Dietrich Benner und Henning Schluß aus der Abteilung Allgemeine Erziehungswissenschaft (Philosophische Fakultät IV) und Rolf Schieder und Joachim Willems von der Abteilung Praktische Theologie (Lehrstuhl Religionspädagogik in der Theologischen Fakultät) der Humboldt Universität zu Berlin. Hauptamtliche wissenschaftliche Mitarbeiter im Projekt sind Roumiana Nikolova und Thomas Weiß, wissenschaftliche Hilfskräfte Sabine Krause und Tanja Pilger. Das Fortsetzungsprojekt hat den Namen „Konstruktion und Erhebung von Religiösen Kompetenzniveaus am Beispiel des Evangelischen Religionsunterrichts“ (KERK).

1. Ausgang von einer Aufgabe aus einer PISA nachempfundenen Fernsehsendung
2. Fruchtbare Differenzen zwischen Testaufgaben und didaktischen Aufgaben
3. Zur Bedeutung der Trias Unterricht–Wissen–Kompetenz
4. Urteils- und Partizipationskompetenz als allgemeine, domänenspezifisch auszulegende Teilkompetenzen.

1. Ausgang von einer Aufgabe aus einer PISA nachempfundenen Fernsehsendung

In der Fernsehsendung „PISA – Der große Nationentest“ wurde kürzlich 180 Prominenten aus neun europäischen Staaten unter anderem die folgende von einer Schülergruppe nicht in didaktischer Absicht, sondern zu Testzwecken und für den Einsatz in der Sendung ausgearbeitete Frage zur Beantwortung vorgelegt: „Was passiert mit [einem] Besen“, der auf den Zeigefingern der rechten und linken Hand „waagerecht liegt, wenn man die Finger langsam aufeinander zu bewegt?“ Die Frage zeigt, wie weit das den PISA-Projekten zugrunde liegende Aufgabenverständnis inzwischen in der Öffentlichkeit bekannt und anerkannt ist. Vergleichbares gilt auch für die Antworten. Was die zitierte Besenaufgabe betrifft, wurden die folgenden vier Antworten zur Wahl gestellt:
a) „Er kippt mit dem schweren Ende nach unten.“
b) „Er kippt mit dem leichteren Ende nach unten.“
c) „Er bleibt im Gleichgewicht, bis sich die Finger treffen.“
d) „Das hängt davon ab, wie weit die Finger von den Enden entfernt sind.“[3]

Ich gehe nicht auf Mängel in der Formulierung der Aufgabe ein, die mit der problematischen Gegenüberstellung von einem „schweren“ und einem „leichteren“ Ende des Besens argumentiert und dadurch womöglich falsche Antworten provoziert, sondern wende mich sogleich der vom Moderator als richtig vorgestellten Antwort zu. Nachdem die Befragten ihre Antworten binnen 30 Sekunden abgegeben hatten, führte dieser zunächst vor den Prominenten und den anwesenden bzw. fernsehenden Zuschauern das der Frage zugrunde liegende Experiment durch. Dabei zeigte sich, dass der Besen

– weder nach dem „schweren“ noch nach dem „leichteren“ Ende nach unten kippt,
– vielmehr beim Aufeinanderzubewegen der Finger anfänglich mit dem schwereren Ende auf dem einen Finger liegen bleibt und nur mit dem leichteren Ende über den anderen Finger nach außen gleitet,

[3] Die vollständige Aufgabe findet sich im Aufgabenarchiv unter der Überschrift „Der verhexte Besen“ unter http://www.wdr.de/tv/pisa/pdf/pisa_aufgaben_6.pdf.

– dann aber über beide Finger nach außen zu gleiten beginnt und hernach bis zum Zusammentreffen der Finger ausbalanciert bleibt.

Als richtig gab der Moderator die Antwort c) „Er bleibt im Gleichgewicht, bis sich die Finger treffen." aus, obwohl auch sie nicht ohne weiteres richtig war. Denn der Besen blieb nicht einfach von Anfang an unverändert „im Gleichgewicht", sondern ruhte mit unterschiedlichem Gewicht auf den Fingern auf, welche das statische Gleichgewicht durch einen stärkeren bzw. schwächeren Gegendruck beider Hände erzeugten, und trat durch die Bewegung der Finger erst in dem Moment in ein ausbalanciertes oder labiles Gleichgewicht, in dem sich beide Finger unter dem Stock aufeinander zuzubewegen begannen.

Unabhängig davon, für welche der vier Antworten sich die Befragten entschieden hatten, schienen alle von der Richtigkeit der vierten Antwort überzeugt zu sein; sie hatten offenbar die Erfahrung, die zur richtigen Antwort hätte führen können, gar nicht gemacht, und die Einsicht, die es zu demonstrieren galt, gar nicht gewonnen. Bei einer späteren Aufgabe wurde Manfred Prenzel als neuer „PISA-Papst" ins Bild eingeblendet, um die Leistung einer besonders starken Prominentengruppe mit den freundlichen Worten zu kommentieren, die Schulen der durch sie repräsentierten Nation seien vorbildlich, denn sie mäßen kompetenzorientierten Lehr-Lern-Prozessen eine hohe Bedeutung bei und konzipierten Unterricht so, dass Schüler „ihr Wissen in unterschiedlichen Zusammenhängen erfolgreich anwenden können, also nicht nur in der Schule, sondern auch im Alltag oder später im Berufsleben".[4]

Ich habe die im Fernsehen ausgestrahlte Besen-Aufgabe nicht wegen ihrer Fehler ausgewählt, die sich mit den in den PISA-Projekten entwickelten Verfahren zum Teil hätten vermeiden oder doch wenigstens korrigieren lassen. Was die vorgestellte Aufgabe im Kontext von Überlegungen zu den Beziehungen zwischen Unterricht, Wissen und Kompetenz interessant macht, ist einmal die wohl eher irrige denn zutreffende Annahme, auch sie sei ein Beispiel dafür, wie Schüler ihr Wissen in Schule, Alltag und späterem Berufsleben erfolgreich anwenden könnten, dann aber auch ein Vergleich, der sich mit einer anderen, etwa 250 Jahre alten mathematsch-physikalischen Aufgabe anbietet. Dieser Vergleich wird hilfreich sein, um einige Unterschiede zwischen Testaufgaben und didaktischen Aufgaben in den Blick zu bringen, die letztlich auch den Anwendungssinn solcher Aufgaben betreffen.

Am Ende des dritten Buchs von Rousseaus Emile findet sich eine ebenfalls mit einem Stock argumentierende Aufgabe. Sie wurde nicht zu Testzwecken konstruiert, sondern so formuliert, dass sie Aussagen über didaktisch fruchtbare Arrangements für Lehren und Lernen erlaubt. Bevor Rousseau die Aufgabe selbst vorstellt, geht er ausführlich auf den lern- und erkenntnistheoretischen sowie didaktischen und kompetenztheoretischen Kontext ein, für den er sie formuliert. Nachdem die Sinne seines imaginären Zöglings in den vorausgegangenen Lebensphasen einzeln und wechselseitig vom Tastsinn über den Ge-

4 Siehe: http://www.wdr.de/tv/pisa/hintergrund.phtml.

hörsinn und Gesichtssinn bis hin zum Geschmacksinn gebildet und eingeübt worden seien, sollten sie nun für neuzeitliches wissenschaftliches Denken geschmeidig gemacht werden. Hierfür wähle er ein Arrangement, demzufolge nicht mehr ein Sinn durch einen anderen belehrt wird, sondern „die Beziehungen eines jeden Sinnes durch ihn selbst" geprüft werden, „ohne daß man es nötig hat, zu einem anderen seine Zuflucht zu nehmen". Von diesem Arrangement sagt er, es erfordere „Geduld und eine Vorsicht", zu der – auf Anhieb jedenfalls – „wenig Lehrer fähig" seien. Zur Begründung der geforderten und im Beispiel demonstrierten Geduld und Vorsicht führt er aus, ohne diese werde „der Schüler niemals ... urteilen lernen" (Rousseau 1762/1979, S. 250f.). Was mit dieser These gemeint ist, verdeutlicht er anschließend am Beispiel eines aus dem Wasser herausragenden, scheinbar gebrochenen Stockes. Der Gang der Beobachtungen und Experimente, zu denen er seinen Schüler auffordert, kann wie ein Kommentar zu dem vom Moderator der Fernsehsendung „PISA – Die große Nationensendung" vorgeführten Besen-Experiment gelesen werde. Rousseau führt nämlich aus:

„Beeilt man sich zum Beispiel, wenn [der Schüler] sich wegen des Scheines des zerbrochenen Stockes täuscht, den Stock aus dem Wasser zu ziehen, um ihm seinen Irrtum zu zeigen, so wird man ihn vielleicht von dem Irrtum befreien; was wird man ihn aber lehren? Nichts, als was er selbst bald gelernt haben würde. ... Das ist es nicht, was man tun muss. Es kommt nicht so sehr darauf an, daß man ihn eine Wahrheit lehrt, als dass man ihm zeigt, wie man es machen muss, um allezeit die Wahrheit zu entdecken." (ebd.)

Statt die Illusion des gebrochenen Stockes oder des zum schwereren Ende herunterfallenden Besens zu zerstören, kommt es nach Rousseau darauf an, dass die Lernenden selbst ihren Gesichtssinn schärfen und genaue Beobachtungen anstellen, das Experiment mit entwerfen und Annahmen und Hypothesen formulieren sowie anschließend die von ihnen für wahr gehaltenen Schlüsse überprüfen. Was das Beispiel des gebrochenen Stocks betrifft, schlägt er vor,

- erst einmal um den Stock herumzugehen und dabei darauf zu achten, dass der Knick nicht stehen bleibt, sondern mit um den Stock herumgeht,
- dann den Blick auf den Stock zu verändern und diesen nicht von der Seite, sondern mehr von oben her anzuschauen, um dabei die Erfahrung zu machen, dass die Erscheinung des gebrochenen Stockes immer mehr verschwindet,
- schließlich das Wasser in Wellenbewegungen zu versetzen und dabei zu entdecken, dass der abgeknickte Stock selbst Wellenform annimmt,
- und dann erst das Wasser, in dem der Stock steckt, stufenweise abzulassen und hierbei herauszufinden, dass der Knick mit nach unten wandert.

Überträgt man diese Anordnung auf das Besenbeispiel, so empfiehlt es sich, unter didaktischen Vorzeichen

- das Geheimnis nicht sogleich zu lüften,

- sondern die Lernenden erst spüren zu lassen, dass der Besenstil mit unterschiedlicher Schwere auf den Fingern aufruht,
- dann ihre Annahmen über den Ausgang des Experiments einzuholen und nach den Begründungen zu fragen,
- danach erst mit dem Experimentieren zu beginnen,
- dabei den Blick der Lernenden darauf zu lenken, dass der Besen mit unterschiedlichem Gewicht auf den Fingern aufruht, welche dies durch unterschiedlichen Gegendruck ausgleichen,
- diese schließlich zu der Einsicht zu führen, dass der Besen sich zuerst über demjenigen Finger zu bewegen beginnt, auf dem er leichter aufliegt, und sich auf beiden Fingern erst zu bewegen beginnt, wenn er auf diesen eine gleiche Schwere und Reibung erzeugt,
- und von daher die Erkenntnis hervorzulocken, dass sich der Ausgangspunkt und der Endpunkt des Experiments dadurch unterscheiden, dass zu Beginn das statische Gleichgewicht durch die Finger hergestellt, das am Ende erreichte labile Gleichgewicht dagegen durch den Stock selbst ausbalanciert wird.

Solche Urteilsbildung verlangt, dass von den Lernenden die von Dewey unter Bezugnahme auf europäische Traditionen und im Kontext des Pragmatismus entwickelte Konzepte beschriebenen Stufen der Irritation, der Hypothesenbildung, des Experiments und der Auswertung durchlaufen werden (vgl. Bellmann 2005/2006; English 2005a). Zu diesem Zweck muss der Lehr-Lern-Prozess mit dem schon von Aristoteles in seiner Bedeutung erkannten Sich-Wundern beginnen und mit einer vorläufigen Antwort enden, die nicht als Desillusionierung einer zuvor lebensweltlich erzeugten Verwunderung, sondern als Ergänzung der lebensweltlichen Erfahrung durch eine mathematisch-wissenschaftliche Betrachtungsweise zu erarbeiten ist.

Erst durch eine solche Vorgehensweise verdient ein Lernarrangement das Prädikat, pragmatisch und theoretisch zugleich angelegt zu sein. Denn wer experimentierte schon mit einem Besen, wie in der Fernsehsendung gezeigt, um das dabei möglicherweise zu erwerbende Wissen in Schule, Alltag und Beruf anzuwenden? Nicht dieser eher suggestiv als glaubhaft anzusehende Anwendungsbezug, sondern das auch im Besenexperiment zu vermerkende Staunen verleiht diesem seinen fruchtbaren didaktischen und evaluatorischen Anwendungssinn.

In dem zu Evaluationszwecken konstruierten Besenexperiment steht das Staunen darüber, dass der Besen nicht zum schweren Ende herunterfällt, am Ende, um dann sogleich zu verschwinden, im Stockexperiment steht es dagegen als Staunen über den sich unter dem Einfluss von Bewegungen verändernden Knick am Anfang, um auch nach Durchführung des Experiments anzudauern und Anlässe für weitergehende Fragen vorzuhalten (vgl. Schneider 2007). Die bloße Ausrichtung an einer Anwendungsaufgabe reicht für ein theoretisch-pragmatisches Vorgehen also keineswegs aus (siehe Ruhloff 2006). Pragmatisch und experimentell und damit theoretisch zugleich muss der Lernprozess vielmehr selbst strukturiert werden. Die in ihm zu vollziehenden Blickwechsel von der lebensweltlichen Erfahrung zur wissenschaftlichen Hypothesenbildung und von da zur Alltagserfahrung zurück sollen ja nicht nur vollzogen, sondern auch reflektiert und erinnert werden. Das Staunen darf daher im Lehr-Lern-Experiment nicht verlernt werden, sondern muss fortbestehen können, z. B. als Staunen darüber, dass sich Gleichgewichte zuweilen durch Bewegung selbst herstellen, zuweilen nicht, oder in der ästhetischen Alltagserfahrungen und Werken der Kunst, in der sich der gebrochene Stock weiterhin als gebrochener Stock zeigt. Und die Unterschiede zwischen den ausdifferenzierten Erfahrungs- und Wissensformen, der lebensweltlichen, der naturwissenschaftlich-szientifischen und der ästhetischen, gilt es analytisch, phänomenologisch, hermeneutisch, voraussetzungskritisch usw. zu bewahren und zu reflektieren (vgl. Benner 2002; English 2005b, Koch 2005; Meyer-Drawe 2005). Und nicht zuletzt muss verhindert werden, dass die genannten Unterschiede hinter angeblichen Lösungen vermeintlicher Anwendungsaufgaben zum Verschwinden gebracht[5] und für Testzwecke konstruierte Aufgaben zu Idealnormen für guten Unterricht erhoben werden.[6]

2. Fruchtbare Differenzen zwischen Testaufgaben und didaktischen Aufgaben

Aus Testaufgaben – wie der am Besenstiel illustrierten – können nicht ohne weiteres sinnvolle didaktische Aufgaben – wie die von Rousseaus gebrochenem Stock – abgeleitet werden und aus didaktischen Aufgaben nicht ohne weiteres Testaufgaben. Es machte ebenso wenig Sinn, von didaktischen Aufgaben zu verlangen, was nur Testaufgaben leisten können, wie die Dignität von Testaufgaben davon abhängig zu machen, dass sie alle wünschenswerten Funktionen didaktischer Aufgaben erfüllen. Aber anschlussfähig aneinander in einem noch zu klärenden Sinne müssen oder sollten beide Typen von Aufgaben sein.

Didaktische Aufgaben strukturieren Lehr-Lern-Prozesse dann anspruchsvoll, wenn sie

- den Lernverlauf über Irritationen und negative Erfahrungen und Formen eines Lehrens und Lernens kultivieren, das gleichermaßen über Akte eines

---

5 Hieraus ergeben sich Möglichkeiten einer bildungs-, erkenntnis- und lehr-lerntheoretisch argumentierenden Kritik an PISA-Testaufgaben, z. B. der „Äpfel"-Aufgabe, in der ein Bauer seine Apfelbaumplantage durch Nadelbäume nach außen abzuschirmen sucht, oder der Beleuchteraufgabe zu Anouilhs Theaterstück Léocadia, in der keine literarisch ausgewiesene Kompetenz, sondern allenfalls die Kompetenz eines angehenden Theaterbeleuchters überprüft wird. Zu der zuletzt genannten Aufgabe siehe Lühmann 2003.

6 Eine Kritik des so genannten Anwendungsbezugs von Test-Aufgaben findet sich bei Jahnke 2005 und Rumpf 2006.

sokratisch-unterrichtlichen Fragens und eines didaktischen Zeigens vermittelt ist,[7]

– ihren Sinn und Ertrag nicht in wirklichen oder vermeintlichen Anwendungsaufgaben, sondern in Erkenntnissen haben, die abwechselnd disziplinär und interdisziplinär und in beiden Hinsichten mehrperspektivisch ausgerichtet sind und Ausgangspunkte für erneutes Nachdenken und Weiterlernen werden können,
– nicht kurzfristige Lösungen auf vorgegebene Fragen einholen, sondern Lehr-Lern-Prozesse dadurch nachhaltig beeinflussen, dass sie oft mehrere Unterrichtstunden umfassende Prozesse eines differenzierten Erkundens und Beobachtens, Wahrnehmens, und hypothetischen Denkens sowie Annahmen prüfenden Urteilens in Gang setzen und die Beziehungen und Unterschiede zwischen verschiedenen Urteils- und Wissensformen reflektieren, und nicht zuletzt
– in den Blick bringen, dass im Handeln so genannte Anwendungsprobleme in der Regel nicht unmittelbar nach Maßgabe disziplinär ausdifferenzierter Logiken zu lösen sind, sondern sich auf Problemkonstellationen beziehen, die im Spannungsfeld ökonomischer, pädagogischer, ethischer, politischer, ästhetischer und religiöser Praktiken stehen.

Testaufgaben sind dagegen, wie man von Olaf Köller und den von ihm geleiteten Entwicklungs- und Forschungsvorhaben des IQB an der Humboldt-Universität zu Berlin lernen kann (vgl. Blum/Drüke-Noe/Hartung/Köller 2006; darin insbesondere die Studie von Herget 2006), so zu konstruieren, dass sie

– in knapp bemessener Zeit für Weiterlernen bedeutsame basale Wissensstrukturen und Kompetenzen korrekt erfassen,
– hierbei zwischen domänenspezifischen und übergreifenden Strukturen sachrichtig unterscheiden,
– zu einer Evaluation vorausgegangener Lehr-Lern-Prozesse – also nicht bloßer Schülerleistungen, sondern auch der Leistungen der Schulen und ihrer Lehrer – beitragen und
– Anregungen für neue didaktische und methodische Arrangements geben.

Fruchtbare Wechselwirkungen zwischen didaktischen Aufgaben und Testaufgaben kommen z. B. zustande, wenn

– Testaufgaben so formuliert werden, dass in ihnen mit didaktischen Aufgaben abgestimmt wird, was getestet werden soll,
– Testergebnisse genutzt werden, um den angemessenen Schwierigkeitsgrad didaktischer Aufgaben zu bestimmen und zu überprüfen,
– die in Tests gemessenen Niveaus und Kompetenzstufen nicht aus außerpädagogischen Theorien und Modellen abgeleitet, sondern domänenspezifisch

[7] So lässt sich K. Pranges Operative Pädagogik des Zeigens mit den älteren didaktischen Traditionen des Fragens zusammenführen und in differente Formen des Fragens und Zeigens ausdifferenzieren. Siehe hierzu Prange 2005; Benner 2005, S. 148ff.

mit didaktischen Erfordernissen eines erziehungs- und bildungstheoretisch legitimierten Unterrichts abgestimmt werden und

– die Gefahr, Unterricht und Evaluation allein aufgabenorientiert zu konzipieren, durch den Einbezug von offenen Fragen begrenzt wird, deren Bearbeitung durch Lernende Hinweise auf Anlässe und Themen von Erkundungen und Fragestellungen disziplinorientierter und fächerübergreifend angelegter Projekten zu entnehmen sind.

Um diese Voraussetzungen zu sichern, ist es dringend geboten,

– dem gegenwärtig weit verbreiteten inflationären Gerede über Kompetenzen und deren Entwicklung und Förderung durch Unterricht Einhalt zu gebieten, welches die Illusionen früherer vermeintlich bildungstheoretisch legitimierter Anforderungen dadurch überbietet, dass es häufig in indikativischer Rede von den Schüler erworbene Kompetenzen unterstellt, die von diesen gar nicht in der angegebenen Art und Weise erworben werden,[8]
– die abstrakten und in pädagogischer Hinsicht irrigen Unterscheidungen zwischen so genannten Person-, Sach-, Methoden- und Sozialkompetenzen zu verabschieden, weil sie die Wechselwirkung selbst- und weltbildender Momente des Bildungsprozesses nicht erfassen, und
– didaktischen Konzepten und Fragestellungen wieder eine aus den legitimen Outputmessungen nicht abzuleitende eigene Dignität zuzuerkennen.

Eine gemeinsame Aufgabe grundlagentheoretischer und empirischer sowie didaktischer und schulpädagogischer Bildungsforschung könnte darin gesehen werden, jene Formen der derzeit in Berlin wie in anderen Bundesländern praktizierten Schulreform und Lehrerfortbildung zu korrigieren, die unter Berufung auf PISA die an schulischen Unterricht und fachunterrichtliche Unterweisung zu knüpfenden Erwartungen dadurch unterbieten, dass sie mit Kompetenzbegriffen arbeiten, die weder erziehungs- und bildungstheoretisch noch schultheoretisch ausgewiesen und auch nicht didaktisch legitimiert sind.[9]

Was in einem erziehungswissenschaftlich ausgewiesenen, pädagogisch und didaktisch sinnvollen Sinne unter einer angemessenen Wissens- und Kompetenzorientierung von Schule und Unterricht zu verstehen ist, lässt sich zeigen, wenn man den Dual Wissens- oder Kompetenzorientierung verlässt und sich

---

[8] Sprach man in den 70er Jahren in NW von den in blauem Einband herausgegebenen Grundschulrichtlinien als „blauem Wunder“, so spricht man heute in Berlin und anderswo mit Blick auf das neue Kompetenzgerede vom „Grundschulabitur“.

[9] Die in Lehrerweiterbildung und staatlichen Richtlinien und Lehrplänen gegenwärtig favorisierte Ordnung der Kompetenzen in personale, soziale, fachliche und methodische Kompetenzen eignet sich allenfalls für Simulationen, die von den tatsächlichen Aufgaben nur ablenken. Dies gilt nicht zuletzt auch für die in Berlin begonnene Reformarbeit, die vorsieht, dass jede Schule unter Anleitung durch das LISUM binnen 7 Jahren ein Curriculum erstellt, in dem die vier Kompetenzen für jeden Lernbereich und dessen Bildungsstandards konkretisiert sind; zur Kritik der Kompetenzenquadriga siehe die im DFG-Projekt RUBiQua entwickelte Unterscheidung zwischen einer durch schulische Erziehung und Unterricht zu fördernden Urteils- und Partizipationskompetenz.

auf eine Trias zurückbesinnt, die in der Tradition vielfältig bedacht und thematisiert worden ist.

3. Zur Bedeutung der Trias Unterricht – Wissen – Kompetenz

Unterricht, Wissen und Kompetenz bilden eine Trias, die unterschiedlich ausgelegt werden kann. Ihre Eckpunkte dürfen nicht auf Duale reduziert oder zugunsten einer Kompetenzorientierung aufgegeben werden, die nicht mehr über eine Wissensorientierung des Unterrichts vermittelt ist. Der Trias von Unterricht, Wissen und Kompetenz zufolge unterscheiden sich durch Unterricht geförderte Wissensformen und über unterrichtliche Lehr-Lern-Prozesse vermittelte Kompetenzen von einem im Erfahrungslernen erworbenen Wissen und Können dadurch, dass sie in keiner Einheit von Leben und Lernen verortet sind, sondern auf allen Stufen erfahrungs- und umgangserweiternd konzipiert werden. Neben die Erfahrungs- und Umgangsformen in der Entwicklung und Bildung der Sinne, im Erlernen der Muttersprache und in der Eingewöhnung in eine bestehende Sitte treten im schulischen Unterricht künstlich arrangierte Denk- und Urteilsprozesse, die auf Differenzerfahrungen und Übergänge zwischen außerschulischen Erfahrungen und Lernprozessen in innerschulische und umgekehrt bezogen sind. So wird im Unterricht auf einer ersten Stufe der mündliche Sprachgebrauch durch die Aneignung der Schriftsprache und auf einer zweiten Stufe die Muttersprache durch die Fremdsprache erweitert. Vergleichbares gilt für die Erweiterung der Erinnerung durch Geschichte (siehe hierzu Ricœur 2002), den Übergang vom Zählen und Zeichnen zu Algebra und Geometrie und für Prozesse der Erweiterung der alltäglich praktizierten Bewegungen zu leiblich entworfenen und reflektierten Körperbewegungen (vgl. Franke 2007). Auf einer dritten Stufe lassen sich Übergänge in ausdifferenzierte wissenschaftliche Erfahrungs- und Urteilsformen sowie Problemstellungen verorten, welch Bedeutung diesen im Kontext von Arbeit und Moral, Bildung und Politik, Kunst und Religion zukommt (vgl. Benner 2005, S. 274-285).

Zuordnungen und Bezüge zwischen Unterricht, Wissen und Kompetenz, die heute weitgehend vergessen sind und sich auf Zusammenhänge von Erfahrung, Lernen und Lehren beziehen, wurden in der Tradition auf mannigfaltige Art und Weise bestimmt und reflektiert. Aus den vorhandenen, von der Antike bis zum Neukantianismus und darüber hinaus reichenden Diskurssträngen greife wird im Folgenden nur ein einziger herausgegriffen. Diesen zufolge gehört seit Platons Ausführungen im Höhlengleichnis (Politeia 514a-521b) zum Unterricht, dass die Höhle der alltäglichen Praxis zum Zwecke des Lernens verlassen werden muss, nicht um ein Leben außerhalb derselben zu führen, sondern um mit einem veränderten Blick in sie zurückzukehren. Nach der auf Sokrates zurückgehenden Auslegung dieser Bildungsbewegung wird in solchem Lernen ein Wissen erworben, das um das Nichtwissen der in der Höhle erworbenen Anschauungen ebenso weiß, wie es nach dem ihm selbst innewohnenden Nicht-Wissen fragt. Die Rückkehr in die Höhle wird nicht als eine Rückkehr Wissender zu Unwissenden, sondern als eine solche gedacht, bei der sich der Rückkehrende, durch eine neue Kompetenz auszeichnet, durch die Kompetenz nämlich, nicht mehr an alte Erfahrungen gefesselt zu sein, sondern neue Erfahrungen machen sowie nach dem im Wissen nicht Gewussten suchen zu können und dadurch für weiteres Lernen offen zu sein (vgl. Fischer 2004; Ruhloff 1996a).

Von dieser Kompetenz sagt Aristoteles, sie zeichne sich gegenüber dem durch einfache Erfahrungen erworbenen Wissen und Können dadurch aus, dass die über Staunen, Irritationen und negative Erfahrungen zum Wissen und Nicht-Wissen Gelangten andere auf diesem Weg unterstützen, d.h. „lehren ... können", die bloß „Erfahrenen aber nicht" (Aristoteles: Met. 981 b). Unter dem Lehren-Können wird hier eine Kompetenz verstanden, die nicht auf Belehrung aus ist und ihr Ziel auch nicht in einer Anwendung erreicht, sondern in der Fähigkeit besteht, öffentlich argumentieren zu können und fähig zu sein, schwache Argumente stärker und starke Argumente schwächer zu machen. Von dieser Kompetenz sagte Aristoteles, sie schließe die Fähigkeit ein, den Blickwechsel von der Erfahrung zur Frage nach deren Gründen vollziehen und gemeinsam mit anderen nach der kategorialen Struktur bestimmter Wirklichkeitserkenntnis fragen zu können. Die didaktische Kunst, von der hier die Rede ist, war an die rhetorische Kunst eines öffentlichen Vernunftgebrauchs in theoretischen und praktischen Angelegenheiten zurückgebunden. Sie sollte den freien Bürger vor jenen auszeichnen, die bloß Geschäften der Arbeit nachgehen und nicht den in Muße auszuübenden Tätigkeiten des rationalen Erkennens und Urteilens, der Wissenschaft und der Praxis (vgl. Helmer/Dörpinghaus 2004).

Während in der Antike im theoretischen Denken die ewige Ordnung des Kosmos und im praktischen Denken die Erfahrung der Freiheit im eng begrenzten Raum der Polis als uneinholbare Zwecke gedacht und beide Ordnungen nicht überschritten wurden, wandelte sich die Frage nach den Gründen der Ordnung des Wissens in der Neuzeit grundlegend.[10] Bacons „Novum Organum" (1620/1974) erkennt dem durch rechnende Naturwissenschaft zu gewinnenden Wissen einen über negative Erfahrungen vermittelten, theoretische und praktische Vernunft überwölbenden Status zu. In ihm tritt an die Stelle des seit der antike reflektierten Staunens das von Descartes an den Anfang gesetzte Zweifeln. Dieses kann mannigfaltige Beziehungen zum Staunen eingehen und bringt, die wiederum unterschiedliche Formen von Kritik hervorbringen kön-

[10] Zur Unterscheidung zwischen antikem und neuzeitlichem Erfahrungs- und Wissensbegriffs siehe Gadamer 1975, S. 329ff.; Buck: S. 28ff. und S. 46ff.

nen. Zu der dem Zweifel an metaphysischen Formen des Staunens verpflichteten neuzeitlichen kritischen Position führt Bacon aus:

„Menschliches Wissen und Können fallen in Eins zusammen ... . Denn der Natur bemächtigt man sich nur, indem man ihr nachgibt, und was in der Betrachtung als Ursache erscheint, das dient in der Ausübung zur Regel." (1. Buch, Aphorismus 3)

Dabei unterscheidet er zwischen Wissen und Können und bindet das Können daran zurück, dass es über die Ausbildung theoretischer Fähigkeiten konstituiert wird:

„Einem gegebenen Gegenstand eine neue Seite abzugewinnen, seine Beschaffenheit umzuändern, ist die Aufgabe des menschlichen Könnens; das menschliche Wissen dagegen strebt dahin, die Form, den wahren Gehalt, die schaffende Kraft, den Urquell zu erforschen. ... Mit Recht heißt es: wahres Wissen sei durch Gründe wissen." (2. Buch, Aphorismus 1 und 2)

Im neuzeitlichen Modell wirkt das antike Modell mit veränderten Unterscheidungen fort. Das antike Modell verstand das auf seinem Boden mögliche Wissen als ein durch übergeschichtliche Kategorien ausgewiesenes. Es band das Lehren- und Lernen-Können an eine perenne topologische, temporäre und teleologische Ordnung zurück und interpretierte die Rückkehr aus solchem Lernen ins Handeln vermittelt über eine reflexive und partizipatorische Kompetenz, durch die das Können mit dem Nicht-Können und das Wissen mit dem Nicht-Wissen aporetisch, problematisch und exegetisch vermittelt ist.

Das neuzeitliche Modell hat eine andere kategoriale Struktur und eine andere Urteils- und Handlungslogik. Wissen und Können sind in ihm auf technische Rationalität und eine durch sie erst möglich werdende Steigerung menschlicher Macht konzentriert. Dabei ist dem neuzeitlichen Denken die ihm eigene Historizität ebenso verborgen wie dem antiken Paradigma die seinige. Die Historizität beider kann aber erinnernd eingeholt, erfragt und thematisiert werden. In ihrem Lichte sind weder die Gemeinsamkeiten noch die Differenzen beider Modelle absolut. Antike und moderne Denkformen bilden keinen Dual von Polen, zwischen denen es zu wählen gilt,[11] sondern weisen Duale überschreitende Kontinuitäten und Diskontinuitäten auf. Diese sind lebensweltlich beschreibbar, phänomenologisch analysierbar, hermeneutisch rekonstruierbar und voraussetzungskritisch befragbar. Zu ihrer gemeinsamen Struktur gehört, dass sie der Negativität der Erfahrung eine bildende Bedeutung zuerkennen und Unterricht, Wissen und Kompetenz als eine Trias fassen. In dieser erreicht Unterricht sein Ziel im Wissen um Gewusstes und Nicht-

[11] Vgl. die Studie von Bellmann/Ehrenspeck 2006, die auf Verdienste und Grenzen kontextanalytischer und problemgeschichtlicher Ansätze hinweist und Einseitigkeiten sowie blinde Flecke eines in Dualen befangenen Denkens herausarbeitet. Bellmann und Ehrenspeck argumentieren dabei jedoch zuweilen selbst mit vermeidbaren Dualen, so wenn sie die Unterscheidung affirmativer und nicht-affirmativer Lernzielnormierungen mit dem Dual unkritisch/kritisch parallelisieren, eine in der Tat, wie die Autoren nachweisen, unsinnige Parallelisierung, nach der vormoderne Positionen per se unkritisch, moderne per se kritisch sein müssten.

Gewusstes und in der Kompetenz zu selbständigem Weiterlernen. Die darüber hinaus reichenden Kompetenzen eines sachbezogenen und praxisbezogenen Argumentierens aber werden nicht unmittelbar durch Unterricht, sondern erst vermittelt über die Rückkehr in die Höhle der Erfahrung erworben.

Im Lichte dieser und weiterer hier nicht zur Sprache gebrachter Traditionen scheinen mir Urteils- und Interpretationskompetenz auf der einen sowie Partizipationskompetenz auf der anderen Seite die beiden domänenspezifisch auszulegenden Kompetenzen zu sein, die zur Grundbildung gehören und deren Entwicklung durch Erziehung und Unterricht zu fördern ist. Hierauf weisen auch das lateinische „peto“ und seine Verstärkung zum „competo“ hin. „petere“ heißt „eilen“, „hingehen“, „angreifen“ oder auch „bedrohen“, es verbindet hiermit „suchen“, „sich bewerben“ oder „etwas gerichtlich beanspruchen“ und führt diese im „hervorholen“ zusammen. Die Höhlenmetapher ist darin ebenso noch anwesend wie die Gefahr, die vom Verlassen der Höhle und der Rückkehr in sie für Erfahrung und Umgang, Gewissheit und Verstand, Üblichkeiten und die Abgrenzung von Eigenem und Fremdem ausgehen kann.

„Competere“ meint die Vergewisserung über Erfahrungen, die mit dem „petere“ gemacht werden. Es bedeutet soviel wie „zusammentreffen“, „kräftig sein“. Man darf aber im „competere“ das „petere“ nicht vergessen, denn die Kompetenz ist nicht ein bloßes Zusammenfallen von Erfahrung und Lernen, sondern an die Rückkehr in die Höhle der Erfahrung gebunden. Wer nicht wohin gegangen ist, kann nicht zurückgekehrt sein, wer nicht gesucht hat, hat nicht gefunden, wer nicht vergessen hat, kann nicht wiedererinnern.

4. Urteils- und Partizipationskompetenz als allgemeine, domänenspezifisch auszulegende Teilkompetenzen

An Teilen der PISA-Projekte wird gegenwärtig kritisiert,

- sie arbeiteten mit zuweilen nicht domänenspezifisch ausgewiesenen Tests, die unter Absehung von fachunterrichtlichen Inhalten und Aufgaben lediglich eine übergreifende Lesefähigkeit erfassten oder auch wie allgemeine Intelligenztest funktionierten (vgl. Rindermann 2006),
- sie huldigten einer Aufgabenkultur, die das Spektrum fachdidaktisch sinnvoller und angemessener Aufgaben insbesondere im Bereich der Mathematik über Gebühr einschränkten (vgl. Jahnke 2005 Gellert 2006),
- sie riefen für Deutschland eine neue Bildungskatastrophe aus, die es so gar nicht gebe und die zum Teil auf Fehler in den internationalen statistischen Auswertungsverfahren zurückgeführt werden könne (vgl. Jahnke 2006; Wuttke 2006),
- und sie trügen zu einer Verkümmerung von Erziehungswissenschaft, Schulreform und

Schulpraxis bei, die nach den Bildungsreformen der 60er und 70er Jahre ein zweites Mal zum Scheitern einer nicht erziehungswissenschaftlich und pädagogisch, sondern abstrakt empirisch und psychologisch argumentierenden Schulreformdebatte und Politikberatung führen werde (vgl. Benner 2002; 2006; Merkens 2006; siehe auch Flitner 2006).

Keiner der Vorwürfe wird ohne Einschränkung Recht behalten. Die empirische Bildungsforschung wird jeden zu entkräften suchen (zu Rindermann 2006 siehe Baumert/Brunner/Lüdtke/Trautwein 2007) Sie wird sich aber von keinem restlos freisprechen können. Dies wäre aber auch nicht wünschenswert, wenn Kritik fruchtbar sein und aus Defiziten gelernt werden soll.

Den Problemen angemessener, als dogmatisch über die Richtigkeit oder Unrichtigkeit der vorliegenden Kritiken zu streiten, scheinen mir Folgerungen zu sein, welche die Trias von Unterricht, Wissen und Kompetenz bildungstheoretisch, didaktisch und schultheoretisch auslegen, die Chancen und Gefahren bedenken, die mit einer Standardisierung von Bildung verbunden sein können, und von daher Perspektiven für eine Erweiterung des gegenwärtigen Horizonts von Bildungsforschung entwickeln.

Die Fähigkeiten, die es quer zu allen Domänen schulischen Unterrichts mit Bezug auf die Trias von Unterricht-Wissen und Kompetenz bei der Entwicklung von Bildungsstandards zu stärken gilt, sind Urteils-/Deutungs-/Interpretationskompetenz sowie Partizipationskompetenz. Sie setzen bereits erworbene lebensweltliche Erfahrungen und alltägliche Formen des zwischenmenschlichen Umgangs voraus und sind daran zurückgebunden, dass die ihnen vorausgehenden Horizonte von Erfahrung und Umgang verlassen und Formen der Rückkehr in diese parallel kultiviert werden. Urteilskompetenz meint dabei die Fähigkeit, alltägliche Welterfahrungen mit Hilfe von im Unterricht erworbenem Wissen klären und interpretieren zu können, Partizipationskompetenz die Fähigkeit, solche Deutungen in außerunterrichtliche Diskurse und Verständigungsprozesse einbringen zu können.

Für eine domänenspezifische Auslegung dieser Kompetenzen könnten Folgerungen wie die folgenden hilfreich sein:

(1) Ein anspruchsvoller Kompetenzbegriff darf sich den Umweg des Lehrens und Lernens über das Wissen nicht ersparen (siehe hierzu Xu 2007).[12]

(2) Ein Wissen, das über Umwege erworben wird, ist niemals Resultat lediglich bestätigender positiver Erfahrungen, sondern immer auch über negative Erfahrung und deren Reflexion vermittelt.

(3) Die Bereiche Unterricht, Wissen und Kompetenz markieren eine theoretisch-pragmatische Trias, die an das Verlassen der Höhle der Vorerfahrungen, den Übergang von der einfachen in denkende Erfahrungen, die Reflexion negativer Erfahrungen und die Rückkehr ins Handeln zurückgebunden ist.

---

[12] Diese These gilt, wie die folgenden Thesen auch, nicht nur für das Lernen in der Schule, sondern, wie Oser 2007 gezeigt hat, in abgewandelter Form auch für die Lehrerbildung.

(4) Wissen entsteht niemals unmittelbar im Unterricht, sondern wird in diesem erarbeitet, Kompetenz aber ist niemals bloßes Resultat von Unterricht, kann aber durch diesen mit ermöglicht werden.

(5) Argumentieren-Können ist die Praxis, zu der Unterricht hinführt. Zu ihr gehört, zwischen verschiedenen Wissensformen unterscheiden und urteilend vermitteln zu können.

(6) Der Anwendungsbezug des durch Unterricht zu erwerbenden Wissens sollte darum eine reflektierte Auslegung der unterrichtlich erweiterten Weltsichten ebenso einschließen, wie die vermittelt über Unterricht erworbene Kompetenz sich in außerunterrichtlichen Kontexten bewähren muss.

(7) Bildungsstandards sollten Standards sein, die

- die diese Forderungen als Aufgaben schulischer Erziehung und Unterweisung auslegen und operationalisieren,
- ihre Bearbeitung pragmatisch orientieren und
- ihre Einlösung theoretisch-empirisch kontrollieren.

(8) Die Ausarbeitung von Aufgaben kann nur gemeinsam von Wissenschaft und Praxis geleistet werden. Sie sollte Bildungspolitik und Schulaufsicht befähigen, anspruchsvolle domänenspezifische und mehrperspektivische Standards zu erlassen.

(9) Orientierungen im Umgang mit solchen Aufgaben einschließlich deren Kritik und Weiterentwicklung zu geben, ist eine Angelegenheit der Allgemeinen Didaktik und der fachbezogenen Didaktiken.

(10) Die Aufgaben selbst weiterzuentwickeln und die neue Aufgabenkultur auf Nebenwirkungen hin zu erforschen, sind Angelegenheiten einer systematisch und empirisch auszuweisenden Bildungsforschung. Diese hat nicht einfach den Grad der Erfüllung und Bewältigung der Aufgaben, sondern auch die Transformation didaktischer Aufgaben in Testaufgaben und umgekehrt zum Gegenstand.

LITERATURVERZEICHNIS

Achtenhagen, F. (1991): Gute Vorsätze und tatsächliches Verhalten: Über einige Schwierigkeiten des Lehrens und Lernens. In: Aulavorträge 36. Hochschule St Gallen.

– (2003): Fachdidaktische Theorie als Beitrag zur Innovation durch Bildung. In: I. Gogolin/R. Tippelt (Hrsg.): Innovation durch Bildung, S. 37-76. Opladen: Leske & Budrich.

Adick, Chr. (1992): Die Universalisierung der modernen Schule. Paderborn: Schöningh.

– (2002): Globalisierung als Herausforderung für nationale Pflichtschulsysteme. In: A. Scheunpflug/K. Hirsch (Hrsg.): Globalisierung als Herausforderung für die Pädagogik, S. 156-168. Frankfurt a.M.: Iko.

Adorno, Th.W. (1957/58): Vorlesung zur Einleitung in die Erkenntnistheorie. Frankfurt o. J.: Junius.

Alt, R. (1978): Das Bildungsmonopol. Berlin: Volk und Wissen.

Altes Testament. Revidierter Text von 1964. In: Die Bibel oder die ganze heilige Schrift des Alten und des Neuen Testaments. Nach der deutschen Übersetzung Dr. Martin Luthers. Witten.

Arendt, H. (1958/1994): Die Krise in der Erziehung. In: Dies.: Zwischen Vergangenheit und Zukunft, S. 255-276. München: Piper.

Aristoteles: Über die Seele. Zitiert nach der Übersetzung von W. Theiler. Leck 1968: Rowohlt.

– Metaphysik. In: Ders.: Philosophische Schriften. Band 5. Darmstadt: Wissenschaftliche Buchgesellschaft.

– Politik, übersetzt von E. Rolfes (1995). In: Ders.: Philosophische Schriften. Band 4. Darmstadt: Wissenschaftliche Buchgesellschaft.

Assmann, J. (1991): Die Katastrophe des Vergessens. Das Deuteronomium als Paradigma kultureller Mnemotechnik. In: A. Assmann (Hrsg.): Mnemosyne. Formen und Funktionen der kulturellen Erinnerung. Frankfurt a.M.: Fischer.

– (2000): Religion und kulturelles Gedächtnis. München: Beck.

Bacon, F. (1620/1974): Neues Organ der Wissenschaften, übersetzt und hrsg. von A.Th. Brück. Darmstadt: Wissenschaftliche Buchgesellschaft.

– (1620/1990): Neues Organum. Aphorismen über die Interpretation der Natur und die Herrschaft des Menschen. Lateinisch-deutsche Ausgabe. Hamburg: Meiner.

Battke, A./Fitzner, Th./Isak, R./Lochmann, U. (Hrsg.) (2002): Schulentwicklung – Religion – Religionsunterricht. Freiburg usw.: Herder.

Baumert, J. (2001): Vergleichende Leistungsmessung im Bildungsbereich. In: Zukunftsfragen der Bildung. Zeitschrift für Pädagogik, 43. Beiheft, S. 13-36.

– (2002): Deutschland im internationalen Bildungsvergleich. In: N. Killus/J. Kluge/L. Reisch (Hrsg.): Die Zukunft der Bildung, S. 100-150. Frankfurt a. M.: Suhrkamp,.

Baumert, J./Artelt, C./Klieme, E./Stanat, P. (2001): PISA. Programme für International Student Assessment. Zielsetzung, theoretische Konzeption und Entwicklung von Meßverfahren. In: E. Weinert (Hrsg.): Leistungsmessungen in Schulen, S. 285-310. Weinheim/Basel: Beltz.

Baumert, J./Brunner, M./Lüdtke, O./Trautwein, U. (2007): Was messen internationale Schulleistungsstudien? Resultate kumulativer Wissenserwerbprozesse. Eine Antwort an Heiner Rindmann. In: Psychologische Rundschau 58, S. 118-128.

Baumert, J./Lehmann, R.H. (1997): TIMMS - Mathematisch-naturwissenschaftlicher Unterricht im internationalen Vergleich. Deskriptive Befunde. Opladen: Leske & Budrich.

Beillerot, J./Wulf, Chr. (Hrsg.) (2003): Erziehungswissenschaftliche Zeitdiagnosen: Deutschland und Frankreich. Münster: Waxmann.

Bellmann, J. (2001): Knappheit als Bildungsproblem. Die Konstruktion des Ökonomischen im Diskurs Allgemeiner Pädagogik. Weinheim usw.: Beltz/Deutscher Studien Verlag.

– (2005): Ökonomische Dimensionen der Bildungsreform. Unbeabsichtigte Folgen, perverse Effekte, Externalitäten. In: Neue Sammlung 45, S. 15-31.

– (2005/2006): Naturalistische Argumentationskontexte von John Deweys Pädagogik. Habilitationsschrift an der Philosophischen Fakultät IV der Humboldt-Universität zu Berlin.

– (2006a): Pragmatismus als Philosophie von PISA – Anmerkungen zur Plausibilität eines Deutungsmusters. Antrittsvorlesung an der Pädagogischen Hochschule Freiburg vom 10. November 2006.

– (2006b): Religionsunterricht ist ordentliches Lehrfach. Begründungen religiöser Bildung an öffentlichen Schulen. In: J. Ruhloff/J. Bellmann (Hrsg.): Perspektiven Allgemeiner Pädagogik, S. 173-185. Weinheim usw.: Beltz.

– (2007): John Deweys naturalistische Pädagogik. Paderborn: Schöningh.

Bellmann, J./Ehrenspeck, Y. (2006): Historisch/systematische Anmerkungen zur Methodendiskussion in der pädagogischen Historiographie. In: Zeitschrift für Pädagogik 52, S. 245-264.

Benner, D. (1970): Erziehung und Emanzipation. In: Pädagogische Rundschau 24, S. 503-518.

– (1971): Hauptströmungen der deutschen Didaktik- und Curriculumforschung. In: Göttingische Gelehrte Anzeigen 223, S. 292 - 323.

– ([1]1973, [3]1991, [4]2001a): Hauptströmungen der Erziehungswissenschaft. Eine Systematik traditioneller und moderner Theorien. 1. Auflage München: List, 3. Auflage Weinheim: Deutscher Studien Verlag, 4. Auflage Weinheim/Basel: UTB/Beltz.

– ([1]1987, [2]1991, [3]1996, [4]2001b, [5]2005, [6]2009): Allgemeine Pädagogik. Eine systematisch-problemgeschichtliche Einführung in die Grundstruktur pädagogischen Denkens und Handelns. Weinheim und München: Juventa.

– ([1]1990, [2]1995, [3]2003): Wilhelm von Humboldts Bildungstheorie. Weinheim und München: Juventa.

– (1993a): Die Pädagogik Herbarts. Eine problemgeschichtliche Einführung in die Systematik neuzeitlicher Pädagogik. Weinheim/München: Juventa.

– (1993b): Zur Bedeutung von Religion für die Bildung. Thesen für das Podium des 10. Münsterschen Gesprächs. In: Bildung und Religion. Münstersche Gespräche zu Themen der wissenschaftlichen Pädagogik. Heft 10, hrsg. von J. Schneider, S. 99-108. Münster: Aschendorff.

– (1994): Transzendentalphilosophische Kritik, Pädagogische Theorie und Weltbürgerliche Praxis. In: W. Fischer: Colloquium Paedagigicum, S. 27-51. Sankt Augustin: Academia.

– (1997a): Interpretationen. In: Johann Friedrich Herbart: Systematische Pädagogik. Band 2. Weinheim usw.: Beltz/Deutscher Studien Verlag.

– (1997b): Umgang und Wissen als Horizonte einer Bildungstheorie für die Schule. In: Neue Sammlung 37, S. 547- 561 (wiederabgedruckt in diesem Band).
– (1999a): Statement. In: Wie halten wir's mit der Religion? Religion, Islam, LER in Berlin? Dokumentation einer öffentlichen Anhörung der Fraktion BÜNDNIS 90/DIE GRÜNEN im Abgeordnetenhaus von Berlin vom Juni 1999.
– (1999b): Zum Kritikverständnis der Unterscheidung affirmativer und nicht-affirmativer Bildungskonzepte. In: Pollak, G./Prim, R. (Hrsg.) (1999): Erziehungswissenschaft und Pädagogik zwischen kritischer Reflexion und Dienstleistung. A. a. O., S. 13-30.
– (2000): Pädagogik und Kritik. Überlegungen zu einem problematischen Verhältnis und zur Abgrenzung unterschiedlicher Ansätze kritischer Erziehungswissenschaft. In: K. Helmer/N. Meder/K. Meyer-Drawe/P. Vogel. (Hrsg.): Spielräume der Vernunft. Festschrift für Jörg Ruhloff zum 60. Geburtstag, S. 7-34. Würzburg: Königshausen & Neumann.
– (2001): Education and Democracy. In: J. Oelkers (ed.): Futures of Education, pp. 133-152. Bern/New York/Oxford/Wien: Peter Lang.
– (2002): Die Struktur der Allgemeinbildung im Kerncurriculum moderner Bildungssysteme. Ein Vorschlag zur bildungstheoretischen Rahmung von PISA. In: Zeitschrift für Pädagogik 48, S. 68-90 (wiederabgedruckt in diesem Band).
– (2003a): Kritik und Negativität. Ein Versuch zur Pluralisierung von Kritik in Erziehung, Pädagogik und Erziehungswissenschaft. In: Kritik in der Pädagogik. Zeitschrift für Pädagogik, 46. Beiheft, S. 96-110 (wiederabgedruckt in diesem Band).
– (2003b): Über die Unmöglichkeit, Erziehung allein vom Grundbegriff der „Aufforderung zur Selbsttätigkeit" her zu begreifen. In: Zeitschrift für Pädagogik 49, S. 290-304.
– (2003c): Wilhelm von Humboldt (1767-1835) und Friedrich Schleiermacher (1768-1834). In: H.-E. Tenorth: Klassiker der Pädagogik. Band 1, S. 144-159. München: Beck.
– (2004a): Allgemeine Menschenbildung und schulische Allgemeinbildung: ein spannungsreiches Verhältnis. Reflexionen zur Unentbehrlichkeit, Notwendigkeit und Aporetik schulischer Allgemeinbildung in öffentlichen Bildungssystemen. Gerhart Neuner zum 75. Geburtstag. In: Allgemeinbildung in der Gegenwart, S. 21-35. Sitzungen der Leibniz-Sozietät. Band 73.
– (2004b): Bildungsstandards für den Religionsunterricht. In: Religionspädagogische Beiträge 53, S. 5-19.
– (2004c): Erziehung und Tradierung. Grundprobleme einer innovatorischen Theorie und Praxis der Überlieferung. In: Vierteljahrsschrift für wissenschaftliche Pädagogik 80, S. 163-181 (wiederabgedruckt in diesem Band).
– (2004d): Erziehung–Religion, Pädagogik–Theologie und Erziehungswissenschaft–Religionswissenschaft. Systematische Analysen zu pädagogischen, theologischen und religionspädagogischen Reflexionsformen und Forschungsdesiderata. In: E. Groß (Hrsg.): Erziehungswissenschaft, Religion und Religionspädagogik, S. 9-50. Münster: Lit.
– (2004e): Zur Rolle der Negativität in Erziehung und Bildung. In: J. Beillerot/Chr. Wulf (Hrsg.).: Erziehungswissenschaftliche Zeitdiagnosen. A. a. O., S. 239-250.
– (2006): Bildungsforschung und Erziehungswissenschaft. In: H. Merkens (Hrsg.): Erziehungswissenschaft und Bildungsforschung. A. a. O., S. 129-145.
– (2007): Unterricht–Wissen–Kompetenz. Zur Differenz zwischen didaktischen Aufgaben und Testaufgaben. In: Ders. (Hrsg.): Bildungsstandards. A. a. O., S. 123-138 (wiederabgedruckt in diesem Band).

– (2008): Bildung und Wissen. Die Antinomien der europäischen Wissenschaften und die Aufgaben wissenschaftlichen Unterrichts heute. In: B. Henningsen (Hrsg.): Humboldts Zukunft. Strukturen und Perspektiven der (deutschen) Universität. Berlin: Berliner Wissenschaftsverlag.

Benner, D. (Hrsg.) (2005): Erziehung–Bildung–Negativität. Zeitschrift für Pädagogik, 49. Beiheft, Weinheim usw.: Beltz.

– (Hrsg.) (2007): Bildungsstandards. Instrumente zur Qualitätssicherung im Bildungswesen. Chancen und Grenzen – Beispiele und Perspektiven. Paderborn: Schöningh.

Benner, D./Borrelli, M./Heyting, F./Winch, Ch. (Hrsg.) (2003): Kritik in der Pädagogik. Versuche über das Kritische in Erziehung und Erziehungswissenschaft. Zeitschrift für Pädagogik, 46. Beiheft. Weinheim usw.: Beltz.

Benner, D./Brüggen, F. (1996): Das Konzept der perfectibilité bei Jean-Jacques Rousseau. In: O. Hansmann (Hrsg.): Seminar: Der pädagogische Rousseau. Band 2: Kommentare, Interpretationen, Wirkungsgeschichte, S. 12-48. Weinheim: Deutscher Studien Verlag.

– (2000): Theorien der Erziehungswissenschaft im 20. Jahrhundert. Entwicklungsprobleme – Paradigmen – Aussichten. In: D. Benner/H.-E. Tenorth (Hrsg.): Bildungsprozesse und Erziehungsverhältnisse im 20. Jahrhundert. A. a. O., S. 240-263.

– (2004a): Bildsamkeit/Bildung. In: D. Benner/J. Oelkers (Hrsg.): Historisches Wörterbuch der Pädagogik. A. a. O., S. 174-215.

– (2004b): Mündigkeit. In: D. Benner/J. Oelkers (Hrsg.): Historisches Wörterbuch der Pädagogik, S. 687-699.

Benner, D./Brüggen, F./Göstemeyer, C.-F. (1982): Heydorns Bildungstheorie. In: Zeitschrift für Pädagogik 28, S. 73-92.

Benner, D./English, A. (2004): Critique and Negativity: Towards the Pluralization of Critique in Educational Practice, Theory and Science. In: Journal of Philosophy of Education. Vol. 38, Issue 3, pp. 409-428, Blackwell Publishing (deutsche Fassung abgedruckt in diesem Band).

Benner, D./Fischer, G./Gatzemann, T./Göstemeyer, K.-F./Sladek, H. (1998): Von der Unvereinbarkeit von Bildungsidee und Bildungsideal. In: Pädagogische Rundschau 52, S. 303-322.

Benner, D./Göstemeyer, K.-F./Sladek, H. (Hrsg.) (1999): Bildung und Kritik. Studien zum Gebrauch von Kritik im Umgang mit Bildungszielen und -problemen. Weinheim: Deutscher Studien Verlag.

Benner, D./Kemper, H. (2001): Theorie und Geschichte der Reformpädagogik. Teil 1: Die pädagogische Bewegung von der Aufklärung bis zum Neuhumanismus. Weinheim usw.: Beltz/Deutscher Studien Verlag.

– Benner, D./Kemper, H. (^{2}2001): Theorie und Geschichte der Reformpädagogik. Teil 1: Die pädagogische Bewegung von der Aufklärung bis zum Neuhumanismus. Weinheim usw.: Beltz/UTB.

Benner, D./Krause, S./Nikolova, R./Schluß, H./Schieder, R./Weiß, Th./Willems, J. (2007): Ein Modell domänenspezifischer religiöser Kompetenz. Erste Ergebnisse aus dem DFG-Projekt RUBiQua. In: Benner, D. (Hrsg.): Bildungsstandards., S. 141-156.

Benner, D./Merkens, H./Gatzemann, Th. (Hrsg.) (1996): Pädagogische Eigenlogiken im Transformationsprozeß von SBZ, DDR und neuen Ländern. Neue Ergebnisse aus der an der Freien Universität Berlin und der Humboldt-Universität zu Berlin eingerichteten DFG-Forschergruppe. Berlin: Humboldt-Universität zu Berlin.

Benner, D./Merkens, H./Schmidt, F. (Hrsg.) (1996): Bildung und Schule im Transformationsprozeß von SBZ, DDR und neuen Ländern. Untersuchungen zu Kontinuität und Wandel. Erste Ergebnisse aus der an der Freien Universität Berlin und der Humboldt-Universität zu Berlin eingerichteten DFG-Forschergruppe. Berlin: ZUD Freie Universität Berlin.

Benner, D./Oelkers, J. (Hrsg.) (2004): Historisches Wörterbuch der Pädagogik. Weinheim usw.: Beltz.

Benner, D./Schluß, H./Schieder, R./Willems, J. (2005): DFG-Antrag: Qualitätssicherung und Bildungsstandards für den Religionsunterricht an öffentlichen Schulen, am Beispiel des Evangelischen Religionsunterrichts (im Prüfverfahren).

Benner, D./Schriewer, J./Tenorth, H.-E. (Hrsg.) (1998): Erziehungsstaaten. Historisch-vergleichende Analysen ihrer Denktraditionen und nationalen Gestalten. Weinheim: Deutscher Studien Verlag.

Benner, D./Tenorth, H.-E. (Hrsg.) (2000): Bildungsprozesse und Erziehungsverhältnisse im 20. Jahrhundert. Praktische Entwicklungen und Formen der Reflexion im historischen Kontext. Zeitschrift für Pädagogik, 42. Beiheft. Weinheim usw.: Beltz.

Benner, Th./Reinicke, W.H./Witte, J.M. (2000): Globalisierung: Weltwirtschaftliche Dynamik und politische Steuerung. Internet-Fassung, in gekürzter Fassung erschienen im Jahrbuch Internationale Politik 1997-1998, S. 17-26. München: R. Oldenbourg.

Berg, H.C./Schulze, Th. (1995): Lehrkunst. Lehrbuch der Didaktik. Neuwied: Luchterhand.

Biemer, G./Benner, D. (1973): Elemente zu einer curricularen Strategie für den Religionsunterricht in der Sekundarstufe II. In: Pädagogische Rundschau 27, S. 798-822.

Biester, J.E. (1783): Vorschlag, die Geistlichen nicht mehr bei Vollziehung der Ehen zu bemühen. In: Berlinische Monatsschrift. 2. Halbjahresband 1783, S. 265-275.

Blankertz, H. (1990): Rousseau wechselt die Methode. In: Pädagogische Korrespondenz. Heft 7, S. 5-14.

Blömeke, S. (2003/2005): Lehrerausbildung–Lehrerhandeln–Schülerleistungen. Perspektiven nationaler und internationaler empirischer Bildungsforschung. Antrittsvorlesung vom 10. 12. 2003. In: Öffentliche Vorlesungen. Heft 139: Humboldt-Universität zu Berlin.

Blum, W./Drüke-Noe, Ch./Hartung, R./Köller, O. (Hrsg.) (2006): Bildungsstandards Mathematik: konkret. Sekundarstufe I: Aufgabenbeispiele, Unterrichtsanstrengungen, Fortbildungsideen. Berlin: Scriptor.

Bober, R. (1993): Quoi de neuf sur la guerre? Paris: Gallimard.

– (1995/1997): Was gibt's Neues vom Krieg. München: DTV.

Böhm, W. (1994): John Dewey - oder: Die Vergottung von Wissenschaft und Technologie. In: M. Heitger/A. Wenger: Kanzel und Katheder. Zum Verhältnis von Religion und Pädagogik seit der Aufklärung, S. 351-378. Paderborn: Schöningh.

Bolle, R. (1988): Religionspädagogik und Ethik in Preußen. Münster/New York: Waxmann.

Borrelli, M. (2003): Pädagogik als kritische Ontologie. Begriff (Utopie) und Realität (Kontingenz). In: Kritik in der Pädagogik. Zeitschrift für Pädagogik, 46. Beiheft, S. 142-154.

Borrelli, M. (ed.) (2004): Pedagogia critica. Cosenza: Pellegrini.

Bracht, U. (2003): Warum Neues so selten entsteht? Über das konservative Moment in Lernprozessen. In: R. Jansen/U. Schulz/U. Wiegelmann usw. (Hrsg.): Akzeptanz und Ignoranz. Festschrift für Jens Naumann. Frankfurt a. M./London: IKO.

Bracht, U. (Hrsg.) (2005): Leben–Texte–Kontexte. Festschrift für Dieter Keiner. Frankfurt a. M. usw.: Lang.

Brüggen, F. (1983): Tradition: In: D. Lenzen und K. Mollenhauer (Hrsg.): Enzyklopädie Erziehungswissenschaft. Band 1, S. 568-571.

– (1988): Lernen–Erfahrung–Bildung oder: Kontinuität und Diskontinuität im Lernprozess. In: Zeitschrift für Pädagogik 34, S. 299-314.

– (1989): Bildsamkeit und Öffentlichkeit. Theoriegeschichtliche Perspektiven zur pädagogischen Deutung eines nicht nur pädagogischen Verhältnisses. In: J. Oelkers/H. Peukert/J. Ruhloff (Hrsg.): Öffentlichkeit und Bildung in erziehungsphilosophischer Sicht, S. 11-37.

– (1990): Die Pädagogik F.E.D. Schleiermachers. Kurseinheit 1 und 2. Fernuniversität Hagen.

– (2004): Öffentlichkeit. In: D. Benner/J. Oelkers (Hrsg.): Historisches Wörterbuch der Pädagogik. S. 724-749.

Bruner, J. (1982/2003): Die Sprache der Erziehung. In: Zeitschrift für Pädagogik 49, S. 485-498.

Buber, M. (1953/1986): Reden über Erziehung. 7. Auflage. Heidelberg: Schneider.

– (1962): Das dialogische Prinzip. Gerlingen: Schneider.

Buck, G. (^{2}1969): Lernen und Erfahrung. Stuttgart: Kohlhammer.

– (1973): Das Theorie-Praxis-Problem und die Pädagogik. In: Ders.: Hermeneutik und Bildung, S. 154-176. München: Fink.

– (1975): „Die Freudigkeit jenes Sprungs ...“. Negativität, Diskontinuität und die Stetigkeit des Bios. In: Positionen der Negativität, hrsg. von H. Weinrich. München: Fink, S. 155-176.

– (1981): Negativität, Diskontinuität und die Stetigkeit des Bios. Wiederabdruck von Buck (1975). In: Ders.: Hermeneutik und Bildung, S. 71-94. München: Fink.

Comenius, J.A. (1656/1970): Allgemeine Beratung über die Verbesserung der menschlichen Dinge. Ausgewählt, eingeleitet und übersetzt von Franz Hofmann. Berlin: Volk und Wissen. (Autorenname: Jan Amos Komenský).

– (1957/1985): Große Didaktik. Hrsg. von A. Flitner. Stuttgart: Klett-Cotta.

Condorcet, J.E.A.N., Marquis de (1792/1966): Bericht und Entwurf einer Verordnung über die allgemeine Organisation des öffentlichen Unterrichtswesens. Weinheim usw.: Beltz.

– (1847-1849): Œuvres complètes. Reprint (1968). Stuttgart/Bad Cannstatt: Frommann.

Crombrugge, H. van/Meijer, W.A.J. (Hrsg.) (2004): Pedagogiek en traditie, Opvoeding en religie. Leuven: Lannoo Campus.

Derbolav, J. (1970): Das Problem einer philosophischen Grundlegung der Pädagogik. In: Ders.: Frage und Anspruch, S. 49-63 Wuppertal/Kastellaun: Henn.

– (1971): Systematische Perspektiven der Pädagogik. Heidelberg : Quelle & Meyer.

Derrida, J. (1987): Husserls Weg in die Geschichte am Leitfaden der Geometrie. München: Fink.

Deutsches PISA-Konsortium 2000: Schülerleistungen im internationalen Vergleich.

Deutsches PISA-Konsortium (Hrsg.) (2002): PISA 2000 - Die Länder der Bundesrepublik Deutschland im Vergleich. Wiesbaden: VS Verlag für Sozialwissenschaften.

Dewey, J. (1916/1964): Demokratie und Erziehung. Eine Einleitung in die philosophische Pädagogik, übersetzt von E. Hylla. Braunschweig: Westermann.

– (1916/1985): Democracy and Education. In: Ders.: The Middle Works. Volume 9: Southern Illinois University Press.

– (1931/1985): Human Nature. In: Ders.: Later Works. Volume 6: Southern Southern Illinois University Press.
– (1939-1941/1985): Essays. Later Works. Volume 14. Southern Illinois University Press.
Diederich, J. (1982): Bemessene Zeit als Bedingung pädagogischen Handelns. In: Luhmann, N./Schorr, K.E. (Hrsg.): Zwischen Technologie und Selbstreferenz, S. 51-86. Frankfurt a. M.: Suhrkamp.
Dietrich, C./Müller, H.-R. (Hrsg.) (2000): Bildung und Emanzipation. Klaus Mollenhauer weiterdenken. Weinheim/München: Juventa.
Ebeling, G. (1975): Schlechthinniges Abhängigkeitsgefühl als Gottesbewußtsein. In: Ders.: Wort und Glaube. Band 3, S. 116-136 Tübingen: Mohr Siebeck.
English, A. (2005a): Bildung–Negativität–Moralität. Eine systematisch-vergleichende Analyse zu Herbarts und Deweys Konzepten der Erziehung. Dissertation an der Philosophischen Fakultät IV der Humboldt-Universität zu Berlin.
– (2005b): Negativität der Erfahrung, Pragmatismus und die Grundstruktur des Lernens. In: Erziehung–Bildung–Negativität. Zeitschrift für Pädagogik, 49. Beiheft, S. 49-61.
Euler, P. (2001/2004): Kritik in der Pädagogik: Zum Wandel eines konstitutiven Verhältnisses. In: L.A. Pongratz/W. Nieke/J. Masschelein (Hrsg.): Kritik der Pädagogik–Pädagogik als Kritik. A. a. O., S. 9-28.
Featherstone, M. (Hrsg.) (1990): Global Culture: Nationalism, Globalization and Modernity. London: Sage Publications Ltd.
Fichte, J.G. (1796/1962): Grundlage des Naturrechts nach Prinzipien der Wissenschaftslehre. In: Ders.: Ausgewählte Werke in 6 Bänden, hrsg. von F. Medicus. Band 2, §§ 1-6. Darmstadt: Wissenschaftliche Buchgesellschaft.
Fink, E. (1960): Menschenbildung – Schulplanung. In: Material- und Nachrichtendienst der AGDL. Sondernummer Juni 1960.
– (1963): Technische Bildung als Selbsterkenntnis. In: Die deutsche Schule 55, S. 381-393.
Fischer, F. (1965/1985): Proflexion und Reflexion. In: Ders.: Proflexion und Logik der Menschlichkeit. Wien/München: Löcker.
– (1975): Darstellung der Bildungskategorien im System der Wissenschaften. Ratingen: Henn.
Fischer, G. (2004): Bildungstheorien der Naturwissenschaften. Weinheim/Basel: Beltz.
Fischer, W. (1987): „In Wahrheit aber bin ich nie irgend jemandes Lehrer gewesen“ (Apol. Plat. 33 A). In: Ders.: Kleine Texte zur Pädagogik in der Antike, S. 71-82. Hohengehren: Schneider.
– Fischer, W. (1989): Unterwegs zu einer skeptisch-transzendentalkritischen Pädagogik. St. Augustin: Richarz.
– Fischer, W. (2004): Das Nichtwissen des Sokrates oder: Die Sokratische Negation des Wissens, ihr vermutlicher Grund und ihr vermeintliches Recht. In: Ders.: Sokrates pädagogisch, S. 122-131. Würzburg: Könighausen & Neumann.
Fischer, W./Ruhloff, J. (1993): Skepsis und Widerstreit. Neue Beiträge zur skeptisch-transzendentalkritischen Pädagogik. St. Augustin: Richarz.
Flaubert, G. (1875/1979): Madame Bovary. Übersetzung von R. Schickele und I. Riesen. Zürich: Diogenes.
Flitner, E. (2006): Pädagogische Wertschöpfung. Zur Rationalisierung von Schulsystemen durch public-private partnerships am Beispiel von PISA. In: Oelkers, J./Casale, R./Horlacher, R./Larcher Klee, S. (Hrsg.): Rationalisierung und Bildung

bei Max Weber. Beiträge zur Historischen Bildungsforschung, S. 245-266. Bad Heilbrunn: Klinkhardt.
Foucault, M. (1992): Was ist Kritik? Berlin: Merve.
– (1990): Was ist Aufklärung? In: E. Erdmann/R. Forst/A. Honneth (Hrsg.): Ethos der Moderne. Frankfurt a. M./New York: Campus.
Franke, E.: Qualitätssicherung aus der Perspektive ästhetisch-expressiver Schulfächer – am Beispiel des Schulsports. In: Benner, D. (Hrsg.): Bildungsstandards. A. a. O., S. 169-186.
Fuchs, B./Schönherr, Ch. (Hrsg.) (2007): Urteilskraft und Pädagogik. Beiträge zu einer pädagogischen Handlungstheorie. Festschrift für Lutz Koch. Würzburg: Königshausen & Neumann.
Gadamer, H.-G. (1960/1975): Wahrheit und Methode. Grundzüge einer philosophischen Hermeneutik. 1. Auflage/4. Auflage. Tübingen: Mohr.
Gellert, U. (2006): Mathematik „in der Welt“ und mathematische „Grundbildung“. Zur Konsistenz des mathematikdidaktischen Rahmens von PISA. In: PISA & Co, S. 277-291.
Gesetz zur Demokratisierung der deutschen Schule (1946). In: Pädagogik 1 (1946), S. 2-4.
Göstemeyer, K.-F. (1991/1992): Mensch oder Bürger? Bildungstheoretische Überlegungen zu einer Aporie der Moderne im Anschluß an Hobbes, Rousseau und Marx. Habilitationsschrift am Fachbereich Erziehungswissenschaft der Universität Münster.
– (1996): Sozialistische Pädagogik? Vorläufige Anmerkungen zu einem Widerstreit von Begabung, Bildsamkeit und Bestimmung in der theoretischen Pädagogik der SBZ und DDR. In: Vierteljahrsschrift für wissenschaftliche Pädagogik 72, S. 40-58.
Goethe, J.W. von (1820): Zahme Xenien.
Gruehn, S./Kluchert, G./Koinzer, T. (Hrsg.) (2004): Was Schule macht. Achim Leschinsky zum 60. Geburtstag. Weinheim und Basel: Beltz.
Habermas, J. (1963/1967): Vom Wandel akademischer Bildung (1963). In: S. Leibfried (Hrsg.) (1967): Wider die Untertanenfabrik, S. 10-24. Berlin: Luchterhand.
– (1963/1971): Theorie und Praxis. Sozialphilosophische Studien. Frankfurt a. M.: Suhrkamp.
– (1963/1968): Technik und Wissenschaft als „Ideologie“ (1963). In: Ders.: Technik und Wissenschaft als „Ideologie“ (1968), S. 48-103. Frankfurt a. M.: Suhrkamp.
– (1965/1968): Erkenntnis und Interesse (1965). In: Ders.: Wissenschaft und Technik als „Ideologie“ (1968), S. 146-168. Frankfurt a. M.: Suhrkamp.
– (1985): Der philosophische Diskurs der Moderne, Frankfurt a. M.: Suhrkamp.
– (1988): Individuierung durch Vergesellschaftung. In: Ders.: Nachmetaphysisches Denken, S. 187-241. Frankfurt a. M.: Suhrkamp.
Hamann, J.G. (1784/1821-1843): Brief an Christian Jacob Kraus (Königsberg, 18. Dezember 1784). Nachschrift. In: Ders.: Schriften. 7. Theil. S. 187-193. Leipzig: Reimer.
Hamburger, F. (2006): Sozialpädagogische Bildungsforschung. In: H. Merkens (Hrsg.): Erziehungswissenschaft und Bildungsforschung. A. a. O., S. 55-68.
Hegel, G.W.F. Hegel (1802/03): Über die wissenschaftlichen Behandlungsarten des Naturrechts, seine Stelle in der praktischen Philosophie und sein Verhältnis zu den positiven Rechtswissenschaften. In: Sämtliche Werke, hrsg. von H. Glockner. Band 1, S. 437-537. Stuttgart: Fr. Frommanns.

– (1807/1951): Phänomenologie des Geistes. In: Ders.: Sämtliche Werke, hrsg. von H. Glockner. Band 2. Stuttgart: Frommanns.
– (1812/1958): Wissenschaft der Logik. Erster Teil (1812). In: Ders.: Sämtliche Werke, hrsg. von H. Glockner. Band 4. Stuttgart: Frommanns.
Heid, H. (1999): Konstitutionsbedingungen legitimer Kritik und deren erziehungswissenschaftliche Bedeutung. Siegener Universitätsreden Nr. 18..
– (2001): Über den bildungstheoretischen und bildungspraktischen Stellenwert individueller Bildungsbedürfnisse. In: Hellekamps, St./Kos, O./Sladek, H. (Hrsg.): Bildung, Wissenschaft, Kritik, S. 44-53. Weinheim: Deutscher Studien Verlag.
– (2003): Domestizierung von Kritik. In: Kritik in der Pädagogik. Zeitschrift für Pädagogik, 46. Beiheft, S. 54-74.
– (2004): Bildung als Gegenstand empirischer Forschung. In: Vierteljahrsschrift für wissenschaftliche Pädagogik 80, S. 456-477
Hellekamps, St. (1997): Die Gründung der Republik. Bildungstheoretische Analysen zur Differenz von politischer Gesellschaft und räsonierender Öffentlichkeit nach 1789. Weinheim: Deutscher Studien Verlag.
Hellekamps, St./Kos, O./Sladek, H. (Hrsg.) (2001): Bildung, Wissenschaft, Kritik. Weinheim: Deutscher Studien Verlag.
Hellekamps, St./Meyer, M.-A. (2004): Editorial zum Schwerpunkt: Allgemeinbildung oder Grundbildung. In: Zeitschrift für Erziehungswissenschaft 6, S. 163-167.
Hellmer, K./Dörpinghaus, A. (2004): Rhetorik. In: D. Benner/J. Oelkers (Hrsg.): Historisches Wörterbuch der Pädagogik. A. a. O., S. 824-833.
Hennings, A. (1784): Brief an Moses Mendelssohn vom 21. Oktober 1784. In: M. Mendelssohn: Gesammelte Schriften. Band 13. Briefwechsel III (1781-1785). Stuttgart- Bad Cannstatt 1977, S. 227-230.
Hentig, H. von (1971): Das Bielefelder Oberstufen-Kolleg. Stuttgart: Klett.
– (2003): Rousseau oder Die wohlgeordnete Freiheit. München: Beck.
Herbart, J.F. (1802/1903): Rede bei Eröffnung der Vorlesungen über Pädagogik. In: Ders.: Sämmtliche Werke, hrsg. von G. Hartenstein. Band 11, S. 61-74. Leipzig: Leopold Voss.
– (1806/1965): Allgemeine Pädagogik. In: Ders.: Pädagogische Grundschriften, hrsg. von W. Asmus. Band 2, S. 9-155. Düsseldorf/München: Küpper.
– (1808/1997): Allgemeine Praktische Philosophie. In: Ders.: Systematische Pädagogik, hrsg. von D. Benner. Band 1: Ausgewählte Texte, S. 159-184. Weinheim: Beltz/Deutscher Studien Verlag.
– (1841/1965): Umriss pädagogischer Vorlesungen. In: Ders.: Pädagogische Schriften, hrsg. von W. Asmus. Band 3. Düsseldorf/München: Küpper.
Herget, W. (2006): Typen von Aufgaben. In: W. Blum/Ch. Drüke-Noe/R. Hartung/O. Köller (Hrsg.): Bildungsstandards Mathematik: konkret, S. 178-193. Berlin: Scriptor.
Heydorn, H.-J. (1969/1980): Zum Verhältnis von Bildung und Politik. In: Ders.: Bildungstheoretische Schriften. Band 3, S. 7-62. Frankfurt a. M.: Syndikat.
– (1970/79): Über den Widerspruch von Bildung und Herrschaft. In: Ders.: Bildungstheoretische Schriften. Band 2. Frankfurt a. M.: Syndikat.
Heyting, F. (2003): Die Relativierung von Kritik: Zur erziehungsphilosophischen Kraft antifundamentalistischer Kritik. In: Kritik in der Pädagogik. Zeitschrift für Pädagogik, 46. Beiheft, S. 75-95.
Höffe, O. (1996): Praktische Philosophie. Das Modell des Aristoteles. Berlin: Akademie-Verlag.

Horkheimer, M. (1937/1988): Traditionelle und kritische Theorie. In: Ders.: Gesammelte Schriften. Band 4, S. 162-225. Frankfurt a. M.: Fischer.
Hornstein, W. (2001): Erziehung und Bildung im Zeitalter der Globalisierung. Themen und Fragestellungen erziehungswissenschaftlicher Reflexion. In: Zeitschrift für Pädagogik 47, S. 517-537.
Huber, W. (2001): Endlos und ohne Erlösung. Warum plastinierte Leichen uns faszinieren – und entmutigen. In: Der Tagesspiegel vom 17. März 2001. Nr. 17352, S. 27.
Hügli, A./Thurnherr, U. (Hrsg.) (2006): Ethik und Bildung. Ethique et formation. Bern usw.: Lang.
Humboldt, W. von (1792/1903): Ideen zu einem Versuch die Gränzen der Wirksamkeit des Staats zu bestimmen. In: Ders.: Werke, hrsg. von der Königlich Preußischen Akademie der Wissenschaften. Band 1, S. 97-254. Berlin: Behr.
– (1792/1960): Ideen zu einem Versuch, die Gränzen der Wirksamkeit des Staats zu bestimmen. In: Ders.: Werke in 5 Bänden, hrsg. von A. Flitner und K. Giel. Band 1, S. 56-233. Darmstadt: Wissenschaftliche Buchgesellschaft.
– (1793/1960): Theorie der Bildung des Menschen. In: Ders.: Werke in 5 Bänden. Band 1, S. 234-240.
– (1797/1960): Über den Geist der Menschheit. In: Ders.: Werke in 5 Bänden. Band 1, S. 506-518.
– (1809/1964): Der Königsberger und der Litauische Schulplan. In: Werke in 5 Bänden, hrsg. von A. Flitner und K. Giel. Band 4, S. 168- 195.
– (1812/1981): Ankündigung einer Schrift über die Vaskische Sprache und Nation. In: Ders.: Werke in 5 Bänden. Band 5, S. 113-126.
– (1816/1981): Bruchstück einer Selbstbiographie. In: Ders.: Werke in 5 Bänden. Band 5, S. 1-10.
Husserl, E. (1936/1992): Analyse der Hypostasierung sekundärer zu primären Qualitäten. In: Ders.: Die Krisis der europäischen Wissenschaften und die transzendentale Phänomenologie. Gesammelte Schriften. Band 8. Hamburg: Meiner.
Husserl, E./Fink, E. (1936/1987): Der Ursprung der Geometrie. In: J. Derrida: Husserls Weg in die Geschichte am Leitfaden der Geometrie, S. 204-232. München: Fink.
Imelman, J.D. (1999): Aufklären statt Belehren. Epistemologische und anthropologische Überlegungen zur textimmanenten Analyse und pädagogischen Kritik. In: Benner, D./Göstemeyer, K.-F./Sladek, H. (Hrsg.): Bildung und Kritik. A. a. O., S. 67-83.
Jahnke, Th. (2005): Aufgaben im Mathematikunterricht. Text eines Vortrags vom 11.09.2005, im Internet abrufbar unter: http://www.math.uni-potsdam.de
– (2006): Zur Ideologie von PISA & Co. In: PISA & Co, S. 9-29.
Juhos, B. (1966): Über die empirische Induktion. In: Studium Generale 19, S. 259-272.
Kant, I. (1784): Beantwortung der Frage: Was ist Aufklärung? In: Berlinische Monatsschrift. Dezember 1794, zitiert nach dem Auswahlband mit Beiträgen der Berlinischen Monatsschrift, S. 89-96. Leipzig: Reclam jun.
– (1785): Grundlegung zur Metaphysik der Sitten. In: Ders.: Werke in 6 Bänden. Band 4, S. 7-102.
– (1786/1964): Mutmasslicher Anfang der Menschengeschichte. In: Ders.: Werke in 6 Bänden. Band 6, S. 83-102.
– (1788): Kritik der praktischen Vernunft. In: Ders.: Werke in 6 Bänden. Band 4.
– (1803): Über Pädagogik, hrsg. von D.F.Th. Rink. Königsberg: Friedrich Nicolovius.
Kawanago, Y. o.J.): Kritik und Bewahrung. „Metakritik" als philosophisch-hermeneutische Haltung gegenüber der Tradition: http://www004.upp.so-net.ne.jp/kawanago/KRIBEW.HTM.

Keiner, D. (1998): Globalisierung, Bildung und Wissen. Anmerkungen zur Dialektik von Nationalstaat und Weltgesellschaft und zu den sich verändernden Kontexten für öffentliche Erziehung, staatliche Bildungspolitik und individuelle Bildungs- und Lernprozesse. In: Bildung nach dem Zeitalter der großen Industrie, S. 169-194. Jahrbuch für Pädagogik. Frankfurt a. M.: Lang.

Kell, A. (2000): Beruf und Bildung. Entwicklungstendenzen und Perspektiven. In: Bildungsprozesse und Erziehungsverhältnisse im 20.Jahrhundert. Zeitschrift für Pädagogik, 42. Beiheft, S. 212-238.

Klafki, W. (1963): Studien zur Bildungstheorie und Didaktik. Weinheim usw.: Beltz.

– (1985): Neue Studien zur Bildungstheorie und Didaktik. Weinheim usw.: Beltz.

– (1995): Schlüsselprobleme und fachbezogener Unterricht. In: W. Münzinger/W. Klafki, W. (Hrsg.) (1995): Schlüsselprobleme im Unterricht. Thematische Dimensionen einer zukunftsorientierten Allgemeinbildung. Die Deutsche Schule. 3. Beiheft, S. 32-46. Weinheim/München: Juventa.

– (1999): Braucht eine „gute Schule" einen neuen Unterrichtsbereich LER? In: K.E. Grözinger/B. Gladigow/H. Zinser (Hrsg.): Religion in der schulischen Bildung und Erziehung, S. 197-209. Berlin: BVL.

Knobloch, H. (2006): Herr Moses in Berlin. Auf den Spuren eines Menschenfreundes. Berlin: Jaron.

Koch, L. (1995): Bildung und Negativität. Grundzüge einer negativen Bildungstheorie. Weinheim: Deutscher Studien Verlag.

– (2003): Zur Theorie der Lernanfänge: Comenius. In: Vierteljahrsschrift für wissenschaftliche Pädagogik 79, S. 462-472.

– (2004): Allgemeinbildung und Grundbildung, Identität oder Alternative? In: Zeitschrift für Erziehungswissenschaft 7, S. 183-191.

– (2005): Eine pädagogische Apologie des Negativen. In: Erziehung–Bildung– Negativität. Zeitschrift für Pädagogik, 49. Beiheft, S. 88-104.

König, E./Zedler, P. (1998): Theorien der Erziehungswissenschaft. Weinheim: Deutscher Studien Verlag.

Kohlberg, L. (1981 und 1984): Essays on Moral Development. Vol 1 und 2. San Francisco: Harper & Row.

Kos, O. (1999): Technik und Bildung. Frankfurt a. M. usw.: Lang.

Köthener Historienbibel (15. Jahrhundert): Anhaltische Landesbücherei Dessau. Sign. Georg Hs. 7b.

Lange, M.G. (1947): Denken und Handeln in der Erziehung. In: Pädagogik 2, S. 65-75.

Langewand, A. (2003): Über die Schwierigkeit, Erziehung als Aufforderung zur Selbsttätigkeit zu begreifen. In: Zeitschrift für Pädagogik 49, S. 274-289.

Lay, W.A. (1903/41920): Experimentelle Didaktik. Leipzig: Quelle & Meyer.

Lenzen, D. (1997): Lösen die Begriffe Selbstorganisation, Autopoiesis und Emergenz den Bildungsbegriff ab? In: Zeitschrift für Pädagogik 43, S. 949-968.

Lenzen, D./Mollenhauer, K. (Hrsg.) (1983) Enzyklopädie Erziehungswissenschaft. Band 1. Stuttgart: Klett.

Leschinsky, A./Gruehn, S. (2001): LER – eine Reforminitiative auf dem Weg zu einer realitätsgerechten Aufgabenstellung. In: Neuen Sammlung 41, S. 369-392.

– (o. J.): Zur moralisch-evaluativen Funktion des Lernbereichs Philosophie/Ethik/Religion (noch unveröffentlichtes MS).

Lévinas, E. (1978): Jenseits des Seins oder anders als Sein geschieht. Freiburg/München: Alber.

Litt, Th. (1955/1959): Das Bildungsideal der deutschen Klassik und die moderne Arbeitswelt. 7. Auflage. Bonn: Kamps.
– (1959a): Der abendländische Geist und das Menschenbild des Kommunismus. In: Ders. Wissenschaft und Menschenbildung im Lichte des West-Ost-Gegensatzes, S. 38-66. 2. Auflage. Heidelberg: Quelle & Meyer.
– (1959/1968): Wissenschaft und Menschenbildung im Lichte des West-Ost-Gegensatzes. 5. Auflage. Heidelberg: Quelle & Meyer.
– (1968): Naturwissenschaft und Menschenbildung. 5. Auflage. Heidelberg. Quelle & Meyer.
Luhmann, N. (1986): Codierung und Programmierung. Bildung und Selektion im Erziehungssystem. In: H.-E. Tenorth Hrsg.): Allgemeine Bildung. Analysen zu ihrer Wirklichkeit, Versuche über ihre Zukunft, S. 154-182. Weinheim/München: Juventa.
– (2002): Das Erziehungssystem der Gesellschaft. Frankfurt a. M.: Suhrkamp.
Lühmann, H.: Pro Domo. Festrede zur Hundertjahrfeier der Humboldtschule am 23. Mai 2003. abrufbar unter: http://www.be.schule.de/schulen/humboldt/pdf/.
Lüth, Chr. (1988): Der Übergang von der privaten zur staatlichen Erziehung bei Wilhelm von Humboldt. In: Informationen zur Erziehungs- und bildungshistorischen Forschung. Heft 33, S. 33-64.
Lundgreen, P. (2000): Schule im 20. Jahrhundert. Institutionelle Differenzierung und expansive Bildungsbeteiligung. In: Bildungsprozesse und Bildungsverhältnisse im 20. Jahrhundert. Zeitschrift für Pädagogik, 42. Beiheft, S. 140-165.
Lyotard, J.-F. (1989): Der Widerstreit. München: Fink (Le Différend (1983) Paris: Les Éditions de Minuit).
Lyotard, J.-F./Gruber, E. (1995) : Ein Bindestrich – Zwischen „Jüdischem“ und „Christlichem“. Düsseldorf und Bonn: Parerga.
Mannheim, K. (1929/1995): Ideologie und Utopie. Frankfurt a. M.: Klostermann.
Marx, K./Engels, F. (1845/46/1971): Die deutsche Ideologie. In: K. Marx: Frühe Schriften.. Band 2. Darmstadt: Wissenschaftliche Buchgesellschaft.
Masschelein, J. (1996): „Den Schmerz wachhalten, das Verlangen erwecken“. Bemerkungen über Wissen und Gewissen. In: Masschelein/Wimmer (1996), S. 187-217.
– (2004): Trivialisierung von Kritik. Kritische Erziehungswissenschaft weiterdenken. In: Kritik in der Pädagogik. Zeitschrift für Pädagogik, 46. Beiheft, S. 124-141.
Masschelein, J./Wimmer, M. (1996): Alterität, Pluralität, Gerechtigkeit. Randgänge der Pädagogik. Sankt Augustin: Richarz.
Meder, N. (1987): Der Sprachspieler. Der postmoderne Mensch oder das Bildungsideal im Zeitalter der neuen Technologien. Köln: Janus.
Mendelssohn, M. (1784): Über die Frage: Was heißt aufklären? In: Berlinische Monatsschrift. September 1784, zitiert nach dem Auswahlband mit Beiträgen der Berlinischen Monatsschrift, S. 80-84. Leipzig: Reclam jun.
– (1784/1781-1785): Brief an August Hennings vom 27. November 1784. In: Ders.: Gesammelte Schriften. Band 13. Briefwechsel III (1781-1785). Stuttgart- Bad Cannstatt 1977, S. 234-237.
Merkens, H. (2003): Immunisierung gegen Kritik durch Methodisierung der Kritik. In: Kritik in der Pädagogik. Zeitschrift für Pädagogik, 46. Beiheft, S. 33-53
– (2001): Vom Verhältnis pädagogischer Forschung und pädagogischer Praxis. In: St. Hellekamps/O. Kos/H. Sladek (Hrsg.): Bildung, Wissenschaft, Kritik, S. 175-189. Weinheim: Deutscher Studien Verlag.
– (2006): Bildungsforschung und Erziehungswissenschaft. In: Ders. (Hrsg.): Erziehungswissenschaft und Bildungsforschung. A. a. O., S. 9-20.

Merkens, H. (Hrsg.) (2006): Erziehungswissenschaft und Bildungsforschung. Wiesbaden: VS Verlag für Sozialwissenschaften.

Messerschmidt, A. (2001/2004): Erinnerungsstrategien – pädagogische Aneignungen des Holocaust-Gedächtnisses. In: L.A. Pongratz/W. Nieke/J. Masschelein (Hrsg.): Kritik der Pädagogik–Pädagogik als Kritik. A. a. O., S. S. 86-107.

Messner, R. (Hrsg.) (2007): Wolfdietrich Schmied-Kowarzik – Akademischer Abschied am 2. Februar 2007. Kasseler Universitätsreden Nr. 15.

Meyer, J.W./Ramirez, O. (1998): The Globalisation of Education. Vortrag im Rahmen des 7. Symposions des Instituts für Allgemeine Pädagogik der Humboldt-Universität zu Berlin im Dezember 1998.

Meyer-Drawe, K. (1986): Lernen als Umlernen. Zur Negativität des Lernprozesses. In: W. Lippitz/K. Meyer-Drawe: Lernen und seine Horizonte, S. 19-45. Frankfurt a. M.: Scriptor.

– (1995): Von der Marionette bis zum autopoietischen System. Maschinenbilder in der Pädagogik. In: Vierteljahrsschrift für wissenschaftliche Pädagogik 71, S. 358-373.

– (1996): Vom anderen lernen. Phänomenologische Betrachtungen in der Pädagogik. In: M. Borrelli und J. Ruhloff: Deutsche Gegenwartspädagogik. Band 2, S. 85-89. Hohengehren: Schneider.

– (1999a): Kritik der grassierenden Weltvernichtung. In: Vierteljahrsschrift für wissenschaftliche Pädagogik 75, S. 428-439.

– (1999b): Herausforderung durch die Dinge. Das Andere im Bildungsprozess. In: Zeitschrift für Pädagogik 45, S. 329-336.

– (2005): Anfänge des Lernens. In: Erziehung–Bildung–Negativität. In: Erziehung–Bildung–Negativität. Zeitschrift für Pädagogik, 49. Beiheft, S. 24-37.

Mitgutsch, K. (2003): Lernen und Negativität. Die Produktivität der Negativität der Erfahrung und das Phänomen des Um-lernens im Volllzug des Lernens. Diplomarbeit an der Fakultät für Human- und Sozialwissenschaften der Universität Wien.

Mollenhauer, Klaus (1964/1968): Pädagogik und Rationalität. In: Ders.: Erziehung und Emanzipation. Polemische Skizzen, S. 55-74. München: Juventa.

– (1983): Vergessene Zusammenhänge. Über Kultur und Erziehung. München: Juventa.

– (1987/1992): Selbstkritischer Rückblick in einem Gespräch zwischen den Generationen. In: H. Scheuerl (Hrsg.) (1992): Lust an der Erkenntnis. Die Pädagogik der Moderne. Ein Lesebuch, S. 428-429. München/Zürich: Piper.

– (1996/2000): Abschiedsvorlesung: Fiktionen von Individualität und Autonomie. In: C. Dietrich/H.R. Müller (Hrsg.) (2000): Bildung und Emanzipation, S. 127-146. Weinheim/München Juventa.

Montesquieu, Ch. de (1748/1992): Vom Geist der Gesetze (De l'ésprit des lois). 2 Bände. Tübingen: UTB Mohr.

Nietzsche, F. (1872/1973): Über die Zukunft unserer Bildungsanstalten. In: Ders.: Werke in 3 Bänden. Band 3, S. 177-263. München: Hanser.

Nipkow, K.E. (2000): Religiöse Bildung im Pluralismus. In: Neue Sammlung 40, S. 281-293.

Nöstlinger, Ch. (1980): Moralisch unterwegs. In: Kursbuch 60, S. 1-6.

Nunner-Winkler, G. (1993): Zur moralischen Sozialisation. In: H. Hubert (Hrsg.): Sittliche Bildung. Ethik in Erziehung und Unterricht, S. 105-127t. Asendorf: Mut.

Oelkers, J. (2000a): Demokratie und Bildung: Über die Zukunft eines Problems. In: Zeitschrift für Pädagogik 46 (2000), S. 333-347.

– (2000b): Schule und Bildung im Prozess der Globalisierung. Internetpublikation: www.medienpaed.com.

– (2003): Wie man Schule entwickelt. Eine bildungspolitische Analyse nach PISA. Weinheim usw.: Beltz.

– (2006): Allgemeine Pädagogik und Erziehung: Eine Annäherung an zwei Welten in pragmatischer Absicht. In: Vierteljahrsschrift für wissenschaftliche Pädagogik 82, S. 192-214.

Oelkers, J. (Hrsg.) (2001): Zukunftsfragen der Bildung. Zeitschrift für Pädagogik, 43. Beiheft. Weinheim usw.: Beltz.

– (2001): Futures of Education. Essays from a Interdisciplinary Symposion. Bern usw.: Lang.

Oelkers, J./Peukert, H./Ruhloff, J. (Hrsg.) (1989): Öffentlichkeit und Bildung in erziehungsphilosophischer Sicht. Köln: Janus.

Oser, F. (1981): Moralisches Urteil in Gruppen, Soziales Handeln, Verteilungsgerechtigkeit. Frankfurt a. M.: Suhrkamp.

– (1998): Negative Moralität und Entwicklung. Ein undurchsichtiges Verhältnis. In: Ethik und Sozialwissenschaften 9, Heft 4, S. 597-608.

– (2007): Willkür als Feind der Spontaneität. Aspekte der Standardisierung des Lehrerhandelns. In: D. Benner (Hrsg.): Bildungsstandards. A. a. O., S. 103-122.

Oser, F./Spychinger, M. (2005): Lernen ist schmerzhaft. Weinheim/Basel: Beltz.

Otto, B. (1919/2001): Etwas von Religionsunterricht und Toleranz (1919). Archiv der Bertold-Otto-Schule Berlin Lichterfelde, Akte IX, jetzt DIPF/BBF; erstmals veröffentlicht in: D. Benner/H. Kemper (Hrsg.): Theorie und Geschichte der Reformpädagogik. Teil 1: Die pädagogische Bewegung von der Aufklärung bis zum Neuhumanismus, S. 182-187 Weinheim usw.: Beltz/Deutscher Studien Verlag.

Pekrun, R. (2002): Vergleichende Evaluationsstudien zu Schülerleistungen: Konsequenzen für zukünftige Bildungsforschung. In: Zeitschrift für Pädagogik 48, S. 111-128.

Petzelt, A. (1963): Vom Wissen. In: Ders.: Wissen und Haltung. Freiburg: Lambertus, S. 29-36.

– (1964): Grundzüge systematischer Pädagogik. 3. Auflage. Freiburg: Lambertus.

Peukert, H. (1976): Wissenschaftstheorie – Handlungstheorie – Fundamentale Theologie. Analysen zu Ansatz und Status religiöser Theoriebildung. Düsseldorf: Patmos (spätere Auflagen bei Suhrkamp).

– (1984): Über die Zukunft von Bildung. In: Frankfurter Hefte. FH-extra 6, S. 129-137.

PISA & Co. Kritik eines Programms (2006). Hildesheim/Berlin: Franzbecker.

Platon: Werke griechisch und deutsch. 8 Bände, auf der Grundlage von Schleiermachers Übersetzung hrsg. von G. Eigler. Darmstadt: Wissenschaftliche Buchgesellschaft.

Pleines, J. (2005): Tugend zwischen Sittlichkeit und Moral. In: Perspektiven der Philosophie. Neues Jahrbuch, Band 31, S. 177-234. Amsterdam/New York: Rodopi.

Plessner, H. (1928): Die Stufen des Organischen und der Mensch. Einleitung in die Philosophische Anthropologie. In: Ders.: Gesammelte Schriften, Band 4. Frankfurt a.M: Suhrkamp.

Pollak, G./Prim, R. (Hrsg.) (1999): Erziehungswissenschaft und Pädagogik zwischen kritischer Reflexion und Dienstleistung. Festschrift für Helmut Heid zum 65. Geburtstag. Weinheim: Deutscher Studien Verlag.

Pongratz, L.A., Nieke, W./Masschelein, J. (Hrsg.) (2004): Kritik der Pädagogik– Pädagogik als Kritik. Wiesbaden: VS Verlag für Sozialwissenschaften.

Prange, K. (1999): Der Zeitaspekt des Formproblem in der Erziehung. In: Zeitschrift für Pädagogik 45, S. 301-312.

– (2000): Plädoyer für Erziehung. Hohengehren: Schneider.
– (2005): Die Zeigestruktur der Erziehung. Grundriss einer operativen Pädagogik. Paderborn: Schöningh.
– (2007): In welche Zukunft schaut die Pädagogik? Herbarts Systemgedanke heute. (im Druck)
Reichenbach, R. (1998): Preis und Plausibilität der Höherentwicklungsidee. In: Zeitschrift für Pädagogik 44, S. 205-221.
– (2001): Demokratisches Selbst und dilettantisches Subjekt. Demokratische Bildung und Erziehung in der Spätmoderne. Münster: Waxmann.
Ricœur, P. (2002): Geschichtsschreibung und Repräsentation der Vergangenheit, S. 7-48. Münster usw.: Lit.
Rindermann, H. (2006): Was messen internationale Schulleistungsstudien? In: Psychologische Rundschau 57, Heft 2, S. 69-86.
Ritter, J. (1963): Die Aufgabe der Geisteswissenschaften in der modernen Gesellschaft. Münster: Aschendorff.
Robinsohn, S.B. (1971): Bildungsreform als Revision des Curriculum (1967) und Ein Strukturkonzept für Curriculumentwicklung (1969). Neuwied: Luchterhand.
Rommelt, H. (2004): Ethisch lernen an moralischem Fehlverhalten. Zur Rehabilitation einer vergessenen Didaktik. Unveröffentlichtes MS.
Rousseau, J.-J. (1755/1984): Diskurs über die Ungleichheit. Kritische Ausgabe des integralen Textes, neu ediert, übersetzt und kommentiert von H. Meier. Paderborn: UTB Schöningh.
– (1762/1969): Emile ou de l'éducation (1762). In: Oeuvres complètes. Band 4. Paris: Gallimard.
– (1762/1979): Emile oder Von der Erziehung. Emile und Sophie oder Die Einsamen. Nach der Übersetzung von A. und D. Leube hrsg. von S. Schmitz. München: Winkler.
Ruhloff, J. (1983): Ist Pädagogik heute ohne „Kritische Theorie" möglich? In: Zeitschrift für Pädagogik 30, S. 219-233.
– (1989): Harmonisierung oder Widerstreit? Über die Bildungsaufgabe in der Kulturenvielfalt. In: Materialien zur politischen Bildung. Heft 2, S. 8-15. Opladen: Leske & Buderich.
– (1990): Widerstreitende statt harmonische Bildung. Grundzüge eines „postmodernen" pädagogischen Konzepts. In: W. Fischer/J. Ruhloff (1993): Skepsis und Widerstreit. Neue Beiträge zur skeptisch-transzendentalkritischen Pädagogik, S. 43-56. Sankt Augustin: Academia.
– (1996a): Bildung im problematisierenden Vernunftgebrauch. In: M. Borrelli/J. Ruhloff (Hrsg.): Deutsche Gegenwartspädagogik. Band 2, S. 148-157.
– (1996b): Über problematischen Vernunftgebrauch im Philosophieunterricht. In: Vierteljahrsschrift für wissenschaftliche Pädagogik 72, S. 289-302.
– (1998): Versuch über das Neue in der Bildungstheorie. In: Zeitschrift für Pädagogik (44), S. 411-423.
– (1999): Sokratische Skepsis in der Pädagogik. Eine wissenschaftsarchäologische Studie mit Ausblicken auf das Verhältnis von Skepsis und Kritik. In: Benner, D./Göstemeyer, K-F./Sladek, H. (Hrsg.): Bildung und Kritik. A. a. O., S. 11-28.
– (2000): Emanzipation im problematisch-pädagogischen Vernunftgebrauch. Bemerkungen zur Blickrichtung Allgemeiner Pädagogik. In: C. Dietrich/H.R. Müller (Hrsg.): Bildung und Emanzipation, S. 27-31.
– (2002): Streit in der Bildungserzählung. Unveröffentlichtes Manuskript.

– (2003): Problematisierung von Kritik in der Pädagogik. In: Kritik in der Pädagogik. Zeitschrift für Pädagogik, 46. Beiheft, S. 111-123.
– (2006): Warum Erziehungswissenschaft als Disziplin? In: J. Ruhloff und J. Bellmann: Perspektiven Allgemeiner Pädagogik. A. a. O., S. 33-44.
Ruhloff, J./Bellmann, J. (Hrsg.) (2006): Perspektiven Allgemeiner Pädagogik. Dietrich Benner zum 65. Geburtstag. Weinheim/Basel: Beltz.
Rumpf, H. (2006): Was greifen und messen sie wirklich? In: Erziehungskunst 70, S. 14-22. Sonderheft zu Problemen der Bildungsstandards.
Sartre, J.-P. (1971/72): L'Idiot de la famille. Gustave Flaubert de 1821 à 1857. Paris 1971/72: Gallimard; deutsche Ausgabe in 4 Bänden, übersetzt und hrsg. von T. König. Leck 1986: Rowohlt.
Schäffter, O. (1997): Das Eigene und das Fremde. Lernen zwischen Erfahrungswelten. Aufsätze zu einer Theorie der Fremderfahrung. Berlin: Humboldt-Universität.
Schaller, K. (2004): Johann Amos Comenius. Weinheim/Basel: Beltz/UTB.
Schelsky, H. (1961): Der Mensch in der wissenschaftlichen Zivilisation. In: Ders. (1979): Auf der Suche nach der Wirklichkeit. Gesammelte Aufsätze zur Soziologie der Bundesrepublik, S. 449-486. München: Diederichs.
Scheunpflug, A. (2003): Stichwort: Globalisierung und Erziehungswissenschaft. In: Zeitschrift für Erziehungswissenschaft 6, S. 159-172.
Schieder, R. (1987): Civil religion. Die religiöse Dimension der politischen Kultur. Gütersloh: Gütersloher Verlagshaus Mohn.
– (1997): Schule und Zivilreligion. In: Neue Sammlung 37, S. 623-643.
Schieder, R. (Hrsg. 2001): Religionspolitik und Zivilreligion. Baden-Baden: Nomos Verlagsgesellschaft.
Schleiermacher, F.E.D. (1799/1967): Über die Religion. Reden an die Gebildeten unter ihren Verächtern. In ihrer ursprünglichen Gestalt hrsg. von R. Otto. Göttingen: Vandenhoeck & Ruprecht.
– (1799/2001): Über die Religion. Reden an die Gebildeten unter ihren Verächtern, hrsg. von G. Meckenstock. Berlin/New York: de Gruyter.
– (1814/1984): Über den Beruf des Staates zur Erziehung. In: Ders.: Pädagogische Schriften, hrsg. von E. Weniger. Band 2, S. 153-169. Stuttgart: Klett-Cotta.
– (1826/1959): Theorie der Erziehung. Die Vorlesungen aus dem Jahre 1826. In: Ders.: Ausgewählte pädagogische Schriften, hrsg. von E. Lichtenstein. Paderborn: Schöningh.
– (1826/1957/1983): Vorlesungen aus dem Jahre 1826. In: Ders.: Pädagogische Schriften, hrsg. von E. Weniger. Band 1. Düsseldorf/München: Georg Bondi.; Stuttgart: Klett-Cotta.
Schluß, H. (2000): LER – Nie war kritisieren so einfach wie heute. In: Neue Sammlung 40, S. 313-336.
– (2003): Lehrplanentwicklung in den neuen Ländern. Nachholende Modernisierung oder reflexive Transformation? Schwalbach/Ts.: Wochenschau.
– (2006): Religiöse Bildung – Stationen einer Problemgeschichte und ihre gegenwärtige Krise. In: J. Ruhloff/J. Bellmann (Hrsg.): Perspektiven Allgemeiner Pädagogik. A. a. O., S. 229-242.
Schluß, J.H./Sattler, E. (2001): Transformation – einige Gedanken zur Adaptation eines nicht einheimischen Begriffs. In: Vierteljahrsschrift für wissenschaftliche Pädagogik 77, S. 173-188.
Schmied-Kowarzik, W. (1970): Kritische Anmerkungen zur deutschen Curriculumforschung. In: Pädagogische Rundschau 24, S. 519-548.

Schmitt, C. (1950): Der Nomos der Erde im Völkerrecht des Jus Publicum Europaeum. Köln: Greven-Verlag.

Schneider, M. (2007): Zur didaktischen Bedeutung des Staunens in Lehr-Lern-Prozessen. Eine Studie mit Bezug auf antike und moderne Traditionen. Wissenschaftliche Hausarbeit zur Ersten Staatsprüfung. Staatliches Prüfungsamt Berlin.

Schriewer, J. (1994): Welt-System und Interrelationsgefüge. Die Internationalisierung der Pädagogik als Problem Vergleichender Erziehungswissenschaft. In: Öffentliche Vorlesungen: Humboldt-Universität zu Berlin.

– (2004): Multiple Internationalities: The Emergence of a World-Level Ideology and the Persistence of Idiosyncratic World-Views. In: Ch. Charle/J. Schriewer/P. Wagner (eds.): Transnational Intellectual Networks. Forms of Academic Knowledge and the Search for Cultural Identities, pp. 473-533. Franfurt/New York: Campus.

Schulte, Ch. (2002): Die jüdische Aufklärung. Philosophie, Religion, Geschichte. München: Beck.

Schütz, E. (1982): Handeln und die Transzendenz des Scheiterns. In: H. Konrad (Hrsg.): Pädagogik und Anthropologie, S. 37-44. Kippenheim: Verlag Information Ambs.

Schweitzer, F. (2000): Bildung und Wahrheit. In: W. Härle, M. Heesch und R. Preuß (Hrsg.): Befreiende Wahrheit, S. 563-575. Marburg: Elwert.

Steiner-Khamsi, G. (1996): Transnationalität und kulturelle Staatsbürgerschaft. In: G. Auernheimer/P. Gstettner (Hrsg.): Jahrbuch für Pädagogik, S. 263-274. Frankfurt a. M.: Lang.

Sünkel, W. (1996): Der pädagogische Generationenbegriff. In: E. Liebau/Chr. Wulf (Hrsg.): Generation, S. 280-285. Weinheim: Deutscher Studien Verlag.

– (2002): Protopädie und Pädeutik. Unveröffentlichtes Manuskript.

Tenorth, H.-E. (1994): „Alle alles zu lehren". Möglichkeiten und Perspektiven Allgemeiner Bildung. Darmstadt: Wissenschaftliche Buchgesellschaft.

– (2004): Stichwort: „Grundbildung" und „Basiskompetenzen". Herkunft, Bedeutung und Probleme im Kontext allgemeiner Bildung. In: Zeitschrift für Erziehungswissenschaft 7, S. 169-182.

Terhart, E. (2002): Wie können die Ergebnisse von vergleichenden Leistungsstudien systematisch zur Qualitätsverbesserung in Schulen genutzt werden? In: Zeitschrift für Pädagogik 48, S. 91-110.

– (2004/2006): Bildungsphilosophie und empirische Bildungsforschung – (k)ein Missverhältnis? (2004) In: L. Pongratz (Hrsg.) (2006): Bildungsphilosophie und Bildungsforschung, S. 9-36. Wiesbaden: VS Verlag für Sozialwissenschaften.

Topitsch, E. (1960a): Ideologie und Utopie in der Erziehung. In: O.W. Haseloff/H. Stachowiak: Schule und Erziehung. Berlin 1960: Lüttke.

– (1960b): Zeitgenössiche Bildungspläne in sprachkritischer Betrachtung. Ebd., S. 124-129.

Tröhler, D. (2003): Konstruktionen pädagogischer Geschichtsschreibung und verdrängte Traditionen der Pädagogik. Vortrag im Rahmen des von den Fächergruppen Pädagogik der Universitäten Gent und Groningen vom 2.-4. April 2003 in Oostduinkerke (Belgien) veranstalteten Symposions zum Thema „Traditie en Paedagogik, Religie en Opvoeding". In: H. van Crombrugge/W. Meijer (Red.) (2004): Pedagogiek en Traditie, Opvoeding en Religie, pp. 15-31. Leuven: Lannoo Campus.

Tugendhat, Ernst (2000): Moral in evolutionstheoretischer Sicht. In: Ders.: Aufsätze 1992-2000, S. 199-224. Frankfurt a. M.: Suhrkamp.

Vogel, P. (1990): Kausalität und Freiheit. Frankfurt a. M. : Lang.

Wagenschein, M. (1970): Ursprüngliches Verstehen und exaktes Denken. 2 Bände. Stuttgart: Klett.

Wandel, P. (1970): Zur Demokratisierung der Schule. Rede auf dem I. Pädagogischen Kongreß (1946). In: Monumenta Paedagogica. Band VI, S. 223-229. Berlin: Volk und Wissen.

Weber, M. (1919/1992): Wissenschaft als Beruf. Gesamtausgabe. Band 17, S. 71-111. Tübingen: Mohr.

Weiß, G. (2004) Die Bildung des Gewissens. Dissertation an der Philosophischen Fakultät der IV der Humboldt-Universität zu Berlin. Wiesbaden: VS Verlag für Sozialwissenschaften.

Weniger, E. (1936/1975): Zur Geistesgeschichte und Soziologie der pädagogischen Fragestellung. In: Ders.: Ausgewählte pädagogische Schriften, S. 107-123. Weinheim/Basel: Beltz.

– (1952): Didaktik als Bildungslehre. Teil 1. Weinheim usw.: Beltz.

Wiarda, J.-M. (2005): Chronist der Schule. In: Die Zeit, Nr. 9 vom 24.02.2005, S. 85.

Wimmer, M. (1988): Der Andere und die Sprache. Vernunftkritik und Verantwortung. Berlin: Reimer.

Winch, Chr. (2003): Die Entwicklung der kritischen Rationalität als pädagogisches Ziel. In: Kritik in der Pädagogik. Zeitschrift für Pädagogik, 46. Beiheft, S. 13-32.

Wulf, Chr. (2002): Le retour de la science de l'éducation critique? La théorie critique de l' École de Francfort reconsidérée. N° 43 de la revue Pratiques de formation/Analyses, Université de Paris 8, p. 121-130.

Wulf, Chr./Macha, H./Liebau, E. (Hrsg.) (2004): Formen des Religiösen. Weinheim usw.: Beltz.

Wulf, Chr./Merkel, Chr. (Hrsg.) (2002): Globalisierung als Herausforderung der Erziehung. Theorien, Grundlagen, Fallstudien. Münster usw.: Waxmann.

Wuttke, J. (2006): Fehler; Verzerrungen, Unsicherheiten in der PISA-Auswertung. In: PISA & Co, S. 101-154.

Xu, Binyan: Von der Wissens- zur Kompetenzorientierung? Zur Diskussion über Bildungsstandards in China am Beispiel des Mathematikunterrichts. In: D. Benner (Hrsg.): Bildungsstandards. A. a. O., S. 187-202.

Zedler, P. (2000): Wandlungen der Reformdiskussion. Konfliktlinien leitender Orientierungs- und Bewertungsmaßstäbe in der Schulentwicklung. In: H.-H. Krüger/H. Wenzel (Hrsg.): Schule zwischen Effektivität und sozialer Verantwortung, S. 15-44. Opladen: Leske & Buderich.

Zöllner, J.F. (1783): Ist es rathsam, das Ehebündnis nicht ferner durch die Religion zu sanciren? In: Berlinische Monatsschrift: 2. Halbjahresband 1783, S. 538-516.